本成果受到中国人民大学2017年度
"中央高校建设世界一流大学（学科）和特色发展引导
专项资金"支持

政治理论与中国政治学话语体系丛书

Chinese

Political

Epistemology

中国政治认识论

杨光斌　著

中国社会科学出版社

图书在版编目（CIP）数据

中国政治认识论／杨光斌著．—北京：中国社会科学出版社，2018.8（2023.8重印）
ISBN 978-7-5203-2872-2

Ⅰ.①中… Ⅱ.①杨… Ⅲ.①政治制度—研究—中国 Ⅳ.①D621

中国版本图书馆 CIP 数据核字（2018）第 168619 号

出 版 人	赵剑英
责任编辑	王　茵
特约编辑	王　琪
责任校对	杨　林
责任印制	王　超

出　　版	中国社会科学出版社
社　　址	北京鼓楼西大街甲 158 号
邮　　编	100720
网　　址	http://www.csspw.cn
发 行 部	010-84083685
门 市 部	010-84029450
经　　销	新华书店及其他书店
印　　刷	北京君升印刷有限公司
装　　订	廊坊市广阳区广增装订厂
版　　次	2018 年 8 月第 1 版
印　　次	2023 年 8 月第 5 次印刷
开　　本	710×1000　1/16
印　　张	30.5
插　　页	2
字　　数	420 千字
定　　价	118.00 元

凡购买中国社会科学出版社图书，如有质量问题请与本社营销中心联系调换
电话：010-84083683
版权所有　侵权必究

中国人民大学国际关系学院
"政治理论与中国政治学话语体系丛书"编委会

主　编　杨光斌
副主编　时殷弘　黄嘉树　陈　岳
成　员（按拼音排序）

陈新明　陈　岳　方长平　黄大慧　黄嘉树
金灿荣　林　红　吕　杰　马得勇　蒲国良
任　锋　时殷弘　宋新宁　王续添　王英津
杨光斌　张广生　周淑真

"政治理论与中国政治学话语体系丛书"总序

  作为社会科学学科基础的中国政治学出现于西方思想登陆而中国思想被妖魔化的"转型世代"(1895—1925),这就意味着中国政治学从一开始就是学习乃至移植的产物。其间,先是学习英国、德国为代表的西方国家,接着是学习苏联,再接着是改革开放以来学习以美国为代表的西方国家,总之一直处于学习之中,各种学说、思潮到今天的量化研究方法,都在学习之列。

  中国自己有"国学"而无社会科学,学习是必然之路,否则就没有今天的以政治学、经济学和社会学为基础的中国社会科学。与此相对应,中国的"文明型国家"向现代国家的转型,也是与西方碰撞的产物。在过去100年里,思想引领实践,实践检验思想,也是外来思想与中国实践相互撞击、相互矛盾、相互调试的"长周期"。

  客观地说,在过去40年的时间里,作为学科的中国政治学与中国国家建设—政治发展的关系并不那么密切。改革开放以来,我们形成了以民主集中制为核心的"混合型"政治体制、混合型的社会主义市场经济体制和包容性的社会主义核心价值体系,但是政治学学科流行的则是传统与现代、先进与落后、民主与威权等二元对立的否定性思维方式,以及由此而产生的学科体系和理论体系。按照流行的政治学理论分析中国政治、中国实践乃至整个中国的政治发展,似乎总是不符合教科书中的"标准答案"。

常识是，一个关乎 13 亿多人口的政治绝对不能迎合任何简单化的理论。要知道，没有任何事情比治理大国更为复杂，这是中外历史反复证明了的；同时，基于特定国家、特定历史、特定经验而形成的理论也没有资格去鉴定中国政治发展的对与错，我们只能基于中国经验、在比较研究中形成相应的理论和概念。比较研究的发现是，当西方国家自身陷入困境之中、很多非西方国家也问题重重而导致世界秩序大变革时，中国之路还算顺畅，以至于曾经提出"历史终结论"的福山认为"中国模式"是一种替代性模式。

这意味着，中国道路之上的"中国方案"和"中国智慧"，需要一种新的政治科学去回答。社会科学具有鲜明的时代性，20 世纪 50 年代，刚刚诞生的美国比较政治研究委员会自信地宣布，基于老欧洲经验的国家、权力等政治学概念该让让位置了。美国人确实搞出了新政治科学，在研究主题上是从现代化研究到民主化研究，在研究方法上是从结构功能主义到理性选择主义等的实证主义理论。但是，"实证"（the becoming）的逻辑离"实存的世界"（the world of the being）越来越远，将个人主义本体论弘扬到极致的美国政治学已经陷于危机之中，中国政治学不能把美国政治学的落点当作我们的起点，不能把美国政治学的败相当作我们的榜样。已经学习美国政治学 40 年的中国政治学，需要有自主性的理论体系和话语体系，中国应该是理论的发源地。

自主性政治学的关键是自主性的政治学理论。应该看到，在过去 40 年里，作为政治学理论学科资源的政治思想史研究、历史社会学和比较政治学，都不尽如人意：政治思想史研究要给中国政治学理论贡献更直接的新知必须拓展其研究路径；历史社会学则不存在"作者群"；而比较政治学一起步就跟随美国比较政治学的"民主转型"研究。这些学科现状决定了建构自主性政治学话语体系任重而道远。

但是，我们并不是没有自主性理论体系。历史上，毛泽东同志在延安时期提出的"以中国为中心"的研究方法、人民民主国体和民主集中制政体等新政治学概念，标志着中国共产党的政治成熟，也是最有力量的"中国学派"，因而解决了中国问题。今天，中国政治学有着特殊的资源禀赋去建设自主性学科体系：第一，和其他学科一样，中国政治学已经足够了解西方政治学，也有足够的包容力去接纳其有益研究成果；第二，和其他学科不同的是，中国政治思想史和政治制度史极为丰富，这是中国自主性政治学建设的最重要的"大传统"和文化基因；第三，有着中国革命经验所形成的"小传统"；第四，有现行民主集中制政体以及由此而衍生的强大的治理能力和伟大的治理成就；第五，在知识论上，中国政治学直接来源于科学社会主义——一种坚持人民主体性的科学学说，而伴随中国走向世界中心而发展起来的比较政治研究，是中国政治学的规范性学科来源。正是因为拥有这些如此独特而又优异的资源禀赋，即使在"历史终结论"如日中天之时，中国政治学阵地也没有丢掉。中国政治学理应倍加珍惜并发扬光大这些优质资源，最终形成自主性中国政治学科体系和话语体系。

这将是一项值得追求、需要奉献的世代工程。

杨光斌

2018年6月19日

中国人民大学明德国际楼

前　言

关于中国政治发展道路和政治制度的认识论

本书命名为《中国政治认识论》，是笔者深有感触的一种表述。世界上匪夷所思之事很多，比如，人们怎么可以用一种观念而一刀切地衡量历史文化、文明基因完全不同的政体？难道这个世界又回到欧洲中世纪的一神教政治时代？对于任何一种政体而言，不同的视角都会有不同的看法，但是流行的中国政治观却是冷战时期形成的一套观念体系，即以特定的"观念世界"而对照中国，结果中国政治被认为存在合法性问题。以流行的自由主义民主理论来看，因为中国不是"党争民主"，中国的民主就不是民主。在世界大历史和世界政治的维度与视野下研究合法性理论，发现中国政治体现了合法律性、人民性、有效性和正义性所构成的合法性，[1] 是一种最能体现人民民主的政体。深入考察其政治体制和决策过程，发现中国政治的民主性质很强、民主属性很多，因此需要发掘中国政治的民主政治逻辑。

认识中国政治发展，需要两大历史维度：中国近代历史的演进和比较历史的视野，以此来看中国制度选择的自然性与正当性。就中国历史而言，当古老的"文明型国家"遭遇西方的"民族国家"冲击而无所适从之后，中国如何再组织起来作为一个现代国家，而不像其他古文明如奥斯曼帝国一样被肢解、被灭绝，各种政体都尝试过了，从孙中山到袁世凯、到北洋

---

[1] 杨光斌：《合法性概念的滥用与重述》，《政治学研究》2016 年第 4 期。

政府、再到南京国民政府，都不管用。中国共产党革命不但是夺取政权的过程，更是一个重新组织国家的漫长历程，其中一个最伟大的组织化办法就是通过群众路线将底层人民组织起来，这无疑是不同于其他国家的一种政治发展道路。仅此而言，中国共产党作为国家的组织者的角色就值得国内外学术界花大力气去研究，新建立的国家既不同于早发达的资本本位的国家，也不同于一般发展中国家仅进行民族解放而无社会革命的国家，甚至还不同于其他的依靠精英政党而夺取政权的社会主义国家。其最大的不同就在于，中国共产党不但是靠马克思列宁主义组织起来的政党，更是浸染着民本思想的政治组织；而且将传统的民本思想制度化了，即我们已经习以为常的群众路线。无论是阶级政党理论还是民族政党理论，都不可能解释中国共产党，更别说美国式的选举式政党理论。这种"不同"，就是中国道路和政治制度的生命力之所在。研究中国共产党组织国家的大历史，能够发掘新的国家理论。

就世界大历史视角下的比较政治发展而言，经过几波次的"民主化浪潮"，世界上的绝大多数发展中国家变得更像美国或者英国了，如菲律宾按照美国的总统制建立起政治制度，印度按照英国内阁制建立起政治制度，我国的台湾地区也被卷入了"第三波"之中，还有被称为"第四波民主化"的"阿拉伯之春"，结果如何呢？不仅如此，被当作普世价值的自由主义民主，已经让西方国家自身不堪重负，才有英国脱欧公投的成功，才有特朗普当选美国总统这些所谓的"黑天鹅"事件。今天，不但很多非西方国家的人们对于西式民主似乎有点谈虎色变，就是美国特朗普政府也宣布放弃所谓的"价值观外交"，不再在其他国家搞所谓的"颜色革命"和军事政变。在改革开放中，中国免不了受世界政治思潮的冲击，但执政党的自主性硬是渡过了一次又一次难关。细思极恐，如果中国也变成了普世价值俱乐部的一员，今天又会是什么样子呢？反事实法（所谓反事实法，就是与事实相反的假想思维）即其他发展中国家尤其是巨型发展中国家的无效治理的命运,已经为中国道路证明。也就是说,如果中国没有政治定力而和其他发展中国家一样走上西式民主道路,中国的命运绝不会比其他国家更好。

因此,关于中国政治的认识论,首先是以中国大历史和世界大历史的视野认识中国的政治发展即政治道路,那种以一种观念而衡量各国政体的流行做法,必须被抛弃。

其次,对中国政治制度的民主认知。中国政治制度的民主性自不待言,而要更好地理解这一点,就要有一套民主话语体系。民主理论的表述,最忌讳阶段性、政策性总结,那样就变成了加挂火车皮越加越长,而且会随着时间的流逝而意义递减。作为政治实践的理论化总结,要经得起时间的考验,一定是基于社会科学研究的一般性、概念化表述。中国民主体现在政治发展道路、政治制度、政治过程之中,体现为国体的人民民主、政体的民主集中制和政道的共识民主,是一种"可治理的民主"。这是我所建构的关于中国政治的民主话语体系。当然,建构中国政治的民主话语体系,首先需要厘清流行的自由主义民主的基本问题。过去十来年本人研究领域的一个重点就是自由主义民主的理论与实践问题(参见拙作《观念的民主与实践的民主》,中国社会科学出版社2014年版),先破后立,本书是建构中国民主话语体系的一种尝试。

在比较政治的视野下认识中国政治,我们没有理由自暴自弃。更坚定的政治信心首先需要理论自洽基础上的理论自信,理论自洽则源自一套自主性社会科学话语体系。为此,社会科学中的很多基本范畴、基本概念,需要在传统性、现实性和世界性的大视野中得到重新认识。只有理解中国大历史和世界大历史的演进,对于中国政治发展道路才能更加审慎地看待;中国政治制度由人民民主的国体、民主集中制的政体和共识民主的政道所构成,是一种"可治理的民主"模式。相对于党争民主所导致的无效治理乃至国家失败,"可治理的民主"自然是可欲求的一种民主模式。

本著作中有的部分曾以论文成果形式发表，此次在其基础上新写了几大部分，构成了我一直以来所追求的对中国政治的全景式、体系性研究，本书是我10年中国政治研究的集成性作品。过去关于当代中国政治的研究虽然散布在不同的问题领域，但是我的研究或明或暗地贯穿着中国政治体系与政治过程这条主线。对于体系—过程的研究，无疑是一种带有中观色彩的宏观性研究，而宏观研究必然是一种如何看中国政治性质的认识论。

宏观政治观察的认识论与生活中的微观政治可能不一致，又该如何看待这种"不一致"？社会科学研究不同于小说创作，小说作品更多的是作家个人对生活的观察乃至个性化体验，但是社会科学理论化工作者必须超越个体经验层面，不但需要对无数的微观生活乃至中观案例进行理论抽象，更需要比较历史的抽象。没有这两种抽象，即抽象的角度和抽象的能力，是很难做社会科学研究的。

本研究无疑基于一种护卫性而非基于某种理想制度的批判性——后者被西方学术界视为所谓的"学术标准"。其实，哪有什么非护卫性民主理论呢？熊彼特—达尔—阿尔蒙德—萨托利等几代人所建构的自由主义民主难道不是按照美国政治制度而有选择性地建构起来的辩护性或护卫性理论？国际关系理论中的结构现实主义甚至是一种去历史事实的护卫既定国际秩序的一套修辞和辩术。关于中国政治的认识已经有太多的批判性作品，尤其是来自西方学术界的中国政治研究，因为它们用自己的观念体系来对照中国，结果一百年来关于中国政治前途的预言一错再错，"中国崩溃论"已经崩溃。一个重要原因就是西方学者以自己的观念来研究历史文化完全不同的中国政治，这样就没法理解中国政治的内在逻辑。一般性原因是，我们每个人都似乎熟悉的"政治"又实在太复杂，比如政治直接受到经济制度和社会制度的制约，经济、社会制度后面还有历史文化和文明基因，而且政治自身还有自主性作用。这样，理解"政治"至少有三个层次不同的维度：政治（包括制度和人）本身的自主性、经济和社会制度的直接影响、文明基因的结构性约束。政治学虽然是一门最古老的社会科学，但关于"政治"的认识依旧很简单，其复杂性有待发掘；需要复杂性理论的认识。

任何护卫性研究都与严格意义上的社会科学标准保持一定的难以避免的距离，重视的是"如何看""怎么办"之类的马基雅维利式的关怀。事实上，不能进入"政治"场域的"学"只能是坐而论道，这是"政治学"的学科规定性（治国理政）所决定的。本书主要是写给对中国政治有现实关怀的人。

本护卫性研究是基于中国历史研究和比较历史研究而得出的一种思想信念，如果中国的政治发展偏离了以人民民主即以人民为中心的政治方向，那将不是人民民主理念的问题，也不是本护卫性理论自身的问题，而是政治自身出了大问题。正如本研究所论证的，反事实法已经反复告诉了我们非西方国家实行自由主义民主的不堪局面和严重后果。当然，我们知道，利益影响甚至决定观念，我的这种断言无疑具有可争论性，让历史告诉未来吧。

杨光斌

2017 年 10 月 8 日

中国人民大学明德国际楼

目 录

第一章 多元视角下的中国政治
——世界大历史维度与国际大空间视野 ……………………………（1）
第一节 "观念世界"中的中国政治 …………………………………（3）
第二节 二元对立政体观或近似值政体观 …………………………（6）
第三节 世界大历史维度中的中国政治 ……………………………（13）
第四节 国际大空间视野下的中国政治 ……………………………（15）
第五节 中国政治观：在"常道"与利益之间 ………………………（17）
第六节 世界经验的中国意义与中国经验的世界意义 ……………（21）

第二章 世界政治体系的演化
——世界政治结构的演化与中国制度的世界性 …………………（23）
第一节 "世界政治史"：世界政治体系的演化历程 ………………（25）
第二节 世界政治体系的起源：国内政治的资本主义化 …………（39）
第三节 世界政治体系的形成及其性质：帝国主义殖民体系 ……（49）
第四节 世界政治体系的瓦解与重组：社会主义运动
——民族民主运动 ……………………………………………（56）
第五节 冷战中的文化攻势与重夺世界政治主导权 ………………（62）
第六节 "中国人来了"：世界政治体系从中国再出发？ …………（68）

第七节　世界政治结构的演化与研究世界政治的
　　　　范式变化 …………………………………………… （79）

第三章　世界政治体系中的中国："百年危机"（1840—1949 年） …… （83）
第一节　世界政治体系中的大清帝国：第一次国家失败 ……… （85）
第二节　世界政治体系中的北洋政府：第二次国家失败 ……… （107）
第三节　世界政治体系中的南京国民政府：第三次国家失败 …… （129）
第四节　告别过去，走上新时代 …………………………………… （149）

第四章　世界政治体系中的"逆势而上"：人民民主的政治
　　　　发展道路 …………………………………………………… （152）
第一节　"人民主权"实现的新路径：政党中心主义 ………… （153）
第二节　"人民民主"的宪法表述问题 …………………………… （179）
第三节　世界政治体系下的两大民主：自由主义民主与
　　　　人民民主 …………………………………………………… （208）

第五章　实现人民民主的政治制度：民主集中制 ……………………… （235）
第一节　辩论"中国模式" ………………………………………… （236）
第二节　民主集中制原理 …………………………………………… （256）
第三节　作为政体的民主集中制 …………………………………… （273）

第六章　以民主集中制为轴心的权力关系 ……………………………… （284）
第一节　人民代表大会制度的民主集中制原则 ………………… （285）
第二节　中央—地方关系：政治单一制与经济联邦主义 ……… （299）
第三节　政府—市场关系：作为事实性民主集中制的
　　　　发展型国家 ………………………………………………… （322）

第四节　国家—社会关系：作为事实性民主集中制的
　　　　　　统合主义 ···（347）

第七章　政策过程：共识型民主 ···（368）
　　第一节　共识型民主 ···（370）
　　第二节　政策过程中的回应性 ··（383）
　　第三节　共识型民主的类型分析 ·····································（396）

第八章　民主模式：民本主义民主与可治理的民主 ···············（410）
　　第一节　推广"自由主义民主"的诸"标准" ·····················（411）
　　第二节　替代性民主模式：民本主义民主与可治理的民主 ·········（433）

参考文献 ··（457）

后　记 ··（468）

第一章

多元视角下的中国政治

——世界大历史维度与国际大空间视野

对中国政治的认识存在人所共知的悖论：在经验层面，对中国的成就有目共睹，谁也不否认，似乎很自信；但是在观念层面，很多人条件反射性地认为中国道路尤其是政治制度不符合"普世价值"，因而底气不足、信心不足，把"合法性"之类的概念用在中国政治分析上，似乎只有中国变成了"历史的终结"的一个部分，政治才有合法性。危险莫过于此。对自己的"硬成就"如果没有相应的概念、理论、观念去解释，尤其没有相应的哲学层面的认识论和方法论去建构，就会依然用基于异域的理论甚至是意识形态来"观照"中国，结果必然就失去了心理上的优势。在竞争性的世界政治中，没有心理优势的国家不战自败，苏联的故事还不是历史。不但是苏联，很多发展中国家纷纷成为"普世价值俱乐部"一员之后又如何呢？到底是这些国家人民的胜利还是"普世价值"主导者的胜利？答案清晰而简单。

因此需要认识论上的突破，即对中国政治的观察要有新的角度。摒弃二元对立思维方式，找回近似值政体观，在世界大历史维度和国际大空间视野（"一纵一横"框架）下，基于比较分析的反事实法，对中国的理解则更接近真相。

2　中国政治认识论

在讨论认识论性质的宏大框架之前，首先简单梳理一下微观视野下的中国政治问题。对于很多人而言，基于好的视野、好的框架的比较政治研究有助于提升对中国政治的信心，但是回到现实生活，不少政治观察者在生活政治中总是能发现很多让人不满之处，因此必然要以"观念世界"的标准比如个人权利学说来观察中国。这是正常的，很多人都是自己经历的囚徒。这里有一个"小自由"与"大自由"的关系。从"自然法"而言，个人享有与生俱来的不可剥夺的权利，比如言论自由、结社自由。这是典型的自由主义之个体权利假说。为西方历史定制的契约论在世界政治中是如何呢？要知道，个人权利的实现不是个人力量所能做到的，必然要通过组织化手段去实现，比如结社、组党，因此所谓的"天赋人权"其实就是"人赋权利"，离开人与人之间的关系谈权利都是毫无意义的。现代性政治的一个典型特征就是高度的组织化，但即使是罗伯特·达尔这样的典型的多元主义者也认为，各组织的力量是不平等的，因此即使在西方国家，多元化组织之间的互动也会导致社会不平等结构的固化、扭曲公民意识、扭曲公共政策议程和寡头控制。① 比较政治的发现是，尤其是在发展中国家，政党和 NGO 后面是利益不可调和的群体，比如不同的民族、种族、教派以及贫富对立的阶级。这样，个人的自然权利就会演变成冲突政治。这就是"观念世界"与"现实世界"的紧张之处，同样是民主，有的是基于个人权利的自由民主，更多的是基于群体性权利的伊斯兰主义民主、民族主义民主乃至民粹主义民主。事实上，基于特定历史、特定国家的契约论引发的是一波又一波的国际政治冲突和国内冲突。可以假设一下，如果按照契约论的思路去发展中国政治，中国会不会变成契约论者如霍布斯所要避免的无政府状态？中国近代史充满了"丛林规则"，而比较政治研究中的反事实法给出的答案更有说服力。因此，将个人权利假说置于世界大历史和国际

---

① ［美］罗伯特·达尔：《多元主义民主的困境》，尤正明译，求实出版社1989年版，第41—56页。

大空间的背景之下，将丰满的观念纳入骨感的现实，基于微观个人体验的中国政治观察或许会有所不同。

◇ 第一节 "观念世界"中的中国政治

我们所处的世界与其说是物质的，不如说是观念的，即世界的模样是依靠观念建构起来的，比如政治制度与民众福祉的好与坏，就是被说出来的。近代之后，思想观念主要来自社会科学的研究和发现，而社会科学是对特定国家特定历史时期的特定经验的理论化抽象。社会科学的性质决定了现在世界上流行的观念，都是来自早现代化国家而且是部分早现代化国家的经验，尤其是英美的经验。

即使是英美的经验，也是片断化、碎片化的。要知道，英国现代化的前提，是确定了中央集权制的现代国家政体，而美国建国的方式则是司法至上的国家权力，这些前提之下才有所谓的以个人权利、分权、制衡为特征的自由主义或者说自由宪政主义。但是，无论是古典自由主义还是新自由主义，都把国家权力淹没了，鼓吹的是没有国家、没有政府的治国之道，似乎这条道路就是后发国家的康庄大道。实践已经证明，这是一条李斯特所说的"踢开梯子"的神话：自己沿着这个梯子爬上楼了，为了防止后来者居上，一脚踢开梯子。

除了官方思想，中国学术市场上得到最充分传播的就是古典自由主义和新自由主义。刚刚开放的20世纪80年代初，因为反思"文革"、因为很多人不幸的遭遇和仇恨式记忆，当时最流行的就是关于个人权利的古典自由主义思想，洛克、孟德斯鸠、休谟、斯密、法国百科全书派、密尔，都是当时的"座上宾"，人们如饥似渴地从他们的作品中汲取营养，按照他们的观念来对照中国。对于经历了"文革"浩劫的中国和个人而言，保护公民权利的呼唤和主张倒也切中时弊。

不得不说，20世纪80年代反思"文革"的中国政治似乎出现了另一种激进化。当时的社会科学研究水平非常之低，中国的政治理论事实上依据的是古典自由主义学说，而且食洋不化，因此提出了很多似是而非、至今仍在流行的话语和口号，比如对民主的"元叙事"，"好"是因为有了民主，"坏"是因为缺少民主。沿着这个思路，在"政党—国家"体制中实行一波又一波的党政分开改革，而民间更是激进无比，街头政治成为常态。结果，中国出现了政治悲剧，之后便是东欧剧变和苏联解体，美国打赢了一场没有硝烟的战争，以观念打败社会主义阵营。

携冷战胜利的傲慢，兴起于20世纪80年代的新自由主义，90年代席卷全球。简单地说，新自由主义就是"去国家化"的"三化运动"：政治民主化、经济私有化、治理社会化。这里的政治民主化当然是自由主义民主，其实现机制是竞争性选举即党争民主；经济私有化意味着只有私有产权才是有效的，国有产权是无效的，根本不应该存在；治理社会化意味着治理的主体只能是个人和社会组织，国家和政府是靠不住的。因此，"三化运动"说到底都是古典自由主义的再版，都是阉割国家的政治方案。

面对扑面而来的"三化运动"，中国思想市场似乎只有恭恭敬敬地迎接，全无招架之力，这固然与当时中国的国际地位有关，但中国自身思想的贫困更是难辞其咎。面对政治民主化，各种民主化转型研究就成为当时的显学，竞争性选举也成了判断中国是否进行了政治改革的唯一标准，流行的说法就是政治改革滞后、政治改革落后于经济改革，进而得出中国政治存在"合法性"问题。面对经济私有化，流行的就是制度经济学中的有效产权理论，因而认为中国的国有企业都应该消失，市场原教旨主义者没有反思，既然企业的性质就是利润最大化，为什么美国国会不允许中国的华为公司进军美国市场？这其实暗示出企业的国家安全功能；不仅如此，难道企业没有社会责任的社会性质？面对治理社会化，即世界银行提出的所谓的"投资人民"，国家和政府就应该退出很多领域，一切事务实行"民治"，因此应该大力建设公民社会。问题是，发展中国家的政府本来就是强社会中的弱势，去政府化的治理会如何呢？真是饮鸩止渴，结果有目共睹。

依照"三化运动"的所谓"国际标准"，印度几乎在所有方面都优于中国——印度有两千多个政党的党争民主，印度经济的私有化程度远远高于中国，印度有发达的民主社会即基于族群的公民社会，因此"印度将超越中国"。流行的结论是：印度有优越于中国的政治制度，印度的民主是中国没有的福利。这种流行观念在"观念的囚徒"之间说说也就算了，如果对印度的老百姓说印度好于中国，老百姓肯定认为言说者病得不轻，需要看急诊医生。

"观念世界"中不但充斥着看得见、摸得着的新老自由主义，而且自由主义还被转化成各种研究范式，让人觉得学术研究都是科学主义的，没有价值取向的。比如，在20世纪50年代到70年代，美国政治学流行的是结构功能主义，即发展中国家的政治现代化都应该按照美国政治的基本功能去建构；80年代之后的流行范式是转型学，即不论什么样的政治体制最终都转型为美国政体。显然，二者都是以美国政治制度为本体的一种单向度的意识形态学，以此推动发展中国家的美国化。这在国际社会科学界已经是常识了，连美国人自己也毫不掩饰，但是国内很多人居然视之为科学主义，认为按照这些范式去研究中国是在研究政治学。由此可见，作为一种国家权力的意识形态权力（按照迈克·曼的国家权力原理）在西方国家建构得是多么成功，运用得是多么巧妙，都已经把政治思想转化为学术范式了。应该说，中国学界还需要补修知识论的基本知识。

依照"观念世界"去观察中国，依照流行的"转型学"去对照中国，结果必然是知识有违常识。应该认识到，"观念世界"的中国政治其实就是"西方中心论"下的中国政治，以西方模式的标准去衡量中国，中国就不算是正常国家，这符合常识吗？发展中国家的困境在很大程度上就是知识分子的观念所致，一群精英到西方留学，以为找到了治国的灵丹妙药，完全不顾本土的历史与文化。其实，中国自己也有类似的教训。甲午战争之后，中国读书人争先恐后地到日本和西方留学，寻求救国之道，脱离了中国的士大夫阶层。正如费正清所言，"1895年以后的一代年轻国民党革命者，都是不熟悉农村的典型城市人。在通过西方化以拯救中国的努力中，这些年轻的革命党人掌握了许多方面的西学和西方技术，但常常发现自己与中国的平民百姓已经失去了联系"①。有一个鲜活的故事验证了费正清所言。1938年国民党军队进驻山东时有5万人，因为"国军"代表国家，民众踊跃参军，不久就扩编到20万人，但到1940年撤出山东时仅为4万人。并不是被日军消灭了，而是因为不知道如何与农民打交道而失去了农民的支持。相反，共产党军队1938年进入山东时仅有四五千人，到抗战胜利时发展到27万人。到内战爆发，国民党几十万军队进入山东围剿解放军时，被根据地人民视为"来犯之敌"，共产党和当地百姓已经完全是军民鱼水情了，国民党王牌军74师不只是被共产党军队打败，而是被军民所败。这些众所周知的故事随着时间的流逝而被淹没在各种"新知识"的洪流中了，但是个中道理是永恒的。中外历史都说明了一个道理，为此，我们需要跳出"观念世界"，去观察世界的政治常识。

◇第二节 二元对立政体观或近似值政体观

在政体观上，近代以来尤其是冷战以来，存在两种截然不同的思维方式：一种是强调黑白对立的政体观，即所谓的民主与非民主的对立，强调

---

① ［美］费正清、费维恺编：《剑桥中华民国史（1912—1949）》（上卷），杨品泉等译，中国社会科学出版社1994年版，第26页。

的是对立与冲突；一种是近似值政体观，即认为所有的国家都不符合民主的理想标准，只不过是离理想民主标准远一点或者近一点的问题，强调的是转化与融合。近似值政体观即是古希腊以来的认识论，也更接近政体的真相。

一 二元对立思维方式与二分法政体观

自古以来，中西方的思维方式就有巨大差异。老子讲"反者道之动"，指的是事物之间相互转化的规律，至今中国人都知道任何事物都应该"一分为二"地去看。但是古希腊哲学则诞生了黑白对立的世界观，这种对立性世界观由欧洲历史得以强化。罗马帝国之后，欧洲进入了中世纪"黑暗时代"，而在中世纪的后期，"绝对主义国家"兴起，出现了教皇与国王之间的权力斗争，代表俗世政治的国王终于占了上风，终结了教会政治。之后，欧洲政治立刻开始了王权（政权）与商人集团（社会）之间的斗争，这个斗争长达几百年。这个历史决定了西方人的思维方式，即世界的二元对立性和事物的二元对立规律。历史并未终结，"二战"后冷战把全世界带入对立状态，即所谓西方阵营与东方阵营的对立，由此更强化了二元对立的世界观和思维方式。

伴随着西方历史的演进，解释这种历史经验的近代社会科学诞生了，那就是号称对西方社会科学影响最大的马克斯·韦伯的社会学。在韦伯的社会学方法论中，处处充满着二元对立的范畴和概念，比如东方与西方、传统与现代、工具理性与价值理性，等等。韦伯社会学理论的美国化无疑归功于帕森斯，在1937年的《社会行动的结构》以及20世纪50年代建立行为主义的"一般理论"中，他们相信社会可以通过一系列二元对立的模式变量来理解，其中包括先赋性质与成就表现、情感与非情感、集团取向与自我取向、特殊主义与普遍主义、弥散性与专门性。其还是理解社会的一般理论的社会学努力，为冷战时期的西方社会科学奠定了二元对立的世界观和方法论基础。

将二元对立世界观植入政治学，则是由几代学者完成的。伴随着韦伯社会学美国化的过程，产生于欧陆的很多古典理论也美国化了，其重要特征就是程序主义和可量化性，其中影响最大的便是民主概念。自古以来，民主便是人民当家做主和卢梭的"人民主权"，而在实用主义大师杜威看来，任何国家都存在民主的成分，也有专断的成分，民主是多少而非有无的问题。这个判断应该是符合东西方各社会的历史与现实的。但是，因为冷战的需要，民主概念被彻底改造了，以美国政治制度为模板而把民主改造成一个程序主义或工具性概念。

这归功于约瑟夫·熊彼特。在《资本主义、社会主义与民主》中，熊彼特说人民主权在历史上是不存在的，不仅如此，也不存在所谓的"集体福利"。既然不存在所谓基于"集体福利"的人民主权，那么民主是什么呢？熊彼特来了一个简单的"颠倒"：过去人们视人民主权为第一位的，而熊彼特把它放在第二顺位，第一重要性是选民选举产生政治家的过程。从此，"选举式民主"或者"熊彼特式民主"流行开来。从20世纪50年代到80年代，几代民主理论家，包括罗伯特·达尔和萨托利等人，都是论证的"选举式民主"，并把竞争性选举当成判定民主的唯一标准，有则是民主，无则是非民主。[①] 这就是在政体问题上的二元对立，民主与非民主。民主就是自由主义民主，而非民主是一个"家族概念"，包括法西斯主义、极权主义、共产主义、威权主义等。

在中国政治研究中，这种二元对立的思维方式处处可见，可谓泛滥成灾。从毛泽东时期到当下中国，中国政治在基本制度不变的前提下已经发生了重大的结构性变革，比如本研究将涉及的中央—地方关系、政治—市

---

① 参见曾毅《政体新论：破解民主—非民主的二元政体观的迷思》，中国社会科学出版社2015年版。

场关系、国家—社会关系等，变化之大有目共睹。但是，西方人包括很多华裔学者，在研究中国政治时，都离不开"威权主义"这个帽子，以"柔性威权主义""分权性威权主义""地方化威权主义"等几十个变种的"威权主义"来分析中国政治，得出的结论自然会远离中国政治实践本身。

民主—非民主的划分标准已经动摇。"第三波民主化"浪潮以来，很多国家的政权都是靠竞争性选举产生的，比如俄罗斯、白俄罗斯、伊朗、委内瑞拉、埃及等，结果，选举产生的领导人都是强势人物。面对这种情形，善于制造概念的西方政治学说这些政权不是民主的，而是什么"竞争性威权主义""选举式威权主义"等，统称为"不自由的民主"。这就意味着，以竞争性选举为根本标杆的民主—非民主的二元对立政体观已经不能成立。

事实上，以一个尺度来划分民主的有无，实属简单粗暴。民主分为社会民主、经济民主和政治民主，哪一个社会没有社会民主？美国的经济民主又有多少？即使单纯地讲政治民主的领导人的产生，协商政治不属于民主吗？其实，在罗尔斯的《万民法》中，有协商民主的政体就是"合宜的良序政体"，即具有合法性的政体。[①]

在理论上和实践上，政体都是权力关系的总和，其中不但包括传统的行政—立法—司法的权力关系，诸如所谓的总统制、议会制，还包括中央—地方关系，诸如单一制、联邦制等概念，在资本权力极为重要的时代，政体还包括国家—社会关系和政府—市场关系。如此复杂的权力关系，怎么可以用"竞争性选举"一个尺度来断定一个政体的性质？

在二元对立的思维方式中，前述的构成"观念世界"的很多概念，诸如自由、法治、公民社会等，都成了"有无"问题。因此，在依据比较历史的视野重新认识中国政治的过程中，首先要破除的是二元对立的思维方式。二元对立是框，很多概念都是"框"中的构成要素。

[①] 参见杨光斌《合法性概念的滥用与重述》，《政治学研究》2016年第2期。

二 近似值政体观

政治学鼻祖是以近似值的方式看待不同的政体。根据权力归属的人数多少,在对158个城邦国家比较研究的基础上,沿着柏拉图的传统,亚里士多德以统治者人数为标准,把政体划分为君主政体(一人统治)、贵族政体(少数人统治)和共和政体(多数人统治)。同时,在亚里士多德那里,政治是关乎城邦的最高的善,并以此即是否追求善业为标准,将上述三类政体又演绎为变态的僭主政体、寡头政体和平民政体。但是在亚里士多德那里,158个城邦国家的政治制度研究是如此复杂,绝不是几个类型可以概括的,因此在每一种大类下面又梳理出若干"亚政体",而且指出同一种类型政体之间的差异甚至大于不同类型的政体。[①] 对此,萨拜因指出亚里士多德开创了政治过程研究,而且其精细程度是后来者所不能企及的。[②] 就连保守主义阵营的学者也认识到,亚里士多德的政体观是单一序列上的级数差异而非类的对立,而这种非实质性差异就为政体之间的转换和改革提供了可能性。[③] 也就是说,政体系列上的"级数差异"其实是一个近似值问题,即名称不同的政体在政治过程意义上可能是近似的,没有其名称所反映的差别那么大。

作为政体单一序列上的"级数差异",近似值政体观虽然更接近真相,但因它不符合政治斗争的性质,不符合将政治对手妖魔化和标签化的理论特质,意识形态家和政治家并不喜欢近似值民主观,因而也难以流行。但

[①] [古希腊]亚里士多德:《政治学》,吴寿彭译,商务印书馆2008年版,第194—196页。

[②] [美]萨拜因:《政治学说史》(上),邓正来译,上海人民出版社2008年版,第148页。

[③] [美]列奥·斯特劳斯、[美]约瑟夫·克罗波西主编:《政治哲学史》(上),李天然等译,河北人民出版社1993年版,第152页。

是，在世界因意识形态而对立之前，近似值民主观在美国大有市场，如杜威的实用民主观；即使在两极对立的冷战时期，近似值政体观也没有被人遗忘，如美国著名公共政策理论家林德布洛姆的近似值民主理论。

即使是冷战时期的意识形态家也不得不承认，杜威的实用民主理论是20世纪美国最有影响的民主理论。杜威在20世纪20年代曾和当时的美国舆论领袖李普曼有过激烈的论战，李普曼代表的是精英主义，认为大众连选择好的领导人的能力都没有，遑论"民治"的能力了。杜威对公共意志、大多数人利益的强调，使得他不仅将民主视为一种政府形式即政体，还视为一种生活方式、一个伦理问题。因此，民主不仅是政治的，还是经济、学校、教会、家庭等其他方面和生活方式。这且不说，就是在政体意义上，杜威也不认为其所生活的美国政治就符合林肯的民主定义。

加拿大著名民主理论家坎安宁将杜威的近似值民主归纳为以下几点：[①]

第一，民主无处不在。民主不但应该存在于官民互动之中，还应该体现在社会生活的其他方面，家庭、教会、学校、工厂等都应该是民主的生活方式。

第二，民主是一个程度问题。既然民主无处不在，任何国家都既有民主也有反民主的，"公众"在某些情况下都可能从事危害社会的活动。为此，民主是一种理想而不是一种社会的具体品质，关键在于"公众"到底有多民主或多不民主，如何使他们变得民主。公众对公共事务的努力是杜威民主理论的核心。

第三，民主深受情境影响。如果说任何社会都存在民主，而其民主程度又深受情境的影响。杜威致力于最好的国家形式的讨论，但又认为政治组织的主要特征是暂时性和地域的多样性，公众对公共事务的努力是经验性的，并且因时、因地而异。

---

① [加] 坎安宁：《民主理论导论》，谈火生等译，吉林出版集团公司2010年版，第190—192页。

第四，民主的难题永远存在。由第三个命题而推断出，民主总是理想中的事，实现民主的难题永远存在。"实用主义的基本信条是，最好将人类事务看作一个永无止境的解决问题的过程，因为每一次解决都会创造出新的问题。"

如果说杜威是基于对美国政治的深刻观察而提出抽象的哲学和伦理学上的近似值民主观，那么著名的公共政策分析家林德布洛姆在比较政治经济学的研究过程中则明确提出了近似值民主观。在他看来，民主理论中应该有大公司一席之地。但是，任何自由民主理论都没有给予原理上的阐述，其理论价值必然大打折扣。按照经典的马克思主义式民主理论，大企业控制似乎不利于民主政治。林德布洛姆敏锐地观察到，大企业事实上起着公共权力机关的作用，比如塑造话语权和影响政策议程。如此重要的角色在自由主义民主理论那里居然不予讨论。因此，鉴于大企业的影响，美国民主制度本身从未完全是民主的，多头政治也只是民主的近似值，仅仅是民主制度的一个部分而已。①"多头政治不过是对任何理想的自由民主模式或任何其他民主形式的一个大体的近似。"②

反过来说，虽然企业对政治的影响不利于真正的民主，但是却意味着政治多元化。林德布洛姆的结论是："哪怕是在缺少多头政治的条件下，市场和私有企业也采用了最大限度的相互调整和政治多元化。"③也正是在这个意义上，达尔用"多头政体"一词代替"民主政体"，这还是比较客观的。

比较政治经济学告诉我们，若以市场经济为中介而进行政策过程分析，不同国家的政治过程的近似性会更多。任何国家只要实行了市场经济，其

---

① ［美］查尔斯·林德布洛姆：《政治与市场：世界的政治—经济制度》，王逸舟译，上海三联书店1992年版，第279页。
② 同上书，第314页。
③ 同上书，第259页。

利益必然是多元化的，必然存在利益集团直接影响政策制定，乃至绑架和扭曲公共政策的可能性。这种政策过程中的近似性，远比所谓的政体形式的差异更有实质性意义。

第三节 世界大历史维度中的中国政治

社会科学研究提供的知识不但有观念和思维方式，更多的是事实和常识，跳出观念的囚笼而回到事实世界，对中国的认识大概会是另一种结论。

在世界大历史维度上，严格说来，西方国家的好日子也不过就是"二战"之后的事。第一次工业革命之后的200年间，西方国家都发生了什么？且不说内部的政治动乱和流血冲突，西方国家之间还直接演绎了人类的大灾难即两次世界大战，这是白人世界的战争而导致的世界性灾难。"二战"之后，西方国家实行了以大收买换取大和平的福利国家政策，人民开始安居乐业了。不过20多年，到20世纪70年代，西方国家出现因越战、石油危机而导致的经济危机和政治危机，此时无论是多元主义者达尔，还是保守主义者亨廷顿，几乎都认定西方国家处于危机之中而难以自拔，因此达尔写下了《多元主义民主的困境》，亨廷顿等则有《民主的危机》，新马克思主义者哈贝马斯写下的关系西方政治的《合法性危机》。可以说，此时的东西方都处于危机之中。不同的是，西方依靠新自由主义即回到古典自由主义而度过危机，而另一极的苏联则自我解体。但是，西方社会危机是结构性的，新自由主义所导致的2008年金融危机，背后必然是政治制度的问题。

这是就世界大历史而言。大历史中的美国又是怎么走过来的？美国工业现代化的起点应该是在内战之后，到19世纪80年代左右，农业经济让位于工业经济。在这十几年内，公共秩序几乎失序，流行私人警察和私人法庭，不但黑人甚至白人也可以被私人法庭审判。接着，就进入了所谓的"进步主义"时期，即从19世纪80年代到20世纪头十年长达30年的社会混乱时期。紧接着，进入了第一次世界大战，大战刚结束10年，又进入1929—1933年大危机时期，不久又卷入第二次世界大战。"二战"结束之后的二十几年算是过上了好日子，但黑人直到1965年才有了基本政治权利保障。算一算，从"杀无赦"的美国内战（1861—1864）开始后的100年，美国普通百姓到底有几天好日子？更别说白人对印第安人的种族灭绝式清洗。这样的国家难道就没有政治合法性问题？可以说，美国硬是扛过了一场又一场的治理危机，才解决了所谓的合法性问题，而且其合法性的自洽还是来自观念的建构即自由民主理论。

大历史维度的常识是，在整个西方世界或者我们所说的早发达国家，尤其是那些我们所熟悉的大国，几乎全都是一路跌跌撞撞走到今天的，全都是在危机中求生存。也就是说，任何国家的现代化历程都伴随着转型危机而导致的治理危机，用我们今天的时髦语言来表述就是充满着合法性危机。

度过危机的早发达国家开始"重述"历史，在冷战期间的历史叙事中，其危机四伏的历史过程被抹去了，刻画的是一套非历史性的好政策、好制度、好模式，以便让后来者即新兴民族国家去学习、去模仿，结果如何呢？

"二战"结束时联合国的会员国有40多个，今天则达200个左右，其中发展中国家约180个。战后的180个左右的发展中国家，有几个国家或地区进入了经济发达序列？不足8个，其中一半集中在东亚地区，包括中国台湾地区、韩国、新加坡、中国香港地区，而这些国家和地区是如何进入发达序列的呢？都是有违当时的流行学说，其道路不符合当时流行的"好政策""好制度"。不但韩国等是这样，后来居上的德国、日本也是这样。基于此，诺贝尔经济学奖获得者舒尔茨总结道："近三百年来根据主流社会思潮进行的重要变革绝大多数是失败的。"① 不是吗？南美洲在"二战"之前本来还算富足，战后按照西方设计的进口替代战略发展，结果陷于南美洲人所说的"依附型国家"而难以自拔。整个非洲也基本如此，政治制度全是外来的，经济政策上也是典型的进口替代，结果也成了和南美洲一样的"依附型国家"。问题是，同样是后发经济体，为什么东亚没有陷入依附状态而后来居上？

中国固然有很多问题，有的问题甚至还很严重。但是，从大历史的维度看中国，中国所面临的是西方国家都经历过的治理危机，而且问题的程度不见得比它们更严重。在世界政治的大空间看中国，与上百个发展中国家相比，中国当然更有自信的资本；而且，用反事实法与可比的发展中国家比较，中国更有理由坚定道路自信。

◇第四节 国际大空间视野下的中国政治

由于政治制度尤其是大国政治是很难用实验法来反复折腾，比较研究中的反事实法倒是一条可以验证政治选择好坏的方法。比较政治研究让反事实法不仅是停留在假想思维层面，而且是事实层面。比如，中国没有实行西方制度，那么如果实行了会是什么结果？这是没法实验的。但将中国与可比的、政治制度相反的国家进行比较，能反向验证中国政治制度的优劣。

比较政治研究首先是选择可比较的对象。国家建立后发展的起点、近代历史遗产、人口规模、国土面积等，都是比较发展中国家的必要条件。基于此，中国很难和城市国家新加坡比较，也很难和早发达国家进行比

---

① 转引自林毅夫《中国学术界不能只引进》，FT中文网（http://www.ftchinese.com/story/001057679，2014-08-13）。

较，只能和其他发展中国家比较。而发展中国家众多，最好的比较对象就是世界上人口过亿的发展中国家，或者与同类性质的政治制度的国家进行比较。

一　相同的制度不同的选择　中国与俄罗斯的比较

中国没有实行代议制民主，但作为与中国实行相同政治制度的苏联的继承者，俄罗斯却走上了代议制民主的道路，结果如何呢？即使支持俄罗斯转型的西方国家，最终也不得不承认，叶利钦治下的俄罗斯是"失去的十年"，国家和人民处于万劫不复的状态，处于失败状态的俄罗斯最终呼唤政治强人普京的出现。十几年来，普京实行的是被西方国家戏称为"普京式民主"的"可控的民主"，学术界的标签是"选举式威权主义"，即有选举而无民主的政体。在西方眼中极度负面的俄罗斯政治，却得到了绝大多数俄罗斯人民的支持。一个有趣的问题是，对于一个主权国家而言，到底是人民的支持重要还是迎合外国的口味重要？答案不言而喻。

二　民主集中制 VS 代议制民主

在人口过亿的 9 个发展中国家中，即中国、印度、孟加拉国、巴基斯坦、印尼、菲律宾、尼日利亚、巴西、墨西哥，只有一个国家即中国的政体是民主集中制，而其他 8 个国家的政体都是代议制民主，即拥有"观念世界"中的"好制度"——多党制、竞争性选举、公民社会等。结果如何呢？在治理意义上，难道中国不是这些国家的老师？国际社会科学界最喜欢拿中国和印度比较，即所谓的"龙象之争"。按照世界银行的统计，20 世纪 80 年代以来，正是印度发达公民社会的形成期，而两国的差距越来越大，目前人均 GDP 已经相差 6 倍之巨。① 在治安指数上，巴西、墨西哥、尼日利亚每 10 万人中杀人犯是 20 人以上，俄罗斯是 9 人，印度是 3 人，中国是 1 人。② 试想，谁会愿意生活在一个没有基本生命安全保障的代议制民主政体下呢？

通过简单比较可以知道，流行的自由民主政体所提供的福利好于"非民主"政体，是多么不靠谱的假说，铺天盖地的量化研究得出的结论多么有违常识。哈佛大学的教授们应该知道，所谓的自由民主政体提供的福利好于"非民主"政体，其实是发达国家好于发展中国家，而发达国家恰好是自由民主政体。但是，提供好福利并不是因为其民主，而是因为其早发达；那其发达的原因是因为民主吗？显然也不是。发达国家的大众民主是什么时候发生的？这可都是历史常识啊！早发达的要素有很多，其中战争掠夺、国内种族清洗、法治、市场经济，都是关键变量。哈佛大学的教授们不应该偷换概念，不应该犯方法论上的常识性错误，即把历史阶段不同的国家替换为政体不同的国家加以比较。其实，不同的政体可以比较，那就是把实行民主集中制的中国与实行代议制民主的 8 个发展中国家进行比较，那么有哪一个自由民主国家所提供的福利好于中国？在笔者看来，美国教授们方法论上的常识性错误，不是因为他们不懂，而是因为他们知道自己的政治学是国家战略的一部分。

◇ 第五节　中国政治观：在"常道"与利益之间

比较分析所发现的中国优势不是为了美国式的故步自封，中国政治依

---

① 联合国开发署：《2014 年人类发展报告》（http://www.un.org/zh/development/hdr/2014/pdf/hdr2014.pdf）。

② 世界正义工程：《2014 年全球法治指数报告》（https://worldjusticeproject.org/our-work/wjp-rule-law-index）。

然有巨大的空间去调整、去发展,而且中国有能力、有愿望去进行政治改革,比如在全面深化改革中所推进的社会主义协商民主政治的建设工程。比较而言,实行党争民主和利益集团政治的"否决型政体"的美国,已经没有能力进行政治改革。在福山看来,哪怕是曾经很优越的政治制度,如果不能与时俱进地改善并保持解决问题的能力,就是一种"政治衰朽"。①

虽然道理并不复杂,也是"可道"的"常道",但是"常道"往往会被形形色色的利益所淹没,可能以团体的道理阉割人类大道,正如资本主义化的世界政治所呈现的那样。这绝不是人间正道,因此讲究整体性分配正义的政治学依然要呼唤人类之"常道"。并非意识形态地说,中国道路事实上正在"常道"之上,为之证明的学说在道德上、良心上并不处于下级阶位。

我们知道,政治事关根本利益的分配,是关于谁得到、如何得到、得到什么的大事,因此,不同利益或者不同阶层、不同结构中的人,对政治的看法可能南辕北辙,其中改革开放以来形成的事实性"特殊政治经济利益集团"的看法必然不同于普通人的政治观。

党的十八大以来被惩处的一百多个"大老虎"和上万个处级以上的干部,就是形形色色的特殊利益集团,典型的如以令计划为首的"西山会"以及以周永康为首的"石油系"。"特殊政治经济利益集团"事实上就是官商联盟,处于关键位置的官员以权力庇护商业利益甚至非法攫取商业利益,而巧取豪夺的商业利益则需要权杖的保护。商业利益不但可以收买权力,也可以收买知识,正所谓"经济再生产"所造就的"文化再生产"。这就是为什么一些读书人有违常识地去为特定利益讲话。这种官商联盟或者处于联盟链条上的官员,对于基本政治制度和现行政策的看法,都是异于常人

---

① [美]弗朗西斯·福山:《民主是问题,还是解决方案》,2014年10月15日在美国约翰·霍普金斯大学就其《政治秩序和政治衰败》的演讲,澎湃新闻(http://www.thepaper.cn/newsDetail_forward_1271503,2014-10-17)。

的。什么样的制度能够保护这些利益？当然是基于私有制基础上的代议制民主，因此他们很自然地把西式民主视为"历史的终结"，他们也自然地不喜欢甚至抵触动了他们"奶酪"的强力反腐政策。也就是说，他们既要把现行制度改造为有利于保护自己利益的西式民主，也反感触动他们根本利益的现行政策。显然，这种"特殊政治经济利益集团"已经背离了党性与人民性一致的原则，人民主体性变成了自己利益的主体性，以致出现了看似奇怪倒也自然的现象，培训官员的课程不能过多地涉及反腐问题，因为课程设计者担心这样的课程不受欢迎；同样，批判自由主义民主之"普世价值论"的观点在一些官员那里也不受欢迎，因为这直接或间接地触碰到他们的痛处。这种现象事实上意味着共产党面临着来自内部的威胁，党性和人民性原则已经受到威胁。正因为如此，党性和人民性一致的原则怎么强调都不为过，否则中国共产党和其他政党就没有区别，中国的前途也因此不会好到哪儿去。习近平总书记讲得很彻底："党除了工人阶级和最广大人民群众的利益，没有自己特殊的利益。如果有了自己的私利，那就什么事情都能干得出来。党内不能存在形形色色的利益集团，也不能存在党内同党外相互勾结、权钱交易的政治利益集团。党中央坚定不移地反对腐败，就是防范和清除这种非法利益关系对党内政治生活的影响，恢复党的良好政治生态，而这项工作做得越早、越坚决、越彻底就越好。"①

这段讲话就是超预期反腐的根本原因。周永康、薄熙来、令计划、徐才厚、郭伯雄等"大老虎"的背后，其实就是形形色色的政治经济利益集团。这些利益集团的存在，败坏了政治生态，是对人民性和党性的极大威胁，必然要威胁到中国的根本制度。湖南郴州人大代表贿选案、四川南充常委会贿选案、辽宁省全国人大代表贿选案，都是对代表型民主的重大威胁。中国是世界上少有的不依据财富多寡分配政治资源的国家，凡是财富

---

① 《习近平在中共十八届五中全会第二次会议上的讲话》，《人民日报》（海外版）2017年3月22日第5版。

决定政治的国家，都是少数人的民主，是资本民主。

应该认识到，只要搞市场经济，就会有特殊政治经济利益集团。市场经济必然催生社会结构的多元化，从而形成不平等的社会结构，而不平等的社会结构的"自发秩序"就是与政治权力结盟，在西方就自然是多党制基础上的代议制民主，而在中国则是官商同盟。官商同盟产生于党内，也是对民主集中制原则的最大威胁。换句话说，如何运用民主集中制原则控制市场经济基础上的特殊政治经济利益集团，是未来对执政党的一个重大挑战，处理得好就能坚持中国道路和中国模式，处理得不好中国就成为"普世价值俱乐部"的一员，遭殃的是人民。

除了特殊政治经济利益集团的政治观外，地区利益、部门利益、族群利益乃至个人利益，都影响着人们对中国政治和政治走向的看法，处于利益矩阵中的人们即使不受"观念世界"的影响，即使懂得比较历史和世界政治的道理，也会因特殊的团体利益而对中国政治有着独特的诉求和看法。也正因为如此，几千年的"大一统"基因可能被破坏，党的领导尤为重要。所以，对中国未来的威胁，不但有党内的特殊利益集团而导致的西式政治制度，更有国家统一问题。中国的起点是国家的"一统"，没有"一统"则是乱世，所以中国几乎是治乱循环，统一的历史和分裂的历史几乎对半，新中国是"再统一"的历史，决不能再陷入乱世的循环。西方政治的起点是"多元"，多元导致了两千年的乱世，城邦战争、宗教战争、国家战争不绝于历史，甚至有"一战""二战"这样的毁灭人类的乱世，最终才是"民族国家"的出现，而"民族国家"事实上就是西方的一种"统一"形式。在这个意义上，西方的国家史即民族国家的形成是从1648年《威斯特伐利亚和约》开始算起的，不过300年的历史，而中国则有3000年的国家史。"国家"就意味着统一，一统的国家则总是面临着各种危机和挑战。

◇◇ 第六节　世界经验的中国意义与
　　　　中国经验的世界意义

比较历史和比较政治视野下的中国和"观念世界"中的中国完全不一样，比较视野下的中国研究与没有世界观而只有中国的中国研究也完全不一样。这并不是说中国有多么完美，而是告诉了我们关于国家治理的一般知识乃至规律性的治国之道。

第一，治理危机的普遍性和公民权利保障的重要性。国家之间的比较，看上去是在比较哪个国家更好，其实是在比较哪个国家更难，哪一个大国治理是容易的事？治理危机是必然的、普遍性的，发达国家是这样过来的，发展中国家也不会例外。既然治理危机是普遍存在的，那么如何渡过这个难关？世界政治经验提供的一个关键启示，就是在加强制度建设的同时，加强对公民基本权利、社会权利和政治权利的保障，而且要把公民权利作为国家制度建设的目标和指导。这样，以提升国家治理能力为导向的制度建设将使政治制度具有更强大的适应能力，而公民权利的保障又必然会反过来加强制度的吸引力。

第二，政治制度的历史性。文明互鉴是全球化时代的必然之路，但这并不是否定一个国家政治制度之文明根基的理由，没有文明基因的政体必然不是好政体，因而很难产生人们所期许的结果。

第三，"观念世界"的危害性。在不具备相应文明基因且尚处于发展中甚至欠发展的阶段搞自由民主、党争民主，就不能指望有期许中的发展。研究印度民主的结论是"托克维尔悖论"：印度的民主政府在最初时期运转得还不错，恰恰是因为印度不存在一个民主社会；而当印度的民主社会（即碎片化的以族群为本位的政党组织和公民社会）发达以后，印度的民主政府就难以为继了。这就是印度二十几年的反贫困计划失败的根本原因。

第四，中国经验的理论性。中国不应该是"观念世界"的理论试验场，而应该是理论的发源地。也正是因为如此，西方人的"中国威胁论"其实不是说中国的军事威胁、经济威胁，而是政治威胁，这是西方思想界的一种普遍性心理。基于中国历史文化和实践模式而书写的政治社会理论是改写世界300年历史的大事，"历史终结论"已经因为中国的成就、西方本身的问题以及转型国家的乱象而动摇。

第五，中国政治发展的适应性能力。比较的优势不是为了美国式的故步自封，中国政治有巨大的空间去调整、去发展，而且中国有能力、有愿望去进行政治改革，比如在全面深化改革中所推进的社会主义协商民主政治建设工程。比较而言，实行党争民主和利益集团政治的"否决型政体"的美国，已经没有能力进行政治改革。在福山看来，哪怕是曾经很优越的政治制度，如果不能与时俱进地改善并保持解决问题的能力，就是一种"政治衰朽"。[1]

---

[1] ［美］弗朗西斯·福山：《民主是问题，还是解决方案》，2014年10月15日在美国约翰·霍普金斯大学就其《政治秩序和政治衰败》的演讲，澎湃新闻（http://www.thepaper.cn/newsDetail_ forward_ 1271503，2014-10-17）。

第 二 章

世界政治体系的演化

——世界政治结构的演化与中国制度的世界性

要更好地认识中国政治发展，必须理解世界政治体系及其性质，正所谓比较出真知。但是，我们过去讲中国政治发展道路的时候只停留在中国自己的历史脉络上，让人看不到中国道路的比较优势，而且很多时候看到的似乎都是些问题。必须转换观察问题的视角，把中国政治发展置于世界政治结构（世界政治体系）之下去观察。至少在这个意义上，有必要建构一个堪称新学科的世界政治史———一种论述世界政治体系演化与形成的学科。

有关于世界政治体系演化的"世界政治史"吗？打开图书馆文献检索，只有一本60多年前出版的《近代世界政治史》[①]，其内容基本上是各主要国家的重要大事描述，但是确实有点世界政治史的味道。国内的《国际关系史》类的教材和著作则铺天盖地，让人目不暇接，至少有10个以上的版本，既有多卷本，也有单册本。国际关系史的上面或者说知识源头还应该有世界政治史，它是我们理解世界政治尤其是发展中国家政治发展的结构性前提，没有世界政治史而限于各种观念、理论范式去看各国政治尤其是

---

① 钱亦石：《近代世界政治史》，生活·读书·新知三联书店1950年版。

中国这样的发展中国家的政治道路，就如同盲人摸象，乃至南辕北辙。由于后面将要涉及的原因，西方也没有系统的关于世界政治体系演化的世界政治史。基辛格在《世界秩序》中甚至说"从来不存在一个真正的全球性的'世界秩序'"①，这种判断显然有违世界大历史，《世界秩序》的书名也属于逻辑混乱。被称为第一个国际政治理论大师的摩根索的《国家间政治》② 有点"世界政治原理"的味道，但不能算是世界政治史，它讲的主要是处理国家间关系的基本理论和基本原则，核心是如何建构"权力均衡"。最近翻译过来的芬纳的三卷本《统治史》，③ 其实是讲各国政府演化史，但国家政府间彼此是什么样的联系，或者是否存在连续性，则不是《统治史》的任务。沃勒斯坦的多卷本《现代世界体系》④ 讲的是以资本主义为线索而形成的"世界体系"中的中心区、半边缘区、边缘区的演化过程，可以称为"资本主义扩张史"，其中无疑与世界政治史有交叉，甚至有点"世界政治史"的味道，但各主要国家政制以及文化主义上的世界政治结构却不是沃勒斯坦所重点关注的。可以说，或者是因为国外没有专门的世界政治史，国内才没有。改革开放之后的中国社会科学并没有"中国"，几乎完全是"拿来主义"的。

建构一个社会体系性质的史学"新学科"，无疑要冒着巨大的知识风险。这样一个题目广阔、涉及众多分支学科的"新学科"，任何人都可以从任何一个学科的角度对之进行批判甚至否定。但是，这只能被当作建设"新学科"的动力。我相信，有了这样一门"新学科"，我们观察国际关系

---

① ［美］亨利·基辛格：《世界秩序》，胡利平等译，中信出版社2015年版，"序言"第IX页。

② ［美］汉斯·摩根索：《国家间政治》，徐昕等译，北京大学出版社2002年版。

③ ［英］塞缪尔·E. 芬纳：《统治史》（三卷本），马百亮等译，华东师范大学出版社2014年版。

④ ［美］沃勒斯坦：《现代世界体系》（三卷本），庞卓恒等译，高等教育出版社1998—2000年版。

的视角会有些变化，比如为什么美国要"重返亚太"，为什么奥巴马和希拉里都说不能让13亿中国人过上美国式富有生活、美国不能生活在中国人的统治之下。更重要的是，只有有了世界政治史或者世界政治体系的观念与视野，才能理解一个国家政治发展道路的性质与意义；只有胸怀世界政治史，才不至于自大而又鲁莽地给正常的爱国主义行为贴上所谓"民族主义"乃至"民粹主义"的标签。

◇ 第一节 "世界政治史"：世界政治体系的演化历程

能够称得上"史学"意义的一门学科，必定有确定的线索把这门学科串联起来，比如中美关系史，其线索就是两国交往史，否则就是一堆乱码而非一条线索性的"史"。

我认为，有了现代性，才有堪称"世界"的政治史，之前基本上是地区政治史。因此，理解世界政治史的前提是理解"现代性"。现代性政治就是基于科学革命和个人权利的资本主义经济推动的民族国家的形成和大众民主政治的到来，其中的主宰者300年来一直是基督教白人。这样，现代性政治的基本要素就是科学技术、个人权利、西方文明（基督教文明）、资本主义、民族国家和大众民主。现代性不等于"西方性"，但现代性起源于西方并由西方主宰的事实，决定了现代性政治中充满了"西方性"。

我初步的看法是，既然现代性起源于西方（西欧），这就决定了"主体"的优先性以及事实上演绎而来的种族主义，说白了就是"白人优越论"，西方人把西方在现代性上的优先性论述为人种的优越论，这是几百年来世界史上一个不容忽视也不可无视的事实。这是第一条线索。与此相关，第二条线索就是资本主义——这是现代性所以叫现代性的最重要的因素，资本主义的意识形态是自由主义，资本主义（自由主义）的"最高阶段"就是帝国主义及其所实行的殖民主义。资本主义推动了种族主义，并由此而演化出资本主义和白人主宰的世界政治体系的基本结构与制度。

"世界政治史"是学科性的，具有其内在的规定性。世界政治史的学科资源是什么呢？就规范性学科而言，最高一层的无疑是世界历史或者世界文明史，无所不包；第二个层次就是世界政治史（包括世界经济史），其学科资源至少有国内政治、政治思想史和国际关系；国际关系史等，是第三个层次的学科。我认为，层次最高的学科属于"元学科"，是理解次要层次学科的思想与历史资源，失去第一、二层次的视野，关于第三层次学科的知识将可能是碎片化的、没有方向性的。比如，不认识世界政治结构及其性质，就无法理解中国政治道路。但是，"元学科"不是建立在空中楼阁之中，而是由提炼低层次学科的资源而来，只不过，并不是所有的第三层次的学科都能成为"元学科"的资源，这里的"时间性"即时间顺序至关重要，一旦"元科学"依据特定的资源建立起来，其他的学科资源将很难进入"元学科"的结构之中，因为特定利益集团已经把持了"元学科"的话语权。这就是为什么后发国家的学者在泛滥的理论、范式面前有无力感。尽管如此，后发国家还是得利用自己的"低层次"本土资源而推进自己的"元学科"建设，否则就永远生存在别人的话语权之中。

西方社会科学搞了一系列的国际关系史、国际关系理论，单却没有发展出一套世界政治史，为什么呢？原因很多，至少有西方很多学者不愿意面对文化主义上的白人优越论和经济主义上的资本主义（帝国主义—殖民主义）这两条线索的历史事实，这对西方人而言确实有些尴尬，因此才抛开世界政治本质论而搞起了形式主义的"三大主义"——结构现实主义、自由制度主义和建构主义。我认为，这"三大主义"只是从既定的国际秩序或"国际制度"出发并论证"结果性结构"（或"现状性结构"）或者制度的合理性的一些形式主义学说，而不敢对国际制度"如何来"这样的本体论性质的问题展开追问，不涉及"来源性结构"（或"过程性结构"）。所谓"过程性结构"是演化性变量，即政治演化过程中的主导性力量，研究的是"结果性结构"是如何发生的，属于"发生学"；"结果性结构"指演化的结构性变量，是一种关于现状的结构。

西方人这样做是自然的，就是要论述现状性结构的合理性乃至合法性，让全世界人民从心理上认同并乐于接受这样的结果。但是，西方人并不愿意在"发生学"意义上追问"过程性结构"。他们所不愿意面对的，正是我们所要建立的话语权的出发点。

世界政治和国内政治一样，其发展或者说演进过程必然要涉及太多的因素，除了前述的文化主义和经济主义，还有地缘政治因素等。在我看来，地缘政治虽然重要，但在现代世界政治结构下，地缘政治也只是结构下的一个变量，甚至是一个虚假的学科（摩根索语）。也就是说，建构世界政治史，涉及的学科资源会很多。但我认为，考虑到前述的文化主义、经济主义和制度主义（国际秩序或国际制度）三大线索，不得不"选择性过滤"一些哪怕看起来很重要的因素或者学科，比如地缘政治学，而直接寻找有最密切关系的学科资源。据此，我认为，要对经济主义、文化主义和制度主义做一体化的论述，涉及的最重要的学科至少有四个：各主要国家政治史、政治思想史、国际社会主义运动史和国际关系史。其中，文化主义中的种族主义必然离不开思想史的脉络，资本主义的孪生兄弟则是社会主义，这些基本关系演绎出"国际制度"。因此，世界政治史是受国内政治发展形成的思想与观念直接影响着的全球政治和国际关系的基本走向。

（1）世界政治与国际关系史。国际关系史是国家之间交往的历史，其线索清晰而明确。但是，我们能够从国际关系史中总结出全球政治总体性的发展线索吗？能够回答我们从何处来、向何处去这样的根本性问题吗？单纯的国际关系似乎并不能回答这样的问题。在知识论意义上，既有的国际关系史告诉我们的是关于"实证"(the world of becoming),而非"实存"(the world of being)。国际关系理论中的"三大主义"都是典型的"实证"性质的理论,但是它们接近世界政治的真实世界即"实存"吗?大概很难这样说。比如,在讲到"一战"前后的帝国主义争夺殖民地以及由此而导致的战争,很多国际关系史教科书都不提霍布森和列宁的帝国主义论,而这却是最好的解释性理论;讲到冷战的起源,很多国际关系史研究大讲"主义"之争、地缘政治因素,却不讲意识形态背后的种族主义(白人优越论)和对资本权力集团的捍卫,而这些难道不都是最重要的"实存"吗?也就是说,国际关系理论基本上是对"现状性结构"的合法性论述,在这个意义上非西方国家的学者则在帮助论证西方国家"现状性结构"的合理性。因此,理解国际关系中的"实存"即"过程性结构",离不开政治思想史和各主要国家的国内政治发展,世界政治是国内政治的延伸。

(2) 世界政治与国内政治史(政府史)。首先,世界政治并不是各主要国家政治的总和,但理解世界政治确实离不开国内政治(包括一个国家的经济结构和政治文化)。比如,几乎在同一时期远航的中国和西班牙,为什么一个是"到此一游",一个是"先占原则"而占领"新大陆"?航海本身是一个国际关系事件,但国际关系事件的不同结果是由不同的国内政治所决定的。今天看得更清楚了,几乎所有的国际关系行为都来源于国内政治。其次,在一个全球化时代,由国内政治所汇集而成的世界政治结构必然影响着一个国家的国内政治,尤其是对后发国家而言。对于大多数后发国家而言,其现代化道路几乎是不可选择的,都是设定好的,对、错都没有办法,但是对于中国这样一个经历自主性革命而建立的新兴后发国家而言,其道路的自主性就更强一些。因此,从世界政治结构的形成到后发国家道路之比较,都更清楚地证明了世界政治结构之于国内政治的重要性。

（3）世界政治与政治思想史。政治思想史是基于各主要国家危机性事件的理论化结晶，由此而形成的思想也支配着一个国家的对外行为。最典型的莫过于自由主义，其形成于国内政治之中，但其学说的演进路线清楚地表明，自由主义对于世界政治的作用非常显著。也正是在这个过程中，让我们更好地认识了自由主义的"普世性"———一种种族主义的傲慢而已。也就是说，理解世界政治确实离不开政治思想史。国家关系理论似乎很发达，尤其是"二战"之后的美国国际关系理论，但是，理解了自由主义的民族主义性质，就能够认识到西方国际关系理论的非普世性，应该看到这些理论都是形式主义的，而不触及问题的根本，即"过程性结构"中的白人优越论问题。我们认为，既有的国际关系理论很难理解世界政治的本质，需要借助政治思想史的视角去理解世界政治。

（4）世界政治与社会主义史。在世界政治演化过程中，一路向前的是资本主义和西方白人，这个过程的副产品就是社会主义运动的产生，社会主义运动形成了一种对冲性力量。资本主义从国内化到全球化的过程，也催生了社会主义运动从一个地区的政治发展到全球化政治。因此，理解世界政治史必然不能忽视国际社会主义运动史。遗憾的是，作为一个社会主义国家的社会科学，在过去几十年里，社会主义研究的学科地位居然被大大降低，实属反常现象。

在我看来，要理解世界政治的基本结构及其走向，除了文明史和经济史这样的基本线索，至少需要对各主要国家的政府史、国际社会主义史、政治思想史和国际关系史这四门学科进行集成性大综合，从而形成一种总体性的世界政治史。尽管以这些学科为基础，但世界政治史的形成必定是社会科学一体化的，而非分支学科的拼图。对于世界政治结构演化这样的社会体系性质的研究，任何单一的学科或者交叉学科的拼接都是无能为力的。借用沃勒斯坦的话说，"我不采用多学科的方法（multidisciplinary approach）来研究社会体系，而采用一体化（社会）学科的研究方法（unidisciplinary approach)"①。

世界政治不是国家之间的政治,也不是地区政治,而是一种全球政治。因此,严格意义上的世界政治就是近500年的事。但是,在工业革命之前的世界政治中,"政治"还不算是最重要的因素,更多的是一种经济关系,当然这种经济关系中有残酷的政治,比如西班牙人在南美洲的统治形式。把整个世界政治联动起来的事件无疑是英国工业革命之后的"全球化"。因此,本书所说的世界政治史主要限定为近代300年的世界历史。

历史很诡异。在轴心文明时代,各大文明竞相绽放,随后很多文明衰落甚至消亡了。到了公元1000年左右,中华文明一枝独秀,而罗马帝国之后的欧洲进入了"黑暗时期"。但是,从"黑暗时期"走出来的欧洲,却成为支配世界的力量,从"边缘"跃升到"中心"地位,并把世界联系成为一个"体系",从此出现了世界政治或者说全球政治。

关于世界体系有很多种说法。比如,沃勒斯坦的世界体系理论讲的是资本主义扩张所形成的"中心—外围"结构,这与南美洲流行的"依附理论"讲的都是一样的道理,关键词都是资本主义。我认为,抓住了"资本主义",只是抓住了理解世界体系的一条线索,另一条线索就是"西方"或者说"白人"。因为现代化②起源于欧洲,欧洲是所谓现代民族国家的发源地,而国家的起源一方面是战争的产物,另一方面则是贸易及资本主义的产物。有了现代性秩序即民族国家的西方白人,适时地建立起了各种以国际法为主体的各种"世界秩序",构成了所谓的世界体系。这里的世界体系不但是经济资本主义的,在政治上则属于白人的,因此世界体系实际上是世界政治体系。世界政治体系无疑是为了保护体系制定者的各种"国际制

---

① [美]沃勒斯坦:《现代世界体系》(第一卷),庞卓恒等译,高等教育出版社1998年版,第11页。附带说明,这里的"approach"翻译为"路径"更为恰切。

② 这里只按传统的现代化理论的说法而定义现代化。其实,很多事实表明,中国的官僚制和世俗化政治就具有现代性,至少到宋代,中国已经很现代了。

度"（international regimes）。本人无意争论世界体系的起源时间，国际关系理论中的英国学派说 5000 年，更明确地说是哥伦布发现"新大陆"，本书则定在 1700 年，即工业革命即将启动的"关键时刻"，从此物理意义上的"地球"成为一个人为意义上的"世界"。再次强调，世界政治体系的三个关键词是"资本主义""白人"（尤其是盎格鲁—萨克逊人）和"国际制度"。

就这样，经济主义上的资本主义优势（包括后来的帝国主义—殖民主义）所带来文化主义上的种族主义，以及最终所形成的所谓"国际制度"，就是我们理解能够被称得上"世界政治体系"的"世界政治史"的三大线索，其中经济主义和文化主义是"过程性结构"，"国际制度"是"结果性结构"。而且，经济主义和文化主义从来不是二元化的，而是互相证成，文化主义为经济主义证明（提供合法性），经济主义强化白人优越论，并以此而构成了白人主宰的国际秩序或"国际制度"。19 世纪是这样，20 世纪是这样，21 世纪初世界政治的基本结构和性质依然如此。

需要指出的是，在"过程性结构"中，存在一种波兰尼所说的"双向运动"，资本主义的副产品是社会主义，二者之间相互博弈；白人优越论的副产品是民族自决权，二者之间相互博弈。资本主义与社会主义之间、白人优越论与民族自决权之间的"双向运动"，酿成了世界政治中的扩张与战争等"主题"，而这些"主题"故事又被各种"主义"推动着，包括自由主义、帝国主义、法西斯主义、共产主义、民族主义等。

这样，可以初步给能够称得上"世界政治体系"的"（近代）世界政治史"一个简单的界定：世界政治史是在由资本主义驱动的白人优越论基础上所建构的白人主宰的国际制度与国家关系演化的历史，其中既包括国内政治制度的演化，也离不开国内政治演化所催生的思想观念对全球性秩序的影响。

这里的"国际制度"不但包括国际关系理论所说的正式的国际组织和

地区性组织，诸如联合国、世界银行、IMF、WTO、欧盟、东盟、北美自由贸易区等，也包括约束这些组织的国际法和各种规范与道德（非正式制度），更包括这些正式与非正式组织背后的政治结构，比如冷战时期的两极结构、冷战后的单一霸权结构、今天的中美关系结构。政治结构才是"国际制度"之锚，国际制度的性质依赖于政治结构，没有政治结构视野的国际制度研究只能跟着西方人打转。

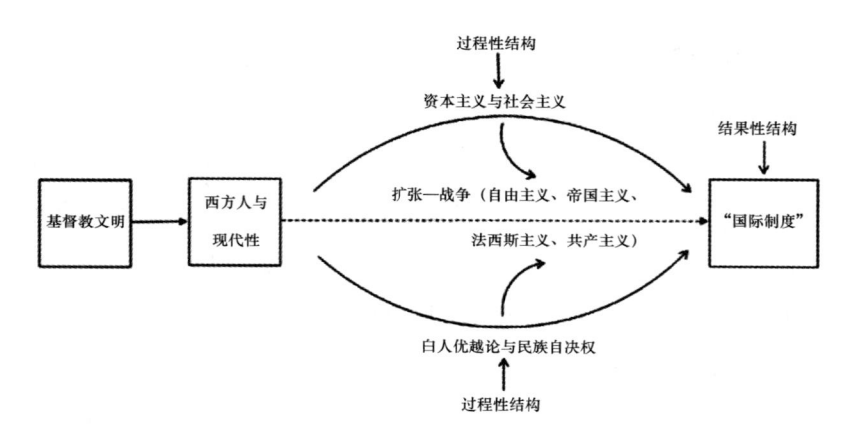

图 2-1　世界政治体系及其演化

图 2-1 告诉了我们世界政治体系的性质。首先，"过程性结构"的性质，无论是资本主义还是白人优越论，都是典型的扩张性或为扩张鸣锣开道的历史与理论。因此，这种扩张性过程所形成的国际制度，必然是霸权性质的，霸权性制度才是稳定的，并可以相互依存。这就是看起来很讲究和平主义的自由制度主义的内在逻辑。其实，"霸权稳定论"倒是很真实地解释了"国际制度"的性质，只是很多非西方学者视而不见。

弄清楚了"过程性结构"的扩张性质和"现状性结构"的霸权性质，即世界政治史中的资本主义与白人优越论（"行为主体"）所进行的扩张、战争、贸易等（"时代主题"）而演绎出的国际制度（"结果"），有助于我们生存于其中的中国人理解自己选择的政治道路,以及政治过程中时常出现的爱国主义情绪(不能随意地称之为民族主义)。遗憾的是,生活在这一"意义之网"(世界政治结构)的中国人,因为闭关锁国所导致的学术停顿,在社会科学上必然采用"拿来主义"的做法,进而其思维方式也被改变。

为此,这里需要讨论一个有趣的现象,根据 Google 学术,国际关系研究被引证次数最高的前 11 本著作中,除了两本"一般理论"作品上榜,只有两本"过程性结构"的作品被高度重视,即亨廷顿的《文明的冲突与世界秩序的重建》和沃勒斯坦的《现代世界体系》,其他 7 本引用次数最多的居然都是"现状性结构"作品。具体信息参见表 2 - 1。

表 2 - 1　　　　　　国际关系经典著作被引用次数排名

排名	作者	著作	性质	他引次数
1	Robert Axelrod	The Evolution of Cooperation	一般理论	34534
2	Samuel Huntington	The Clash of Civilization	过程性结构	18128
3	Francis Fukuyama	The End of History	现状性结构	15707
4	Kenneth Waltz	Theory of International Politics	现状性结构	14643
5	Thomas Schelling	The Strategy of Conflict	一般理论	14116
6	Immanuel Wallerstein	The Modern World System	过程性结构	13095
7	Robert Keobert	After Hegemony	现状性结构	10269
8	Alexander Wendt	Social Theory of International Politics	现状性结构	7520
9	Keohane and Joseph Nye	Power and Interdependence	现状性结构	6389
10	Joseph Nye	Soft Power	现状性结构	6048
11	John Mearsheimer	The Tragedy of Great Politics	现状性结构	5513

资料来源:根据海国图智·国关前沿通讯微信号 2016 年 8 月 5 日文章《国际关系经典著作被引用次数排名》整理。

这些"经典"到底都在讲什么问题?有多少著作是在探讨世界政治的真问题——世界政治体系的过程与来源?改革开放之后,没有自己社会科学而又善于学习的中国学术界，必然要向美国学习，这是可以理解的一个绕不开的过程。今天，我们需要认识到，美国人围绕"现状性结构"的"三大主义"，只不过是修饰"现状性结构"的种种形式主义作品，而形式主义背后的实质即"过程性结构"的资本主义和白人优越论，则以"普世主义"的形式表现出来。不但如此，美国很多国际关系学者都在研究假问题——这是形式主义极端化的问题，比如福山的《历史的终结与最后之人》的引用率是如此之高。

具体而言，传统的讲究权力均势的现实主义主要基于欧陆政治的俾斯麦式战略，主要是为理解一个地区的政治而产生的理论。[1] 冷战之后，这种权力均势又从一个地区拓展至全球，现实主义需要升级，于是便出现了华尔兹的结构现实主义。[2] 这一理论的底版来自美国—苏联两极之下的"北约"—"华约"结构，因而是一种静态的结构主义理论，但是，苏联解体给了这种理论致命打击，"一极"突然坍塌了，"结构均势"荡然无存，这无疑是理论的重大失败，于是结构现实主义又被演绎为进攻性现实主义。[3] 这其实解释了后冷战时期美国的单极霸权结构。同理，自由制度主义是对世界银行—IMF—WTO 乃至巴黎统筹委员会的"相互依存"的制度主义表述，[4] 是维护白人资本主义主导现状的理论表述；但是，当中国站起来之后，这种既有的制度比如 IMF 受到挑战，美国又搞起了 TPP 和 TTIP。由此我们不能不追问，"相互依存"是谁和谁之间的"相互依存"？是不是他国

---

[1] ［美］汉斯·摩根索：《国家间政治》，徐昕等译，北京大学出版社 2002 年版。
[2] ［美］肯尼斯·华尔兹：《国际政治理论》，信强译，上海人民出版社 2008 年版。
[3] ［美］约翰·米尔斯海默：《大国政治的悲剧》，王义桅、唐小松译，上海人民出版社 2003 年版。
[4] ［美］罗伯特·基欧汉：《霸权之后：世界政治经济中的合作与纷争》，苏长和等译，上海人民出版社 2001 年版；［美］罗伯特·吉尔平：《全球政治经济学：解读国际经济秩序》，杨宇光译，上海人民出版社 2003 年版。

只能依存于美国？如果西方国家依存于中国，自由制度主义还管用吗？强调"共享信念"的建构主义，认为人类关系结构来自观念而非利益，[①] 那么共享观念是怎么发生的或者说从何而来。建构主义忽视了或者故意漠视了本书所说的"过程性结构"，其理论来源和现实主义—自由制度主义一样，都是基于认同"现状性结构"的观念而发挥"施动者"的作用。

权力现实主义（包括结构现实主义和进攻性现实主义）和自由制度主义之间可通约吗？回答是肯定的，让我们以"建构主义"的视野来看这些理论之间的关系。二者都是讲"国际制度"，只不过前者在讲事实性或非正式制度，比如20世纪头50年的群雄并起的无政府国际结构，冷战时期的两极国际结构，以及后冷战时期的单极霸权结构。在这些非正式制度之下，是各种正式制度，大家都得遵守这些制度即所谓的相互依存。也就是说，仅是二者关注的"制度面"不同而已，而连接这两者的就是吉尔平的"霸权稳定论"，这里的霸权不单指主导性的霸权结构，还意味着在正式制度中居支配地位。无论如何，都是在讲如何保持支配地位即霸权，而这正是扩张性的"过程性结构"的产物。

不得不说，美国国际关系学界为捍卫自己的国家利益立下了汗马功劳，用非常学术化的方式或者深奥的道理维护既有政治秩序，以至于变成了所谓的"软权力"而控制非西方国家的学术界和思想界，让非西方国家的思想界自动地维护美国主导的"国际制度"。这就是美国"打赢了一场没有硝烟的战争"（尼克松语）的根本原因。可以这样说，美国学者是在用学术形式搞政治，而非西方国家的学者把美国政治当成了学术，并以美国政治（为捍卫政治而建构的各种研究范式）为标准而衡量这些国家的学术水平。

以"世界政治体系"的视野来看，下面一些言论更像美国学者之言而非出自中国学者之口：

[①] ［美］亚历山大·温特：《国际政治的社会理论》，秦亚青译，上海人民出版社2000年版。

国家（中国）不可爱，何必要爱国；日本军队是爱好和平的，全世界人民都相信日本军队，中国的爱国者实际上是爱国贼乃最是精辟的。

必须惩罚朝鲜以博得美日谅解。

学习日本，让美国保护中国；国家可以不要，但必须要人权。

联俄抗美是愚蠢的，应该是联美日；美国对中国从来都没有遏制过。

为了中日关系，我同意删除狼牙山五壮士。

我在贵国（日本）住了很多年，它比我的祖国更美好；日本货是日本货，不要把好东西都打上政治标签。

这些言论都出自专业人士之口，主题都是中国利益就是美国利益，美国利益更是中国利益，中国利益的实现有赖于美国。如果美国也这样想倒是好事，问题是这种想法完全有违世界政治体系。"专业人士"一般都是"观念人士"，即饱学之士。但"学"从何来？大概基本上是"拿来主义"西方社会科学，而且是"实证"意义而非"实存"意义的社会科学（包括国际关系理论），而"实证理论"与"实存"之间则有着巨大的张力，即既有的国际关系理论并不涉及"过程性结构"而只论证"结果性结构"。中国学术界受"结果性结构"的知识影响太重了，以至于有些专业人士关于国际问题的判断并不比没有受过专业理论训练的人士更接近事实真相，没有接受专业理论教育的人士会依赖强大的直觉去感知问题。比如，20世纪80年代提出决定中国改革开放的"和平与发展"世界主题的判断，像这样的战略家相信那些形式主义的国际关系理论吗？今天，美国要"重返亚太"，在东海纵容日本与中国争夺战略主动权、在南海支持菲律宾搞"南海仲裁"、在东北亚部署"萨德导弹"，形成对中国的战略性遏制，又该如何去理解前述的"高见"？美国在"三海齐动"，反映了世界政治体系中的"实存"结构,同样不是所谓米尔斯海默的"进攻性现实主义"所能解释的。

中国学界终于普遍性地认识到得有自己的本土化理论,不能再跟风了。建构自己的理论体系,前提是得搞清楚所谓的"经典"属性,是"过程性结构"还是"结果性结构"意义上的"经典",这样才有可能摆脱既有的学科思维方式而创建中国自己的国际关系理论,尤其是世界政治理论。道理在于,因为后面要讲到的"中国人来了"(新来源性结构),既定的"现状性结构"必将发生变革,产生新的现状性结构。弄清楚了"新过程性结构"所将导致的"结果性结构",才可能找到理论创新的出发点,否则"中国学派"的良好意愿就无从落地,可谓"老虎吃天无处下口",会出现诸如处理好古今关系、中外关系之类的泛泛之谈。和政治学中的自由主义民主理论已经没有拓展空间一样,国际关系中的"三大主义"也没有多少理论创新的余地,在既定的空间内做点修补并不是理论创新,更谈不上"中国学派","中国学派"的起点是新路径,只能在"发生学"意义上做文章。比如,当美国人说美国不能生活在中国人的统治之下,其实是在维护既有的"结果性结构"的"国际制度";当中国领导人说打造"人类命运共同体"的时候,意味着既有的"国际制度"并不能形成公正的国际秩序,需要重构,而亚投行就是重构国际秩序的开端。

"从中国再出发的世界政治体系",首先要论述的是"中国",理解中国第一要理解历史文化上的"文明基因共同体"(中华文明基体论),因为中华文明是世界上唯一的未曾中断而延续至今的强大文明,由此可见其生命力以及其对现时代中国的影响;[①] 第二要理解共产党革命的遗产;第三要理解新中国的制度建设,中国发展到今天,其制度必然有着世界政治意义。这是理解新体系的"原点"。

从"原点"出发,中国影响世界的经济主义方式就是列宁主张的"国

[①] 参见杨光斌《中华文明基体论》,《人民论坛》2016年第5期下。

家资本主义"或者今天学术界所用的词——"发展型国家",其核心就是国家主义。这与欧美的基于个人主义的自由资本主义形成了"双向运动"。中国的"举国体制"在科技发展以及由此而推动的经济发展中的作用需要得到学术界的重视。

与"白人优越论"的种族主义的排斥性文化不同,中国奉行的是"天下观"之下的"和而不同",这又与300年来的白人至上主义形成"双向运动",实质上是民本主义的儒家文明与个人主义的基督教文明之间的"双向运动",超越了表面上的社会主义与资本主义的双向运动。

以国家为中心的经济主义和"天下体系"的文化主义所塑造的世界政治主题必然是以治理为核心的合作主义,这又与300年来流行的西方扩张主义形成了"双向运动"。

三重"双向运动",最终的走向可能是"新现状性结构"的新型国际制度,但不再是某一单一种族和文化所主导的国际制度,而是由重大利益攸关方共同主导的国际秩序(包括国际制度和国际政治结构),这或许就是中国人所说的"人类命运共同体"(用图2-2表示如下)。

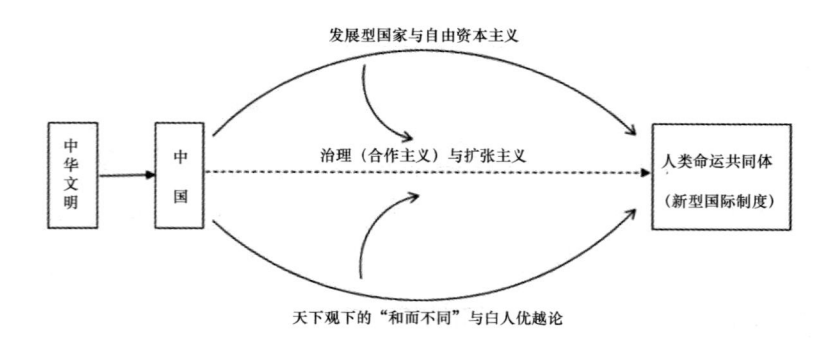

图 2-2 新型国际制度

值得指出的是,不同于西方在"蛮荒之地"之上的扩张性进取而建立的"世界政治体系",中国人必须从既定的世界政治结构和世界政治体系出发,因而其"过程性结构"的方式完全不同,必然是具有渐进性的和平合作主义,而不是革命性的替换战略,因此我们才屡次强调不挑战现存秩序。但是,"结果性结构"很可能是替代性的,对此西方人并不傻。

这样,建构新世界政治体系的"中国方案"一开始面临重重挑战。西方到20世纪才遭遇到国际社会主义运动和民族自决权的重大对冲,而"从中国再出发的世界政治体系"一开始就遭遇"阻击战",比如针对"一带一路""亚投行"之势而搞出的TPP和TTIP,当然更重大的限制性因素还是西方人主导的国际法、国际规范、国际制度等正式或非正式的约束机制。对此,中国人绝不可能像西方人那样鲁莽地开疆辟土。如何在既定的结构中"搏出位",既需要政治勇气(战略决断性行动),也需要政治艺术(策略性行动),还需要政治定力。新世界政治体系非一代人或者两代人的功业,需要久久为功,是一个积量变为质变的"长周期",而中国的规模意味着,量变就有质变的可能。

第二节　世界政治体系的起源:
国内政治的资本主义化

世界政治是由国内政治构成的,因此理解世界政治的起点是国内政治。国内政治的外溢行为构成了世界政治,而外溢的支点则是民族性和资本权力。这是理解世界政治的两个要点。

欧洲中世纪一直受宗教战争的困扰,"教民"之间打得你死我活,最终打出了取代宗教共同体的民族国家共同体,即1648年《威斯特伐利亚和约》所规定的以民族为单位的国家疆界。在此之前,欧洲人是没有国家观念的,首先有的是宗教认同,即所谓的天主教徒、新教徒等(中世纪前期),到了中世纪后期,开始有了地区认同,如德意志人、法兰西人,最后才是现代的民族国家认同。民族国家是连绵战争的结果，正如梯利所说"战争制造国家，国家发动战争"。应该说，"民族国家"是现代性政治的第一个要素，也是现代性政治的活动平台。对于"民族国家"这样的新鲜事物，习惯于"自然状态"下"野蛮生长"的西方人，一开始就不喜欢，因此给把民族国家组织起来的政治权力一个封号，即"利维坦"——传说中海中的一种力大无比的怪兽。西方人之所以一开始就警惕这种"怪兽"，是因为自罗马帝国崩溃之后，他们一直生活在二元对立的权力关系中，先是神权与政权的对立，接着便是政权与社会的对立，而对于能把政治和社会统一起来的国家权力，总是有先天性警觉。但是，西方人迎来政治权力这个"利维坦"之后，又迎来了一个更大的权力怪兽——可以称之为资本权力利维坦。

现代性政治的第二个要素就是资本主义革命所确立的资本主义政治或者说"资本权力"。这里无意争论"资本主义革命"的性质是否正确，因为在我看来，"资本主义革命"之说，是一种事后的合法性证明或者说一种历史叙事。请问，无论是英国1688年光荣革命还是1776年美国独立战争时期，资本主义的主体即"资产阶级"在哪里？完全不存在！英国资产阶级直到光荣革命之后的150年才登上历史舞台。美国独立战争的主体其实就是一帮奴隶主，比如华盛顿是种植园主，当时的经济制度是奴隶制；而且，当时美国富人相对于中国富人而言很穷酸，无论是"康乾盛世"时期的王爷，还是广州十三行和把银票生意做到圣彼得堡的晋商，都富可敌国。美国独立后第一艘商船"中国皇后"号到中国运回一船价值几万美元的货物，美国人居然高呼"发财了"，他们没见过这么多财富。如果当时的美国奴隶主能被称为"资产阶级"，那么中国的商人们属于什么阶级？真实的历史是，革命之后所确定的"宪政秩序"特别有助于资产阶级的成长，成长之后的资产阶级开始历史叙事，搞出所谓"资本主义革命"的种种说辞。用中国人的话说，"资本主义革命"之说本身就是历史虚无主义的结果，因为其"制造"了并不真实存在的历史，给历史以"光荣"的光环。

（1）英国革命的性质。即使按照西方人的说法，即1688年的光荣革命和1776年的美国独立战争是资本主义革命，革命之后的宪政秩序确实有助于资本主义成长。我们知道，作为英国革命成果确定形式的洛克的《政府论》所讲的"自然权利"就是财产权、生命权和自由，这其实是一种路径依赖，因为罗马传统之一就是保护私有财产权的法治。有财产权才有参政、议政的资格，所以洛克设计的享有最高主权的"议会"并不是职业化的，而是半职业化的，即财产所有者（劳动者）在劳动之余的闲暇时间立法。请注意，正如希尔在《欧洲思想史》中所述，洛克的"自然权利"并非一般人所有，而是特殊的财产所有者的权利。确实，当洛克倡导所谓的财产权的时候，他还在贩卖奴隶——奴隶就是他的财产。后来的读书人尤其是中国的一见到"权利"就激动不已，以为是自己的"权利"，其实和自己一点关系也没有。这叫不知道何为读书、为谁读书，以为自己就是"自然法"状态下享有"自然权利"的一员。

无论如何，作为"自然法"的财产权是必须受到保护的。受到法律保护的财产权避免了新制度经济学所说的"君主债务难题"，从此之后，君主不能借债不还，从而保证了君主行为的理性化，不可乱举债，举债必还，这样才能借来大量债务。在英国革命的那个时期，在伊利比亚半岛的西班牙，战争不断，国王随意借债又无力偿还，结果搞得银行一个又一个破产。这就是西班牙王朝败落的故事。英国后来者居上，打败了西班牙无敌舰队，背后主要还是国内政治经济关系的混乱，让曾经因掠夺南美洲白银而起家的、不可一世的西班牙败给对手。而凭借举债而来的财富，在18世纪之初与法国的争霸战争中，英国战胜了人口、领土面积和国家财富都远远多于自己的法国。这一过程被编年史学家布罗代尔称为"人为财富"，当然也可以称为"制度财富"。英国从此开始了统治世界的"日不落帝国"的世纪进程。

但是，在国内，并不意味着有了光荣革命就真的有了事实上的"议会主权"。整个18世纪，议会与国王之间的斗争没完没了，这其实还是老式权力主体之间的斗争，即占据议会的土地贵族与国王之间的斗争，直到18世纪末议会才占据上风。然而，直到在土地贵族完成了商业化的转型，而且以贸易起家的新兴阶级即中产阶级成长起来之后，才真正有了所谓的"议会主权"。1832年废除旧选区制度的宪政改革使新兴阶级登上政治舞台。用马克思的话说，资产阶级立刻撕掉封建阶级那层温情的面纱，开始了赤裸裸的利益掠夺。这就是1840年鸦片战争的英国国内政治背景，即资产阶级登上历史舞台后，废除了贸易垄断的由皇室主导的东印度公司，自己成了对外贸易的绝对主宰者，因此才会频繁地发生为商业利益而战的国家战争。据统计，没有哪个国家像英国那样为商业利益发动那么多的战争。后来的事就不用说，1832年是英国政治资产阶级化的分水岭。

（2）美国独立战争的性质。用研究美国独立战争的西方人的话说，美国革命不是一场自己的革命，不过是"英国的第二次革命"而已。确实，美国独立战争是宗主国英国人与殖民者英国人之间的事，所以法国才大举支持殖民者独立的战争，以报复当初在争霸战争中被英国人打败的耻辱。独立之后，1787年费城制宪会议并不是中国人想当然的"民主时刻"，而是将奴隶主利益法治化的"制宪时刻"。如前，"制宪"绝不是现代政治，而是一种古典政治传统，这种传统就来自罗马共和国，而罗马人则是希腊化的，古希腊人如柏拉图、亚里士多德都说过这样的话：任何政体，没有法治都是坏政体。这就是后来亨廷顿所总结的，"法治"或者说"宪政"是西方性的最典型资源。明白了这一点，就应该知道，"制宪时刻"并不是一些中国人所念叨的具有现代性政治意味的"民主时刻"。

那么，129个精英所制定的宪法是什么样的呢？第一，保护私有财产，明确了"私有财产神圣不可侵犯"原则，并直言美国所要建立的政府是一个防止多数人直接管理和参与的宪政体制。不得不说，这是美国人的制度创新，因为美国"建国之父"的精神导师孟德斯鸠说共和国只适用于小国寡民，13个州的总和是如此之大，怎么办？所以创建了在联邦政府和地方政府层面都实行"三权分立"的联邦制国家，这是一个典型的复合共和制，但却不能说是民主制或者说民主共和制。更重要的是，美国宪法研究专家说美国宪法其实不过是一部经济宪章，达尔说美国宪法的经济主义性质违反了民主原则，即防止多数人的直接参与，更别说多数人的直接管理了。第二，保护"私有财产神圣不可侵犯"。规定了绝对多数原则：要修宪，不但需要联邦国会2/3多数的同意，还需要地方国会2/3多数的同意。这看起来是非常民主的，但其实是反民主的，要知道，对于一个利益多元化社会而言，什么样的利益议程或政策议程能让2/3的多数议员同意呢？所以说这是一个保护"立法者"利益的永久性兜底条款，除非发生革命而重新制宪，否则这个经济性质的宪法就是永远保护少数人利益的宪章。

明白了美国宪法的性质，就知道托克维尔后来在《论美国的民主》中所担心的"多数暴政"是多余的。托克维尔认为民主就是一种合法剥夺，即多数人通过选举进入国会而进行立法、合法地剥夺少数人利益。对此，无比膜拜托克维尔的小密尔在《代议制政府》中提出所谓的"阶级立法"问题，和托克维尔说的一样。托克维尔所担心的事在美国并没有发生，因为即使是多数人进入了议会，他们的多数也很难达到2/3的绝对多数。

农业时代的宪政条款一直沿用到今天。比如，鉴于美国的枪支泛滥危害美国人的生命权，2016年美国参议院也表决要控制枪支，多数参议员同意这样的议案，但因达不到绝对多数而又一次流产。所以，无论是社会主义者桑德斯还是右翼的特朗普当选美国总统，都不可能改变美国的宪政结构。考虑到这一点，福山看到美国底层选民推选特朗普和桑德斯而认为是真正的民主，再一次犯了幼稚病的毛病，参与选举的民众不可能改变美国的宪法。

大众民主是现代性政治，而美国的法治是一种"都铎政体"的产物，即封建制的产物。亨廷顿在《变化社会中的政治秩序》中说，在前现代的封建制乃至更早时期，人们习惯于按约定俗成的"习惯法"办事，这是前现代人的生活方式。但是，现代化需要人的能动性，尤其是政府的能动性去改变。而在"法治至上"的美国，其实就是传统至上，现代人只能生活在"都铎政体"中而难以有所作为。如果说美国社会平等性是先天性的即新大陆保障了人的土地权，进而保障了人可以不受压制可以到"新大陆"开拓，但美国政治体制却是最传统的，是一种前现代体制。也正是因为这套传统性体制的约束（因为达不到2/3的绝对多数），很多改变体制的法案难以通过。而且，美国政策很多是司法判决的结果，司法过程漫长。这种"政治司法主义"造就了福山后来所说的"否决型政体"——在政治分裂和司法至上中政府难以有所作为。在冷战时期，美国人居然把这套封建制包装成现代化的样板供非西方国家膜拜，结果却是强化了很多国家的封建制，比如菲律宾的党争民主只不过强化了固有的封建制社会结构。

美国宪法的经济性质即保护私有财产神圣不可侵犯，意味着这样的宪章特别有助于经济发展，但却结出了不一样的果实，北方是资本主义工业，南方是奴隶制的种植园经济。在这种情况下，"谈"出来的美国宪法（被后来学者视为"审议民主"的典范）派不上用场了。70多年之后，南方诸州硬是要通过民主投票而脱离"美利坚合众国"，代表北方利益的林肯总统硬是"弹压"南方，对南方政治中心亚特兰大实行大屠城，杀得南方人再也不敢反抗。就当时的美国总人口3100万而言，死了62万多人的内战不可谓不血腥，超过2%的美国人死于内战，这一数字大致相当于1860年缅因州的全部人口，超过阿肯色州或康涅狄格州的全部人口，是佛蒙特州人口的两倍，超过了佐治亚州或亚拉巴马州的全部男性人口，[1] 死亡比例之高在各国内战中也是前所未有的。

---

[1] [美]德鲁·吉尔平·福斯特：《这受难的国度：死亡与美国内战》，张宏图等译，译林出版社2015年版，第260页。

看来，美国宪法的维护靠的是战争。如果说之前的美国还是邦联制政体，即典型的各自为政的封建制，那么南北战争之后的美国才能称得上一个真正的联邦制。战争制造了一个新美国。统一战争之后的美国才称得上一个现代国家，但却是一个类似"无政府"的国家，管理国家的现代政府还没有出现。在此情形下，资本主义工业发展突飞猛进，出现了托拉斯公司这样的"有形之手"（美国管理学大师钱德勒1977年在《管理的革命》中的说法），同时美国也立刻进入了"进步主义时期"——其实是黑暗时期，私人警察、私人法庭到处都是，假冒伪劣产品泛滥，正是这一空前的"治理危机"才催生出联邦食品药品管理局等现代政府机构。危机催生应对之道。

（3）法国大革命。英国的激进主义者潘恩跑到美国按照卢梭的人民主权论写下了激励美国革命的《常识》，讲的是洛克式的契约理论即人民不同意便有革命的权利；但是，革命胜利后，潘恩并不能参加制宪会议，革命可以激进，但建设不能激进，失意的潘恩又不得不回到英国，落魄潦倒。美国以人民主权而发生的革命又进而激励了法国人。1789年的法国大革命是资产阶级革命吗？即使是，也只是小资产阶级的革命——第三等级的革命。要知道，讲究皇室荣誉的法国人被一套卖官鬻爵制度吸引住了，有钱人都想被封爵而成为贵族。在《绝对主义国家的谱系》的作者看来，这一制度大大阻碍了法国的资本主义进程。同样，在马克思看来，国家权力的强大使得法国资产阶级支离破碎，更谈不上强大和统一。正因如此，法国大革命之后的政权才极端不稳定，可谓"城头变幻大王旗"。

那么，法国的资本主义是如何发展起来的呢？和英国、美国不同，法国是靠国家权力发展起来的，即所谓的国家资本主义。拿破仑民法典可谓保护产权的典范，到了拿破仑的侄子路易·波拿巴政权时期，又大搞重商主义，和英国人搞自由贸易。其实，早在18世纪还没有革命的时候，法国、西班牙的对外贸易就是以国家为单位，而不是像英国东印度公司那样的股份制——国王只不过是股东之一。这是所谓的欧陆传统，国家的作用一开始就非常大。

（4）欧洲的资本主义化。到了 19 世纪中叶，无论实行什么政体——君主制、立宪君主制、共和制，欧洲都完成了资本主义化，按照芬纳在《统治史》中的说法是完成了"宪政工程"。其中，德国的故事最值得一提。自认为错生在皇家的艺术家、哲学家腓特烈大帝早于拿破仑近百年就开始在普鲁士搞法治工程，和其宰相、大法学家柯亨一道，在 18 世纪搞了半个世纪的法治建设，编法典，建法院，实行统一的法治体系。在这一体系下，战争又催生了税务和粮食两大经济系统。当普鲁士完成德国统一后，官僚制主导的经济、教育更是进入大繁荣时期，著名的西门子、沃尔沃等就是国家资本主义的产物。

按照英国著名史学家霍布斯鲍姆在《资本的年代》中的说法，至少到了 1875 年左右，资本主义的世界进程已经完成。这当然包括最先进入资本主义的欧洲。

（5）自由主义的意识形态。伴随着资产阶级的出现和形成，为其利益合理性而论述的自由主义意识形态开始出现并系统化。如前，作为事后的历史叙事，自然要追溯到资产阶级出现之前的种种思想，比如马基雅维利、霍布斯和洛克，等等。

资产阶级的扩张性决定了个人权利的重要性，首先表现在财产权的神圣不可侵犯。相应地，作为保护财产权的法治也至关重要。个人权利、财产权和法治，是自由主义本体论性质的关键词。这一学说起源于洛克的《政府论》，被苏格兰启蒙派放大，无论是休谟的"自动均衡论"，还是亚当·斯密的"看不见的手"，都是为刚刚成长起来的新阶级而演说的理论。

自由主义意识形态起源于英国，递进到欧陆。法国启蒙运动其实就是张扬了英国学说，当然更重要的是要学习英国政治制度。遗憾的是，法国并没有英国这样的资产阶级的社会基础，因此虽然以"人民主权"旗帜而搞了一场大革命，到头来主权者并不是行动中的"人民"，而是各种"旧势力"，出现了如托克维尔所说的"打倒了一个旧集权，但新政权却更加集权"。不仅如此，法国在此后的一百多年时间里，各种政治力量反复较量，政治呈周期性动荡。由此亦可见政治制度的社会基础的重要性。

务实的德国人（这里是笼统的"德国人"的说法，其实法国大革命时期还是普鲁士人）则看到这一点，所以腓特烈大帝（1712—1786）曾这样说，如果按照洛克的说法去建设普鲁士，普鲁士将一无所成，因此德国人走了自己的道路。法国大革命深深地刺激了德国知识分子，他们鼓吹要建立新国家，出现了"狂飙运动"。但是，理性的德国人认识到，首要的任务还是国家的统一，因此德国知识分子鼓吹的不是法国大革命的"自由、民主、博爱"，而是一种带有民族主义性质的国家主义。当时，连经济学也是自己的，比如李斯特的《政治经济学的国民体系》，是国家体系下的经济学，完全不同于斯密的世界主义的自由贸易的经济学，可谓"反规范"的典型。到1861年德国统一开始，以兰克和洪堡为代表的"德国历史学派"也形成了，其核心就是以国家为中心的反概念化、反规范化——概念化、规范化就是英国化。

德国的国家中心主义理论体系是第一波的对冲英国社会中心主义的自由主义，这其实是国家道路之争。与此同时，自由主义还催生了自己另外一个强大对手——社会主义。当西方国内尤其是欧洲政治资本主义化后，社会主义运动也适时地诞生了。国内的社会主义运动至多起到调节资本主义政治的作用，并不能改变资本主义。但是，欧洲社会主义运动却结出了意外之果，那就是东方社会主义国家的出现，从而根本性地改变了世界政治结构。这是后话。

（6）自由主义在实践中的灾难。主张个人权利的自由主义看上去很美，但实践过程中却不是那么的田园牧歌，而是推土机般的无情碾压。个人权利是谁的权利？从自由主义的鼻祖洛克的贩奴权利，到约翰·密尔作为经营东印度公司的最高官员复查员,其自由权利都是特定阶层、特定民族的,简单地说是强势阶级、强势民族的权利,其实就是特权。特权脱嵌于社会,形成了主宰社会的"资本利维坦",洛克所说的"政治社会"演变为波兰尼《大转型》中的"市场化社会"。"市场化社会"空前地改变了人类的生存结构及社会结构,在这种新结构之下,政府变成了"资产阶级的管理委员会",而政府职能又是处于"资本主义的守夜人"状态,政府不立法保护市场化社会中的穷人,下层阶级的生活状况可想而知。且不说"圈地运动"中残酷地对失业流浪者剁手指、割耳朵,就是到了19世纪中期的第二次革命之中,几十万工人生活在没有消防、消毒、空调设备下的工业城市曼彻斯特和伦敦,瘟疫经常发生,作为"资本家"的恩格斯最感同身受,因此写下了《英国工人阶级的现状》,其凄惨之状也同样出现在狄更斯的小说中,正是《双城记》中的经典句章所谓"这是一个最好的年代,也是一个最坏的年代"。在美国,从"进步主义"时期的社会失序到1929年爆发的大萧条,都是穷人的人间地狱。在大危机期间,美国GDP下降30%还多,失业人口占总人口1/4以上,而政府当时还受制于自由主义,可以想见美国人的惨状。所以,今天的西方国家在发展阶段上走得早,福利自然更多,但历史上西方的惨状绝不亚于今天的发展中国家,自由主义及资本主义在发展人类的同时,给人类带来的灾难也是空前的。更不用提两次世界大战给人类带来的摧残了,两次世界大战都是自由主义失败的产物。

可以这样说,从资本主义工业革命发生之日起,人类社会就进入了现代性政治的危机之中,现代性伴随着危机性。对此,人类智者对于资本主义和自由主义的批判,绝不亚于对社会主义实践的批判。只不过,社会主义实践灾难的历史离我们更近,很多人更有切肤之痛,比如苏联"大清洗"和中国的"文革"。比较而言,近代以来的每个"主义"都给人类带来过灾难,其中自由主义和社会主义具有进步和灾难的两面性,作为自由主义副产品的法西斯主义则完全是人类的毒瘤。

第三节　世界政治体系的形成及其性质：帝国主义殖民体系

解除了"条件"的自由主义一开始就被塑造成普世主义的，自然法下的个人权利都是普世主义的典范，而这个过程中种族主义即白人优越论又将自由主义推向非西方国家，并进而招致更为血腥的世界政治。因此，当读书人视洛克、约翰·密尔为自由主义鼻祖之时，不应该忽视这样的事实，他们也是帝国主义的先驱。正如亨廷顿在《文明的冲突》中所多次指出的，普世主义的自由主义最终必然是帝国主义。

我们知道，世界政治由各国政治构成，世界政治是国内政治的自然延续。当西方早发国家尚未完成资本主义化时，就开始了对外殖民主义的进程，因为西方国家的建国过程中有两大支柱：战争和贸易。因此，它们在国内资本主义化的同时，也在对外政策上资本主义化；而当西方国家在19世纪晚期完成了资本主义化之后，全球政治的殖民主义化也就完成了。这是我们理解当代世界政治的常识性起点。

因此，理解当代政治的首要经典著作应该是霍布森的《帝国主义论》和列宁的《帝国主义是资本主义的最高阶段》。"帝国"理论和事实是很早的事，比如罗马帝国，但其属于典型的军事帝国主义。经济帝国主义则是资本主义的故事。列宁的逻辑是，资本主义必然导致垄断生产方式，垄断资本导致金融资本，即银行和工业的融合，进而因生产过剩而向海外输出资本，各国竞相瓜分世界，从而建立了帝国主义的殖民体系。列宁给帝国主义的定义是："帝国主义是发展到垄断组织和金融资本的统治已经确立、资本输出具有突出意义、国际托拉斯开始瓜分世界、一些最大的资本主义国家已把世界全部领土瓜分完毕这一阶段的资本主义。"① 当今世界政治，仍然是列宁所界定的政治逻辑，比如2008年世界金融危机以及为了垄断利益而发动的战争。

霍布森和列宁只是在经济主义的意义上界定"帝国主义"。其实，帝国主义必然伴随着文化主义上的种族主义，即作为资本主义意识形态的自由主义要被说成是"普世性"，必然会以文化帝国主义对待所谓的"落后民族"，并辅助于文化合理性对殖民地人民搞帝国主义政策，以证明"白人优越论"，进而获得所谓的对异族统治的"合法性"。所以，帝国主义必然有其一体两面性：经济主义和文化主义（种族主义）。

如前，作为资本主义最高阶段的帝国主义至少有两个关键词：资本主义和白人主宰，这依然是当下世界政治的基本结构。遗憾的是，中国人似乎忘记了这个基本结构而紧跟西方人大谈特谈"三大主义"。必须认识到，列宁的帝国主义论至今依然是理解世界政治的最高典范。如前，资本主义的国内化和全球化几乎是同步进行的，这里只不过为了论述上的方便而给出章节上的先后顺序。请注意，列宁说的帝国主义主要是经济意义上的，即经济帝国主义。为了论证经济帝国主义的合理性，还伴随着文化帝国主义，其最极端形式就是人种优劣论。这是两手抓，一手是资本主义，一手是文化主义（文明与人种）。

（1）经济帝国主义。西方国家刚刚完成"资本主义革命"便开启了帝国主义和殖民主义进程。这里分两个阶段：第一个阶段是奴隶贸易，第二个阶段是占领殖民地并进行殖民统治。16世纪大西洋贸易中来自非洲的贩奴贸易额达30万美元，17世纪来自非洲的奴隶买卖贸易额达135万美元，18世纪贩奴贸易额高达600万美元以上，各个时期的总和在1000万美元之多。在英国从事贩奴生意的同时，为了让非洲酋长能抓住奴隶，大肆向非

---

① 《列宁选集》（第2卷），人民出版社2012年版，第651页。

洲贩卖武器，贩卖的枪支数量多达 30 万。① 这样的"一进（枪支）一出（奴隶）"，彻底掏空了非洲。贩卖的枪支让非洲酋长维持了暴力统治，而贩卖奴隶让非洲永久性地乃至彻底地失去了人类发展最稀缺也是最优质的资源——健康劳动力。

（2）第二阶段的殖民统治。北欧的弹丸小国荷兰在 17 世纪就开始了对千岛之国印尼的殖民统治，直到"二战"结束。几乎与此同时，英国在 17 世纪开始了由"东印度公司"殖民南亚次大陆的过程，时间长达两百多年，到 1850 年左右建立了体系完备的殖民管理体制。殖民主义的高峰就是 1884—1885 年柏林会议达成的欧洲列强瓜分非洲的协定，其中只有埃塞俄比亚和利比里亚幸免。之后，列强调转枪口，开始了对中国这样一个东方大国的半殖民化过程。

应该看到，后发国家的所有问题，无不与殖民主义统治的后遗症有关。殖民主义不但是经济上的，更是文化上的，这一时期所建构起来的殖民主义文化理论，至今还深深地影响着当今世界，后发国家的很多精英自觉不自觉地被文化殖民主义所套牢。

（3）文化帝国主义。摩根索总结道，"帝国主义政策永远需要意识形态，因为与现状政策相比，帝国主义永远有证明的负担。它必须证明，它寻求推翻的现状是应当被推翻的，在许多人心目中现存事物所具有的道义正当性，应当让位于一种要求新的权力分配的更高的道德原则"②。摩根索认为，文化帝国主义如果能单独成功的话，就是最成功的帝国主义政策。

它的目的不是征服领土和控制经济生活，而是征服和控制人们的心灵，以此作为改变两国权力关系的手段。如果人们能够设想，A 国的文化，特别

---

① ［美］戴伦·艾塞默鲁、詹姆斯·罗宾森：《国家为什么失败：权力、富裕与贫困的根源》，邓伯宸、吴国卿译，卫城出版社 2013 年版，第 277—279 页。

② ［美］汉斯·摩根索：《国家间政治》，徐昕等译，北京大学出版社 2012 年版，第 141 页。

是它的政治意识形态连同其他一切具体的帝国主义目标，征服了 B 国所有决策人物的心灵，那么，A 国就将赢得比军事征服和经济控制更彻底的胜利，并在比军事征服者和经济支配者更稳定的基础上奠定霸权地位。A 国将无须为达到其目的而进行军事威胁、使用军事力量，或者施加经济压力；因为使 B 国服从其意志这一目的，可以通过优越文化和更富有吸引力的政治哲学的说服力而得以实现。①

摩根索还认为文化帝国主义从属于军事帝国主义和经济帝国主义，而且认为除罗马外，"从亚历山大到拿破仑再到希特勒的所有大帝国主义者都失败了"，但是他也认识到"自第二次世界大战以来，经济帝国主义和文化帝国主义在政府的全部国际活动中所占的比例大大增加了"②。应该说，除罗马外，一个新的成功例证就是冷战时期美国的文化帝国主义。客观地说，苏联不是败在军事和经济竞争上，而是败于美国的文化霸权。

就是这样一个世界政治常识，国内社会科学界的学者居然不愿意面对，视支撑美国文化霸权的理论基础即自由主义民主为"人类常识"和"普世价值"，由此可见美国文化帝国主义在中国影响之深远。

这是文化帝国主义存在的必然性的一般道理及其历史上的作用和地位。不同时代的文化帝国主义具有完全不同的含义，19 世纪开始的白人优越论有生物学的理论基础——社会达尔文主义。法国人戈宾诺在 19 世纪中叶的"白人优越论"已经臭名昭著，他鼓吹所有文明都是白人的杰作，中华文明也是白人的创造。这种不着调的理论居然成为希特勒种族论的直接来源。其实，这种白人优越论在 19 世纪属于西方的"主流理论"，到了 19 世纪末，伴随着帝国主义的全球殖民化进程，"白人的责任"论已经甚嚣尘上。亨廷顿这样说："普世文明的概念是西方文明的独特产物。19 世纪，'白人

---

① [美]汉斯·摩根索：《国家间政治》，徐昕等译，北京大学出版社 2012 年版，第 99 页。

② 同上书，第 101—102 页。

的责任'的思想有助于为西方扩大对非西方社会的政治经济统治所辩护。20世纪末，普世文明的概念有助于为西方对其他社会的文化统治和那些社会模仿西方的实践和体制的需要做辩护。普世主义是西方对付非西方社会的意识形态。"[1] 其实，早在半个世纪前，摩根索在经典的《国家间政治》就说过，普世主义都是民族主义的东西，或者说是"民族主义化的普世主义"。也就是说，种族主义的"白人优越论"依然在以各种形式、说辞乃至典范发挥着作用。在中国，居然有很多学者认为自由主义民主是所谓的"普世价值"，不承认"普世价值"就是"左派"。如果这就是"左派"，只能说明"普世派"太幼稚，问题意识殖民化了。

以"白人优越论"为代表的种族主义赤裸裸地体现在殖民管理中，其中被中国人奉为"神明"的一些西方自由主义思想家，就是典型的种族主义者和殖民主义者。这当然是19世纪之后的事，之前主要是赤裸裸的贸易掠夺，包括最血腥的奴隶贸易。由此可以说明，自由主义思想产生于资产阶级之手，是资产阶级的意识形态。

约翰·密尔最有代表性。自从1823年进入东印度公司协助父亲工作后，他一直留在该公司直到1858年该公司解散，升职到审查员，这是该公司在印度的最高职位。作为《论自由》的作者和印度殖民者，在赋予自由以内在价值的同时，也创造了"文明等级论"。密尔写道："从文化和发展程度方面来看，由不同的社群状态进行排列，该序列向下延伸的最低端几乎接近于兽群最高等级的状态。"位于最低端的社群过着"野蛮的自立"生活，需要一个"绝对的统治者"来教导他们服从。在其之上的一个层级是奴隶层，他们只能进行"乏味而持久的劳动"。奴隶层之上是"家长式专制政治"的社群，政府行使对社会的总体监管，不过个人有一定的自由，秘鲁的印加国、埃及、印度和中国在古代都达到了这个等级，后来则处于停滞

---

[1] [美]塞缪尔·亨廷顿：《文明的冲突与世界秩序的重建》，周琪等译，新华出版社2002年版，第55—56页。

状态。处在最高层的则是以英国人为代表的欧洲,适合做统治者,就像英国人对印度的统治那样,"外国人统治"的极大优势在于,它可以比任何甚至是最优异的本土统治者更快地带动一个民族"走过若干发展阶段",并且可以"清除发展的障碍"。①

基于这种"文明等级论",在其著名的《英属印度史》中,密尔认为印度人并未达到而且也从未达到过"一种高度的文明状态",印度人是一个"仅仅迈开走向文明的最初几步"的未开化的民族,印度人很自然地成为"人类种族中最受奴役的一部分"。②

这种种族主义思想决定了,在《代议制政府》中,虽然密尔认为代议制政府是最好的政府形式,但这种政府形式并不适合所有民族,只有那些满足了代议制政府"条件"的民族,才有资格享受其好处;对于那些低等级文明的民族,从属于"外国势力"及一个"在很大程度上的专制"政府,是恰当且必要的。有两件事进一步强化了密尔的种族主义思想,1857年印度士兵起义和1865年牙买加农民起义,让密尔不再支持将《论自由》的理念适用于不列颠群岛之外的社群,它大力歌颂东印度公司政府,甚至认为英属印度的希望就是长期保有一个强大的英国政府。③

约翰·密尔的文明等级论和戈宾诺的"白人优越论"并没有本质区别。白人优越论是19世纪殖民者的思想武器,据此而理所当然地作为统治者去殖民非西方社会,所以才有19世纪末的"白人的责任"之说。

文化帝国主义的极端形式就是种族灭绝。希特勒对600万犹太人的大屠杀和20世纪90年代塞族人对穆斯林的大屠杀,在某种意义上是文化帝国主

---

① John Stuart Mill, *Utilitarianism, Liberty, Representative Government* (London, 1957),转引自[美]托马斯·R.梅特卡夫《新编剑桥印度史:英国统治者的意识形态》,李东云译,云南人民出版社2015年版,第33—35页。
② 同上书,第48页。
③ 同上书,第57页。

义的一种现代版,而其原初形式就是白人殖民过程中对土著人的种族灭绝,其中澳大利亚、美国和墨西哥都是种族灭绝之后的产物。在 1788 年第一支舰队到达澳大利亚之前,土著人超过 30 万,1901 年则只剩下 9.3 万人,一个世纪损失了 80%。在美洲,哥伦布抵达之前的美洲大陆约有 6000 万—10000 万人,其中美国人占领的新大陆约有 400 万—900 万印第安人,到了 1900 年人口普查时只剩下 23.7 万人,至少损失了 95%。这一"成就"当然要归功于美国的所谓平民总统杰克逊在 19 世纪 30 年代对印第安人的大屠杀,尤其是加州。1769 年,加州印第安人约为 31 万,1860 年只剩下 3.1 万人,其中 80% 被杀于 1840—1850 年的灭绝战争中。在墨西哥,西班牙人统治导致的当地人口损失也在 90% 以上。① 要知道,第三帝国存在的 12 年间也杀了欧洲 70% 的犹太人。所有这些,都是典型的种族灭绝文化,而对于文化帝国主义而言,"种族灭绝是种成就",所谓的社会达尔文主义的故事,土著人被清除了,"一种新的文明诞生了":"希特勒和希姆莱在思考他们自己的种族灭绝(途径)时都把美国的种族灭绝例子作为参考。"②

如果没有种族灭绝,后来的美国民主又是什么样的?不同的种族可否实行代议制民主?对此,迈克尔·曼这样评论:"美国和澳大利亚是白人的民主而非被谋杀的数百万人的民主。谋杀性种族清洗,最坏时至种族灭绝,是新大陆自由主义现代性的关键——先是由殖民者在殖民地实施,然后再是独立的'第一批新的民族国家'。这一过程在北美洲、南美和澳大利亚继续,直到实际上已经没有更多的土著民族可以清除,只有保留地保存着一些部落民族剩下的成员。而且不是国家,而是'我们—人民'(在地方政治家和群众准军事部队的帮助下)施行了大多数的这些行为。"③

---

① 以上数据来自[英]迈克尔·曼《民主的阴暗面:解释种族清洗》,严春松译,中央编译出版社 2015 年版,第 95—98 页。
② 同上书,第 123 页。
③ 同上书,第 137 页。

也就是说，白人优越论不但是政府所奉行的种族主义理论，而且是一种渗透到欧洲白人血液中的一种观念，是约翰·密尔式的文明等级论——被谋杀者尚处于兽类状态。

至此，我们完全可以这样说，19世纪形成的世界政治体系，其两大支柱就是经济上的资本主义（经济帝国主义）和文化上的"白人优越论"所塑造的文化帝国主义。经济帝国主义是赤裸裸的经济资源掠夺，文化帝国主义是毫不掩饰的种族优越论，为此才刺激了非西方社会的各阶层人士的同仇敌忾，即使是本土文化精英，也不能忍受被视为低等文明的歧视。因此，恰恰是本土文化精英带领大众，启动了反抗帝国主义、殖民主义的浪潮，白人支配的世界政治体系就此瓦解并重组。

当然，我们还应该看到，"白人世界"内部出现了大麻烦。到19世纪末的时候，西方世界开始惊呼"文明的衰落"不幸成了现实，这就是白人之间因争夺地盘而展开的恶性竞争，第一次世界大战的结果之一就是苏联的出现。第一次世界大战之后的10年，放任自由主义出现了空前危机，这就是1929—1933年的大危机。这场危机不仅孕育了法西斯主义，也让处于世界政治结构中极为落后的中国等国家无法生存，不得不寻找新出路。这是后话。在白人世界，感觉到没有"生存空间"的希特勒对英美资本主义和苏联社会主义发动全面战争，结果，第二次世界大战打出了一个社会主义阵营。两次世界大战大大削弱了白人控制世界的能力，才有后来如雨后春笋般的新兴国家的出现。

◇◇第四节 世界政治体系的瓦解与重组：社会主义运动——民族民主运动

瓦解体系的力量来自内部。国内资本主义化催生了一个孪生阶级——

无产阶级,世界体系的殖民主义体系催生了新国家的组织者——民族民主解放力量。而首先撕开白人主宰的世界政治体系的,就是列宁的十月革命。俄罗斯人属于白人,但属于东正教白人,不是盎格鲁—萨克逊人,也不是基督教白人,因此经典的"白人优越论"并不包含信奉东正教的斯拉夫人。更重要的是,列宁主义来自马克思主义,而马克思主义指导下的国际社会主义运动则是对国内政治资本主义化的一种抗争,而苏维埃俄国则是对世界政治体系的一种折冲。从此,社会主义在一国的胜利变成了在多国的胜利,社会主义阵营的形成有力地感染了殖民地国家精英争取民族解放的斗争,白人主宰的世界政治体系受到重挫。但是,西方依靠更加高明的意识形态,打赢了一场"没有硝烟的战争",延续了19世纪的优势地位。

(1)欧洲社会主义运动。如果说欧洲封建制孕育了资本主义,那么资本主义制度也孕育了社会主义。但是,社会主义的壮大并不是"自发秩序",而是从"自在"到"人为"的结果,其标志性事件就是1847年《共产党宣言》的发表和随后的"共产主义者同盟"的诞生以及那场根本性地改变了欧洲社会结构的1848年"二月革命"。谁也不会想到,马克思、恩格斯这两个人的行动,将根本性地改变世界政治的结构,所以马克思也一直被视为"千年伟人"。

社会主义运动起源于英国,但组织力量最强大的社会主义则是在刚刚统一起来的德国,德国社会民主党的组织和意识形态都是欧洲社会主义运动的典范。因为感受到威胁,所以俾斯麦在19世纪七八十年代相继出台了一系列法案,搞胡萝卜加大棒的统治,一方面禁止社会民主党的活动,同时搞出世界上第一个福利性质的劳工政策。

社会主义运动从马克思的通过暴力革命建立"无产阶级专政",到19世纪末的时候蜕变为以议会斗争为主要路线的考茨基、伯恩斯坦的"修正主义",并与列宁展开了一场是暴力革命还是议会斗争的大辩论。按照"修正主义者"的设计,通过和平的选举占领议会,议会立法有利于工人阶级,同样能达到马克思所期盼的革命的目的。这种斗争方式的转变应该说是考虑到德国的国情，但实际情况是，即使在议会中占据了多数席位，也很难达到预期目的——资本权力会用脚投票，如果出台了不利于资本家利益的法律，他们会转移资本，从而导致就业的下降，再次投票时就会遇到工人阶级的抛弃。这样，在资本主义社会，任何政府都必须与资本合作并依赖资本，这是难以改变的社会结构。所以，德国社会民主党人最后不得不放弃废除私有制的主张，通过选举来实现国有化的主张被证明是不可行的。这是今天著名的比较政治学家普热沃尔斯基的早期贡献。[①]

所以说，欧洲的社会主义运动至多起到制衡资本主义政治的作用，并不能改变资本主义。但是，社会主义运动带来了世界政治结构的变化。如果说过去只有资本主义和白人两条线，现在则有了新生力量的社会主义，世界政治结构的三大力量则变成了资本主义、社会主义与白人。第一次世界大战之后，西方白人主宰的世界政治也开始动摇，斯拉夫白人来了，亚洲黄种人也慢慢地重新回到世界政治舞台。这样，世界政治结构中的"主义"是资本主义和社会主义，而民族主体则多元化了——基督教白人、东正教白人、黄种人和其他民族。简单地说，还是两条线：主义之争和民族之争。

到了第一次世界大战，一直信奉"工人阶级无祖国"的国际社会主义运动遭遇到空前挑战，因为作为社会主义运动领头人的德国社会民主党支持国家的战争，"第二国际"名存实亡，西方的工人运动由此步入低潮，东方亮起了社会主义的明灯。

（2）苏俄十月革命以及社会主义阵营。白人之间的第一次世界大战撕开了帝国主义殖民体系的世界政治结构，出现了世界上第一个社会主义政权。苏维埃俄国的出现至少有三大意义：第一，它是世界上第一个社会主

---

① ［美］亚当·普热沃尔斯基：《资本主义与社会民主》，丁绍彬译，中国人民大学出版社2012年版，第42—44页。

义国家，从而出现了与资本主义国家的对立，资本主义国家有了真正的对手。第二，因为是社会主义的，原来的"白人"概念发生了变化，那就是"何种白人"的问题，从而确定了基督教白人与斯拉夫白人之间的不同，要知道在1848年"二月革命"的时候，欧洲国家在惶恐之中请求俄皇出兵救助，那时的俄国还是东欧乃至西欧人的救星。种族的差异再加上意识形态的对立，东西方之间的对立加深到难以弥合的程度了。第三，也是"十月革命"的溢出效应，第一次向世界表明，穷人可以有自己的政权，从而为后发国家的革命和解放运动奠定了基础，起到了榜样作用。

社会主义的基本原则是平等，这立刻表现在苏俄的对外政策上。1919年巴黎和会，即第一次世界大战之后的战胜国安排世界秩序的会议，西方列强居然无视战胜国中国，把德国在中国胶东半岛的殖民权给了日本，在和会之外的列宁政府对此坚决反对，苏俄坚决维护中国的利益。巴黎和会大大刺激了一直膜拜西方的中国知识分子，从此从亲西方转向亲苏俄。这就是"十月革命一声炮响，送来了马克思主义"的世界政治背景。

就这样，新生的苏俄成为国际社会主义运动的中心，并于1919年成立了第三国际。第三国际有一些错误做法，比如大国沙文主义，但第三国际的支持和领导对中国共产党的成立乃至革命，都有着不可忽视的意义。1921年成立的中国共产党第二年便成为第三国际的一个支部。其他不说，第三国际对延安时期毛泽东地位的确立也不能忽视，中国革命的很多骨干也都来自莫斯科大学的培养。

不仅如此，列宁还提出了各民族平等的"民族自决权"。虽然美国总统威尔逊的"十四条"也有民族自决原则，但那时的美国更多的是因为自己是一个弱国的无奈之举，要知道当时的美国既有其他国家不能染指的"门罗主义"，还在菲律宾搞殖民主义，因此其之前在对华政策上的"门户开放，利益均沾"并非要保护哪个国家，而是鞭长莫及之策。所以比较而言，美国的"民族自决权"至多是半信半疑，自然让人将信将疑，不然，由

"三巨头"（美国总统威尔逊、英国首相乔治和法国总理克里孟梭）支配的巴黎和会，美国为什么要迎合英国、法国等国家的瓜分政策？为什么不伸张中国的利益？所以，与其说是"巴黎和会"，不如说是"战会"——帝国主义政策为后来的战争再起埋下伏笔。所以巴黎和会之后的20年被称为"休战时期"，而不是"20年和平"。

自由主义的失败直接导致了法西斯主义政权的产生。以下就是众所周知的历史，法西斯主义的失败又直接催生了一系列东欧社会主义国家。由此形成了以苏联为中心的社会主义阵营，中国革命的胜利大大增强了这个阵营的力量。

在中国革命尚未胜利之时，"二战"刚结束，英国首相丘吉尔1946年的"铁幕"演说，就拉开了冷战的序幕。冷战是新型的宗教战争，因为它建立在意识形态对抗的基础之上。看上去，资本主义与社会主义之争淹没了一切，但各自阵营内部的线索还是很分明的，资本主义阵营还是基督教白人主导，而社会主义阵营内部既有东正教白人，也有黄种人。也就是说，"主义"似乎难以克服民族问题，事实上也确实如此，比如中苏之间的问题就源于主权之争。

无论如何，社会主义阵营的出现终结了全球资本主义化以来的帝国主义殖民体系，而殖民体系的瓦解则彻底动摇了"白人优越论"。所以，如果说社会主义阵营撕裂了19世纪所确立的资本主义全球化体系，民族民主解放运动所催生的新兴国家则瓦解了19世纪所确立的白人的主宰地位。世界政治结构出现了大重组，冷战政治因此产生，西方更换了文化主义斗争方式，从赤裸裸的种族主义转换为文化上意识形态的渗透。这是后话。

在反抗资本主义体系中诞生的社会主义国家，其在试验中和其前生的自由主义一样，产生过政治灾难，比如苏联的"大清洗"和中国的"文革"，还有更血腥的柬埔寨的"红色高棉"。在经济上，完全是因为追求纯粹的社会主义计划经济最终使经济增长乏力并大大影响了民生。所有这些，都大大影响了社会主义的声誉。改革运动由此而生,但改革战略决定了国家命运,苏联企图从政治体制上一劳永逸地解决问题,结果是国家失败;中国的渐进主义改革则在一定程度上恢复了社会主义的声誉,中国模式被"历史终结论"者福山视为西方模式的唯一替代性模式。

(3) 民族民主解放运动与政治伊斯兰。民族主义源远流长,但社会主义运动直接催生了民族民主解放运动,20世纪五六十年代是亚非拉民族民主解放运动的高潮,新兴国家批量诞生。民族民主解放运动在政治上肢解了西方主宰的殖民主义世界体系,但是,"殖民地遗产"深深地影响着很多前殖民地国家的政治发展与经济发展,它们反复试验的苏联制度和美国制度基本上都不管用,民生凋敝。在这种语境下,西方在冷战时期所建构的"新观念"——自由民主,则被认为是灵丹妙药,纷纷转型为西式政治制度,进而压缩了社会主义运动。①

这样,第二次世界大战之后的民族主义其实有两个故事:一是社会主义运动借助民族民主解放运动肢解了帝国主义殖民主义体系;二是资本主义借助民族主义肢解了社会主义国家,比如苏联和南斯拉夫解体的直接原因都是来自民族主义。

伊斯兰主义产生得很早,但政治伊斯兰则伴随着第二次世界大战之后的民族民主解放运动而生,其中宗教激进主义尤其值得关注。冷战之后,美国改造中东的"大中东民主计划"诱发的"阿拉伯之春"酿成中东秩序的坍塌,进而形成了威胁欧洲安全的难民危机。

---

① 杨光斌:《观念的民主与实践的民主:比较历史视野下的民主与国家治理》,中国社会科学出版社2015年版,第97—129页。

❖ 第五节　冷战中的文化攻势与
　　　　重夺世界政治主导权

社会主义运动和民族民主解放运动肢解了西方帝国主义殖民体系，但是世界政治中的传统主导者资本主义和西方白人并没有因此而偃旗息鼓，而是更换了政治斗争形式以坚守其两个世纪以来的优势地位，其中之一便是所谓"国际制度"（international regimes）的建构，更重要的是将文化主义中的白人优越论更换为自由主义民主的普世价值论。西方国家用这两套手法套牢了非西方国家的学术界和思想界。

国际关系学界关于国际制度的研究成果汗牛充栋。简单地说，"二战"之后形成了三套"国际制度"：政治上的就是联合国，这是两大阵营都可以使用的舞台；军事上的就是北约与华约以及确保相互摧毁的核武器；经济上的就是由国际复兴开发银行和 IMF 所构成的布雷顿森林体系以及制裁社会主义国家的巴黎统筹委员会，社会主义阵营的经济组织便是经互会。我的看法是，华尔兹的结构现实主义是对两极化的军事结构的理论化论述，基欧汉等人的自由制度主义则是对各种经济组织相互依存的理论化论述。因此，西方国际关系理论都是对既定结构的合理化、合法化研究，是典型的形式主义理论，是非常"西方性"的理论。但是，就是这样的"西方性"的形式主义理论，却深深地影响着非西方国家的国际关系学界的教学与研究。

应该说，无论是军事组织还是经济组织，都具有护卫性、防御性而非进攻性，是凯恩斯等人对西方两次世界大战教训的应对之策，以防止西方白人之间战事再起。这也就意味着，资本主义的根本问题依旧存在，周期性危机难以避免。事实上，当社会主义阵营在 20 世纪六七十年代陷入危机之中时，比如中国的"文革"和苏联的社会停滞危机，西方国家也同样深陷危机之中。法国"五月风暴"、意大利"红色旅"以及美国黑人革命—反越战运动，都意味着资本主义政治的合法性危机（哈贝马斯的界定）。在这场东西方危机中，中国用经济改革、美国用新自由主义的办法克服了危机，而苏联则试图用政治的办法解决问题，结果彻底失败。所以，那种"政治改革落后于经济改革"的说法并没有历史基础。

（1）文化攻势与文化霸权。西方赢得冷战，并不是赢在经济，更不是赢在军事，而是赢在文化和意识形态。如果说种种国际制度是为了护卫资本主义经济制度，属于防守型政治，那么西方在文化上则完全采取了攻势战略，进而建构了文化霸权或者说文化帝国主义。

到冷战时期，历经社会主义运动和民族主义运动的"白人优越论"早已被抛入垃圾桶，但是捍卫白人优越论的理论只不过是改头换面而已，那就是直接来自基督教文明的、作为普世价值的自由主义民主理论。面对经济帝国主义和白人优越论的羞辱，殖民地国家的精英和大众曾同仇敌忾，但面对变换了形式的自由主义民主，非西方国家的很多精英则臣服了，苏联因此不战而败。因此，对西方国家冷战胜利贡献最大的是意识形态。

什么是自由主义民主？首先，自由主义民主是一套价值原则，是资本主义民主的替代性说法。冷战之前，西方思想界流行的说法是资本主义民主，资本主义民主被置换为自由主义民主，"民主"被改造为程序上的"选举式民主"。普通人不一定喜欢资本主义，但往往偏爱自由，而且自由主义本身就是资产阶级产生之后形成的一套价值体系，这也是西方国家将资本主义民主替换为自由主义民主的一个重要原因。①

其次，自由主义民主是一套制度体系。自由主义是民主之锚，即民主是实现自由主义的一种制度安排。如果说自由主义的核心是个人权利、财

---

① 参见曾毅、杨光斌《西方如何建构民主话语权：自由主义民主的理论逻辑》，《国际政治研究》2016年第2期。

产权和法治，那么被改造的"民主"就是选举式民主或竞争性选举。我们一定要清楚，竞争性选举并不是个人之间的竞争，而是党与党的竞争，因此，选举式民主又称为"党争民主"，这是实现代议制政府的途径。其中，财产权是宪政的基石，宪政一开始就是为保障个人财产权而发明的制度安排；竞争性选举是多元主义的政治实践，但这种政治是在宪政的法律框架内进行，不至于威胁到财产权，从而使选举权的扩大不至于形成托克维尔所说的"多数人的暴政"。不仅如此，因为有了大众的投票权，竞争性选举还赋予了基于个人主义的政治制度以所谓的合法性。

最后，自由主义民主是高度附条件的学说，"条件"甚至比民主形式本身更重要。西方国家在推销自由主义民主是"普世价值"的时候，其实是在说一种"普世制度"，把自由主义民主简化为"选举式民主"。事实上，即使在自由主义民主的语境中，竞争性选举至少要具备以下几个条件：保护财产权的法治，发达的资本主义经济，多元但基于自由主义政治共识的文化，同质性社会结构即政治玩家不是"非我族类"。换句话说，如果党争民主发生在既没有法治又充满着族群冲突和教派冲突这样的异质性文化之中，其结果必然是灾难。著名的自由主义民主理论家罗伯特·达尔也不得不承认，在既没有历史条件也没有社会现实基础的国家，自由主义民主是难以运行的。发达国家的现代化历史和发展中国家的现实政治，都证明了这样一个规律：民主的社会条件比竞争性选举这种民主形式更重要，没有相应的社会条件而实行所谓的"选举式民主"，绝不是国家和人民之福。[①]

作为党争政治的"选举式民主"是一种现代性政治制度，而现代性政治从来都不可能脱离各自的历史文化传统而孤立地、健康地生长。那么，以竞争性选举为核心的自由主义民主的文明基因是什么？

自由主义民主是基督教文明的政治表述。在冷战时期，为了达到改造

---

① 杨光斌：《观念的民主与实践的民主：比较历史视野下的民主与国家治理》，中国社会科学出版社 2015 年版，第 256—268 页。

非西方社会的目的，西方国家按照西方社会的原型搞出了一套以"自由主义民主"为核心的"政治现代化"理论，运用并研究非西方国家，结果这些国家不是"政治现代化"而是"政治衰败"。根本原因在于，以"自由主义民主"为核心的现代化理论深深地根植于西方传统之中。

自由民主是一种现代性政治，但这种现代性则直接来自其传统性——基督教文明。从中世纪到现在，基督教文明一直作为西方文明的基础和主线，直接塑造了西方以政治制度为核心的政治文明。不理解基督教文明就无法理解西方的制度文明。基督教文明的特征有哪些？公认的一些关键性要素包括：基督教义促成的个人主义，古希腊哲学的古典资源，由基督教而来的天主教和新教，狭小区域内的多样化语言，二元化的宗教与政权关系，作为罗马遗产的法治，包括修道院—修士会—行会以及后来的协会与社团的社会多元主义势力，由多元势力而导致的代议机构等。这些要素可能也会单独地存在于其他文明当中，但是它们的综合却是西方所独有的，这正是西方之所以为西方的"西方性"。

明白了基督教文明的构成，再看看自由主义民主的要素，比如个人主义、保护财产权的宪政、多元主义以及源自多元势力的党争民主，我们不难发现，自由民主与基督教文明的很多要素具有高度的重合性。近代以来，尤其是两极竞争的冷战时期形成的自由主义民主，其理论底色其实就是基督教文明，自由主义民主是基督教文明的一种现代政治表达、一种政治基督教。换句话说，基督教文明是自由主义民主的观念基础和制度基础。事实上，冷战时期的很多著名学者都是怀着这种基督教情怀而建构自由主义民主。阿尔蒙德在1966年就任美国政治学会主席的演说中，直接引用《圣经》中的救世主义故事而谈自由主义民主学说的责任。

那么，来源于一种文明体系的制度文明为何变成了"普世价值""普世制度"？这不能不归功于西方强大的物质文明。世界文明包括物质文明、精神文明和制度文明，强大的物质文明自然会助推其精神文明和制度文明的传播。而一定时期内世界政治的对立化又使得精神文明、制度文明的传播成为一种只能赢不能输的宗教式战争。美国国际关系理论大师汉斯·摩根索在《国家间政治》中说"普世主义"都是"民族主义化"的，塞缪尔·亨廷顿在《文明的冲突》中也不承认有所谓"普世价值"，认为那只不过是强势民族的价值体系而已，都是民族主义强加于人的价值体系。①

基督教文明在传播过程中曾引发严重的"文明的冲突"，不仅有中世纪欧洲诸国之间连绵不断的宗教战争，更有"十字军东征"这样的讨伐异教徒的"洲际战争"。我们遗憾地看到，作为政治基督教的自由主义民主在"普世化"的过程中，同样诱发了"文明的冲突"，造成世界政治的动荡。

（2）第三波民主化与世界政治乱象。从1974年葡萄牙"康乃馨革命"结束独裁统治开始，世界政治出现了所谓的"第三波民主化"浪潮，东亚、南美、东欧等70多个国家发生了"民主转型"，表面上建构了自由主义民主。西方世界一时处于亢奋之中，"历史终结论"甚嚣尘上，"普世价值论"粉墨登场。时过境迁，西方所谓"普世价值""普世制度"在转型国家表现如何呢？

国家治理的有效性和民生需求的满足，是衡量政治制度的最基本标准，否则所谓的自由主义民主就是"无效的民主"。经历"第三波民主化"而来的国家呈现以下几种类型：第一类是基本实现有效性目标，这类国家寥寥无几，而且基本上是靠近欧盟的几个国家；第二类国家是回归传统体制，即西方所说的"民主回潮"，包括埃及、中亚的很多国家等；第三类是周期性政治动荡、内战甚至分裂，如苏联、南斯拉夫、乌克兰、泰国、大多数非洲国家；第四类，政治基本稳定但长期无效治理，如中国周边一些大型发展中国家和拉丁美洲很多国家。

我们对比较政治研究的更大发现是，第一，"二战"之后150个左右的

---

① 杨光斌：《自由主义民主的"普世价值说"不过是一种文明的傲慢》，《求是》2016年第19期。

新兴发展中国家,还没有国家因为实行了自由主义民主而跻身于发达国家行列。第二,在人口过亿的 9 个发展中国家中,只有中国一国实行的是人民民主的民主集中制,其他八国实行的都是自由主义民主的代议制民主,结果只有中国是"有效的民主",其他八国在国家治理的各种重大指标上远远落后于中国。原因很简单,"党争民主"是分蛋糕,而发展中国家根本就没有蛋糕可分;即使有一块小蛋糕,如果没有法治,也分不好蛋糕。如果说民主是分配权力,法治就是约束权力,不受约束的权力,即使是所谓的民主政治,其结果也绝不会更好。

面对上述结果,连大力推进西式民主的美国学者也不得不承认,"民主化"所导致的"治理不善"如同难以摆脱的幽灵。有的西方学者干脆将自由主义民主制度和实践的举步维艰,归咎于相关社会中的"基因问题"。这种"基因问题"实际上就是政治制度的文明基础问题。[①] 自由主义民主明明是基督教文明的政治形态,非要装扮成"普世价值"推向全世界,结果必然是在非西方社会水土不服进而引发灾难。我们可以看到,在非西方社会的政治中,竞争式选举表现为党争民主,在异质性文化的发展中国家必然表现为各种政治冲突。如果是"普世价值""普世制度",自由主义民主在非西方社会怎么可能会有如此不堪的命运?

即使在西方国家,曾经运行得还不错的竞争性选举,当其相应的社会条件发生变化之后,比如社会发生了分裂,原初的同质化文化演变为异质性文化,党争民主也将是其最大的麻烦,2016 年最新的例证便是英国的脱欧公投、美国大选闹剧以及法国国庆日所发生的"尼斯大屠杀"。"文明冲突"不再局限于国家之间和世界政治,国内政治中也存在。

这样,所谓的"普世价值"最终变成了西方国家自己的负累。欧洲主

[①] [美] 菲利普·施密特:《二十五年时光,十五项发现》,载 [美] 吉列尔莫·奥唐奈、[意] 菲利普·施密特《威权统治的转型》,景威、柴绍锦译,新星出版社 2012 年版,第 107 页。

要国家大多曾积极参与推动西亚、北非的"阿拉伯之春",然而在严峻的难民危机冲击下,抽象的"普世价值"与这些国家现实利益之间的矛盾暴露无遗。当西方国家用"普世价值"搞得西亚、北非国家四分五裂、经济凋敝、社会混乱、恐怖主义肆虐,巨大的难民潮涌向欧洲时,被美化为人类终极美好世界的丹麦(西方有"抵达丹麦"一说,这里的"丹麦"并非特指丹麦这个国家,而是一个理想化的社会:繁荣、民主、安全、法治、政府高效而廉洁),首先开启了严重歧视难民的立法,比利时更是强行要求来自非欧盟国家的"新居民"签署"价值观认同承诺书"。在西方自由主义民主制度下,政客只对本国的部分选民负责,而民众也大多只关心自己的利益,这样的民主政治如何能保护世界所有地区人民的权益?这真是对"普世价值"的极大嘲讽。

非西方社会因实践自由主义民主而出现的政治乱象,西方社会对待西亚、北非难民的态度,尤其是西方国家内部出现的"文明的冲突",事实上已经否定了自由主义民主是"普世价值"的神话。大量残酷的事实告诉我们,一个国家实行什么样的政治制度,走什么样的政治发展道路,必须与这个国家的文明基因相适应,绝不存在所谓的"普世制度"。

至此,我们可以这样判断世界政治,300年来的资本主义、白人优越论和由它们所建构的"国际制度",都遇到空前的危机。世界政治将向何处去?

◇ 第六节 "中国人来了":世界政治体系从中国再出发?

西方人经常用"中国人来了"这样的醒目标题而谈论所谓的"中国威胁论"。当然,呼唤"中国统治世界"者,并非都是中国的恐惧者,也有仰慕者。① 著名的左翼学者佩里·安德森也认为，在美国霸权之后，当代世界的权力结构将可能是中国主导。② 那么，"中国人"意味着什么？中国又是如何从危机中走出来并成为世界第二大经济体（中国模式）？中国将会以什么方式书写世界政治史？

（1）"中国人"意味着规模。规模不是一般意义上的量，规模大到一定程度，就是"质"的不同了。在过去500年的历史中，主宰全球贸易的第一个国家——荷兰的人口是百万级的，第二个——英国是千万级的，第三个——美国是亿级的，而中国则是13亿！13亿和1亿，更别说千万级的比较，不是量的差别，而是质的不同。对此，有洞见的战略家心里非常清楚。小国大政治家李光耀1994年这样说："中国参与世界地位重组的规模，使得世界必须在30年或40年的时间内找到一种新的平衡。假装中国不过是另一个大的参与者是不可能的，它是人类历史上最大的参与者。"③ 亨廷顿在20年前也这样说，只要中国国内政治保持稳定，东亚和整个世界就必须"对人类历史上这个最大参与者越来越强的自我伸张做出反应"④。

规模很重要。战略家们在20年前的预见都变成了现实，中国几乎成了所有发展中国家的最大贸易伙伴，中国有能力在几乎所有国家同时开展大型工程建设。按照朱云汉教授的总结，中国人的到来是300年来第一次"南方国家获得全新自主发展机遇"，包括：

第一次一个兴起中的超级大国不是以掠夺者、支配者或者文明优越论者的思维与态度来面对欠发达国家；

---

① ［英］马丁·雅克：《当中国统治世界》，张莉、刘曲译，中信出版社2010年版。

② ［英］佩里·安德森：《霸权之后？——当代世界的权力结构》，海裔译，《文化纵横》2010年第1期。

③ 转引自［美］塞缪尔·亨廷顿《文明的冲突与世界秩序的重建》，周琪等译，新华出版社2002年版，第257页。

④ 同上。

同时具备在上百个国家兴建电厂、电网、通信光纤网络、铁路、地铁、高速公路、海港的超级能力；

能为全世界中低收入群体全方位供应物美价廉的工业产品，协助几十亿人跨入数字与网络时代；

以官方开放融资机构以及国有企业为推动经济合作与发展援助的主体，不以资本回报最大化为考虑；

作为最大贸易伙伴国与最大投资来源国，理解国情、不灌输意识形态、不强迫削足适履、不搞政变。①

一句话，这是一个对世界合作伙伴"讲经济"的新型超级大国，完全不同意西方的附主权条款的带有强烈政治目的的经济"合作"或"援助"。

那么，中国人是如何来的呢（发展战略与政治制度）？诺贝尔经济学奖得主舒尔茨对经济史的研究发现，在300年的世界经济史中，很少有哪个国家是按照所谓的主流模式而发展起来的。确实，普鲁士起来了，是因为腓特烈大帝不相信当时的主流学说即洛克的权利学说，之后的思想界搞出一套德国历史学派，学习德国经验的日本也算不上模仿"主流理论"——当时德国经验还称不上主流；苏联起来了，是因为实行了人类历史上前所未有的社会主义制度；"二战"后出现了"东亚四小龙"，是因为它们搞的是违反当时主流理论（进口替代政策）的出口导向。比较政治发展的研究结论是，"二战"后一百多个发展中国家，还没有哪个国家因为搞了"普世主义"的自由民主模式而跻身于发达国家序列。十三亿人口规模的中国固然要在开放中学习，但不可能完全照搬哪家的模式，尤其是在决定一个国家命运的政治制度上。

因此，研究中国人是如何来的理论即中国模式研究，就成为一种显学。我认为，仅有模式讨论是不够的，政策选择至关重要。简单地说，从1949

---

① 朱云汉：《中国在21世纪全球秩序重构中的作用》，演讲稿，2016年3月15日，中国人民大学。

年到现在，在政策的"时间性"上，先是毛泽东通过国家权力立国，随即是在革命胜利之后开展土地改革（这对于后发国家的现代化是绕不开的前提条件和基础结构），并在此基础上实现了"人"的解放（性别平等、教育公平等）和平等式现代化。这些为后来的改革开放奠定了坚实基础，比如健康的劳动力和识字的高水平工人。必须认识到前后30年的连贯性和国家建设中的一致性。改革开放之后，首先是以财产权为核心的经济权利，21世纪初开始则是以社会保障为核心的社会权利。这样，在国家建设最基本的维度即权力—权利中，依次是"国家权力——人的解放——经济权利——社会权利"。这是中国政治发展的战略性秩序。①

这种战略秩序是在既定的模式下发生的。我的看法是，经济模式固然重要，但世界上很多国家的经济政策和经济模式其实和中国并没有多少区别，根本的差别还在于政治上，是政治制度在特定时刻的决定性作用。在政治道路上，比较政治告诉我们，中国是为数不多的但也是体量最大的一个人民民主国家了。在过去300年的世界政治中，资本主义从主宰国内政治到主宰全球政治，建立了一个资本权力主导的帝国主义殖民体系；20世纪50—60年代的民族民主解放运动是对资本主义全球化的对冲和反抗；当赤裸裸的经济掠夺碰壁之后，资本权力以"文化霸权"面目出现，俘获了发展中国家的精英阶层，打赢了思想观念上的"没有硝烟的战争"，促成了所谓的"第三波民主化"浪潮，全球政治又变天了，资本权力再次在政治上得势。在这个过程中，中国靠强大的自主性而扛过这场全球浪潮，坚守了人民民主阵地。一个必须要问的问题是，到底是资本权力有利于人民，还是人民民主造福于人民？只能在现实政治中找答案：中国人民和印度人民谁享有的福利更多？

实现人民民主政治道路的政治制度是相对于代议制民主的民主集中制，

---

① 杨光斌：《中国政治发展的战略选择》，中国人民大学出版社2011年版。

这是一个先把一盘散沙的中国组织起来,又把中国发展繁荣起来的政体,历经革命时期的 1.0 版、新中国前三十年的 2.0 版和改革开放以来的 3.0 版。这是一个待完善的但完全可行的政体,其中 3.0 版的民主集中制有了更多形式的民主,诸如协商民主、社会自治、参与式民主、分权民主、选举民主和更多的个人自由,民主与集中正在趋向平衡。民主与集中绝对不是二元对立,而是有机统一,一定程度的集中恰恰保证了分权和自由,这正是中国这样一个巨型国家的成功要道。其实,被神话的"自由民主"背后没有权威意志又怎么做决策呢?不能做决策的、不能治理的"民主政府"值得期待吗?①

如果说自由民主在发展中国家导致了"无效的民主"或无效治理,而民主集中制的治理成就则是有目共睹的。没有治理的民主是不值得追求的,但一旦拥有便也脱不了身。也正是在比较意义上,民主集中制在政治过程中是一种"可治理的民主"——由"民主参与—政府回应—责任政治"三要素所构成的民主模式。②

(2)中国制度的世界意义。毛泽东在 60 年前曾预言,到 2001 年的时候,"中国应当对于人类有较大的贡献"。这一预言变成了没有悬念的事实。中国对于人类已经不是"较大的贡献",而是巨大的贡献。和平与发展是人类最重要的主题,这是衡量一个国家贡献大小的最好标准。首先,就中国对世界和平的贡献而言,自 1949 年 10 月以来,因为奉行和平共处五项原则,中国基本上是被动地卷入战争且都是自卫性的,诸如抗美援朝、中印边境冲突和对越自卫反击战,中国从来没有因为推行自己的制度和观念而对他国发动战争;不仅如此,中国是地区和平的压舱石。其次,对基于发展基础上的人类人权事业的贡献。生存权是最大的也是最基本的人权,新中国为世界脱贫的贡献率高达 75%,这又源于中国对世界经济增长率的贡

---

① 杨光斌:《作为中国模式的民主集中制政体》,《政治学研究》2016 年第 2 期。
② 杨光斌:《超越自由民主:治理民主通论》,《国外社会科学》2013 年第 4 期。

献高达27%。比较而言，有些人口稀少、资源禀赋优越的发达国家，到底为世界的人权事业贡献了什么？

中国为什么能够对人类做出巨大贡献？无疑应当归功于中国道路、中国经验所构成的"中国方案"即中国模式。在纪念中国共产党成立95周年大会上，习近平总书记宣示，中国"有信心为人类对更好社会制度的探索提供中国方案"。到2049年，由"人民民主—民主集中制—可治理的民主"所构成的中国政治方案，又将会给人类做出什么样的贡献？这已经不是我们目前的知识结构所能想象的。目前的世界政治意义在于丰富了世界政治文明并更新了发展理论。

第一，中国制度丰富了世界政治文明。在视察曲阜孔子研究院时，习近平总书记要求"四个讲清楚"，其中有"讲清楚中华优秀传统文化是中华民族的突出优势，是我们最深厚的文化软实力……承认文化的多元性，一定要承认政治的多元性"。这是一种文化自信，也是一种基于世界文明史的深刻体认而表现出的文明包容性，因而是一种历史哲学。

但是，作为西方哲学一种主要思维方式的一神教下的二元对立思维，也必然要体现在其政治文明中，最典型的表现莫过于"历史终结论"，这其实是政治文明终结论，世界只能有此一家政治文明形态，不符合西式民主的政治都是"非民主"或者"威权主义"，必然要转型到"历史的终点"。

这种理论完全无视世界政治中文化多样性的现实，无视政治制度的文明基因基础。在形式上，现代性政治表现为同一性，比如都有了社会组织、政党政治、选举政治、代议制，等等。但是，都实行了一样政治形式的国家，比如印度与英国之间、菲律宾与美国之间，其治理程度为什么有天壤之别？这是由各自国家自身的社会结构和文明基因所决定的。也就是说，政治形式上的同一性并不能改变以文明基因为基础的文化多样性，不同文化之下的文明基因和社会结构直接塑造了政治制度的实际效果。因此，民主是重要的，但有效民主更离不开其相应的社会条件。

上述政治逻辑为世界政治的残酷现实所坐实。一是"二战"之后150个左右的后发国家，没有一个因为实行了自由主义民主而走上发达国家序列。原因很简单，作为西式民主核心的党争民主就是要分蛋糕，当一个国家还很穷、蛋糕还没有做大的时候就去瓜分蛋糕，谁能得到蛋糕？更重要的是，自由主义民主其实是一种以法治为前提条件的民主，没有法治的民主会是什么样子呢？实行了自由民主的发展中国家的答卷都不及格。二是一些曾经跻身于发达国家行列的国家和地区，因为搞了党争民主而出现"逆发展"，南美的阿根廷、欧洲的希腊和东亚的中国台湾地区都是鲜活的案例。这种"逆发展"趋势并没有终止的苗头。三是当冷战这种外部安全压力解除之后，欧美等国的党争民主演变为没有节制的内斗，政党政治极化，代议制民主变成了"否决型政体"，政府寸步难行。不仅如此，英国的"脱欧公投"实际上是选举式民主泛滥的产物，结果不但以"多数暴政"的形式直接侵害了并不算少的"少数人"的切身利益，还直接威胁到英国的国家认同，党争民主正在演变为已经肢解了很多后发国家的分裂性制度，苏格兰的再次独立公投并不遥远。

鉴于20年来的世界政治现实，曾经宣称"历史的终结"的福山最近这样反问道，（西式）民主到底是解决问题的方案还是问题的根源？比较政治研究已经给出答案。人类总不能永远止于困境之中，需要在困境中找出路，一种替代性方案就是中国制度——这还是福山描绘的世界政治前景。

至此，我们可以自信地说，中国制度丰富了世界政治文明，而其基础正是基于自身文明基因而探索出的政治道路、政治制度。习近平总书记曾强调，"每个国家和民族的历史传统、文化积淀、基本国情不同，其发展道路必然有着自己的特色。一个国家的治理体系和治理能力是与这个国家的历史传承和文化传统密切相关的"。文化自信是政治自信的基础，"在政治上'资本主义终极理论'动摇了，社会主义发展出现奇迹，西方资本主义遭到挫败，金融危机、债务危机、信任危机，自信心动摇了。西方国家开始反省，公开或暗自比较中国的政治、经济和道路"。

第二，中国制度更新了人类发展理论。在事物的本质上，人类选择"好制度"就是为了更好地发展，为了过上更美好的生活。但是，流行的"好制度""好政策"不但没有解决发展中国家的发展问题，还使得很多国家因此而陷入泥潭难以自拔。说到底，这是发展理论出了问题，而中国的"社会主义发展出现奇迹"，则源自其新的发展理论——发展能力理论，这是习近平总书记在2015年联合国发展峰会上的贡献。我们认为，发展能力与特定的政治制度有着密切关系。

300年来，人类发展大致呈四个波次。国家发展的先行者总是力图把自己成功的经验包装成理论，以便让后来者学习乃至模仿。但是，诺贝尔经济学奖得主舒尔茨教授发现，在300年世界经济史上，没有一个国家因照搬了当时的主流理论而发展成功，因为包装出来的理论总是会裁剪掉很多社会条件。比如，英国发展起来后（第一波），19世纪中叶流行的是基于英国经验的放任自由主义理论，核心是自由市场，但德国人发现这是一个"踢掉梯子"以防止后来者爬上房顶的理论，英国人的理论掩蔽了国家的实际作用，为此德国逆主流的放任自由主义理论而行之，实行了国家中心主义的发展路径而成功登顶（第二波），核心是国家作用。20世纪中叶，西方给出的政策方案是进口替代，从拉美到非洲，凡是实行这一战略的国家都没有成功，而东亚地区的"四小龙"则通过出口导向战略而成功（第三波），这里的核心是政策导向。冷战之后，西方国家给出的发展理论是政治民主化、经济市场化、治理社会化的"三化运动"，旨在去国家化。发展中国家本来就需要国家力量组织起来，国家力量本来就弱，再去国家化，结果可想而知。相反，中国通过走自己的政治道路并坚持自己的政治制度而一举成为世界第二大经济体（第四波）。

中国发展可谓前三波经验之集大成，其中包括了国家、市场和政策，而协调这三要素的基础则是基于中国制度的发展能力理论。一个国家的主体包括政府、市场和社会。其中,政府权力太强大,市场和社会就会失去活力乃至被淹没;市场中的资本权力太强大或者社会碎片化,政府再好的政策也不起作用。因此,只有把三者有机地协调起来的制度才会有期望中的发展能力。也就是说,发展能力来自制度。

中国制度把国家、社会和市场有机地协调起来,这种制度能力表现出的发展能力由以下要素构成:制度吸纳力—制度整合力—政策执行力。所谓制度吸纳力,是国家通过政策供给而有效地满足社会要求,获得社会的认同与支持,从而实现国家与社会关系的和谐;所谓制度整合力,表现为在民主集中制组织原则基础上所整合起来的方方面面的权力关系,形成了前述的6个"切实防止";所谓政策执行力,即能权威地制定政策并有效地实施政策的能力。

虽然我们并不推广自己的经验或者制度,但是基于制度的发展能力已经吸引了发展中国家的目光。有的国家"以中国为尺度"而衡量自己的好坏与快慢,有的政党则开始学习中国共产党的党校培训制度,有的国家则开始学习中国发展经济的经验。

(3)"中国人来了"与世界政治体系的重组。规模很重要,而且是"中国人"的规模。这就意味着,传统的世界政治结构面临重组问题。第一,中国人是黄种人,其崛起的意义比当年日本跻身于列强大很多倍,是对白种人主宰的世界政治体系的文化主义的挑战。第二,中国人实行的列宁所说的"国家资本主义"或者说今天理论界所说的"发展型国家",和主宰世界体系的以个人权利为中心的自由资本主义完全不同。对于所有后发国家的决策者而言,如果相信所谓的个人权利的自由资本主义,就不能指望把国家发展起来。第三,在文化上,中国奉行的是民本主义的"天下观",完全不同于种族主义的"西方中心主义"。

那么,中国人的发展型国家到底是如何处理与世界政治的关系的呢?比较而言,如果说美国对其他发展中国家以"讲政治"为主,中国则以

"讲经济"为主,这是中国和美国在"全球治理"方式上的根本不同。目前,"讲经济"的两条主线就是"亚投行"和"一带一路"倡议。如果说亚投行是制度主义战略,"一带一路"就是渗透主义战略,无论什么战略,都是当事国所欢迎的,至少不是那么拒斥的,不会像美国的"政治战略"那样招人讨厌。比如,同样是经济组织,IMF 则是一种"主权基金"性质的,即附加政治条件的贷款或援建,而中国的亚投行则以经济需要为唯一原则。可以认为,亚投行是根本性地改变世界政治结构的变革方式。

近代以来国际体系的形成和变革,基本上都摆脱不了"修昔底德陷阱":霸权国与挑战者强强为敌而导致战争,战争或竞争失败而导致秩序塌方后重组。从确定近代国际体系起点的威斯特伐利亚体系,到拿破仑战争之后维持欧洲国家间均势的维也纳体系,再到"二战"后大国主导的联合国体系,甚至冷战后的美国单极霸权体系,莫不是对先前秩序的毁灭性破坏后的重组,是典型的制度突变,重组后的国际体系莫不是西方中心主义的国际制度。

亚投行改写了国际体系变革的方式。第一,化蛹为蝶式的蜕变。中国主导的亚投行是在维持并尊重既定国际秩序的前提下、在既定的国际秩序内脱胎而来的新力量。如前,300 年来的国际体系流行的是"强权即公理"的丛林规则。中国的崛起以及其发挥作用的方式完全不同于西方人所熟悉的通例,虽是美国压力下不得已的产物,却也是一种水到渠成的结果,因此亚投行也可以看成是"和平崛起"战略所结出的喜人果实。

第二,第一次由亚洲人主导的国际体系变革。近代以来,日本努力参与甚至主导国际秩序,发动战争终以失败收场。亚洲开发银行不算日本主导,背后还有美国。亚洲人从未在国际体系建设中发挥过主导性作用。如今情况变了,国际关系理论应得到修正。流行的国际关系理论几乎都是根据西方国际关系史量身定做的,是一套西方中心主义的话语体系。这次,"七国集团"的小兄弟们纷纷挤进亚投行创始国之列,这种改写历史的行为也必将改写国际关系理论。

第三，超越意识形态。从维也纳体系之后，西方优势形成了文化上对其他地区的偏见和歧视，而冷战则是典型的意识形态战争，将过去100多年积习而成的文化偏见制度化。为此，世界银行、世界货币基金组织甚至包括亚洲开发银行，其援助均带有意识形态条款，很多发展中国家的政体因此被改变，但并没有变得更好。与意识形态规则不同，亚投行按发展的需要原则进行投资，按照"命运共同体"的观念去援建。对此，中国人视其是对既定国际制度的补充，而美国人认为是对其观念化规则的威胁。

第四，变局的渐进性。中国人主导的国际机构将会带来什么样的变化？因为不同于过去那种秩序塌方而导致的突变，而是在既定国际秩序下演化而来，亚投行对国际秩序的影响也必然是渐进性的。也就是说，观察家必须要有足够的耐心去等待以亚投行为标志的新秩序到底如何"新"。

中国人一直在以自己的方式贡献世界。从毛泽东时期的"和平共处"五项原则，到改革开放时期邓小平所确立的"和平与发展"主题，再到今天亚投行所体现的习近平的"命运共同体"战略思维，内涵是一以贯之的，即和平共生、和谐共处、天下太平。这种坚持不变的追求背后是一种中国文明基因共同体的支撑，而天下观、和为贵、求同存异、民本无疑是中国文明基体的重要组成部分。可以说，亚投行其实是一种天下观的体现，是"民本"在另一个场域的延伸。西方人也许一时难以理解，他们要习惯中国人的文明规则，需要亚投行这样的国际机构长期、有序、有效地运行。

即使中国只做好国内政治上的事，也具有世界政治意义，即前述的丰富了世界政治文明并更新了发展理论。为此，越来越多的发展中国家在学习中国的发展经验，就连骄傲的印度也正在"以中国为尺度"。

如果说有什么"中国威胁论"，那也主要是在思想层面和政治层面，而不是在军事和经济层面。中国的故事改写了300年世界政治的历史，视西式民主为理所当然的思维方式受到了动摇，这当然是主导世界300年的或明或暗的白人优越论所不能接受的。

◇◇第七节 世界政治结构的演化与研究 世界政治的范式变化

300年来的世界政治史就是由资本主义（帝国主义与殖民主义）和西方人所塑造的"国际制度"，期间不乏对冲性政治力量即社会主义运动和民族自决权运动而造就的政治反抗。对此，学术研究的对象自然是这些最基本的构成性要素。不得不说，就当代的国际社会科学而言，对于有些结构性要素，比如国际制度催生了各种"主义"，研究得太多了，而其他结构性要素比如资本主义、文化主义、社会主义和民族自决权等，研究得太少。这就意味着，学者们的注意力在结果性的结构，而对于结构的来源的关注相对少一些。西方学者这样做是完全自然的，因为他们要维护的就是有利于自己的"现状性结构"；但是，非西方学者尤其是中国学者的跟风式研究，就匪夷所思了，因为"国际制度"对于非西方国家而言具有完全不同的政治意义。跟风式研究，事实上是在帮助西方人强化既定的基本结构。

对"过程性结构"的关注必然引发更多的研究主题。事实上，即使在既定的基本结构之下，世界政治的主题一直在演化之中，这是世界政治的时代性所决定的。不同的时代有不同的主题，对此学者必须有清晰的认识，否则就是关公战秦琼式的研究，毫无意义。那么，300年来的世界政治的主题到底发生了什么样的变化呢？

（1）政治革命（18世纪至19世纪中期）。18世纪是资本主义化的"革命时代"。资本主义是现代性政治的最重要因素，而资本主义的到来是通过"革命"完成的。这个时代的美国革命，尤其是法国大革命告别了"旧制度"。资本主义革命同时也催生了新式革命，那就是追求平等权的社会革命，分水岭性质的革命便是1848年"二月革命"和共产主义运动的诞生。研究革命的范式当属"政体论"，即为建立什么样的政体而革命，以及政体变化的原因。

（2）扩张与战争（19世纪至20世纪上半叶）。在西方国内资本主义化的同时，也在进行全球范围的资本扩张，并进行着"宗主国"之间的战争，整个19世纪完成了全球资本主义化（帝国主义与殖民主义）。伴随这个过程的，是以社会达尔文主义为理论基础的"白人优越论"。帝国主义论和白人优越论就相当于研究范式。

（3）解放与建国（20世纪上半叶）。帝国主义、殖民主义的扩张不断导致西方白人之间的战争，而白人战争导致的统治链条的断裂，诱发了社会主义运动和民族自决权运动，这就是20世纪中叶社会主义建国和民族民主解放运动的建国高潮。

严格说来，"二战"之后才有所谓的社会科学。在这一背景下，社会科学一诞生就有了政治性质，就是"冷战学"。因此，这一时期，冷战学的研究范式就是现代化理论，即非西方国家如何变成西方国家。现代化理论被亨廷顿的"政治衰败"概念宣告失败，即非西方国家不但没有实现西式现代化，反而陷入政治衰朽之中。我们认为，客观的替代性研究范式应该是国家建设理论，其中包括政治权力—资本权力—社会权利的三维关系，资本权力、政治权力和社会权利的关系很复杂，而社会权利内部既有前述的经济权利和社会权利，也有保障公民基本安全的政治权利，其"时间性"决定了一个国家建设的成败。①

（4）国际制度（冷战时期）。为了维护"二战"之后的格局，即依然是资本主义经济和西方白人主导的世界政治结构，出现了各式各样的"国际制度"，为此在国际关系理论上演绎出所谓的新范式：结构现实主义、自

---

① 曾毅：《现代国家的含义及其内在张力》，《比较政治评论》2013年第1辑；曾毅：《现代国家建构理论：从二维到三维》，《复旦学报》（社会科学版）2014年第6期。

由制度主义和建构主义。但是，当"中国人来了"之后，这些范式的价值就应该得到反省，中国人不应该止步于这些所谓的"科学范式"。一个可能性的假设是，以中国人为主导的或者合作博弈而形成的新国际秩序（国际制度），其"过程性结构"的性质与过去300年的"过程性结构"有着很大的不同。这是中国人建构"中国学派"的国际关系理论的出发点。

（5）制度竞争（冷战时期）。冷战时期的世界政治，说到底就是两大制度之争——资本主义制度与社会主义制度，结果西方"打赢了没有硝烟的战争"。为了这个主题，西方社会科学（不单单是政治学）的研究范式是"转型学"——非西方国家如何转型为自由主义民主的研究路径。但是，"阿拉伯之春"变成"阿拉伯之冬"，以及自由民主在很多非西方国家的失败，比如导致的乌克兰式的国家分裂和很多国家的长期动荡与无效治理，迫使美国主流学者宣布"转型范式的终结"。

（6）治理之争（21世纪）。西方赢得了制度竞争，但走向西方制度的非西方国家并没有因此而走向善治，西方国家在治理上麻烦重重，出现了"否决型政体"，相反中国的治理一枝独秀。制度重要，但到底什么制度有助于治理？治理关乎政治的本质，政治形式重要，但那更多是读书人的焦点，而百姓关注的是政治的实质——良善的治理，这是自政治学诞生之后便不变的使命。谁赢得善治，谁才最终赢得制度之争。西方的治理理论基本上都是"社会中心主义"的，所以其治理方案在非西方国家处处碰壁，因为很多非西方国家本身都是"强社会中的弱国家"[①]，"去国家化"的治理方案根本行不通。所以说，国际社会科学中并不存在统一性的治理理论。比较而言，在诸多主题中，中国最有可能在治理上提供研究范式：一是因为现在还没有统一性的治理理论；二是因为中国人的治理传统在历史文化中很发达，可谓治理思想的富矿。我认为，治理理论的核心是国家治理能

---

① 参见［美］乔尔·S. 米格代尔《强社会与弱国家》，张长东等译，江苏人民出版社2012年版。

力问题，所以中国提出"国家治理体系与治理能力的现代化"抓住了问题的关键，可以根据中国的治理经验建构一般性的国家治理能力理论，其中至少包括关于国家—社会关系的体制吸纳力，关于国家权力关系之间的制度整合能力以及作为政治产品的政策执行力，据此可以比较研究不同国家的治理能力。[①]

在中国人的治理思想中，经济主义战略倡导国家引导的发展，这与英美的自由资本主义形成张力；文化主义上的"天下观"，与300年来的"白人优越论"形成张力；"天下观"下的发展型国家所塑造的，就是以合作共赢为导向的治理；最终达成"人类命运共同体"这样的全新的国际秩序和国际制度。

---

① 参见《关于国家治理能力的一般理论》（中国人民大学国家发展与战略研究院，2015年度研究报告）。

第 三 章

世界政治体系中的中国："百年危机"（1840—1949 年）

建构起经世界政治结构的演化所形成的世界政治体系，将大大帮助我们认识这一结构之下的中国政治以及很多的政治思潮。理解世界政治体系的关键词是"白人主导"（或曰"西方主宰"）与资本主义，在这两个"过程性结构"的冲击下，满清政府内外交困，中华帝国日落黄昏。这是中国世纪性危机的第一次国家失败。辛亥革命之后所建构的"中华民国"可谓"顺势而为"，即企图按照既有的世界政治体系方案（西式民主共和）来解放中国人民，结果却是一次又一次的"国家失败"，人民生存于水火之中。先是孙中山临时政府的努力，接着是北洋政府的"城头变幻大王旗"，北伐革命建立的南京国民政府的政权性质决定了其不能有效地解决国家结构危机和民生危机，最终导致国民党政权的雪崩式瓦解。生存于世纪性危机的中国人的状况是什么样的？国家的失败意味着社会的溃败、道德的沦丧，中国人处于孙中山所说的"一盘散沙"之中任人宰割。因此，理解人民民主政治道路的起点是 19 世纪中叶，而那时的中国已经是世界政治体系中的一员。中国需要组织力量，否则人民就是原子化状态的个体。人民民主道路是中国人民探索、奋斗了一个世纪的产物。中国共产党就是在这种长达百年的"总体性危机"结构中走出来的有着特殊使命的新型政治集团。

从 19 世纪中叶到 20 世纪头 20 年，正是帝国主义、殖民主义发展的高峰期，从而也是"白人优越论"最为盛行的时期，尽管中国以"洪荒之力"避免了被瓜分、被彻底殖民的境地，但中国人"华夏文明"的优越感荡然无存了。1840 年败于英国而结下"城下之盟"（《南京条约》）后，即使在 19 世纪 80 年代中法战争中打败了法国却以失败者的身份签订赔偿条约。败于西方还可以找到理由为自己解脱，还可以坚持"中学为体，西学为用"，但是甲午战争中败于千年来都膜拜自己的日本，中国人的自信心彻底被击碎了。百姓看到统治者无能，便有了著名的"义和团运动"，其爱国主义性质丝毫不能被质疑，虽然有盲目排外的举动，虽然也被慈禧太后所利用。中国人居然敢反抗？病态的德国皇帝威廉二世对前往中国镇压义和团的士兵做了所谓的"匈奴人演讲"（HUN SPEECH）：

> 不要予以宽恕，不要战俘。谁要落入你们手中就让他倒在你们的剑下！正如匈奴人……远在 1000 年前就给他们自己筑就了令世人至今仍深感敬佩的伟名，你们也要为德国这个名字创建出这样的伟业，这样的伟业在中国 1000 年以后仍将被铭记，使得再也没有中国佬……敢于正视德国人。①

"匈奴人演讲"的流行版本就是：杀、杀、杀，杀得中国人再也不敢抬起头来！这是何等丧心病狂的白人优越论。

当西方人携坚船利炮打开中国大门的时候，李鸿章说中国遇上了"三千年之大变局"，确实是富有远见的观察。在这场大变局中，中国人并没有坐以待毙，面对费正清所说的"条约制度"的冲击，中国人进行了各种"回应"，先后进行了各种救亡图存的运动，既有经济上的"洋务运动"，也有民间的爱国主义抗争，还有因政治改革失败而导致的政治革命（辛亥革

---

① 转引自［荷兰］H. L. 韦涩林《欧洲殖民帝国：1815—1919》，夏岩等译，中国社会科学出版社 2012 年版，第 119 页。

命），但以民主共和为建国目标的辛亥革命并未能如愿，中国进入了"丛林规则"政治——北洋政府时期的"城头变幻大王旗"。

一句话，在以资本主义和白人优越论为支柱的世界政治体系的冲击下，中国从天下体系的"中心"一下子滑落到沃勒斯坦所说的半边缘地区乃至边缘地区，国内政治秩序崩塌了，以军阀为主体的"强社会"代替乃至主宰着名存实亡的"主权政府"（"弱国家"）。在这种世界政治大结构和国内政治结构之下，处于底层的民众必然过着水深火热的日子。

◇◇ 第一节　世界政治体系中的大清帝国：第一次国家失败

把历史的分水岭提前到明朝而不是 18 世纪或 1800 年①，是因为 1500 年是世界历史的分水岭。16 世纪以后，西方世界开始兴起，而中华帝国、横跨亚欧非三大洲的奥斯曼帝国和欧洲的哈布斯堡王朝中的西班牙帝国不约而同地开始衰落。1500 年之前，我们确实很强大，很多技术领先于世界，这也正是比较研究的价值，为什么强大的帝国不再强大，为什么西洋甚至日本能后来居上？300 年前的德国经济学家冯·霍尼希说得好："一个国家当前富强与否不取决于它本身拥有的力量和财富，而主要取决于邻国力量的大小与财富的多寡。"我们知道，"盛世"刚过，清政府就开始割地赔款，整个一个丧权辱国。因此，清朝长达百年的"康乾盛世"，只不过是封闭体系中的景观：一旦和世界有所交流，就尽显外强中干的本色。

---

① 我国的清史专家戴逸将 18 世纪作为中国由盛及衰的分水岭，美国的费正清将 1800 年作为中国历史的分水岭。参见戴逸《18 世纪的中国与世界》（导言卷），辽海出版社 1999 年版；[美]费正清、费维恺编《剑桥中华民国史（1912—1949）》（下卷），刘敬坤等译，中国社会科学出版社 1994 年版，第 7 页。

清承明制。作为"夷狄"的满族统治者，不但在政治体制上继承了明朝的衣钵，在思想文化和经济关系上也如出一辙。因此，当人们探究清朝帝国的式微时，不能不联想到明朝。因为，在明朝衰落时，西方的新制度正在兴起；而取而代之的清朝依然是千年以来的旧制度。这样，把视点放到明朝，或许更有利于我们理解旧制度的脆弱性和衰亡的必然性。

一 专制主义的制度结构

1. 专制主义的性质

秦始皇统一中国，结束真正意义上的分封制，中国从此便是一个专制主义的帝国了；汉承秦制，循而未改；历代王朝皆承秦制，循而未改。其间的一些朝代如唐朝、元朝虽然有较大相权，有时甚至相权能够制约王权，但都只不过是一种人治下的开明专制而已，因为和汉朝一样，宰相的权力是皇帝给予的，皇帝可予可夺。简单地说，汉唐的相权并不可能根本性地改变专制主义的性质。不仅如此，到了明清之际，最高统治者干脆废除宰相制度，从而使专制主义达到无以复加的地步。

在专制主义社会里，政治与社会经济发展是什么样的关系？在刘泽华教授看来，我国第一代贵族地主是通过战争产生的。确实如此，事实上每一个王朝的第一代贵族地主都是由战争和政治权力决定的。那么政治权力是如何约束经济发展的呢？一直"重农"的统治者怎么会限制经济的发展呢？国家目的的悖论告诉我们，任何统治者均具有矛盾性，即使自己的利益最大化和社会产出最大化之间的矛盾。为了使自己的政治统治能够延续下去，有时统治者会让利于民。但是，在不存在替代者的传统体制中，专制政治的性质决定了统治者及其集团不可能不使自己的利益最大化而最终使民众的利益最小化。由此，我们可以理解为什么有的时候统治者会采取轻赋甚至免税的做法，但更多的时候则是疯狂掠夺。

几千年来，政治是如何阻遏和限制我国农业经济发展的呢？我认为，根本原因是专制主义的政治性质所决定的。传统的金字塔式专制主义制度结构的实质是掠夺性的，尽管在儒家那里一直有仁者爱人的民本思想。君主的民本思想难以遏制官僚体制中不受约束的对民脂民膏的搜刮，何况乾隆式的虚荣和贪财更加纵容了层层官吏对民众的掠夺。

这样，我们知道，专制主义政治的脆弱性决定了"重农抑商"政策的必然性。而"重农抑商"主义又通过"政治——土地——读书——官僚"这样的生物链条代代相传，使政治一直主宰着经济和社会，经济难以在既定的生物链条中成长起来而根本地改变恒之形态。这就是专制主义的性质，也是晚清以前的基本历史线索和政治、经济关系。

2. 空前专制主义下的不良政治

"家天下"大概是前资本主义的传统社会的基本政治制度。根据马克斯·韦伯的研究，无论是欧洲的封建制还是东方的专制主义，传统社会的国家形态就是家产的放大，是一种家产制。① 但是，"家天下"的程度有很大不同，欧洲有封建诸侯的相对独立的财政权、军事权和货币权，而汉唐时期对皇权的约束充其量是变居不定的相权。就是这样一种有限的约束，到了明清之际，实行 1500 年的宰相制度被彻底抛弃了，统治者将"家天下"极致化。

和历代统治者所建立的新王朝一样，不仅基本的政治和经济结构使统治集团的利益最大化，而且为了保证这种利益最大化的政治机构永远存续，开国皇帝朱元璋进行了政治体制上的重大变革，将地方权力集中于中央、中央的权力集权于皇帝个人，构建了集权化的政治体制，并为了强化君权，废除宰相制度，使得专制统治空前强大，从地方到中央的各级权力机关直接听命于皇帝。对此，吴晗先生评论说："这种把一些权力都揽在皇帝个人

---

① 参见 [美] 莱因哈特·本迪克斯《马克斯·韦伯思想肖像》，刘北成等译，上海人民出版社 2002 年版，"第 11 章，传统型统治"。

手中的高度集权的状况，是在明朝以前没有过的。所以封建专制主义经过一千几百年的发展，到了朱元璋的时候，形成了一个历史上从来没有过的高度中央集权的政治系统"[①]。

就是这样一种集权的专制制度，受到"狄夷"即满族统治者的高度青睐。应该说，在某种程度上，清朝统治者比朱元璋更没有安全感，因为其人数仅及汉人的0.2%。在这种形势下，要感化汉人而又不能让汉人享有大权，统治者自然不会设置一个制约君权的宰相制度。清承明制，清初实行的仍是地位不明确的内阁大学士制度，在18世纪二三十年代，康熙帝创立的奏折制度将军机处推上政治舞台，经雍正帝而完善。从此以后，军机处作为国家中枢机构的地位始终未变。雍正、乾隆二帝之所以能实现极端专制政治，正是因为他们以军机处为中枢，对汉民族以及本民族的传统政治中一切有碍君主独裁的机构、制度甚至相应的政治文化，进行了全面改造和批判。这样，皇帝直接控制了以军机处为中枢的国家机器，标志着君主专制已发展到了顶峰，中国古代政治从18世纪开始了极端专制的新的里程。

明清之际的空前集权，等于是权力最大限度的私有化完成。私有化权力的基础是官僚集团和地主阶级，他们和皇帝一道，共同构成了统治阶级。应该说，他们的根本利益是一致的。但是，在政治行为中，他们分别是单个的政治行为主体，每个行为主体都会将自己的利益最大化。从统治阶级的整体利益看，这种行为选择是不理性的；但是，就个人利益而言，他们的行为又是理性的。这种理性与非理性的冲突最终导致统治阶级的集体灭亡。可以这样说，明朝灭亡的一个直接原因是因为官僚集团的疯狂腐败。无论是何种原因，归根到底都是由政权的性质即韦伯所说的"家产制"决定的。

[①] 吴晗：《明史简述》，中华书局1980年版，第21—22页。

就这样，历史的岔道越来越多，差异越来越大。当明太祖实行空前的政治专制体制而强化旧制度时，西方世界已经开始有了"议会"这样的新制度而最终使西方世界兴起；当西方世界开始进入资产阶级革命时期而建立以分权为核心的新制度时，处于封闭世界中的中国旧制度又一次因为政权的轮替而被一个更不安全的少数民族统治者进一步加强。不一样的制度导致不一样的命运。

二　资本主义的难产

前面已经论述了专制主义下政治与经济的基本关系，我们将会进一步看到，在专制主义制度下，经济不过是政治的附属品，甚至是政治的奴隶。万历皇帝的大兴土木和郑和的"下西洋"，意味着中国的国力空前强大，而"康乾盛世"中的1750年，中国的国内生产总值（GDP）居然是全世界的三分之一。然而恰恰是这种强大和盛世，使我们不得不追问：这种强大和盛世为什么不能持续？为什么不能再生？为什么自我衰亡？为什么不堪一击？有意思的是，在明、清两朝，都存在可供我们深思的典型案例：当西方世界开始兴起的时候，明、清之际所谓的"资本主义萌芽"为何"萌"而不"发"？资本主义在中国为什么难产？同时代的资本主义的兴起与失败，恰恰构成了世界历史的转折点——西方世界的兴起与东方帝国的衰败。同时，资本主义在中国的命运不仅是历史性的转折点，也最为代表性地反映了政治与经济、政府与市场的关系。通过制度变迁的比较，我们将看到中国是如何错过第一次历史机遇而开始落后于世界的。

1. 领先与落后之间的制度基础

直到明朝中期，中国的很多技术一直是领先世界，经济繁荣更是让马可·波罗羡慕不已。但是，尽管到1750年的时候中国的GDP仍然是世界的三分之一，中国领先于世界的幅度明显地萎缩了，直至停滞和落后于西方国家，甚至于后来者日本。这是为什么呢？这种东西方的大变局不得不使我们对比当时中国与西方世界的制度环境。我们将会看到，制度的魔力第一次显现出来：当中国的明朝实行空前的专制主义政治时，西方却出现了资本主义性质的制约王权的议会制度；到 1700 年的时候，已经是"新制度"与"旧制度"的不同了，一个是新兴的资本主义制度，一个是清承明制的空前的专制与独裁，而这种专制还是"家产制"的最古老的一种独裁。

世界史学家通常以 1500 年作为世界史的开端。在 1500 年，中国与南欧、西欧的一些国家，在经济、技术方面各有优势，总体水平大体持平。但欧洲经过文艺复兴和宗教改革，思想大大解放。在此之后，相继涌现出哥白尼、牛顿、莎士比亚、卢梭、康德等科学文化巨匠和思想大师。科学文化的发展和思想解放促进了技术发明。16 世纪以后，中国先是在市场发育和思想文化方面落后于欧洲国家，然后是在科学技术方面落后，继而是在生产力和社会制度方面落后。18 世纪中叶英国发生工业革命，资本主义迅速发展，生产力如泉水般从地下涌出。18 世纪下半叶至 19 世纪上半叶，工业革命和资本主义制度在欧洲、北美迅速推广，先进的工业国家踌躇满志地走向世界各地，也来到了中国。

我们知道，在 1500 年的时候，西方最灰暗的时代已经过去，新的制度已经开始。其实，英国今天的政治传统和政治制度的原型在 13 世纪就已经建立起来，在 13 世纪的 100 年里，英国宪政史上的两个重要基础——《大宪章》和议会都产生了，它们共同确立了"王在法下"和"无代表权不纳税"的原则。也就是说，国王的行为必须受到《大宪章》的约束，没有议会代表的同意就不能征税，国王也不得滥用国库和征兵之权。对此，有学者给予这样符合历史的精彩评论："《大宪章》和议会起源，在英国宪政史上有特别重要的意义，没有这两件事情，后来的英国就不会是这个样，也不会在世界范围内变得这么突出。这两件事的意义在于：它们被后面的人视为国民自由的起源，而自由作为一个原则，则是现代世界所最为珍视的

第三章　世界政治体系中的中国:"百年危机"(1840—1949年)

一个原则之一。英国的自由根植于深厚的传统之中,这些传统是其他国家没有的。英国之所以在后来成为现代世界的开拓者,从它的传统中可以窥见原因。"①

同时,14世纪发源于意大利的文艺复兴运动在其后几个世纪里在欧洲各国形成燎原之势,它是欧洲历史上出现的第一次资产阶级思想解放运动。有了文艺复兴运动,尽管法国的"太阳王"路易十三建立了高度集权的君主专制制度,依然不能遏制真正的"巨人的时代"的到来,那就是法国的思想启蒙运动,君主专制制度很快没落。15—16世纪,在德国和其他欧洲国家,出现了以马丁·路德为代表的宗教改革运动,反对的是作为欧洲封建制度权力中心的罗马天主教会。这就是当时欧洲的一般情形,这是西方世界兴起的制度背景。

与新制度开始出现的欧洲相比较,中国开始走下坡路,技术水平由领先到落后。这就向我们提出了被称为"李约瑟之谜"的一组相互矛盾的问题:第一,为什么中国"在公元3世纪到13世纪之间保持一个西方所望尘莫及的科学知识水平"?第二,"欧洲在16世纪以后就诞生了现代科学,这种科学已被证明是形成近代世界秩序的基本因素之一,而中国文化却没有能够在亚洲产生出与此相似的近代科学,其阻碍因素又是什么"?

我认为,产生"李约瑟之谜"的原因很复杂,固然有文化和民族特质上的原因,但是,其出现为什么是16世纪?简单地说,恐怕与专制程度强弱的制度结构有关。我们知道,在1000年前后的宋代,中国的经济和科学技术水平世界领先,其中产生了中国古代四大发明中的火药和活字印刷。这可能就与那时存在李约瑟所说的"平民气质"和"自治"的社会有关,而到了明朝以后,中国的旧制度更加陈旧。在空前的政治专制主义和思想牵制下,不可能有什么重大的制度和技术创新,从历史角度而言,专制程

---

① 钱乘旦、许洁明:《英国通史》,上海社会科学院出版社2002年版,第72页。

度的强弱差异直接导致不同的技术成就。

总而言之，在16世纪，是制度结构的不同决定了西方开始兴起而东方帝国开始衰落。

2. 明清资本主义"萌"而不"发"的制度因素

我们知道这样的历史常识，在明朝的中后期，我国出现了资本主义经济的萌芽。按照一般的社会进化理论，这种新的经济因素会逐渐成长、壮大，最终形成一个以资本主义经济为基础的强大的资产阶级，并最终发生资产阶级革命，从而将中国推进资本主义社会。但是，历史并不是沿着这样的路线走下去，明末清初的资本主义萌芽最终的命运是胎死腹中。这就需要我们重新认识历史，并需要重新审视认识历史的传统理论。

资本主义萌芽体现了一种新的生产力和组织形式，为什么不能冲破旧有的政治—社会关系而最终演变为资本主义的生产关系，说到底是由专制主义的政治性质所决定。如果说千百年来一直是"重农抑商""强本抑末"的话，清代统治者对商人和商业的认识发生了明显的变化，最具代表性的认识就是"工商借本，五民借需"思想的出现，反对传统的"抑商"政策，而主张"通商"政策，但是这些并不能改变政治权力主宰一切的历史。

明朝中后期的资本主义萌芽之所以存在很大的局限性，原因可以找到很多，但其中最值得注意的一条，是封建统治者对工商业的摧残，不论是国家所设定的限价收购政策，还是官僚体系的监管以及其他形式的对工商业的贪得无厌的盘剥，事实上都是专制权力对于社会经济发展的野蛮干预和阻挠。在专制权力宰制一切的社会里，依靠生产力的自然发展，很难形成新的经济组织形式并进而演进为新的社会形态，在权力主宰社会和经济的制度中，不可能存在有效产权。

而且，统治者历来不是单一的帝王，还有帝王以次的大大小小的官吏和皇亲国戚。在皇帝为自己的租金最大化而实行垄断时，各级统治者也利用国家权力之便而讹诈掠夺工商业。第一种情况是，倚仗权势，或夺取富商，或"搭伙入股"，坐享渔利。大量存在的情况是，上到省、道、府、县、提、镇各官，各种勋贵，下到小小典史，都有权讹诈"厂民"，而且往往都能如愿以偿地得到股份和红利。第二种情况是，依仗官府审核批准权以及其他的监管权力，层层设卡，贪污纳贿，讹诈钱财，上下分肥，乾隆时期，多有这类大案发生。

实际上，资本主义萌芽要发展起来，非有国家政权的帮助不可。西欧资本主义萌芽的时期，正是中央集权形成的时期，代表中央集权的王权需要得到新产生的资产阶级的支持，以彻底战胜与中央集权相对抗的封建领主；而新产生的资产阶级，也需要依靠王权的保护，以谋求自己的发展。于是王权与资产阶级结合起来，刚产生的资本主义萌芽在王权的保护下，最终实现了迅速的发展。然而中国的情况与此大不相同。中国的专制主义中央集权早在封建社会的早期就已经形成，它不用争取直至封建社会后期才出现的资产阶级的帮助，相反，为了自己的利益，它对包括新产生的资产阶级在内的工商业者进行了疯狂的掠夺。这便是中国封建社会里虽然孕育了资本主义萌芽，但始终没有发展成熟的原因，也是明朝中后期资本主义萌芽不能演变成为资本主义经济的基本原因。

正是因为政治权力的主宰，我国明清之际的资本主义经济才不可能发展起来，专制君主不但不保护有效的财产权，而且还会为了自己的最大化利益而摧残有效产权。多项研究已经证明，产权是否有效，是一个国家兴衰的关键性因素，明清的衰落证明了这一基本假设并为这一理论提供了基本的历史经验。

三 自强运动的失败

如果说中国因为过去太强大、太自满而不自觉地错过第一次历史机遇而落后于西方国家的话，尽失尊严的落后挨打和内部社会的动荡迫使清政府开始反思而寻求自强。历史也给予了中国这样的机会,从19世纪60年代开始,晚清政府启动了以自强运动为标志的第一次现代化运动。应该说,中国启动现代化时间并不算晚,和一些主要国家如德国、俄国和日本基本上处于同一起跑线上,甚至,中国前现代化的条件如集市中心和大城市的数量远比日本要好。① 此时,中国面对的国际环境还算优越:西方主要国家正处于第二次工业革命浪潮之中,主要集中于国内工业化事务而无力对外掠夺,英国政府也试图扶持同治中兴,虽然因为"天津教案"而夭折。

尽管中国前现代化的一些起始性条件诸如识字率、集市中心、大城市的数量、官僚制度等都处于前现代化国家的领先水平,但是中国现代化过程中的决定性起始条件却远比其他国家差。作为一种对外来压力的反应,所有后发达国家的现代化都是由国家主导的,但中国的自强运动并不是国家内部生产力自然发展的必然要求,而是对外来冲击力的一种回应,或者说是外来的压力迫使中国进行自强和变革。在应对压力和自强的过程中,不可能依靠社会力量的自发性,因为社会力量的利益总是多元化的,很难形成强大的共识以应对强大的压力。更不可能依靠生产力的积累而"必然"导致新的生产方式的形成,中国几千年的生产力的发展并不能导致生产关系的质变,何况要在危机之下创造新的经济制度?中国的历史、欧亚很多国家的历史以及美洲地区的历史都已经证明,仅仅用简单化的生产力、生产关系、生产方式等分析概念,是很难理解人类社会生活的复杂模式和不同发展道路的。既然社会力量的自觉性和生产力发展的自发性都不能有效地应对外来压力,唯一可以依靠的力量就是国家了,不管你是否喜欢国家这个"必要的恶"。这样,政治制度的样式和国家力量的状况就成为现代化成败的关键。

1. 政治制度之中央—地方关系

到19世纪60年代,经历了鸦片战争的失败和太平天国打击的大清政

---

① 参见[美]吉尔伯特·罗兹曼主编《中国的现代化》,国家社会科学基金"比较现代化"课题组译,江苏人民出版社2003年版,第140页。

第三章 世界政治体系中的中国："百年危机"（1840—1949 年）

府，合法性被大大动摇，已经开始不能有效地行使国家权力了，以汉人为主的地方势力开始勃兴。由于八旗子弟在对付太平天国运动中屡战屡败，不得不仰仗以经世儒生曾国藩、胡林翼、左宗棠为代表的湘军来对抗太平天国，太平天国运动失败以后，清政府不得不起用大批汉族官僚。咸丰、同治以前，督抚多由满族官僚担任；此后，督抚则是汉人的天下了。汉族官僚的崛起，地方权力的加重，削弱了清朝的中央集权，其最直接的影响是导致了洋务派的出现和洋务运动的兴起。

显然，地方势力的崛起有利于平衡国家权力，推动不思进取的清廷去变革。关于地方势力与现代化的关系，罗兹曼指出："新崛起的地方权力所带来的好处使人们看到了地方性组织的优势，为继续依靠征收厘金来补充财政找出正当理由。一来可以维持一支由地方使用的军队，二来即使不能指定对省内各级军政官员的任免，也可以施加影响。因此太平天国时期产生的地方主义，可说就酝酿着辛亥革命以后的军阀割据。反复多变的省级政府成了中央集权的帝国统治的祸根。大约于 1865 年以后，这些独立地方性的发展总的来说削弱了一切可能对现代化有利的政治条件。当然它本身并不排除现代化的变革，然而它却使现代化事业失去了中央政府的协调和指导。"①

似乎可以得出这样的结论，中国的现代化与同时期其他现代化的不同结局在很大程度上是因为政治的走向不同：当德国、日本和俄国在加强中央集权并利用其组织和动员现代化时，中国却出现了削弱中央集权的军事化的各自为政的地方主义。由于地方势力不能有效地发挥沟通上下的作用，加上中国基层社会长期以来只有"家族"而没有"国家"概念所导致的中央和基层社会之间的失衡，19 世纪中后期的现代化变革大多也跟着遭殃。

中国和日本不同的政治走向的结果突出地反映在两国的财政体制和财

---

① ［美］吉尔伯特·罗兹曼主编：《中国的现代化》，国家社会科学基金"比较现代化"课题组译，江苏人民出版社 2003 年版，第 70 页。

政来源上。明治政府有能力将幕府和藩政权按惯例或肆意征收的各种各样的税收改变为在新中央政府直接控制下的统一的货币税，进行田赋改革，税率为年产粮价格的20%—30%，从而为明治维新提供了比较稳定的岁入。因此在1868—1881年间，明治政府从当时的农业税收中将3400多万元转化为工业投资，数额不大，但是却相当于军费总额的1/3、政府经费的13%。明治政府还捐献了一大笔资金用于建设交通和信贷机构，这是日本工商业赖以发展的基础。①

财政困难是因为财政体制的衰败，清政府本来享有更多的财政收入以推动工业化。在镇压太平天国运动的过程中，地方势力开辟和直接控制了新税源，如盛行全国的商业税厘金，②唯有传统的田赋和杂税仍由代表户部的布政使掌管。在太平天国运动时期，厘金的数量占总军费支出的1/3。③太平天国运动以后，由于地方坐大，省里送缴中央政府的厘金收入占其总收入的1/5，大部分留用地方。根据清政府的统计，1890年左右的岁入大约是1亿两。但是根据罗玉东和马士的研究，这一时期的实际岁入却在2亿—

---

① 参见［美］费维恺《中国早期工业化：盛宣怀（1844—1916）和官督商办企业》，虞和平译，中国社会科学出版社2002年版，第50、55页。

② 作为一种商业税，厘金名义上是一种商品销售税，但是由于运输中或转运他处出售而尚未出售的货物也经常被征税，同一种商品被多重征税的现象十分普遍。由于不同于传统的统一征税，厘金由地方和各省官员征收和使用，没有一套系统的申报制度。在同治中兴时期，厘金接近被取消，但不久又恢复。因此，对厘金的抨击从一开始就出现了。今天人们依然指责厘金为地方军阀提供了财源，使他们在财政上可以独立；厘金扼杀了中国资本主义乃至整个国民经济的发展；厘金导致了官员腐败无能。但是，自强运动中的领袖们如曾国藩都支持征收厘金，否则就得增加农业税，而这更是不可接受的。事实是如此。经过75年的争论，厘金在1931年最终被取消，"解放"了商业，但是由农民负担的土地附加税却急剧增加。在我看来，问题不是是否应该征收厘金，而是应该用什么样的制度征收厘金。

③ ［美］芮玛丽：《同治中兴：中国保守主义的最后抵抗（1862—1874）》，房德邻等译，中国社会科学出版社2002年版，第206页。

3亿两白银之间，至少两倍于地方上报的数额。①

可见，太平天国运动既是清政府政治上的转折点，也是其财政体制的转折点，而财政体制的衰败又直接加速了政治上的衰败；而衰败的政治当然不能保证现代化的成功。在日本统一税率和税种的时候，中国的财政体制却处于衰败之中。其中，是政治的状况决定了财政体制的不同。

2. 政治制度之政府与企业的关系

在自强运动中，无论是"官办"的产权还是"官督商办"的产权，在本质上都必然是低效的。但是，作为"官办"的国营企业是难免的，因为私人不可能有那么大的财力，富国强兵的企业也只能由国家来办；"官督商办"当时更是积聚社会财富的一种好办法。因此，这里无须讨论作为根本制度的产权组织本身的效率问题。但是，作为制度安排的政府与企业之间的关系是什么样的呢？费正清等指出："不论是在帝国晚期还是民国时期，商人一同政府接触就要受到勒索。"② 这大概可以用来评价自强运动中政府与企业的一般关系。具体地说，非经济因素及政治对企业经营的影响主要表现在企业经营中的"红顶商人"式的官本位、官股的优势地位以及官方对企业的直接勒索。

总的来说，政府的政策不利于长期性生产投资，没有保护产权的法律，商人们宁愿分散他们的资产而不愿意扩大再生产。甲午战争后，政府仿照日本明治维新的做法而设置所谓的农工商部，但结果是"商部"变成了"病商部"，官方种种的不良行政行为不断挫伤商人的创业积极性，使"一般实业大家闻而裹足"。时人指出："政治不良，致商办公司亦大受影响"，

---

① 有关晚清财政状况的数据参见［美］费维恺《中国早期工业化：盛宣怀（1844—1916）和官督商办企业》，虞和平译，中国社会科学出版社2002年版，第52—54页。

② ［美］费正清、费维恺编：《剑桥中华民国史（1912—1949）》（下卷），刘敬坤等译，中国社会科学出版社1994年版，第23页。

"中国各公司……非政治改良势难发达"①，充分揭示了政治制度严重窒息了经济发展。

政治不良决定了晚清政府不能担纲现代化的领导角色，虽然中国的现代化又离不开政府。对此，国内外有一致的看法。费正清等说："在19世纪末，清朝官吏创始图谋自强的公司，显示非经济的政治及社会行为可能阻碍工商业的发展。商人很快学会卷入其中，在1904年以后，同样的问题妨碍了新政府部门与工商业领袖的合作。在清末数十年间，政府财力缺乏发展现代工业所必需的资本。政府往往会扼制已参加合伙经营的商人和士绅，而且不能创立有利于经济增长的财政及其他条件。"②

为了自强而兴商。但是，实际情况是，国家和政府一方面企图以科技和企业来富国强兵，而富国强兵的企业又难以逃脱权力的宰制和勒索，这和同一时期的其他国家的政府和企业的关系形成了鲜明的对照。可以这样说，无论是有效的产权组织还是无效的产权组织，只要面对中国式的权力的宰制，结果都必然是无效的。在权力主宰一切的制度下，中国第一次现代化的结局是命定中的失败。

3. 政治制度之组织建设

中国第一次现代化过程中不仅存在着不良政治的前提，现代化过程中组织本身的样式也使现代化羁绊重重。我们知道，从"同治中兴"开始的自强运动是一场前无古人的事业，涉及发展交通、通信、对外贸易和兵器工业等相关的富国强兵计划。不可思议的是，在这场现代化运动中，始于19世纪60年代的自强运动，清政府只成立了一个新的政府机构，这就是专门处理对外关系的总理衙门，而竟然没有新的机制去管理新兴的工业化运动，更没有保证工业化运动成功的新型财政和金融制度。

---

① 转引自李玉《晚清公司制度建设研究》，人民出版社2002年版，第269页。
② [美]费正清、费维恺编：《剑桥中华民国史（1912—1949）》（下卷），刘敬坤等译，中国社会科学出版社1994年版，第24页。

如前所述,在财政制度上,到了太平天国时期,政府已经丧失了传统的中央控制。太平天国以后,同治中兴曾暂时阻止了国家财政的地方主义倾向。但是,同治中兴所关心的是如何恢复和修补旧的清朝制度,而不是建立一套能促进工业化发展的财政机构,他们从来没有想到过要改造这个制度。有远见的冯桂芬主张对国库进行一次公开清理;要求每一个部门公布其收入和支出;统一度量衡的标准;国家提供费用的机构包括宫廷,都要按固定的预算活动,等等。这些增加中央政府的财富和权力的措施并未受到重视。

金融制度和财政税收制度一样落后。当时,山西钱庄就是政府国库的代理者,尽管它当时已经很发达,在今天更是为人所称道,但是其汇兑制度依然不能满足基本的军事开支,大量的银锭不得不运往战场。没有一个总的组织或汇兑机构,不同的钱庄基于信任而互相帮助。此外,整个系统缺乏严格的监督,只能依赖个人的信任,而不是依赖制度,如果人不可靠,这套系统就会受到损害。就政府官员而言,他们从来没有想到要发展长期的信贷业务,或者利用信贷来扩大再生产。现代银行制度通过香港和上海银行团引进国内,但它的活动主要限于通商口岸,对整个中国的经济几乎毫无影响,而钱庄的贷款或担保只用于满足军事开支、政府开支和官员自己的需要,而不是扩大再生产。

这就是中、日两国的不同。在明治维新过程中,日本政府首先做的是成立"殖产兴业"的金融机构和工业管理部门,然后是立法活动。对于清政府而言,不要说建立什么新的法律制度,就是连基本的专门化、专业化的管理机构也不曾有过。在自强运动中,和保守派的官员一样,洋务派的官员们对立法活动持怀疑态度,他们关注的是如何提高行政效率,要解决的是司法管理中的一些特殊问题诸如办事拖沓和司法腐败等,而不是制度中的缺陷。至少在直观上,中日现代化的不同结局在很大程度上与组织和法律建设本身有关联。

除了工业和法律制度，现代化成功的根本保证就是人才，而没有现代学校这样的社会组织，就不可能有满足现代化的人才。中国与同一时期的德国、俄国和日本在制度建设上的另一大不同点是，其他三国都大力兴办学校。明治初期，日本政府聘请外籍教师，派遣留学生，并对回国留学生委以重任，而在中国，科技教育被认为与作为国家意识形态的儒学和个人前途格格不入。因此，作为西学代表的北京同文馆首批学生被视为向外国人屈服而备受奚落和排斥，大多数士绅对这类教育嗤之以鼻，而广大民众则根本不知道它们的存在。鸦片战争之后的30年里，才有为了"以夷治夷"而建立起来的三所翻译学校，相当数量的海军和陆军学校，一所矿校和一所电报学校，直到1894年败于日本以后，留学生的数量才成规模，现代教育才得到重视。

正是中国不同于其他国家的制度结构以及一系列制度安排的区别，使中国的自强运动举步维艰，使中国的第一次现代化运动中断或失败于1894年的中日战争。在费正清看来，当时中国的现代化是"少数高官玩弄的一种游戏。他们认识到现代化的必要性，因此也试着筹措资金，罗织人才，在一种虽不能说不友善，但毫无热情的环境下拟订规划。个人的利禄和权力的希望引导他们前进，而慈禧太后的朝廷跟日本的明治天皇不同，不给他们切实可靠的支持。相反，慈禧认为让那些意识形态的保守派扼制住革新派，才更能使她掌握平衡"[1]。是的，保守派以对清廷的忠诚而反对，洋务派以对慈禧太后的个人效忠而革新，而既机敏又愚昧的慈禧太后则以控制权力为根本。因此，"清廷不是强有力地领导现代化，而是在中国积贫积弱的形势下小心谨慎地加强权力控制"[2]。

---

[1] [美]费正清：《伟大的中国革命（1800—1985年）》，刘尊棋译，世界知识出版社2003年版，第139—140页。

[2] 同上。

四 旧制度与新制度：制度竞争力

资本主义的难产和自强运动的失败，使中国依然处于专制主义的旧制度状态。与此形成巨大反差的是，西方已经完成了资本主义政治革命并因此而顺利地完成了第一次工业革命，进行着第二次工业革命。马克思、恩格斯这样评价资产阶级政治："资产阶级在它的不到一百年的阶级统治中所创造的生产力，比过去一切世代创造的全部生产力还要多，还要大。"[①] 与第一批现代化国家比较，落后者所以落后，主要是落后的制度造成的。因此，当落伍者受到其他国家力量的冲击与打击时，组织和主导现代化的力量而与领先者抗衡者，也只能是别无选择的国家。国家不是抽象的，是由统治者与被统治者、政府与企业、法律与文化等制度安排所构成的一个总体的制度形态。比较发现，国家的不同的制度形态和制度安排，决定了第二次现代化进程中的不同结局。

1. 德、日现代化的成功之路

在19世纪60年代开始的第二次世界性现代化浪潮中，第一批现代化国家英国、美国和法国继续跑步前进，而德国、日本、俄国和中国在社会和经济结构转型中追赶领跑者。有意思的是，在同一起跑线上的四个国家中，德国和日本最为成功，俄国和中国则不那么成功。当然，成功和失败都是相对的，就自强运动本身而言，很难说是失败的，因为兴办了前所未有的一批军工和民用企业。但是，如前所说，一个国家的强与弱、成功与失败，不是与自己的过去相比较，而是看你的邻居是什么样的，从这个角度而言，俄国和中国都是本次现代化浪潮中的失败者。

德国的统一来自战争。经过1864年的普鲁士和丹麦战争、1866年的普

[①] 《马克思恩格斯选集》第1卷，人民出版社1995年版，第227页。

奥战争和1871年的普法战争后，德意志最终成为一个统一的联邦制国家。如果说关税同盟算是制度结构中的一种制度安排的话，那么德国在1871年的正式统一则标志着德意志从此有了一个正式的政治制度结构，而这样的政治结构的存在，既是德国现代化成功的关键，也是德国能够后来居上的前提和保证。而由俾斯麦直接操刀的于1871年生效的德意志帝国宪法，虽然在国家结构形式上保有联邦主义的特征，但是更重要的却是帝国政治体制上的专制主义。专制主义主要表现在：首先，君主的权力在法律上得到确认，帝国皇帝由普鲁士国王担任，他集中了不受限制的权力。其次，德意志帝国没有内阁，由普鲁士首相兼任的帝国宰相是唯一的大臣，主持帝国政府。再次，两院制的联邦会议和帝国会议均是空架子。最后，宪法只字不提人民的基本权利。

可以认为，经过数百年分割之后，依靠战争而建立起来的德意志帝国是一个君主立宪制外衣下的专制主义政体，或者说，专制政体就是对分割林立的政治和历史的一种回应，与此同时，政治上专制的帝国在经济上却极力推动有效产权并进而直接保障了现代化的进行。这样，我们看到，在国家权力的强力推动下，资本主义经济相对落后的德国迅速赶英超法，而国家的统一更是发展资本主义经济的加速器。

德川幕府时代的日本处于一种封建割据状态，国力羸弱，日本千年来的偶像中国在鸦片战争中的表现和日本自身在1852年被美国击败而被迫签下城下之盟，刺激日本武士阶层掀起了"尊王复古"以自强的革命，开始了明治维新时代。我们知道，在明治维新中，日本所做的不仅是学习西方的科技，更多的是学习或者说是模仿西方即普鲁士的道路，在中国的自强运动中盛行"中学为体，西学为用"的时候，日本的自强则在某种程度上是一种"西学为体"的过程，这突出地表现在新型宪法和商法的制定过程中。在改造政治结构和制定有利于资本主义经济发展的法律的同时，明治政府大力"殖产兴业"，为此专门设立了工部省和内务省。在"殖产兴业"

过程中，和中国的自强运动一样，首先建立起来的是一批以富国强兵为导向、企业性质为国营的军事工业以及交通、通信和采矿业。但是国营企业不但不能带动民办企业，还连年亏损，于是从 1880 年开始，明治政府将大部分国营企业以低廉的价格处理给私人企业，直接扶持私人资本主义的发展。实践证明，明治政府直接扶持资本主义经济的政策极具战略眼光，日本在短短的 15 年（1870—1885）内基本上改变了工业落后的面貌，初步实现了资本主义工业化，从封建的农业国初步变成了一个资本主义农业工业国，为达到完全的民族独立和产业革命的新阶段创造了条件。

可见，和德国一样，日本是利用国家权力实现了一种自上而下的资本主义化，加入了西方主导的资本主义政治体系，但是，和所有的后发达国家一样，国家权力的主导作用既极大地推动了资本主义化，又存在难以克服的内在的社会结构紧张关系，这种不健全的社会结构后来成为这些国家进一步发展的隐患，并把这些国家推向民族国家失败之路，这是后话。

2. 中国如何败于日本

如果说中国在鸦片战争中的失败是一种漫长的看不见的制度较量的结果的话，那么中国对于日本的失败则是不同制度的较量立竿见影的结局。我们之前已经大致比较了在同一起跑线上中、日两国现代化的不同路径和制度；在这里，我们将看到，不同的路径和制度导致了怎样不同的结局。

战争在很大程度上是检验制度能力强弱的试金石。战争中的战略策略无疑是重要的，但是如果没有强大的物质基础，战略与策略就是一种起不了多大作用的雕虫小技，历史上的意大利多次以此充大，和大国结盟，但总是不堪一击。就中日之战而言，不少人认为，甲午中日之战中国失败的最重要的原因是清政府缺乏一种捍卫疆土的大战略，从 19 世纪 80 年代中期开始就没有购置新的海军装备，而日本自被美国征服那日起就开始制订所谓的征服中国大陆的计划，看上去似乎能说明问题。事实上，与其说中国是败于日本的战略，毋宁说是中国败于自己的腐朽制度。在今人看来，为国家安全拿不出银子却能为统治者个人的一时高兴而大肆挥霍，实在是匪夷所思，但这就是制度的作用，其一旦形成，要改变既定制度的行为模式是难以想象的事，除非有外力的强大冲击。在既定的制度下，几乎所有人都能看到制度的弊端，但是任何人都对此无能为力。

中日之战经典地演绎了制度的力量。就国力而言，政治力量的基础绝不仅仅是什么物资、技术、武器装备等，否则就很难解释历史上很多以弱胜强的史实，比如秦国打败相对富裕的齐国，中国共产党打败国民党。说到底，政治力量的体现形式就是制度，也就是说，以什么样的形式将一个国家的物资、技术、武器装备尤其是人力资源组织起来，是决定政治力量强弱的最为重要的基础。

为什么日军轻而易举地完成了实际上最为艰难的登陆战？前文已经指出过，自太平天国运动以后，中国事实上已经形成了以汉人为主导的地方派系政治，而地方派系政治立刻在甲午之战中显露出对国家权力资源的分割。在甲午战争中，由于各部队存在错综复杂的派系矛盾，烟台以东清军归李秉衡节制，威海守军是李鸿章的淮军，彼此互不相干，而南方调来的"勤王"之师又不听李秉衡的调遣，这样就出现了威海守军孤军奋战、得不到援军支援的奇怪现象。就陆军而言，只有北洋舰队的陆军，没有来自华中和华南的军队，这哪里是一个国家战争？简直就是一个省的对外战争。其实，这是南洋舰队对北洋舰队的报复，当年在中法之战中，北洋舰队似乎对南洋舰队有落井下石的嫌疑。这就是专制政治下的派系政治，每一派都希望他派被消耗甚至被消灭，然后自己坐大，让主子离不开自己。这是一种典型的"囚徒困境"，结果是各派皆输的零和博弈，而胜家只能是侵略者。

对于处于派系政治中的中国而言，美国学者的评价甚为贴切：甲午之战不是中国与日本的战争，而是北洋海军与日本的战争，是一个省与全日本的战争。费正清认为："以我们今天的眼光审视，中国第一场现代战争的指挥权落在一个省级官吏的肩膀上，好像这不过是保卫他一省似的，未免令人惊异。当然满清政府这种缺乏民族气概的怯懦无力是该责备的，但是问题不仅在于这个非汉族的朝廷，而是有更深远的根源。显然，毛病在于君主帝制本身，在于它的行政虚有其表，他没有建立现代中央政府正常运行的机制。清王朝经受住了中国人民的多次反叛，但是现在它把握不住对外关系了。"① 这种评价基本上反映了太平天国运动以后中国的中央与地方的关系。清廷在自强运动中未能建立现代的中央政府运行机制，不但表现在中央与地方的关系上，还表现在财政体制上，前文已经讨论过落后的财政体制不能满足自强运动的需要，当然更不能满足战争的需要。

尽管进行了所谓的自强运动，但在自强运动中只注重军工发展而不进行制度创新的危害，在甲午战争中立刻显露出来。不要说有什么样的大战略，就连应对战争的军饷都没有，足见清廷的制度已经落伍到什么程度。从这个意义上说，清廷失败的战争结局一开始就已经注定了。试想，一个没有国防预算的国家，一个派系林立而中央权威耗散的国家，如何能抵抗日本这样一个新兴的军事资本主义国家？

总之，中日甲午之战是一场典型的制度的较量，而结局事实上是一种命定式的。对于旧制度下行事的艰难，亲临其境的当事人李鸿章应该感触最深。在战败之后，李鸿章说："我办了一辈子的事，练兵也，海军也，都是纸糊的老虎，何尝能实在放手办理？不过勉强涂饰，虚有其表，不揭破尤可敷衍一时。如一间破屋，由裱糊匠东补西贴，居然成一净室。虽直明知纸片糊襟，然究竟决不定里面是何等材料。即有小小风雨，打成几个窟窿。随时补葺，亦可支吾对付。乃必欲爽手扯破，又未预备何种修葺材料，

---

① ［美］费正清：《伟大的中国革命（1800—1985 年）》，刘尊棋译，世界知识出版社 2003 年版，第 147 页。

何种改造方式，自然真相败露不可收拾。"①

如果说李鸿章是就北洋海军的覆没而总结旧制度下的举止艰辛的话，时任中国海关总监的英国人赫德则以生动的语言形容了整个旧制度的没落状："恐怕中国今日离真正的改革还很远。这个硕大无朋的巨人，有时忽然跳起，呵欠伸腰，我们以为他醒了，准备看他作一番伟大事业。但是过了一阵，却看见他又坐了下来，喝一口茶，燃起烟袋，打个呵欠，又朦胧地睡着了。"②

无论是中国人李鸿章还是外国人赫德，作为当事人的他们固然感觉到问题之所在，但是毕竟身在庐山中而难以认得庐山的真面目。中国失败的真正制度原因是：

第一，国家安全战略和支撑国防安全的财政体制缺失的旧制度，根本无力抗衡一个军国主义导向的新兴资本主义国家；

第二，君主帝国体制下的中央政府权威的耗散和地方势力的坐大更加侵蚀了国家力量，使得中日之战事实上变成了一场一个省与一个国家之间的较量；

第三，旧制度下的君主帝国体制不但难以组织统一的国家力量，同时这样的旧制度下必然存在民众的国家观的缺失，从而不可能形成同仇敌忾的国家意识。

东亚"大家长"的旧制度败于实行新制度的小兄弟，迫使清廷朝野认真检讨，于是有了1898年轰动一时的"百日维新"即"戊戌变法"。"戊戌变法"失败而又看到日本于1905年打败欧洲的强国俄国时，清廷又有了实行宪政的冲动，翌年，清廷下诏立宪以"振国势"。宪法被认为是医治中国百病的良药。当时游历了美国、日本和英国殖民地新加坡的风云人物梁启超亲历了宪政国家的实践，学习了宪政理论，认为"万世不变""君民共

---

① 转引自姜鸣《龙旗飘扬的舰队：中国近代海军兴衰史》，生活·读书·新知三联书店2012年版，第420页。

② 同上。

守"的宪典才是国家的"元气",有了宪法才能"永绝乱萌",避免孟子所谓的一治一乱的循环。① 但是,宪法未能挽救风雨飘零的晚清政权,推翻清廷以后孙中山没有能力推行宪政,以统治者个人利益最大化的军阀政治不仅不能实行宪政,甚至似乎将中国社会带入了更加令人绝望的境地。

◇◇第二节　世界政治体系中的北洋政府：第二次国家失败

政治制度的主要功能是维持人们生存的基本秩序并降低人们生存的生活成本和交易费用,没有这样的制度,人与人之间的社会关系就如丛林中弱肉强食的动物世界,实行的不是人类的文明规则,而是动物界野蛮的"丛林规则"。事实上,不管军阀统治是从袁世凯时期算起还是从1916年袁世凯死后算起,② 应该说,自国民党政治活动家宋教仁被袁世凯谋杀开始,"中华民国"就已名存实亡,中国进入了霍布斯所说的"丛林规则"时期,直至1928年。这一时期可以被认为是国家的政治衰退期③。在"丛林规则"

---

① 梁启超：《饮冰室合集》第二册,第1—6页。转引自陈志让《军绅政权：近代中国的军阀时期》,生活·读书·新知三联书店1980年版,第105页。

② 国外学者一般将袁世凯死后的1916—1928年看作军阀政治时期,这方面的代表作主要有陈志让《军绅政权：近代中国的军阀时期》(生活·读书·新知三联书店1980年版)；[美]齐锡生《中国的军阀政治：1916—1928》(杨云若、萧延中译,中国人民大学出版社1991年版)；[美]费正清、费维恺编《剑桥中华民国史（1912—1949）》(上卷)(杨品泉等译,中国社会科学出版社1998年版)。中国学者一般将袁世凯的统治时期就看作军阀政治的开端,代表作见来新夏等《北洋军阀史》(上、下册)(南开大学出版社2000年版)。

③ 在国家的政治变迁中,并不是直线的政治发展,其间有可能出现政治衰退。北洋军阀时期的政治是一种典型的政治衰退,民主与共和虽然给中国人带来观念上的革命性变化,但是这种革命性的观念在实践中被军阀们的"丛林规则"破坏得体无完肤,使中国陷入空前的危机。

的指导下，在任何时期都存在的统治者利益最大化原则又被北洋军阀极致化，从而导致了空前的国家危机；与此同时，这一时期的资本主义经济似乎又有了前所未有的发展，因而成为唯一的亮点。但是，在中国这样一个以农业经济为绝对主体的国家，农民经济的失败意味着国家的失败，不管当时的上海滩有多热闹，正如我们看到今天很多欠发达国家的情形一样，贫民窟包围着繁华的都市。

一　军阀政治的"丛林规则"

对于军阀以割据称雄、拥兵自重保护地主和资产阶级利益的政权性质，似乎并没有多少新鲜的话题。但是，军阀政治的指导思想是什么？对此却可能有完全不同的理解。

有人认为军阀遵循一定的行动准则，例如，陈志让就指出，许多军阀是孔孟之道的卫道士，其中有人甚至著文说明孔孟之道与其政治主张的关系，因此军阀的行为准则沿袭了张之洞的"中学为体，西学为用"[1]。也就是说，和自强运动的政治一样，"中学为体，西学为用"是军阀政治行为的指导原则。和陈志让一样，国内研究北洋军阀的代表学者也将"中学为体，西学为用"视为军阀政治的指导思想。[2]

我认为，如果将军阀私人生活中的孝子、讲究传统伦理等个人行为作为评价军阀政治的标准，就偏离了评价公共政治人物的基本方向。评价政治人物和政权的性质，不能根据私人生活中所体现出来的一些行为样式，而是应该根据政治人物或一个政权的行为方式。简言之，衡量政治人物或政权的原则是公共行为方式而不是私人生活方式。

---

[1]　参见陈志让《军绅政权：近代中国的军阀时期》，生活·读书·新知三联书店1980年版，第8页。

[2]　来新夏等：《北洋军阀史》（上），南开大学出版社2000年版，第21—23页。

第三章 世界政治体系中的中国:"百年危机"(1840—1949年)

不错,袁世凯及北洋六镇的龙虎将们与自强运动的代表人物如李鸿章有着更加直接的渊源关系,李鸿章在中日甲午战争失败后的命运或许直接影响着袁世凯的世界观,那就是个人的荣辱与安全来自武力的保护,更别提权力的来源了。也正是这一点,使得北洋军阀的性质和以曾国藩、李鸿章为代表的自强派有着根本上的区分:自强派讲究政治忠诚和政治伦理,正是这种政治忠诚和政治伦理,才使得地方主义在势力上不足以威胁最高当局,才不会过度地危害地方百姓;而失去政治忠诚的北洋军阀甚至连个人忠诚的成分也大打折扣,① 否则就不会有北洋六镇的将领们反对其导师袁世凯的历史,也不会有各个派系内部不断出现的内讧和重新组合的故事。当然,谁都不会否认中国政治中的"朋党"和"派系"传统,更何况是以派系冲突为主线的军阀政治。派系内的个人忠诚是不容置疑的事实,但是,一方面,在政治忠诚的环境中,个人忠诚无疑会因为政治利益上的重新组合而大打折扣;另一方面,我们所考察的是以派系关系为主轴的军阀政治。

罗兹曼等人的研究或许能帮助我们进一步认识军阀政治行为的指导原则,值得在此长篇引用:

> 袁世凯在直隶的新军成了他获取政治权力的私人工具。这支新军的军官一开始就都是对他尽忠到底的私人部下。袁的军官团的结构与19世纪中叶曾国藩和其他省级首领的军官团的结构有着根本的区别;旧的湘军及其同类是豪绅领导的,强调宗族关系和对地方的忠诚。曾的军队,通过提拔在战场上表现突出的下级军官而造就了新的领袖,因此有可能提升具有很少学识或教养的队伍,这些人如使用暴力过分,可以管得住。湘系及其同类军队毕竟还受到地方社会环境的约束。他们可以在家乡的社会环境中选择另外的非军事职业,其中有些人后来

---

① 华裔加拿大学者陈志让和华裔美国学者齐锡生都强调军阀个人忠诚的行为准则,因而多少因此得出"中学为体,西学为用"的结论。

就是这样做的。他们对于自己的省份有着强烈的认同意识。与此相对比，袁世凯的新式军官团是从许多省份招募过来的。这些人首先效忠的是军官学校，是他们的同期毕业校友，是军事职业，而最重要的还是对他们"老师"和"太上皇"袁世凯的忠诚。这是一种强烈的私人关系，与家庭、宗族和乡土感情无关，而在中国许多场合，这些价值观都是待人接物的重要准则。引导家族和乡土关系发展的带有根本性和长期性的目标，故而强调礼尚往来和忍让服从，而袁氏军队的官兵当然不具备这种素质。新式军阀虽未完全摆脱中国社会生活的这些特征，但他们握有绝对的强制力来编织一种新型的人际关系网。毫不奇怪，他们称霸政坛就给社会带来了一时的混乱和倒退，招致社会精英和新式知识分子的怨恨。军阀和这两类人毫无共同理想，军阀们的所作所为也不可能被这两类人所接受。

罗兹曼等人进一步评价道：

［袁世凯］对于他的老前辈李鸿章等人所遵奉的规范制约因素，根本不放在眼里。他那些赤裸裸的不仁不义的做法促成了晚清日益严重的愤世嫉俗情绪和施政上的随心所欲，把传统中国官僚体制的毁坏过程推到了最后阶段。政治对于舍己为人、风范民众、坚守政治理想（或新或旧）或严守个人节操这样一些高尚准则，哪一条也无法加以推行。军队对政治进程的操纵使政治威信扫地。在理想上而且也不同程度地在现实生活中，从政在中国长期以来被人们奉为为国为民效命的庄严而崇高的职业，现在却与军人乱政联系在一起，已和功名业绩完全脱了钩。属于中国文明的这种培养君子风范社会的特殊做法，正是长期以来政府清廉措施的主要保障。而现在，这种做法充其量也只能说仅剩一个空壳，失去了以往的广泛内容，而从最坏的方面看，那简

第三章 世界政治体系中的中国:"百年危机"(1840—1949年)

直就变成了一幅讽刺性的漫画。个别人士也许仍愿遵照古老的政治理想行事,然而昔日的文官理政情况已经部分地因军人擅政而变得现代化了,情况生疏,他们想有所作为也插不上手。①

上述情景既是对军阀政治指导思想的描述,也是对军阀政治后果的总结。因此,评价公共人物或一个政权的指导原则,不仅应该看到他们说些什么,更重要的是要看到他们的行为结果是什么样的,也就是说,标准只有一个,即言行本身及其结果的公共性。通过上述简单的一般性讨论,恐怕很难接受所谓的"中学为体,西学为用"之说了。

罗兹曼等人事实上描述了一个"丛林规则"的军阀政治。"丛林规则"就是弱肉强食。在讲究"丛林规则"的动物世界,在自己领地上的猛兽们并不是没有相互之间的情义和呵护,否则连自己的领地都不能保护,个体猛兽也就难以存活。军阀内部之间所谓的传统伦理关系,恰如群居式猛兽之间的呵护与自卫,怎么能通过这种私人化的行为而上升到"中体"的高度?缺失了政治忠诚的政治行为怎么谈得上遵循"中体"?

崇拜"丛林规则"的军阀政治对于中国社会的总体性摧残是显而易见的,如果说它有建设性的一面的话,那就是新式知识分子因为不堪忍受"丛林规则"而对新的救国道路的探求。这是后话。

因无力推翻清王朝而被迫将总统位置让于袁世凯的孙中山,在让位之前搞了一个《中华民国临时约法》(以下简称《临时约法》),将1912年1月2日颁布的《修正中华民国临时政府组织大纲》中规定的总统制改为内阁制,以期约束袁世凯的权力,保卫资产阶级革命的成果。《临时约法》规定,"国务员(国务总理及各部总长)辅佐临时大总统,负其责任","国务员于临时大总统提出法律案,公布法律,及发布命令时,须副署之"。临时

---

① [美]吉尔伯特·罗兹曼主编:《中国的现代化》,国家社会科学基金"比较现代化"课题组译,江苏人民出版社2003年版,第244—246页。

大总统既要受制于参议院,又要受国务员的制约。① 应该说,《临时约法》专为袁世凯一人而设计。内阁名义上对总统负责,实际上是对参议院负责,而革命党人控制着参议院。熟悉西方宪政规则的孙中山等人,以为设计了这样根本性的游戏规则,袁世凯就只能服从。

袁世凯似乎也乐于接受这样的规则,但是绝不是像有些学者所说的那些准备遵守这样的规则。② 我们无法复原当时人真实的心理状态,只能从他的实际行为来判断其行为的性质,否则就陷入剪不断理还乱的自设麻烦的困境。《临时约法》设计了一套冲突性的权力结构:不仅总体发布的法律命令须经国务员副署才能生效,而且国务总理提名所有阁员,经国会同意后由总统任命。这种冲突性的制度设计当然不能限制靠军队起家的袁世凯。看似中立的唐绍仪任内阁总理3个月便被迫辞职,之后便是袁世凯的心腹陆征祥、赵秉勋担任总理,事实上成了袁世凯的"御用内阁"。至此,《临时约法》的制度设计宣告失败。

革命党并没有因此而退却,期望通过制定新宪法、政党政治和选举政治而控制参议院,并进而控制由参议院选举的总统,因而组建了国民党。袁世凯针锋相对,组织了另一大政党——共和党。熟悉西方政党政治的国民党似乎更懂得社会动员,因而在政党政治的选举过程中,国民党领袖宋教仁的威望似乎高过袁世凯。这是作为旧官僚的政治强人袁世凯所不能容忍的,因而在自己的密室里策划了谋杀宋教仁案。之后,袁世凯强迫国会修改既定的先修宪、后选总统的程序,期望早日当上经国会"选举"的正式大总统;迅即,袁世凯组织所谓的"公民团",强迫国会就范,于辛亥革命两周年纪念之日即1913年10月10日登上了中华民国大总统的宝座。

---

① 章伯锋、李宗一主编:《北洋军阀》第1卷,武汉出版社1990年版,第681—684页。

② 虞和平主编:《中国现代化历程》第2卷,江苏人民出版社2001年版,第462—463页。

第三章 世界政治体系中的中国:"百年危机"(1840—1949年)

从宋教仁被谋杀之日起,便可以认为中国政治正式进入了"丛林规则"时代,此后袁世凯的一系列政治活动都是遵循"丛林规则"的。在政党活动中,当政治对手强于自己时,袁世凯以旧军队为基础刺杀了政治对手,从而宣告政党政治实验的夭折;唆使"公民团"逼迫国会就范,是流氓政治的伎俩;宣布国民党为"乱党"并解散该党所导致的"国会危机",事实上是国体危机,宣告了中华民国政治体制的解体;成为终身大总统的袁世凯并不满足,还要彻底废除共和制,实行帝制。

所有这一切,遵循的都是典型的弱肉强食的"丛林规则",蹂躏和践踏了文明的宪政规则。也正是这种野蛮的"丛林规则",不仅消灭了敌人,最终也毁灭了袁世凯自己,袁世凯83天的皇帝梦破灭并毙命。这也是"丛林规则"的典型结局,结果大家的生存成本都很高,最终是一种大家皆输的零和博弈。这是"丛林规则"即无规则难以避免的结局。

不幸的是,袁世凯仅仅导演了"丛林规则"的序幕,在袁世凯毙命以后,袁世凯的弟子们更是将"丛林规则"推向高潮,命运和他们的导师一样:共同灭亡。如果社会契约论的代表人物洛克和霍布斯亲眼看到中国的军阀政治,他们就会用中国的军阀政治而不用再假设什么人类当初的所谓"自然状态"来证明他们的理论,因为军阀政治事实上就是"丛林规则"下的一种"自然状态"。没有契约和规则的自然状态,就只能是共同灭亡的结局;霍布斯和洛克所假设的结局是这样,而军阀政治的结果也是如此。遗憾的是,师徒两代人都不懂得这样基本的政治规律,因此都选择了自我毁灭的道路。

关于1916—1928年军阀政治下的"自然状态",罗兹曼等人的描述生动而又深刻:

> 到了20世纪20年代,中国大小军阀林立,从占据半个县乃至几个省,地方领导分子自然也就是三教九流,什么人都有。他们的社会背

景各异。有的人如袁世凯或吴佩孚，曾受过较深的教育或获得过士绅地位。另一些则出身卑微，声名狼藉的山东"狗肉将军"张宗昌就是一例。张父是剃头匠，其母曾是巫婆。然而，真正的问题不在于现代化过渡时期使某些来路不明的人掌了权。中国困难的实质在于，这种过渡阶段破坏了久经考验的选拔领导人的程序，代之以毫无章法可循的局面，以至于谁能聚众作恶，谁就能上台。①

应该说，和县级、省级的军阀混混不一样的是，势力较大的军阀如直系、皖系和奉系，还在追求一种政治上的合法性。渗入中国人血液的观念是国家的统一，中国人深信所谓"合久必分，分久必合"的历史循环论。国家统一观指导并约束着中国人的思想和行为，如果有人敢于挑战这个信念，他就别指望得到人民对其权威的认同。这种观念使军阀政治本身产生了危机，军阀们既希望保持政治上的独立王国，又不能否认国家统一，因而处于矛盾的境地。

解决合法性危机的一个办法是组织一个集中的国民政府并代表它行使权力，而国民政府的所在地最好是北京，因为几个世纪以来它都是国家的政治中心，谁占领了北京似乎就拥有至少是形式上的合法性：一方面可以代表中国与外国政府打交道，因为外国也期望有一个统一的政府，否则自己的利益就无法得到保护；另一方面则可以以中央政府的名义指责其他军阀的非法性，号令其他军阀，尽管他知道这样的命令不会被执行。为此，占据北京的军阀总是故意发布难以得到执行的命令，以增加自己的合法性和其他军阀的非法性，每一个占据北京的军阀都这样做。

这样，如美籍华裔学者齐锡生的研究："增强合法性的需要，迫使所有具有强大力量和野心的军阀都为统一国家而努力。这个普遍法则的存在使

---

① ［美］吉尔伯特·罗兹曼主编：《中国的现代化》，国家社会科学基金"比较现代化"课题组译，江苏人民出版社2003年版，第231页。

军人们不可能满足于有限的目标,迫使他们竞争,直到其中一个达到了重新统一的目的。这是 20 世纪 20 年代经常发生战争的主要原因之一。"①

各省的军阀为了增加自己存在的合法性,于 20 世纪 20 年代发起了轰动一时的"联省自治"运动。不用多说,"联省自治"都是由各省军阀操纵的,这样做并不是为了给本省人民带来社会福利,只是为了增加其存在的合法性而已。军阀一直在追求合法性,但又总是面临合法性危机,因而军阀在一个地区的统治很容易被取代。

无论是军阀在北京政府的合法性行为还是各省军阀的合法性行为,都不能掩饰军阀们遵循的"丛林规则"。合法性是一个现代政治的术语,但是并不意味着有了合法性就是一个好政府,虽然合法性是政治存在的一个重要基础。任何一个政府,无论是民主政治的政府还是专制政治的政府,甚至是实行种族灭绝政策的惨无人道的希特勒政权,都会致力于合法性的追求,因为合法性是人民认同的基础,而人民的认同自然可以减少政治统治的制度成本。因此,追求合法性的支持本身,并不能淡化军阀政治固有的政治本质。

追求自己存在的合法性,尤其是对土地资源的追求以扩大自己的势力范围,使得全国性战争和省内战争连绵不断,大小战争数百次。而有的战争根本不是出于对物质资源的争夺,仅仅是因为军阀的任性和好斗,认为自己比别人强大而张扬武力。这种行为遵循的是典型的"丛林规则"。和春秋战国时期的诸侯争霸战颇为相似:有的是为了土地,有的是为了尊严。同样,欧洲《威斯特伐利亚条约》之前的战争很多是因为宗教、政治和家族的原因,而不是什么经济动因。② 根据张学良的回忆,第二次直奉战争根

---

① [美]齐锡生:《中国的军阀政治(1916—1928)》,杨云若、萧延中译,中国人民大学出版社 1991 年版,第 182 页。

② David Kaiser, *Politics and War: European Conflict from Philip II to Hitler*, Harvard University, 1990.

本不是什么合法性或对土地资源的争夺，纯粹是因为个人面子的原因。张学良亲眼见到的战争对百姓的祸害，使他深深自责。

在军阀混战的1916—1928年间，参战的人数、牵连的省份和时间的增长成正比例的关系，也就是说，战争的规模逐年增加，因而也导致总统和内阁频繁更换。下面一些数据能更直观地表现"丛林规则"。

表3–1　　　　　　　　1916—1928年间参战人数　　　　　（单位：人）

年份	军队人数	指数
1917	55000	100
1918	100000	181
1920	120000	218
1922	225000	409
1924	450000	818
1926	600000	1090
1928	1100000	2000

资料来源：[美] 齐锡生《中国的军阀政治（1916—1928）》，杨云若、萧延中译，中国人民大学出版社1991年版，第129页。

表3–2　　　　　　1916—1928年间主要战争的规模

年份	战争名称	发生战争的省份	受影响的省份	牵连省份的总数
1917	反复辟	1	—	1
1918	湖南战役	1	4	5
1920	直皖战争	3	3	6
1922	第一次直奉战争	4	6	10
1924	第二次直奉战争	5	9	14
1926	奉—国民党战争	8	5	13
1926—1928	北伐战争	12	8	20

资料来源：[美] 齐锡生《中国的军阀政治（1916—1928）》，杨云若、萧延中译，中国人民大学出版社1991年版，第130页。

第三章　世界政治体系中的中国:"百年危机"(1840—1949年)

国家元首换了七任,政府内阁更是变幻莫测,十几年38届政府的数目在世界政治史上都属罕见。地盘和政权不断地变换"大王旗",除了用"丛林规则",别无他解。战争发生和政权更换的频率已经不再是"宪政危机"可以形容的,不仅不再存在所谓的"宪政",而且连一般的政治秩序都不复存在了。

全国是这样,地方也是如此,省内军阀之间的混战在此期间频频发生。和湖南、福建、广东三省的情况类似,在四川省,从几天到几个月的战争多次发生,如1920年7—12月驱逐滇黔军的战争;1921年2—3月驱逐刘存厚的战争;1922年7月到1924年4月驱逐熊克武的战争。在驱逐外省军队和本省内部争夺地盘的战争中,四川省各派军阀不断扩军:从1912年的29个师和30个混成旅,到1924年军队总人数达到20万众,每年的军费支出至少是2400万元之巨。[①]

在全国范围内,"地方行政长官的更换率显然很高,尤其在不稳定地区。例如在四川——该省在整个军阀时期处于分裂和混乱状态——行政长官的平均任期非常短。有一个地区,只有两个行政长官设法任职满了一年,而22个人保持他们的职位不足一月。在战争争夺地区,情况可能特别复杂:1919年一度有3个敌对的行政长官在广东的同一个地区各自建立机构,同时宣称他们有权统治"[②]。民众的生活和社会的状况可以想象。

在"丛林规则"的支配下,大大小小的军阀们雄踞一方,发动了许多侵占对方地盘的战争。战争越多,军队越多,地盘问题也越严重,养兵的问题也越严重;严重的养兵问题导致了兵害无穷,结果是中国社会发展的

[①] 参见陈志让《军绅政权——近代中国的军阀时期》,生活·读书·新知三联书店1980年版,第49—50页。

[②] [美]费正清、费维恺编:《剑桥中华民国史(1912—1949)》(上卷),杨品泉等译,中国社会科学出版社1994年版,第324页。

代价和成本问题。军阀们打来打去,结果打出一个蒋介石。不幸的是,蒋介石不是中国的德川家康,一方面蒋介石本身就有军阀的行为性质即总是过度地使用武力,另一方面蒋介石不得不面临军阀政治的后遗症而难以有效地行使国家权力,因而留给蒋介石的依然是权力合法性难题,而这一难解的难题似乎又决定了蒋介石政权的命运。

二 "丛林规则"下的农民经济的失败

不可否认,袁世凯执政以后的北洋政府确实颁布了许多振兴实业的法律法规,对于国内商业尤其是私人资本主义经济的发展起到了很大的推动作用。问题是,即使是资本主义经济有了比较大的发展,能为以农民占绝对多数、农业占绝对优势的中国带来什么呢?须知,中国的根本问题是农民问题,农民过不下去,就是国家的失败。

1920年,在全部工农业产值159.289亿元中,新式资本主义工业产值9.8853亿元,只占工农业总产值的6.21%。如果加上工场手工业和已达到工场手工业规模的冶矿业中的土法采炼业的产值,则资本主义工业产值占工农业总产值的14.05%。即使到了1936年,新式资本主义工业产值也只占工农业总产值的13.04%。[①] 因此,即使资本主义经济经历了一个"黄金时期",中国仍然是传统产业占压倒性优势的国家。这样,农业能否得到有效发展,就成为衡量政治好坏和政府效能的一个重要变量。

根据研究这一时期的经济史家的判断,"北洋时期,封建生产关系依旧保持,但农业发展情况较好,商业性农业有较明显的发展,手工业的情况还不错,中国民族资本主义工业的发展也较为顺利"[②]。民族资本主义的发

[①] 许涤新、吴承明主编:《中国资本主义发展史》第3卷,人民出版社1993年版,第740页。

[②] 王方中:《中国经济通史》第9卷,湖南人民出版社2002年版,第2页。

第三章 世界政治体系中的中国:"百年危机"(1840—1949年)

展是大家都知道的事,按逻辑,资本主义工业的发展必然带动其他领域包括商业性农业的发展,其中一个重要指标是这一时期地价的上升,参见表3-3。

表3-3　　　　　　　　各地田地价格指数　　　　　　（1926年=100）

年份 地区	1912年	1914年	1916年	1918年	1920年	1922年	1924年	1926年	1927年
春麦区	58	62	62	66	67	72	82	100	101
冬麦小米区	63	76	75	79	99	104	108	100	102
冬麦高粱区	49	56	64	68	74	80	88	100	100
扬子水稻小麦区	62	68	76	83	87	80	88	100	100

资料来源:[美]卜凯主编《中国土地利用》,上海商务印书馆1941年版,第457—458页,转引自王方中《中国经济通史》第9卷,湖南人民出版社2002年版,第340页。

表3-4　　　昆山、南通、宿县上等地每亩价格的上升情况　　　（单位:元）

年份 地区	1905年	1914年	1924年
昆山	25.09	50.00	87.73
南通	39.28	59.76	98.09
宿县	20.21	23.18	37.00

资料来源:冯和法《中国农村经济资料》,黎明出版社1933年版,第85页,转引自王方中《中国经济通史》第9卷,湖南人民出版社2002年版,第340页。

常识告诉我们,地价上升的原因无外乎粮价上涨、种植经济作物等,而新兴军阀投资田地,显然是因为有利可图。

地价的上升和地租的增加带来自耕农、半自耕农的减少和佃农的增加。

表3-5　　　　　　　　昆山等县各类农户变动情况　　　　　　（单位:%）

	昆山			南通			宿县		
	1905年	1914年	1924年	1905年	1914年	1924年	1905年	1914年	1924年
自耕农	26.0	11.7	8.5	20.2	15.8	13.0	59.5	42.5	44.0
半自耕农	16.6	16.6	14.1	22.9	22.7	22.6	22.6	30.6	30.5
佃农	57.4	71.7	77.6	56.9	61.5	64.4	17.9	26.9	25.5

资料来源：冯和法《中国农村经济资料》，黎明出版社1933年版，第80页，转引自王方中《中国经济通史》第9卷，湖南人民出版社2002年版，第344页。

上述资料正好证明了军阀混战时期中国社会结构的变迁，即一方面新兴军阀和官僚大肆集中土地而变得更加富有，另一方面自耕农和半自耕农因破产而变得更加贫困。"农村社会结构的变迁，一方面是自耕农降为佃农，造成阶级的两极分化，另一方面是新兴的地主（军阀、团阀、新的豪绅）代替了旧的文人地主。新的有枪、有权、有势的地主把公田、庙田、嗣田也占为私田。而且他们能把大部分的捐税转嫁到农民身上，更加重农民的负担，促进阶级结构的两极分化。这两个趋势在全国许多地方都可以看到。"[①] 但是，农民不可能承受得了所有的捐税，事实上军阀勒索的对象主要是富户。[②]

自耕农、半自耕农的减少和佃农的增加，似乎正好说明土地集体化所带来的农业经济尤其是商业性农业的发展。[③] 但是，与此同时，北洋政府时期"丛林规则"所导致的农民的苦难与悲惨世界又是一个常识性的存在。

[①] ［美］齐锡生：《中国的军阀政治：1916—1928》，杨云若、萧延中译，中国人民大学出版社1991年版，第130页。

[②] 陈志让：《军绅政权——近代中国的军阀时期》，生活·读书·新知三联书店1980年版，第114—116页。

[③] 参见王方中《中国经济通史》第9卷，湖南人民出版社2002年版，第371—421页。

对这一对矛盾，似乎可以做这样的理解：一方面，和所有的原始资本主义阶段一样，经济的发展必然以一部分人的牺牲和苦难为代价；另一方面，"丛林规则"只伤害穷人而不伤害富人。如果说第一个方面基本符合历史的话，第二个方面的推论显然又有违历史，因为无论是秀才还是富人甚至是财政部部长和政府总理，当遇到需要生存的部队时，都不可能免受其害。

在广大农民处于水深火热的境地下，即使农业经济和商业性农业经济有较好的增长，那么这一时期的人均收入增加了吗？如果这一时期的农民因为商业性农业的发展而收入有所提高的话，那么北洋军阀统治的历史就彻底否定了制度经济学和本书提出的制度范式的一些基本假设，即在坏的政治制度和无效的产权组织下，经济依然能发展得很好，因为军阀政治应该算是中国历史上最富有掠夺性的政权。在掠夺性政权下农业经济依然发展得不错，似乎是中外经济史上的一个神话。或者说，农业经济发展了，农民的人均收入没有得到提高，是因为增长的部分被为生存而战的军阀消耗了，从而浪费了巨大的社会资源。事实上，这一时期农民的人均收入没有增长，这是史家公认的事实。原因就是"丛林规则"政治下的无效产权。在研究山地农民的状况以后，陈志让指出当时的中国农业经济依然是"生存的农业"，山地农民"跟平原农民一样，在军阀时期受到了军绅政权的剥削，他们的生活愈加痛苦，他们的安全感日渐丧失。甚至在灾荒之年保障他们的积粮也给军人拿走了"[①]。事实上，这种状况一直持续到20世纪30年代中期。20世纪20年代的中国农业还谈不上"生存的农业"，由于军阀和土匪的抢掠，农民耕作的生产能力大大下降，以至于20年代中后期发生了几次毁灭性饥荒。对此，美国红十字会拒绝救济，因为饥荒是政治原因而不是由于自然灾害引起的。中国问题专家迈尔斯断定，20世纪20年代军

---

① 陈志让：《军绅政权——近代中国的军阀时期》，生活·读书·新知三联书店1980年版，第133—134页。

阀主义的威胁和骚乱造成了"本世纪规模最大的一次国内迁徙"①。因此，虽然总有一些研究者认为军阀政府在农业经济中的作用比想象的要大，直接或间接地指出军阀对于经济建设的积极作用，但是从总体上看，军阀政治之下所谓农业经济和商业性农业经济发展较好的判断，既有违经验数据，也不符合当事人大量的直接观察。否则，就中国农民的本性而言，如果他们在20世纪20—30年代实际人均收入有所增长、生活水平有所提高，就很难理解毛泽东领导的中国革命为什么能够成功。

　　常识是，落后的传统农业经济没有国家的大力扶植，万万不可能得到发展。而历史是，军阀政治不但不能扶植农业的发展，反而还在掠夺农业经济。根本的原因在于，除阎锡山在山西、张作霖在东北、国民党在南方有较为固定的地盘以外，绝大多数军阀由于没有固定的生存区域而没有安全感。如果有固定的区域，要实现生存和安全的需要，就应该大力促进商业、农业发展和其他基本建设，制定健全的财政政策，建立健康的经济结构。也就是说，他们应该去创造财富，而不是掠夺和消耗财富。但是，几乎所有的军阀都是在实行自取灭亡的掠夺性政策。不能说军阀们不知道发展经济之于军事实力的重要性，问题在于，他们经常处于被下级或敌对的邻居推翻的威胁之中，由于地盘不稳定，他们也就不存在建立稳定的、有效的行政机构的愿望，因而也就没有管理经济和利用税收的部门；没有经济管理部门，也就不存在健康的经济体制和经济发展；没有良好的经济发展，军阀们也就不能成功地保卫自己的地盘。结果，缺乏安全感的军阀们就陷于恶性循环之中，一旦得到一块新的地盘，就杀鸡取卵式地掠夺一切。比较国民党、阎锡山和无固定地盘的冯玉祥的政权可以发现，有无稳定的地盘是决定其是否能够建立有效的治理结构的关键，而治理结构的好坏又

---

① ［美］费正清、费维恺编：《剑桥中华民国史（1912—1949）》（上卷），杨品泉等译，中国社会科学出版社1994年版，第353—354页。

第三章 世界政治体系中的中国："百年危机"（1840—1949 年）

直接决定着军阀的政治命运①。

那么军阀政治之于农业经济到底是什么样的负面关系？第一，袁世凯死后分崩离析的财政体制决定了中央政府连最基本的吃饭财政都难以维持，只能靠抵押中国的主权来借外债维持，使得外国政府控制了中国的财政收入，因而政府也就无法拨款进行经济建设。

从辛亥革命到大革命时期所借外债共 467 笔，总金额达 13.37 亿元，其中北洋政府及其部属各省借款 387 笔，借款总额达 12.80 亿元，占该时期全部外债的 95.53%。② 所借外债的绝大部分用于军事开支，其余的用于支付外债本息、行政费用，很少用于经济建设。

以国家的名义所借款项，已经不再是为了国家利益。其实，军阀们已经无所谓"国家利益"，最大的利益是自己的生存和安全。在我们看来很神圣的国家利益，对处于不安全境地的军阀而言，那只是用来保护自己利益的工具。但是，借款是需要保障的，军阀们不惜接受苛刻条件，把中国的关税、盐税和所有主要的税种作为贷款抵押，还把铁路、矿山、森林等资源拱手交予帝国主义国家。这样，帝国主义国家在进行政治投资的同时，还拿走了国家最稳定的关税、盐税和路权的大部分收益。

简单地说，不良政治使帝国主义乘机参与对中国和中国民众的剥夺，并控制了中国的财政。关税和盐税是仅次于田赋的重要财政收入来源，1914 年盐税收入为 6844 万元，但扣除各项费用和偿还外债本息后，解交政府的只有 3130 万元。关税收入 1913 年为 4467 万元，1914 年为 4105 万元，政府也只能得到很小一部分剩余。尽管如此，关税和盐税的收入仍达财政收入

---

① 陈志让：《军绅政权——近代中国的军阀时期》，生活·读书·新知三联书店 1980 年版，第 159—170 页。

② 黄逸平、虞宝棠主编：《北洋政府时期经济》，上海社会科学院出版社 1995 年版，第 72—73 页。

的43%。① 这说明，通过贷款抵押的形式控制关盐两税，帝国主义列强事实上控制了中国的财政。

第二，政府的支出主要用于军费和偿还外债，几乎没有发展农业经济和建设基础设施的预算。数百次的战争，使得军队从1914年的45万人扩充到1922年的250万人。频繁的战争和军队的扩大，军费开支逐年攀升，占工农业生产总值的比重从1913年的27%上升到1925年的47%，其中还不包括未列入预算的实际开支，因而实际比重更大。而有些省份的开支更大，四川省的军费开支在1922年占岁出的比重为88%，河南省的军费开支在1923年占岁出的比重为84%②。

表3-6　　　　　　　北洋政府时期军费支出情况　　　　（单位：百万元）

年份	岁出总额	军费开支	军费占岁出百分比
1913	642.2	172.7	27%
1914	357.0	142.4	40%
1916	472.8	175.5	37%
1919	495.8	217.2	44%
1925	634.4	297.2	47%
平均	520.4	201.1	39%

资料来源：杨荫溥《民国财政史》，中国财政经济出版社1985年版，第13页，转引自黄逸平、虞宝棠主编《北洋政府时期经济》，上海社会科学院出版社1995年版，第64页。

那么多的军事开支，迫使各路军阀大举外债和滥发内债，因而"债务费"就成为一项比重很大的支出。

---

① 中华人民共和国财政部编：《中国农民负担史》第2卷，中国财政经济出版社1994年版，第215页。

② 千家驹：《最近三十年的中国财政》，《东方杂志》1934年第1期，第22页，转引自黄逸平、虞宝棠主编《北洋政府时期经济》，上海社会科学院出版社1995年版，第63页。

表 3-7　　　　　　　北洋政府时期债务支出情况　　　　　（单位：百万元）

年份	岁出总额	用于支出债务的岁出	债务费占岁出总额的百分比
1913	642.2	300.7	46%
1914	357.0	98.6	28%
1916	472.8	137.7	29%
1919	495.8	128.0	26%
1925	634.4	166.5	26%

资料来源：《财政年鉴》上册，第 6、19、120 页，转引自黄逸平、虞宝棠主编《北洋政府时期经济》，上海社会科学院出版社 1995 年版，第 65 页。

这样，不算实际的军事开支，军费与债务费共占岁出的 70%—80%，再加上日常的行政开支费，留给农商、交通的预算已经所剩无几。1912 年用于经济和教育的费用占岁出的比重为 3.5%，1914 年不足 1.2%，1916 年占 1.2%，1919 年下降至 0.5%[①]。

第三，政府不但没有发展经济的资金，由于军阀割据以及由此带来的财政地方化，军阀们更是因为拥兵自重而掠夺百姓，尤其是农民，其主要方式是提高田赋正额和附加税，预征田赋。

有人将军阀政治时期的田赋负担与晚清作了比较，指出："光绪十四年，广东、江西的田赋每亩合 2.5 角，湖北的 3 角，山西的 2.8 角，奉天的只有 5 分。光绪二十八年时，河南的田赋每亩 3.2 角，全国最好的稻田每亩赋税约 4 角。到 1925 年，四川每亩约 2.56 元，山西、河南每亩约 3 元，奉天每亩不以奉票计约现洋 3.7 元。如此则 40 年田赋约增加 10 倍余，奉天增至 74 倍！"[②]

据对 19 个省 115 个县的调查，1912—1927 年农民每公顷土地向县政府所

[①] 黄逸平、虞宝棠主编：《北洋政府时期经济》，上海社会科学院出版社 1995 年版，第 67 页。

[②] ［美］卜凯主编：《中国土地利用》，中译本，上海商务印书馆 1941 年版，第 453—454 页，转引自王方中《中国农民负担史》，湖南人民出版社 2002 年版，第 264 页。

纳田赋正额的增长指数,在小麦地带增长了25%—39%,在扬子水稻小麦地带增长了15%,水稻茶区增长了29%,而在四川水稻地区则增长了118%[①]。

在正额增加的同时,附加税也是多如牛毛。以湖南长沙为例,从1915年到1927年,附加税税率增长了45%[②]。

更让农民难以承担的是军阀们普遍实行的杀鸡取卵式的田赋预征,见表3-8。

表3-8　　　　　1920年以后各地军阀实行田赋预征情况

地方	征收时期	田赋年份	预征年数
河南	1920年秋	1921年	1年
山西	1928年春	1929年	1年
山东	1927年春	1928年	1年
陕西　渭南	1925年秋	1926年	1年
山东　德州	1927年秋	1930年	3年
广东　嘉应	1925年秋	1928年	3年
河南	1928年春	1932年	4年
直隶　南宫	1927年秋	1932年	5年
福建　漳州	1925年秋	1930年	5年
福建　丁洲	1926年秋	1931年	5年
广东　海丰	1925年秋	1930年	5年
湖南　郴县	1924年春	1930年	6年
福建　兴化	1926年秋	1933年	7年
四川　郫县	1927年秋	1939年	12年
四川　梓潼	1926年春	1937年	11年

资料来源:陈翰笙《中国农民负担的赋税》;转引自中华人民共和国财政部编《中国农民负担史》第2卷,中国财政经济出版社1994年版,第270页。

[①] [美]卜凯主编:《中国土地利用》,中译本,上海商务印书馆1941年版,第453—454页,转引自王方中《中国农民负担史》,湖南人民出版社2002年版,第265页。
[②] 同上。

第四，除了上述各项税种以外，还有盐税的大幅度增长，尤其是祸害商业性农业的厘金，大大增加了农业商品的交易成本。由于可以想象的财政地方化的原因，以及地方军阀生存的需要，在民国时期，厘金的正税税率和名目大大增加了，其税率原为1%，但通行全国以后，多数省份的税率在4%—10%，最高达20%以上。1918年，棉纱等几种商品的税率在30%以上。

同时，各地关卡林立，建立了许多新征税点。例如，在1921年，虽然正式的厘金站与晚清时期同为753个，但其分站和关卡却大大增加了。分站和关卡往往设在商品和车辆、行人大量通过的铁路车站、水路和主要公路上。在20世纪20年代，即使在国有化的铁路上，每60—70公里也会设一厘金关卡。

厘金税率的猛增和林立的关卡，严重地阻碍了商品的流通。例如，在1927年2月间，羊毛自包头至天津的运费厘金，每担是11.51元，而天津至纽约的运费每担不过1.5元。由于交易成本的大幅度攀升，羊毛的出口量减少了一半以上。①

又如湖北砖茶，茶价每箱不过10—12洋元，但是一箱茶叶从汉口运至察哈尔，税捐达3元有奇，厘金税率为25%—30%。②

这样，交易成本的大大增加，既破坏了农民的生产，又增加了作为消费者的农民的负担。如1926年有人指出："湖南因厘金征收太苛，物价乃太昂贵，十余年来，物价有贵至数十倍者。一般之消费群众，特别占消费群众百分之八十以上的农民群众，因农产品之涨价赶不上工业品之涨价，

---

① 中华人民共和国财政部编：《中国农民负担史》第2卷，中国财政经济出版社1994年版，第270—280页。

② 同上。

遂感无穷之痛苦。"① 因此，轰轰烈烈的湖南农民运动也就难以避免了。

综合上面的支出与军阀政治的收入来源，农业经济总体上的制度环境如下：一方面，政府几乎难以有剩余的资金扶植农业经济，虽然一些农垦公司的产生推动了商业性农业的发展；② 另一方面，没有稳定地盘的军阀们一直在实行杀鸡取卵式的掠夺政策。在这样的制度环境下，很难想象农业经济在总体上会有所发展，农民的人均收入会有所提高。根据经济学家张培刚的调查，在 20 世纪 20—30 年代，中国农民家庭平均年收入多在 200—300 元之间（按当时货币计算），"以二三百元的收入，用平均每家人数五口或六口来分配，每人每年只摊到四五十元。这里面包括吃饭、穿衣、住房以及其他费用，显然不够，但是农家收入，不能完全用在家庭消费。用到农场支出的，如购买种子肥料、添置农具、饲养耕畜、缴纳田租、完纳捐税等，至少要占去收入的三分之一或四分之一。所以如果去除了农场支出与捐税，则收入所余而能用于家庭消费者将更少。农民生活程度的低下，是不待多说的"③。

在这种情况下，投资农业不可能盈利，因此少有资本家投资农业，根本不存在一些经济学家所说的农业资本主义经济。④ 在农民没有能力进行简单再生产和不能维持温饱的条件下，当兵吃饭就成为当时的一种职业。在共产党力量薄弱的地区，农民一是参加军阀的队伍，二是沦为土匪，"土匪"是很多地区农民的一种生存方式，白天为农，晚上为匪。而在共产党力量活跃的地区，参加农民运动和革命则成为一种普遍现象。农民个体很

---

① 中华人民共和国财政部编：《中国农民负担史》第 2 卷，中国财政经济出版社 1994 年版，第 282 页。
② 参见王方中《中国经济通史》第 9 卷，湖南人民出版社 2002 年版，第 365—371 页。
③ 《张培刚经济论文集》（上卷），湖南出版社 1992 年版，第 90—91 页。
④ 资本主义经济是指一套组织系统，并不是说有农业市场就有资本主义，事实上市场是一种古老的存在。

难把握自己的命运,不管是参加军阀的队伍,或是沦为土匪,或是走上革命道路,都与当时当地的时代背景分不开,那就是农村和农业的一片萧条景象。那种"农业经济发展不错"的判断基本上是违背了中国当代史的。

如果在文化上迷恋一些民国时期几个知识分子的优厚待遇以及所谓的言论自由,看看这一时期的"乡土中国",就知道"国粹"是多么招人恨。蒋介石的南京国民政府能解决农民问题吗?

◇第三节 世界政治体系中的南京国民政府:第三次国家失败

一 南京国民政府的性质与政治危机

军阀们打来打去,打出一个蒋介石。应该说,无论是从组织的理念还是从组织的形式上看,国民党都是一个比旧军阀更加先进的组织,南京国民政府是一个比北洋军阀政府更加先进的资产阶级性质的政权。毕竟,此时的国民党,既有孙中山的"三民主义"为思想储备,又有苏联共产党在组织和思想上的指导。① 但是,国民党继承的政治遗产决定了南京国民政府将一直在危机中运行:第一,军阀政治所留下的四分五裂的政治格局,使南京国民政府的政策的贯彻和执行会存在困难;第二,虽然资产阶级革命已经将近20年了,但是没有稳定地盘的军阀们是不会关注组织制度建设的,家族势力而不是国家权力依然是地方事务的主导力量。这样,当南京国民政府力图用国家权力改造和重新组织传统社会时,遇到了强大的阻力,出现了国家权力的渗透性危机。双重性质的危机,决定了南京国民政府农业

---

① 关于国民党组织上的列宁主义性质,参见 Bruce J. Dickson, *Democratization in China and Taiwan: The Adaptability of Leninist Parties*, Oxford: Clarendon Press, 1997。

政策的失效，而农业问题上的失败直接导致了政治大厦的倾覆。

在中国学术界，大概没有多少人会怀疑南京国民政府的资产阶级性质，可以把它说成是官僚资本主义或国家资本主义的政权。而这一性质的政权一开始就面对一些难以克服的先天性困难。以武力"摆平"北洋军阀而建立南京国民政府的蒋介石依然面临军阀们的挑战，因而不得不忙于巩固政权的斗争。这事实上是蒋介石政权面对的第一个直接性的威胁和危机，这是一种不正常的中央和地方关系，因而是一种扭曲的国家结构。

由于中国社会长期是一种"蜂窝状"的社会结构，人们事实上只有家族而无国家的观念，资产阶级革命以后的军阀忙于战争而非社会治理，因而并没有从根本上触动这种传统的社会结构。南京国民政府是资产阶级真正掌权的开始，也是历史上第一次认真地建构民族国家认同的开端。但是，南京政府面对的政治遗产是"蜂窝状"的社会结构加依然军阀割据的状态，因而国家权力在向社会延伸的过程中就遇到了对抗性的阻力，从而形成了蒋介石政权的第二个危机。这个危机又可以看作国家—社会的紧张关系。

第三个危机就是来自外部即日本的直接威胁，而日本的威胁又来自南京国民政府本身的危机和脆弱，与此同时，外部的危机可能有利于增加民众对政府的支持和认同，增加政府的合法性，如当时在中国的哥伦比亚大学教授佩弗在1936年10月报道，"这时，中国人处于自信和爱国的热情之中"。《大公报》的社论也在1936年12月说，"在最近几个月，国人的信心好像又死而复苏了"[1]。但是，蒋介石并没有将来自外部的危机转化为转机和动力，而是忙于"剿共"，从而使得来自外部的威胁最终大于内部的危机，标志着"攘外必先安内"政策的失败，导致政权的垮台。这样，存在时间不长的南京国民政府事实上同时面对三种危机，由于第三种危机即外部危机又来源于内部危机，因此这里着力于内部危机的讨论。

---

[1] [美]费正清、费维恺编：《剑桥中华民国史（1912—1949）》（下卷），刘敬坤等译，中国社会科学出版社1994年版，第182页。

第三章　世界政治体系中的中国:"百年危机"(1840—1949 年)

在笔者看来,上述三种危机都是表面化的,它们都不足以颠覆南京国民政府,而最深层次的危机是政权本身的结构/性质与社会结构之间的张力,也就是说统治阶级的利益与社会大众的利益之间难以调和的冲突所引发的政权合法性危机,最终导致了政权的失败。

政治对手的威胁与国家结构的危机。1927 年"统一"了中国并于南京建立了国民政府的蒋介石,事实上并没有实现"四海之内,莫非王臣"。直到 1936 年,蒋介石才基本上摆平北洋政府时期遗留下的军阀势力,并开始了其著名的"攘外必先安内"的"剿共"行动,结果却因为政权本身的阶级性质缺少来自中国大多数人即农民的合法性支持而失败。

于 1927 年建立的南京国民政府,起初的影响范围只限于长江下游的几个省份。为了限制尚未降伏的军阀,蒋介石和其他大军阀冯玉祥、阎锡山、李宗仁等于 1929 年 1 月举行了一次编遣会议,同意将 200 万军队裁减至 80 万。但是,军阀们认为这是蒋介石利用编遣对付他们,因而发生了一系列反蒋战争:

在编遣会议后仅两个月即 1929 年 3 月,就有桂系反对南京国民政府的战争,结果桂系结束了在河北、湖南、湖北的统治,退回老家广西;

1929 年 5 月,又爆发了冯蒋大战,结果冯玉祥结束了在山东和河南的统治,退守陕西;

1930 年 2—3 月,阎锡山和冯玉祥组成北方联盟,与蒋介石爆发了伤亡巨大的中原大战,结果阎锡山退出北京,回到老家山西。但是,南京国民政府并没有因此而统御北方,因为张学良率 10 万东北军开进北京、天津地区,控制了主要铁路及天津海关的巨额收入。因此,华北依然处于南京国民政府的政治统治之外。

这样,即使到了 20 世纪 30 年代初,中央与地方的格局依然是:南京政府的实际统治区域限制在比较富足的浙江、江苏、上海、安徽和福建,中国广袤的区域则分别为各路军阀所把持:张学良统治着东北和华北、冯玉祥统治着陕甘、阎锡山统治着山西、刘湘和杨森分治四川、李宗仁和白崇禧控制着广西。另外，还有广东的陈济棠、湖南的唐生智、贵州的王家烈、云南的龙云、新疆的盛世才等，都是拥兵自重的军阀，他们在自己的区域内推行自己的行政、财政和农业政策，南京国民政府很难染指。

对于各路军阀的各自为政，蒋介石似乎不以为意，但是却把共产党当作心腹之患，甚至说"日本人如皮肤之疾，共产党是心腹之患"。但是，"围剿"共产党的过程也使蒋介石乘机控制了地方势力，将国民党的军事势力和政治力量打入华南及西南各省。因为在根本的阶级利益关系上，军阀对于共产党的恐惧胜于蒋介石，因而不得不欢迎"国军"进入本省，从而使蒋介石能够实行中央集权化的地方行政管理。

这样，直到1936年年末，蒋介石才控制了全国大部分的省份，控制大陆地区25个省中的18个，依然有7个省保持自治状态。即使在他控制的18个省中，有的是收买和妥协政策的结果，依然是固有的政治势力在保护着既得利益，因而我们将会看到，南京国民政府的政策执行遇到了阻力，出现了权力渗透性危机。

从1928年到1936年，由于蒋介石坚持用武力实行统一，不仅使国家受到生命和财产的重大损失，而且使这个政权无力顾及迫切需要解决的社会、经济及政治问题。对此，有外国学者评论道，蒋介石作为一个军人，"实现国家统一的其他战略似乎从没有引起过他的兴趣。例如，他本可以满足于各种地方军阀只是名义上的拥护，然后努力在自己控制的地区建立政治、经济及社会改革的样板。这样去做，他就可以避免流血的代价很大的内战，就可以建立经济及财政的稳定，并且可以发挥行政及技术的专门知识。这样的专门知识，在其他省份渐渐纳入南京政府的经济及政治轨道时，肯定会有利于蒋介石……然而这10年的历史使人想到，这种方案取得成功的可能性不会小于蒋介石奉行的政策。因为蒋介石想要控制的太多，以至于什

第三章　世界政治体系中的中国："百年危机"（1840—1949 年）

么也未控制好。这一点在经济方面表现得最为明显"①。而压倒性的经济问题是在农业上的失败。

由于过度地依靠武力，使得南京国民政府把有限的国家财政主要用于军事开支。表 3－9 反映出军费占岁出的比重。

表 3－9　　　　　军费占政府财政支出的状况　　　（单位：百万元,%）

年份	岁出总额	军费	军费占岁出比例
1928	434.4	209.5	48.4
1929	539.0	245.4	45.4
1930	714.5	311.6	43.7
1931	683.0	303.8	44.5
1932	671.9	320.7	47.5
1934	940.0	387.8	41.2
1935	957.2	321.0	33.5
1936	990.7	322.0	32.5
1937	2091.0	1383.0	66.4

资料来源：田建军《试析国民政府减轻农民负担举措失败的原因》,《西北大学学报》（哲学社会科学版）1999 年第 29 卷第 1 期，第 117 页。

过度的军事开支必然影响到其他领域尤其是社会经济福利的建设。我们知道，20 世纪 30 年代初是中国农业存在空前危机的时期，南京国民政府所做的事情是：第一，废除厘金而有利于商品经济的流通和发展，但是却因此而加重了农民的负担；第二，国家权力向社会渗透，需要建立基层政权组织，因国家财力所限而加重了农民的负担。农民空前需要国家的援助，

---

① ［美］费正清、费维恺编：《剑桥中华民国史（1912—1949）》（下卷），刘敬坤等译，中国社会科学出版社 1994 年版，第 170—171 页。

国家却因为过度的军事开支而无能为力。不仅如此，国家的上述行为还将农民推向深渊，从而导致政权基石的松动。

这样，我们看到，一方面国民党虽然最终"统一"了中国，但是北洋政府遗留下的国家结构的危机并没有得到真正解决，国家结构危机一直伴随着南京国民政府。另一方面，为解决国家结构危机而实行的过度的军事行动又加重了政权本身的合法性危机。在很大程度上，这是由政权的性质所决定的：保护资本主义经济的种种措施使得城市呈现繁荣景象；而在农村中，依靠有产阶级支撑政权遏制农民暴动又使得土地改革不可能，从而导致更多的农民暴动。因此，我们将会看到，国家权力结构危机本身不足以动摇政权，动摇政权的是政权本身的性质。

国家权力扩张下的国家—社会紧张关系。20世纪30年代是自发的农民运动频繁发生的时期，其中既有抗税运动，也有与租、税无关的骚动。[1] 但是，即使是在抗租运动中，佃户们造反的目标常常是公共建筑和办公场所，而不是"老爷们"的住宅，他们经常把愤怒指向催甲的警察，而不是指向要求警察这样做的地主们。这一方面说明地方士绅对于道德规范的主宰而使得农民不敢指向传统家长制的儒家道德结构，[2] 另一方面也说明了国家权力扩张所引发的国家与社会关系结构的紧张。

南京国民政府是如何统治社会的呢？根据孙中山的《建国大纲》，1928年南京国民政府颁布了《县组织法》。《县组织法》后来的实践有违孙中山县自治的思想，在"乡村建设"运动中，在县以下建立起一个多级行政单位体制。"乡村建设"针对的是共产党在农村日益扩大的政治影响力，因而其首要任务是进行乡村政治清理以防止共产党的发展，其中包括清理和健全乡村行政系统，重新划分县以下的行政区，建立健全各级机构，清查户

---

[1] ［美］费正清、费维恺编：《剑桥中华民国史（1912—1949）》（下卷），刘敬坤等译，中国社会科学出版社1994年版，"第六章 农民运动"。

[2] 同上书，第319页。

口,整顿地方武装。以"乡村建设"的样板山西省为例,自民国初年以来直接在县以下的是一直存在的行政单位"区","区"的范围包括10—15个乡不等;乡以下是由100户或更多户组成的"村",在城镇为"里";在村或里以下是一种相互监督和共同负责的单位"保甲",即被《县组织法》所规定的间和邻(25户为间,5户为邻)。

在其他省,基本结构是一样的,但是各级行政组织管辖的范围有别。在江苏省,县以下的区由10—59个乡镇组成;"凡县内百户以上之村庄地方为乡,其不满百户者,得联合各村庄编为一乡;百户以上之街市地方为镇……乡镇均不超过千户。乡镇居民以五户为邻二十五户为间"。乡镇和区级的行政组织都设有相应的机关,区有区公所,"设区长一人,区长之下,设助理员一人或二人,此外又设书记一人或二人及区丁二三人不等。区设区务会议,由区长、助理长,以及区内各乡镇长等组织,以区长为主席,每月至少开会一次,由区长主席(主持)"①。而乡镇也设公所,有乡长、镇长、副乡长和副镇长再加上若干书记和乡丁,这些人凌驾在乡民大会之上。

国家权力延伸的结果是:第一,是国家控制而不是社会自治。尤其是在以安全为第一要务的国内外环境下,控制而不是民主自治似乎成为国民党政府的必然选择。1928年制定的《县组织法》加强了官府行政的作用,而推迟地方自治的日期更表明国民党对于自治的怀疑态度。在《县组织法》的设计上,县长所能控制的只是一些科室,而更多的政府局则由省政府直接任命并对其负责,而不是对县长负责。同时,在乡村自治过程中,国民党政府要求各区、村长都要定期到县里进"党义培训班",使乡村精英自觉服从国民党政府。这样,乡村建设中的"党义"指导和城市中的"统制经济"思想和政策,体现了国民党政治统治的法西斯主义理论基础,相信

---

① 王培棠:《江苏省乡土志》,民国刊本,第228—229页,转引自张鸣《乡村社会权力和文化结构的变迁(1903—1953)》,广西人民出版社2001年版,第105—106页。

"一个主义，一个政党，一个领袖"的威力。这样，国民党在袁世凯时期实行的政治动员以号召更多的民众参与政治，到了这个时期，已经演变为加强国民党自己内部的控制，更加相信自己的力量而不是民众的首创性。这种自上而下的控制，必然导致政权存在的合法性基础问题，尤其考虑到国民党政府是一个以财团为支撑的政权。

第二，控制的过程完成了国民党与地主阶层的联合，这种结果大概是当初辛亥革命和北伐革命所未能想到的。因为是防止共产党在农村的发展，事实上也就是防止穷人的革命。这样，从县以下的行政机构的建设，基本上没有什么民主自治可言，区、乡、村甚至是闾、邻的职位基本上由地主和富户把持着。在国家权力没有渗透到乡村的时期，是地方名流以其财富和道德上的力量主导着乡村的事务，虽然其间会有一些恶霸。而此时，国家控制社会的过程事实上把地方家族的"私"势力公共化或者国家化了，地主们可以借助国家的力量堂而皇之地实现自己的利益。例如，乡村建设中的一项工作是整顿乡村的地方武装，将各种名目的保卫团、民团、联防团、联庄团等统一改编为保安团（队），由政府派人加以训练管理，但是政府却无法收回其指挥权，并且政府还将这些改编的保安团（队）的首领委任以地方政府的官职。这样，既有强制性力量，又有国家官职，完成了由"私权力"向公共权力的转变。但是，结果是什么呢？就连与国民党政府很接近的学人闻均天也不得不承认，从民国初年到国民党统治的最初几年（1928—1932年），"所谓地方事业，不操之于官，即操之于绅；等而又下之，又操之于棍痞。生杀欺夺，民治所能自存者几希，民之所能自主者几希，民之所能以自致其治者亦几希。且连年多故，兵匪劫持，流民载道，其或幸存，苟且旦夕者，仅一稍恃其自卫自保之力耳"[①]。

第三，国家权力在农村的延伸直接增加了农民负担，从另一个方面导

---

① 闻均天：《中国保甲制度》，商务印书馆1935年版，第365页，转引自张鸣《乡村社会权力和文化结构的变迁（1903—1953）》，广西人民出版社2001年版，第112页。

致了国家与农民的对抗关系。在"乡村建设"中,连基本的经费也没有,地方仅有的经费还被占用。要知道,国家权力的扩张以及导致的农民负担的增加,是在空前的农业危机时期产生的。

对南京政权而言,不幸的是,紧张的国家—社会关系又直接体现为对抗性的阶级关系。

随着"乡村建设"运动的失败,共产党在农村地区的影响日增,国民党政府的唯一选择似乎只有强化对乡村的行政控制,以国家权力直接干预乡村事务。这样,在"剿共"过程中,更严密控制农村的"保甲制度"于1931年在江西省应运而生,并推广到鄂、豫、皖三省其他"匪区"。实行保甲制首先要清查户口,进行户口登记;其次是实行互保连坐责任制;最后是将农村社会组织军事化。用蒋介石的话说,办保甲就是要拿出军队组织的方法来部勒民众,以军队训练的精神来训练民众。保甲制将农村社会变成一个兵营,而且族长借公权力之名大报私仇,随意抓捕、关押辖区内的百姓。结果,甚至连蒋介石的秘书也这样说:是豪绅的恶性引发了一波又一波的农民骚动。

国民党自食其果。在"剿共"过程中,国民党政府完成了与地方实力派(包括恶势力)的结盟,从而进一步疏远了农村中的大多数民众,形成了依靠少数而欺压多数的体制。这与推行保甲制度的初衷完全背离,这就是为什么国民党在农村的政治动员能力那么弱、为什么遭遇雪崩式的失败的原因。

对此,美国学者这样评论,表面上强大的独裁性质的南京政权,由于派系活动和贪污腐化而变得虚弱。但是,"南京政权之虚弱,还因为他在社会上缺乏稳固的基础。所有强大的现代民族国家的一个特点是,人口相当大的部分被动员起来支持政府的政治目标。而国民党人在控制政治和社会秩序的同时,不信任民众运动和个人的首创精神,所以他们不能创造出那类基础广泛的民众拥护,而在20世纪,民众拥护才能导致真正的政治权力。

由于存在这些固有的弱点，南京政权有时不得不勉强地迁就现存社会秩序，最显著的是地主和资本家……国民党政权是那些阶级的阶级工具"①。

确实，从土地制度上看，不合理的分配使得统治阶级一方面疏远着无产阶级，另一方面不得不和地主阶级和地方豪绅结盟而巩固自己的政权。这样，国民党政权控制社会所导致的国家与社会关系的紧张又是一种统治阶级和被统治阶级的阶级结构的紧张关系。这种贫富对抗的阶级结构关系越紧张，国民党政权就越脆弱，也就越要依赖地主阶级的支持，从而也就更加疏远广大民众。因此，下面我们将会看到，尽管土地制度和田赋制度极不合理，国民党政权就是不能改变这种制度安排，最终导致自己的雪崩式失败。

二 农业政策失败与政权瓦解

在南京国民政府成立以前的10年，由于"丛林规则"下的军阀掠夺，中国的农业已经走向衰败，农村正在走向绝对的贫困化。从1886年到1920年，每年粮食的进口数量在20万吨到35万吨之间。1920年以后，粮食进口数量急剧增加，在1921—1930年间，每年进口数量接近100万吨；在1931—1935年间，每年进口数量跃升到200万吨。② 很明显，从20世纪20年代开始，中国的粮食更加依赖于从外国进口。

应该说，国民党政府所继承的是一个危机四伏的农业中国。因此，南京国民政府成立伊始，就着手进行土地制度改革，力求保护穷人的利益。1927年5月就颁布了《佃农保护法》，在此基础上，从1928年就开始拟议落实《佃农保护法》的《佃农暂行条例》，该《条例》于1932年颁布。主

---

① ［美］费正清、费维恺编：《剑桥中华民国史（1912—1949）》（下卷），刘敬坤等译，中国社会科学出版社1994年版，第157—158页。

② 同上书，第293—294页。

要内容有：

第一，关于地租的物资形态。规定："租课以征收当年当地之生产物为原则。但业佃间定有给付他物或变价之特约时，从其特约，交租物之价格，依约定缴纳时当时市价折算。"

第二，关于地租额。规定："缴租最高限度应不得超过当年正产物收获总额千分之三百七十五。""正租以外，不得再有小租、杂税及一切陋规。""副产物概归佃农所有。"所谓正产物，"指主要农作物之目的生产品"。所谓副产物，"指农作物原生产目的以外之附随生产品"。

第三，关于征租形式。宣布："包租、包佃制及预收地租、收取押租制，应即废止。"

第四，关于保护佃权的详细规定。如："佃农如能完全履行其义务，除地主收田自耕，或土地所有权转移至自耕农时，出租人不得任意撤佃。""收回自耕之土地再行出租时，原佃农有优先承租权。"地主典当或出让土地，佃农有优先承典或购买权。土地所有权转移时，除转移至自耕农外，佃农有继续承佃权。同时规定了业主可以解约撤佃的七种情况，但要求解约撤佃时应提前一年告知佃农；"如佃农对于租地确有特别改良，尚未完全享得其报酬者，业主应偿还其损失"。

第五，关于地租的减免。规定："凶年灾歉及其他不可抗力，致收获减少或全无者，应按歉收程度比例减少，或免除租额。"

第六，关于主佃的身份地位。宣布："业主与佃农身份平等。业主绝对不得强课佃农以力役或供应。"

此外，南京国民政府还制定了关于限制田赋附加的法律法规。1927年的中央财政会议确定田赋归地方政府，并在1930年的《土地法》中加以明确。由于田赋及其附加征收日益泛滥，财政部于1928年10月颁布的《限制田赋附加办法》规定：田赋正税赋捐总额不得超过现时地价的1%；田赋附加总额不得超过旧有正税数额，已经超过的县份要陆续核减以符合规定。

同时财政部严令如若县长违抗，将会同民政厅对其撤职查办。①

应该说，上述规定既是政府与地主阶级讨价还价的产物，也是佃农长期反对不合理地租关系的结果，至少在文字上最大限度地保护了佃农的利益。但是，由于前述的国家结构危机，尤其是国民党政权是与地方豪绅的结合体，决定了保护佃农的法律在实践中难以得到执行和落实。例如，在广西，尽管广西于1930年公布的《广西耕地租用暂行条例》也规定"田主不得预收地租，并不得收取押租"，但事实上广西至1932年仍然普遍而公开地存在收取押租的情况，即使是田租很轻的薄田，每亩也预收押金50元左右。在浙江，省政府更是公然保护地主的利益，在1937年12月省党部与省政府联席会议做出的关于"处理佃业纠纷办法"中写道："佃方故意延宕不缴者，有押租金者扣除押租金。"这说明，收取押租者不仅继续存在，而且还受到地方政府的法律保护。②

限制田赋附加的政策更是难以落实，有人说是"实上窒息难行，各省县始终没有确实遵行，田赋附加不但没有大量核减，反而日趋高翔"③。要知道，在限制田赋及其附加以后，南京国民政府还同时废除了归地方所有的厘金。同时割断地方的两大财政来源，在实践中怎么可能可行？

保护佃农的法律在实践中难以得到落实，使得农民的收入和资源无偿地或以低于现行交换价值的价格被占用，使得农民的积蓄减少，影响到下一轮的生产和交换。而当国家或军阀的军队征收新税、田赋附加甚至没收农民资财或强制力役而从事非农业活动时，农民更没有能力从事再生产了。

不幸的是，这样压迫性和掠夺性的体制又赶上国际经济环境的恶化，使农业问题雪上加霜。从1921年到1931年，当西方国家受世界范围的经济

---

① 参见刘椿《三十年代南京国民政府的田赋整理》，《中国农史》2000年第19卷第2期，第82页。
② 参见《中国农民负担史》第2卷，中国财政经济出版社1994年版，第336页。
③ 陈登元：《中国田赋史》，上海书店1984年版，第246页。

第三章 世界政治体系中的中国："百年危机"（1840—1949 年）

萧条打击而举步维艰时，中国却因为货币贬值而提高其出口量。但是，中国在 1932 年失去满洲市场时受到了第一次重大打击，随之而来的是 1933—1934 年美国提高银价使中国白银大量外流而受到第二次打击（世界政治的影响）。[①] 结果，出口下降，银根紧缩，商品价格暴跌，从而使农村经济大规模萧条。

在农业经济大规模萧条的条件下，加上国家政权实质上是保护地主利益的工具，各地的地主们更是有恃无恐地将危机转嫁到佃农头上。首先，由于人多地少，地主得以提高地租剥削率。根据严中平的研究，在 1937 年以前的全国 41 个地区，半数以上（28 个地区）的实物地租剥削率超过产量的 50%，大大高于法定的地租率。而且，这只是就地租定额而言，定额之外的榨取尚未统计在内，而地主对佃农进行额外的剥削，是当时中国农村的普遍现象。有人这样描述当时的情形：

> 昔日地主所收租谷微二分之一，且限于水田中所生产之稻，其无水地中之产物及柴草，悉归佃农，押金亦甚微。演至今日，人口日繁，佃农增多，地主乃大肆压迫。租期由五年而缩为四年，继复缩为三年。其押金则增加几乎与购买之地价相等，且须于押金之外，缴纳随礼一份。固佃农每三年必罄其积蓄，献之地主，以求保留其佃地之权。同时，地主所收之租课，亦复加重。稻课之外，复有所谓麦课、渔课、鸭课、油课、棉课、柴课、草课等。总之，凡田中所产，家中所蓄饲，无一不按五均分。[②]

[①] ［美］费正清、费维恺编：《剑桥中华民国史（1912—1949）》（下卷），刘敬坤等译，中国社会科学出版社 1994 年版，第 301 页。

[②] 参见《中国农民负担史》第 2 卷，中国财政经济出版社 1994 年版，第 337—338 页。

其次，地主还有种种办法加重佃农的负担。一是向佃农转嫁田赋附加负担。我们知道，在20世纪30年代，各地方政府大幅度提高田赋附加，但负担却由佃农承担，而不是拥有土地的地主。根据南京国民政府国民经济委员会1934年的报告，"最近数年中，许多省份带征附加税，遂使田赋增加数倍，依法律而言，地主应纳田赋，但在租佃盛行的地方，佃户反缴纳田赋及附加之全部或一部。例如甘肃佃农认缴田赋附加百分之六十"①。二是对佃农进行无偿的劳力役使。三是加重押租和盛行预租。这样，在保护佃农的法律法规颁布几年以后，佃农的权益不但得不到保护，其负担反而有增无减，往往被迫负债佃耕，生存状况苦不堪言。②

这种状况已经严重地威胁着国民党的政治统治。为此，南京国民政府又被迫开始了第二轮的田赋整理工作。

1933年孔祥熙就任国民政府财政部部长，对整理田赋十分重视，表示"本人就职后，决心整理田赋，冀减轻农民负担，恢复其生产能力"③。1934年1月国民党召开中央委员会第四届四中全会，孔祥熙提出减轻田赋及附加和进行土地陈报两项提案，行政院据此制定了《减轻田赋附加办法大纲》："第三条附加总额连同正捐一并计算，不得超过百分之一之地价，未经查报，各地方附加总额应以不超过正税为额。第四条超过前项限度之地方应将原有附加分别裁减，其裁减程序以有关行政经费为先，事业经费次之。第六条地价之计算应将全市或全省农田分若干等，按照最近三年地价买卖地分等估计，在乘以田亩数合并计之作为地价总

---

① 《全国经济委员会报告汇编》第2集（1934年），第26页，转引自《中国农民负担史》第2卷，中国财政经济出版社1994年版，第338页。

② 参见《中国农民负担史》第2卷，中国财政经济出版社1994年版，第338—344页。

③ 任树椿：《中国田赋之沿革与整理之方案》，《东方杂志》第31卷第14号，转引自刘椿《三十年代南京国民政府的田赋整理》，《中国农史》2000年第19卷第2期，第83页。

额。第七条地方田赋附加一律限于二十二年度内全部整理完竣，不得延缓或遗漏。"

紧接着，在1937年5月召开的第二次全国财政会议上，重点讨论了整理全国地方财政、整理田赋与附加，减轻农民负担。这次会议涉及的议题有：减轻田赋与附加，取缔各种摊派；改革田赋征收制度；实行土地陈报；废除苛捐杂税；整理中央与地方财政关系；编制省市县的财政预算。最后，第二次全国财政会议通过关于田赋与附加征收的六项原则：

（1）各县办理土地陈报以后，如所报地价可资为按价正税依据者，即按报价划分为若干等级，每等酌定平均地价，以1%为征收标准，附税名目一律取消，税宽省县四六分成；

（2）土地未丈清之前，各县田赋不能按价征收者，即参照报价及收益，将原有科则删繁就简，改并未新等则征收，但不得超过正税，正附税并计不得超过地价1%。

（3）现有附加不论是否超过正税，自1934年度起，不得以任何急需、任何名义，再有增加；

（4）各区乡镇之临时亩捐摊派，应严加禁止；

（5）附加带征期满，或原标的已不复存在者，应即废止；

（6）田赋附加已经超过正税的，应限期核减，并以土地陈报所增减额尽先拨充减轻附加之用。

由于当时全国土地陈报尚未开始，因此具可操作性的为第（3）（4）（5）三项。又由于整理田赋与附加的进展依赖于清丈土地，而清丈土地的工作又不是短期内能完成的，所以会议决定以土地陈报代替土地清丈。于是会议通过了《办理土地陈报纲要三十五条》，限期一年完成土地陈报工作。

可以想见，整理田赋和附加以及废除苛捐杂税无疑减少了地方的财政收入，为此财政部重新调整中央与地方的财政关系以弥补地方的财政损失，如中央承担军事费和司法费，烟酒牌照费归地方所有，中央划一部分印花税给地方，等等。

应该说，第二轮的田赋整理收到了一定的效果。到了1937年抗日战争爆发以前，全国范围内共减轻田赋与附加的种类达到300余种，减免的税款计3800万元；废除苛捐杂税7200余种，款额达到6700万元。到1936年年底，共有10个省200余县进行了土地陈报。其中，江苏省共有19个县土地陈报完毕，溢地约为370万亩；与1934年比较，一些县农民的负担减轻了12%—56%。此外，河南省的峡县和福建省的闽侯土地陈报也有相当大的效果。各地区的田赋收入也有所增加，江苏省的田赋收入由1933年的1000万元增加到1937年的1400万元，河南省由1927年的547万元增加到1935年的800万元，山东省由1927年的792万元增加到1935年的1578万元。[1]

成效是有的，但是就全国范围而言，上述成效几乎微不足道。首先，与中央政府因苛捐杂税而补贴地方的数额相比，田赋附加减轻实在有限。抗战爆发前全国共减轻田赋附加3800万元，而中央于1935年、1936年对地方的补助费则分别达到9850万元和10080万元。

其次，即使在田赋整理进行得比较好的江苏省及其他各省，地方政府违反中央法令也是普遍的事实。中央规定1934年以后不得再增加任何名目的田赋附加，而1935年江苏泰县"未经省厅核示，征收亩捐，备给导淮工夫并供给办公费用，人民请愿"，连递三呈，时逾两月，未奉省府批复，而县府勒令遵缴如故。同年江苏奉贤补收农民银行基金亩捐，省厅以"此次系前款缓征之款"为由，同意府县"照案继续征收"。扬中县农民以田赋附

---

[1] 参见《中国田赋鸟瞰及改革前途》，《地改月刊》第4卷第2、3期合刊，转引自刘椿《三十年代南京国民政府的田赋整理》，《中国农史》2000年第19卷第2期。又见牛淑平《1927年至1937年南京国民政府田赋整理述评》，《国民档案》1999年第3期。

加仍为正税三倍，派代表赴省请求减轻，但财政厅居然批复"各县苛杂，业经分期废除，该县仍有呈请减轻田赋之举，殊不能体谅省厅意旨，所请应毋庸议"。山东省主席韩复榘以山东黄河泛滥，需救济款为由，"拟将被灾各县应征田赋，于正税之外，带征三角"，"经行政院交内、财两部核议，准予征收一年"①。可见，各地违反全国第二次财政会议决定的现象不是个案。

最后，第二轮的田赋整理没有达到南京国民政府预定的目标。根据全国土地调查委员会在1934年8月至1935年12月对全国19个省的调查，田赋附加不得超过正税之规定未能实现。湖南田赋附加超过正税3倍，河南、甘肃和广西超过1.5倍，江苏、浙江等6省超过1倍。各省田赋收入虽有所增加，但欠收现象仍然十分严重，19个省平均实收仅为额征的79.83%。

在土地陈报方面，尽管个别县获得成功，但总体上是"徒劳无益，甚或以滋弊者，何止倍数于此收效寥寥之数县"！江苏虽然有1/3的县份完成了土地陈报，但"诚可赞许者，仅萧县与当涂"。江苏尚且如此，其他省可想而知。②

在废除苛捐杂税方面，虽然各地纷纷响应第二次全国财政会议的决定，似乎也有不小的成效，但是都是些表面文章，薛暮桥指出，"一九三四年十月十二日《中华日报》详载过去三个月中各省市废除苛杂数目，已有一千多种，税额约近一千万元（其中广东几占半数）"。但是，"这还是苛捐杂税中间最苛杂的一小部分。例如江苏省在废除苛杂一百三十种后，财厅派员密查，据报各县苛捐杂税，至少还有二百多种"。浙江"所废除苛杂多至四百五十七种，但此四百五十七种苛杂征数仅有二十四万七千五百余元，最

---

① 参见牛淑平《1927年至1937年南京国民政府田赋整理述评》，《民国档案》1999年第3期。

② 同上。

细小之捐税有年征二三元者，所以此类苛杂废除以后，对于政府和人民均无多大影响"①。

南京国民政府废除地方苛杂成效不大，除了财政方面的因素，政治机构和征税部门的腐败也是主要障碍。当时实行的招商包税制度，就是一大弊政。在广东，"开标包税的制度就是制造土劣和增加勒索的最妙机会。往往税商所收，数倍或十倍缴纳于政府的"。"捐商每借口执行职务，维持税收，设立多数武装稽查或暗探等类，以为截缉走私漏税。此项稽查品流复杂，良莠不齐，动辄狐假虎威，横行乡里，凌轹敲诈，层见叠出。"② 这样的侵害产权的制度对于生产的破坏性很大。广东的烟草生产，就是因为捐税太多而衰落不振。

总体上说，基于土地清丈的减轻田赋与附加的第二轮田赋整理依旧失败了。而这种失败，又是宿命性的，是其国家结构危机、国家与社会关系危机和政权的阶级局限性的必然结局。

首先，由于存在国家结构危机，即中央政府的法令难以在事实上处于独立王国状态的各地军阀辖区得到贯彻。在中央政府不能号令的地方如四川省，即使在第二轮田赋整理以后，军阀们依然我行我素，实行杀鸡取卵式的田赋预征。如表3-10所示，田赋与附税增加又加预征，使农民苦不堪言，破产者比比皆是。

其次，旨在减轻农民负担的田赋整理必然有损于地主阶级的利益，而南京国民政府为了对抗共产主义运动在农村的发展，又必须依靠这个阶级，从而形成了政策悖论：既要依赖地主阶级，又要损害这个阶级的利益，最终必然是一种行不通的政策。因此，在征税中，官吏豪绅依然可以擅自加

---

① 薛暮桥：《旧中国的农村经济》，农业出版社1980年版，第80页，转引自《中国农民负担史》第2卷，中国财政经济出版社1994年版，第374—375页。
② 陈翰笙编：《广东农村生产关系与生产力》，上海中山文化教育馆1934年版，第39页，转引自《中国农民负担史》第2卷，中国财政经济出版社1994年版，第375页。

征，地主依然可以向农民转嫁田赋负担，这是田赋整理失败的国家政权性质上的根源。

表3-10　　　　　　　　四川各军预征田赋情况比较

军别	1933年	1935年	预征年度
21军		6次	1964年
20军	4次	6次	
24军	6次	8次	
28军	6次	6次	1980年
29军	6次	7次	1967年
23师	5次	8次	1960年
新6师	6次	5次	1954年
黔军		5次	1935年

最后，与第二个因素相联系，是统治集团内部的利益冲突而导致的政策失败。南京国民政府和它所依赖的地主阶级和资产阶级，共同构成了当时的统治集团。在理论上，这几大群体都会认同其共同利益是维持南京国民政府的正常运转，正所谓"皮之不存，毛将焉附"。对此，作为最高统治者的蒋介石及孔祥熙们有清醒的认知。因此，两次田赋整理基本上都是基于统治者租金最大化即政治稳定的考虑而推行的有利于社会产出最大化的政策。应该说，农业的社会产出最大化和由此带来的农村稳定无疑会有利于政治统治的租金最大化。

但是，国家政权性质的局限性决定了南京国民政府很难实现这样的双重最大化，因为虽然在理论上统治阶层的利益在根本上是一致的，但是统治者内部又存在难以调和的利益冲突。就田赋整理而言，有利于社会产出最大化的政策事实上又有可能直接削减了作为统治者阶级的地主豪绅的利益，削减了各地军阀的利益。这样，有利于最高统治者的政策在实践中虽然亦有利于广大民众，但是却削减了中下统治阶层的利益，形成了一种上层与下层利益一致，却与中下统治阶层冲突的政治格局。而这种博弈格局依然是理论上的，在实践中，中国当时的社会状况和国家结构危机决定了最高统治者根本无力去以地主阶级和地方豪绅的利益为代价保护广大农民的利益。

这样，中国历史又回到晚清一样的格局，虽然统治者最大化的利益是政治统治的存续，但是在没有解决权力合法性的条件下，没有安全感的官吏们和地方豪绅个体，都在尽其所能地掠夺和蚕食国家利益，最终结局是一种统治者内部没有赢家的政治博弈。

中国的历史给了我们重新诠释诺思的"国家悖论"的机会。如前所述，国家的两个相互矛盾的目的是统治者租金的最大化和社会产出的最大化。中国的历史是，统治者不但不是一个个体，还不是一个单一的统治集团，而是最高统治者下面有利益相互冲突的多个统治集团。这样的历史就使得我们得出这样的结论：最高统治者利益的最大化可能直接削减了其他统治集团的利益，从而形成整个集团内部的利益冲突而无法实现整个政治统治租金的最大化，更不用说实现整个社会产出的最大化。也就是说，统治者租金最大化的目的不能实现，很多时候并不是社会产出最大化削减了统治者的利益，而是因为统治者集团内部本身的利益冲突使最高统治者的最大化利益难以实现。

因此，就中国的历史而言，"国家悖论"似乎有些简单。对于诺思的国家理论的简单修正是：

第一，总体上诺思是正确的，即统治者租金最大化和社会产出最大化之间是一种持久性冲突，冲突的强弱直接决定了国家发展的快慢；

第二，但是，统治者租金最大化的阻力不仅来自社会产出的最大化，还可能来自统治阶层内部，统治阶层内部的利益冲突不仅难以实现社会产出的最大化，也直接消耗着统治租金；

第三，与第二个命题相联系，有利于社会产出最大化的政治产品也可能是有利于最高政治统治者的租金最大化即政治统治问题，但是这种上下利益上的合意却可能因为中间阻力即统治阶级内部的分利集团的阻力而难以实现，最终导致国家的失败；

第四，国家结构危机以及由此带来的国家—社会紧张关系，不仅难以实现社会产出的最大化，统治集团内部也会因为能量消耗而不能将自己的意志有效地转化为政策产品，最终导致统治租金的耗散。

在既定世界政治体系的制约下，如1929年大危机对中国农业经济的直接打击，而南京政权的资本主义性质加剧了民众的苦难，这已经是一个丧失了合法性的政权。谁来组织和如何组织中国，就是一个前所未有的新挑战。

◇ 第四节　告别过去，走上新时代

在恶政的总体性危机中，人民群众所创造的只是属于自己的艰难生存史，更多的是处于被鱼肉的状态。同样，在不良的制度结构下，所谓统治阶级也并不就是国家的化身，国家的命运并不就是大大小小统治者的命运。这样，在政治过程中，没有安全感的统治集团总是以自己的利益最大化为最高原则，结局只能是国家的统治租金（收益）最小化，最终是租金耗散、政治分崩离析，王朝循环式政治周而复始。无论是"大明"还是"大清"，无论是袁世凯的"中华民国"还是蒋介石的"中华民国"，都不能摆脱这一铁律。

国家的兴衰，统治的成败，一直是关系人类命运的大课题，不是三言两语所能说明白的，但是道理似乎又很简单、很明了，就是民生问题和民权问题。统治者根本利益的实现有赖于民众基本需求的满足。其实，历史上的统治者比谁都明白这些基本的道理，知道载舟覆舟。但是统治之舟为什么总是浮浮沉沉呢？说到底是缺少一个实现人民主权的机制。

民生是重要的。无论是政治制度的崩溃还是政权的轮换，在很大程度上都是因为统治者未能解决民生问题。历史上很多王朝的灭亡在很大程度上是民生危机所诱发的，老百姓不能得到基本的物质上的满足。当然，民生是一个相对的概念，是一个发展着的概念。《红楼梦》中的刘姥姥和林黛玉的民生要求是不一样的。政治权力的轮换也取决于民生的满足程度。在定期选举的政治中，当执政党不能搞好经济时，在下一次大选中就有危机，甚至被替换。因此，在任何意义上，民生的基本满足或曰基本正义的实现，是政治统治最为坚实的基石。

在现代统治中，同样重要甚至更重要的是民权问题。任何一个国家都会碰上经济困难或民生难题，经济不可能永远增长和繁荣。在这种条件下，一个政权能否渡过难关、能否存续，就要看民权满足的程度。人民的同意和认同是政治力量的源泉。如何让人民认同？说到底是一个政治机制的问题，即建立一个约束政府和官员的行为的制度，一个让人民实现自己宪法权利的渠道。唯有如此，腐败才不至于猖獗，官民才能和谐共处，王朝循环因而得以避免。

中国共产党人早就发现了避免政治失败的道理，深深懂得民权的重要性。在延安时期，在与黄炎培先生那段著名的窑洞对话中，毛泽东说共产党人发现了避免王朝循环的根本之道，那就是民主——让人人起来负责，让人人起来监督政府。

也正是因为中国革命的人民性，中国共产党领导的革命才最终结束了中国百年的总体性危机。在此之前的历史关键时刻，除孙中山等少数几个"天下为公"者，无论是晚清的洋务维新集团还是蒋介石的南京国民政府，更不用提北洋军阀政府，基本上是由形形色色的个人利益最大化而构成的充满冲突的统治集团，致使中华民族生灵涂炭。

中国共产党领导的革命在结束百年危机的同时,也开启了中国现代化的新时代。马克思主义关于革命的基本观点是,历史上任何一次真正的革命,都将使社会发生急剧的变化和飞跃发展,因为它宣告了旧制度的灭亡和新制度的诞生。这是历史发展中的质变。或者说,革命是政治现代化的重要手段。亨廷顿说:"一场全面的革命包括摧毁旧的政治制度以及旧的正统模式,动员新的集团进入政治,重新界定政治共同体,接受新的政治价值观和新的政治合法性概念,由一批新的、更有生气的精英人物取得政权,创立新的、更强有力的政治制度,在政治参与扩大这个意义上,所有的革命都涉及现代化;在创立新形式的政治秩序这个意义上,某些革命还涉及政治发展。"① 这不仅是对某些资产阶级革命成果的总结,更是对社会主义革命作用的评价。因为社会主义革命大多是在经济文化落后、政治制度相对滞后的国家里发生的。革命不仅使这些国家的经济飞速发展,也建立起了更先进的政治制度。革命使中国真正开始了以人民民主为核心的现代性政治。

---

① [美]塞缪尔·亨廷顿:《变化中社会的政治秩序》,王冠华等译,上海人民出版社2008年版,第254页。

第 四 章

世界政治体系中的"逆势而上"：人民民主的政治发展道路

人民当家做主是一种古典主义的梦想，在历史上还没能够得以实现，直到近代才有了实践中的"人民民主"。在既定的世界政治体系下，人民民主无疑是对资本主义政治和白人优越论政治的一种逆向性政治发展道路，要取得成功并不容易。然而，正如青年毛泽东在《井冈山的斗争》中的洞见："一国之内，在四围白色政权的包围中间，产生一小块或若干小块的红色政权区域，在目前的世界上只有中国有这种事。我们分析它发生的原因之一，在于中国有买办豪绅阶级间的不断的分裂和战争。只要买办豪绅阶级间的分裂和战争是继续的，则工农武装割据的存在和发展也将是能够继续的。"

创业不易，守成更难。即使有了人民民主，也可能被既定的世界政治结构所吞噬，比如苏联东欧剧变。如果中国能够在既定的世界政治体系中坚守人民民主，到第二个百年即新中国成立 100 周年时，中国的规模决定了，世界政治体系将会被重组，世界政治史将会被改写。

"人民主权"理论中的"人民"虽然是整体性的，但其并不会作为行动者而自动组织起来，只能依靠组织，需要新型的国家组织者即政党去组织"人民"——这无疑是一种全新的组织国家的方式。组织是列宁的发明。但是，并不是所有的政党组织都能把人民组织起来，"没有共产党，就没有新中国"是真实的历史叙事。作为代表性政党的共产党与"人民"具有一致性，或者说党性与人民性具有一致性。因此，共产党革命胜利之后所建立的政权必然是人民民主政权。

中共在延安时期已经达到"政治成熟"，因而这一时期的立国建政思想可谓宪法表述的蓝本。"人民民主"在中国宪法中经历了几次变化，从1954年宪法的"人民民主"，到1975年宪法的"无产阶级专政"，再到1982年宪法的"人民民主专政"，但最好的表述应该还是1954年宪法。人民民主的优越性只能在比较政治中显示出来，正所谓事实胜于雄辩。为了更好地理解人民民主的政治道路，本章最后一节将简要阐述自由主义民主的理论病理与实践困境，在比较历史中认识中国政治。

第一节 "人民主权"实现的新路径：政党中心主义

如何把政治共同体从分散的部落制或封建制中组织起来，成为一个权力统一的现代国家，是一项巨大的政治挑战，因为到目前为止，还有很多发展中国家未被组织起来，或者曾经组织起来后来又失序了，比如大中东地区。在国家建设研究上，西方社会科学曾企图将西方模式作为后发国家样板，搞出了现代化理论。在现代化理论的脉络下，著名的研究有巴林顿·摩尔的"三条道路"，即英美法式的自由主义民主道路、德日的法西斯主义道路和俄国—中国的共产主义道路，[①] 还有亨廷顿提出的欧洲大陆型

---

① ［美］巴林顿·摩尔：《专制与民主的社会起源——现代世界形成过程中的地主和农民》，王茁、顾洁译，上海译文出版社2012年版。

的、英国型的和美国型的划分。① 亨廷顿的划分根本性地忽视了非西方国家，而摩尔的"三主义论"其实是政策类型的写照，政策类型的背后是社会结构及其演变。但是，社会结构是静态性质的，它不会自动演变，有一种推动社会结构演变的政治力量或者说政治行为主体。因此，不同于西方的现代化理论，我们在研究现代国家建设中提出了自己的制度变迁理论——依据政治行为主体的类型而区分的现代国家之路。

一 社会科学体系中的"政党中心主义"②

我们耳熟能详的社会科学中的"一般理论""一般概念"总是以"普世主义"的面目出现，那是思想运动的结果，其实所有的社会科学知识都是"地方知识"，强国把基于自己经验的理论进行世界性推广，使得地方知识一般化。比如，社会科学的核心知识体系就是围绕国家学说而展开的，我们的研究发现，国家学说都是基于不同国家建设的路径而总结出来的，分别有基于英国—美国经验的社会中心主义、基于法国—德国经验的国家中心主义。但是，这两套理论并不能解释后发国家是如何来的，即如何被组织起来的。俄国和中国等国家的国家建设经验提供了我所称之为的"政党中心主义"，没有这个"主义"的社会科学，国际社会科学就称不上"体系"；即使是"体系"，那也是残缺不全的，是一种病理性结构。

1. 社会中心主义

国家产生于社会，但如果社会力量推动了国家成长和建设，社会虽然

---

① [美]塞缪尔·亨廷顿：《变化社会中的政治秩序》，王冠华等译，上海世纪出版集团2008年版，第78—82页。

② 本部分根据作者本人的《制度变迁的路径及其理论意义：社会中心论—国家中心论—政党中心论》（杨光斌：《政治变迁中的国家与制度》，中央编译出版社2011年版，第182—243页）改写，重写后的"政党中心主义"有了更多历史的理论分析。

第四章 世界政治体系中的"逆势而上":人民民主的政治发展道路

经历了"革命"而未曾"中断",那么这样的国家可以称为"长出来的国家",其中英国和美国就是典型。

英国的政治传统就是自发、自治、渐进等几个关键词,而为它们做出脚注的则是具有自发性质的"王在法下"、最能体现自治传统的习惯法和治安推事制度,以及最能体现渐进主义的 1832 年和 1867 年的宪政改革。

与英国相比,美国的建国历程同样具有自治和自发性的特征。首先,美国所经历的是一个从地方自治成长起来的国家,不同于很多其他国家的自上而下的建国历程,美国所经历的是民众通过投票先建立基层政府,州政府,再建立联邦政府的过程。[1] 美国的制宪历程和宪法所确定的政体充分地说明了美国的自治与自发传统。这种建国历程在当时的国家观念看来是不可思议的,因为当时流行的是布丹的国家理论即国家主权说。其次,自治和自发还体现在美国的开发过程中。在向西部开发的过程中,没有政府,没有法庭,如何维持秩序就成为首要问题。这时,自然法则起着重要作用,移民们在多数决原则的基础上实行"自警制",自己管理自己,依靠多数决而维持秩序。[2]

英国—美国的国家成长经验,自然也"长"出一套理论,那就是以"自然权利"为假设的社会契约论。"自然权利"讲的是谁的权利?望文生义,当然是社会而不是国家的权利,其中心思想是"社会"而不是"国家",因此围绕"自然权利"而展开的"社会契约论"可以理解为"社会中心论",由"社会契约论"演绎的思想和社会科学理论是一种"社会中心论"的思想和理论。英美式制度变迁中的主导力量就是以商人阶级为代表的社会力量,这并不是说国家无关紧要,但是根据前述的制度变迁,从重商主义时期到工业革命以后的经济自由主义时期,国家的一个主要作用似

---

[1] [美]布尔斯廷:《美国人:建国历程》,中国对外翻译出版公司译,美国驻华大使馆新闻文化处(香港)1987 年版,第 511 页。

[2] 同上书,第 95 页。

乎就是商人阶级或资产阶级利益的"守夜人"。更何况,在美国这样的新大陆还是先有成熟的社会,后有作为国家代表的政府。鉴于这种历史,古典主义时期洛克、休谟和斯密等人的理论中都有经典的自然权利思想,[①] 他们认为基于人的自利性和自然权利信念,通过自由竞争,人类社会必然会趋向均衡,因而社会应该是一种"自由的自发秩序"。从理论背景和本体论而言,新古典主义其实是古典主义的新式表述。哈耶克从"无知之幕"推导出的"自由自发秩序"并不是什么理论创新,只不过是休谟和斯密的理论翻版。再后来,新制度经济学代表人物诺斯特别强调制度变迁方式中连续性制度变迁,"路径依赖"和"共同心智模式"的作用,[②] 等等,既有古典主义思想的影响,也有新古典主义尤其是哈耶克思想的直接影响,其理论背后依然离不开英美式制度变迁的基本经验。

基于最早走向现代化的英美早期经验而形成的社会中心论,基本上为政治思想和社会科学理论起着"格式化"、概念化和规范化的作用,以至于很多生活在当代英美国家的思想家和学者也受制于社会中心主义。

2. 国家中心主义

从组织主义的路径看,德、法两国具有高度的可比性。我们将会看到,两个国家都是"战争制造",因而主导制度变迁的主体都是国家的官僚体系,制度变迁的方向都是自上而下。更重要的是,法国的政制直接影响着德国的民族国家建设。

不同于英国国家成长中的"自发秩序",作为现代国家的法国虽然诞生于法国大革命,但是法国国家形成的标志则是英法之间的"百年战争"

[①] 尽管休谟把自然权利归为"习俗"并批判自然权利假说,但在根本上他还是同意近代自然学说的意图,并得出了与洛克相似的结论。参见[美]列奥·施特劳斯、[美]约瑟夫·克罗波西主编《政治哲学史》(上),李天然等译,河北人民出版社1993年版,第660—662页。

[②] 参见[美]道格拉斯·C.诺斯《经济史中的结构与变迁》,陈郁、罗华平译,上海人民出版社、上海三联书店1994年版。

(1337—1453年)。战争制造了法国,而"战争制造国家"的一个副产品便是国家权力的绝对化,具体历史就无须赘述。

作为一个现代民族国家意义上的国家,德国的历史比法国更短。30年战争后1648年达成的《威斯特伐利亚条约》标志着欧洲民族国家的诞生,但是此时的德意志则共有1789个拥有主权的政权。这种政治状况必然形成关卡体制,遏制经济增长。

法国大革命是德国形成的"历史关键时刻"。我们知道,除了腓特烈大帝推动的普鲁士战争所导致的国家主义传统,德意志民族意识的形成主要归功于法国大革命之后知识分子所推动的德意志民族文化主义。在"历史关键时刻",作为后来者国家的知识分子的历史观念普遍带有国家主义的色彩。例如,在李斯特国民政治经济学的影响下,1834年关税同盟形成,标志着德国朝着统一的方向迈出重要一步。最终,在"宪法纷争"中上台的俾斯麦以战争完成了德国的统一,把德国建成了一个法律条文上的君主立宪制而事实上的君主—官僚专制、法律条文上的联邦制而事实上的中央集权制的专制政体。德国民族国家成长中塑造的"国家性"必然体现在国家发展中。众所周知,德国的工业体系比如铁路、现代企业是在国家的扶植下发展起来的,教育体系也是如此。国家"所向披靡,完全占领了一切阵地"[1]。

与法国的思想与实践之间的巨大张力相比,德国的历史与思想具有高度的契合性。和英国的情形相似,德国的历史塑造着德国思想,思想又引领着历史。作为发展序列上的后来者,德国思想界和腓特烈大帝一样崇尚国家的作用,强调民族个体和不同于其他国家发展道路的独特性,形成了由反规范和反概念化的德国历史观所支撑的最核心历史观即国家概念。[2] 德国政治思想

---

[1] [英]C. W. 克劳利等编:《剑桥世界近代史》第9卷,丁钟华等译,中国社会科学出版社1999年版,第266页。

[2] [美]格奥尔格·G. 伊格尔斯:《德国的历史观》,彭刚、顾杭译,译林出版社2006年版,"第一章,导论"。

的奠基人、自由主义者康德对自由的理解远远不同于英国和法国的自由概念，康德认为："整体的强大应是国家的更加强大，而不是个体的更加强大，整体大于个体之和。义务比权利更重要，自由归根到底是国家的自由。"①

康德尚且如此，那么保守化以后的德国思想界，从哲学家黑格尔到德国历史学奠基人兰克，再到后来的马克斯·韦伯，无不把国家本身当作目的，强调"权力国家"。因此，当国家通常用权力政治术语加以解释并追求自己的最高利益时，国家本身并不被认为是"必要的恶"，反而促进了更高的道德目的，国家本身就是一个"道德共同体"。在德国思想界看来，只有在强大的国家中，自由、法律和文化创造力才能获得保证。因此，国家并不是纯粹地代表权力，而是道德的制度化身。②

思想界把德国的这套基于自己历史经验而形成的国家主义理论称为"国家中心主义"的社会科学，20世纪80年代"回归国家学派"事实上就是从韦伯式社会科学那里获得灵感和找到资源。

3. 政党中心主义

现代国家的到来有先后时序。如果说英、美是第一波次的依靠商业力量而组织起来的现代性国家，那么法、德等就是第二波次的依靠官僚制而组织起来的现代性国家。但是，对于后来者而言，别说商业力量不足以组织国家，就是官僚制也无能为力，因为国家失败了。因此，要使得这些后来者组织起来，必须寻求新的组织力量，那就是政党。从比较政治发展的历史看，组织国家的政党主要分为阶级性政党和民族性政党。

苏俄是政党组织起来的典型。如果说1905年革命动摇了沙皇专制政府下的国家组织体系，第一次世界大战则使国家的组织系统陷入彻底的瘫痪

---

① 转引自李工真《德意志道路：现代化进程研究》，武汉大学出版社2005年版，第39—40页。

② 参见[美]格奥尔格·G.伊格尔斯《德国的历史观》，彭刚、顾杭译，译林出版社2006年版，第7页。

第四章 世界政治体系中的"逆势而上":人民民主的政治发展道路

之中。很快的,战争失败使一个偶然的事件成为革命的导火索。1917年3月,沙皇既不能调动军队去维持秩序,也不能解散杜马。这意味着,沙皇已经失去维护其权力的手段,政府瘫痪了。因此,沙皇政府倒塌于一场没有策划的革命中,没有人预料到这场革命的发生。革命一发生,原帝国的许多行政机构,包括警察部门,纷纷土崩瓦解,革命中成立的临时政府依然不能提供有效的行政管理,俄国开始处于无政府状态。从1917年夏天开始,俄国的问题已经不是"应该由谁来统治",而是"是否有人能统治,全国秩序是否能重新建立起来"。

如果说德国式的政治结构即皇帝和官僚制都瘫痪了,那么采用英国式的社会组织又是什么状况呢?其实,俄国并没有一个独立的、自主性的社会阶层,贵族的地位取决于与皇室关系的远近,这是彼得大帝所塑造起来的贵族依附于皇权的人身依附关系。这样,在旧的国家机器自动瓦解的条件下,重建秩序的唯一希望就落在正在争夺民众支持的各政党身上。

列宁是有准备的,列宁有一整套如何建党、党如何联系社会、党如何革命的理论。首先,民主集中制的建党组织原则。在1904年的《进一步,退两步》中,列宁批判孟什维克机会主义组织路线,指出马克思主义政党是工人阶级的一部分,是工人阶级的先进的、觉悟的、组织的、用马克思主义理论武装起来的部队;是无产阶级按照民主集中制原则组织起来的一个整体,需要有统一的党章、统一的领导机构、统一的纪律和统一的组织原则。党是无产阶级的最高组织形式,是工人阶级的一切群众组织的领导者。党必须同广大群众保持最密切的联系。无产阶级在争取政权的斗争中,除了组织而外,没有别的武器。此书奠定了布尔什维克党的组织基础,回答的是如何建党的问题,是马克思主义党的建设指南。

其次,党与社会的关系。在《共产主义运动中的"左派"幼稚病》一文中,列宁指出:"谁都知道,群众是划分为阶级的;只有把一般并不按照社会生产地位区分的绝大多数人同那些在社会生产中占有特殊地位的集团对立时，才可以把群众和阶级对立起来；在多数情况下，至少在现代的文明国家内，阶级通常是由政党来领导的；政党通常是由最有威信、最有影响、最有经验、被选出担任最重要职务而称为领袖的人们所组成的比较稳定的集团来主持的。"这是著名的"群众—阶级—政党—领袖"的关系递进论，其中群众和阶级属于"社会"范畴，"政党—领袖"属于党的范畴。

再次，党联系社会的"灌输论"和"首创精神"。党与社会是什么样的关系呢？在1902年的《怎么办》中，列宁提出了著名的"灌输论"：科学社会主义思想不可能在自发的工人运动中产生，资产阶级社会里的进步知识分子在掌握了先进的世界观并总结了工人革命运动经验的基础上，才能创立这种思想。需要把这种思想灌输到工人运动中去。由于资产阶级思想体系的渊源比社会主义思想体系久远得多，它经过了全面加工和修饰，拥有的传播工具也多，因此更容易对工人运动产生影响。为此，列宁又提出"首创精神"：必须增强无产阶级政党的首创精神和行动的计划性。使无产阶级的运动具有自觉因素，或者说使他们的斗争成为自觉的斗争，根本的条件是增强无产阶级革命政党的首创精神和行动的计划性。

最后，党如何革命的"职业革命家"理论。首创精神和计划性由何而来？列宁提出"职业革命家组织"理论。列宁说："任何革命运动，如果没有一种稳定的和能够保持继承性的领导者组织，就不能持久。""参加运动的群众愈多，革命家组织也就愈迫切需要，也就应当愈巩固。""这种组织的构成主要应当是以革命活动为职业的人。"建立革命家组织，不仅不会削弱而且会扩大工人群众组织活动的范围和内容。如工会、工人自学小组、社会主义小组和民主主义小组，可以而且应当遍布全国各地，加强同工人群众的联系，履行各种不同的职能，促进工人运动发展，在发展工人运动中培养职业革命家。列宁提出，革命家组织应反对运动中的分散性，把握全局，推进运动。

在亨廷顿看来，列宁是"注重实际的政治学家的大手笔"，提出了足以

第四章 世界政治体系中的"逆势而上":人民民主的政治发展道路

建构政治秩序的理论基础。亨廷顿把列宁与美国的建国之父麦迪逊做比较:"列宁处理的是阶级,而麦迪逊处理的则是派别。麦迪逊找到的政治秩序的基础是代议制政府制度和在一个幅员辽阔的共和国里对多数派别权力的限制,列宁则在党对所有社会实力具有的至上地位中找到了他的政治秩序的基础。"① 列宁的政治发展理论"完成了20世纪最有意义的政治创新"。列宁领导的"共产主义运动对现代政治的最突出贡献,不是革除和摧毁现存制度,而是组建和创新新的政治制度。共产主义的政治功能不是推翻权威,而是填补权威的真空"②。作为权威来源的政党本身就是合法性象征。③

填补权威真空的布尔什维克的一个首要任务就是如何保卫政权并重建国家秩序,形成党领导军队的制度性传统。而在重建国家秩序的过程中,有两项制度对于组织新型的国家至关重要:干部委任制和对口管理制。在内战期间,俄共(布)中央向党、政、军、工会等各级机构委派了大批领导干部。干部委任制是党实现权力和组织国家的最核心的政治制度。党不仅要控制各个重要岗位上的干部,还要直接管理政治、经济、社会和文化事务。苏俄在列宁时期就基本上形成了党政不分的政治管理体制,政治局不仅制定政策,还直接执行政策,甚至连一些琐事也拿到政治局讨论。斯大林全面建立了以党代政、政党国家化的政治体制。斯大林强调党不仅要领导国家,还要"管理国家";党不要实行"一般的"领导,而要实行"具体的和实际的领导"。他认为党是执政党,党的干部也是国家干部,"党的干部是党的指挥员,而由于我们的党是执政的党,所以他们也就是国家领导机关的指挥人员"④。斯大林还提出党的指示、口号"具有法律效力,应当立即予以执行"⑤。这种以党

---

① [美]塞缪尔·亨廷顿:《变化社会中的政治秩序》,王冠华等译,上海世纪出版集团2008年版,第277页。
② 同上书,第274页。
③ 同上书,第69页。
④ 《斯大林选集》下卷,人民出版社1979年版,第458页。
⑤ 《斯大林全集》第12卷,人民出版社1955年版,第58—59页。

代政的理论在俄共十七大（1934年）上进一步落实为一项政治制度，即在党委里设立负责农业生产业务的部门，实行了党对政府部门对口的管理体制，最终使党国家化了，形成了政党—国家体制。党不但通过对口管理制领导和控制着国家机关，还通过类似的体制控制着工会等人民群众团体，让工会成为联系党和社会的"传送带"，从而实现了对社会的全方位的控制。而实现对口管理体制的核心还是党的干部委任制。

就这样，党的干部委任制、政委制、对口管理制，把军队、国家机关和社会力量有效地组织起来，形成了比俄国历史上任何时期都要强大的国家组织体系即政党—国家体制，从而形成了一个空前庞大的国家行政组织。无论是其优势还是问题，都要做具体的历史分析，但它们不是这里的讨论重点。这里想强调的是，是政党—国家体制把俄国有效地组织起来，把俄国从一个落后的农业国家变成一个强大的工业化国家；还是这样一个体制，尤其是这个体制中的问题导致了苏联的解体和国家失败。无论成也好败也好，一个无法绕开的事实是，政党是现代国家建设的主导力量。

苏俄是政党组织国家的鼻祖。如果说列宁创建了政党组织国家的新型政治，斯大林则完成了"党治国家"的任务。从此，中国和印度这样的巨型落后国家都因阶级性政党而组织起来，而更多的发展中国家则依靠民族主义政党而组织起来进行了独立建国运动。但是，解释这种"普遍性政治"的理论在哪里？原因大概在于，第一，对于西方发达国家而言，政党是一个社会性要素，因而政党必然是社会中心论下的一个概念。所以政党研究虽然不少，但是主要集中于发达国家政党制度研究，较少专注于俄国和中国的研究，因而所形成的政党理论要么不具有适用性，要么解释力有限。第二，在政党主导下的制度变迁国家，关于政党的论述更多的是一种革命学说，关于政党的社会建设性作用的学说则论说不力。尽管如此，围绕这些国家制度变迁的历史，综合中外政党在发展中国家作用的研究，还是可以看出制度变迁中的"政党中心主义"。

第四章 世界政治体系中的"逆势而上":人民民主的政治发展道路 | **163**

非西方国家的建国历史决定了需要一个能与社会中心主义和国家中心主义并行的政党中心主义。其要点至少应该有:政党组织国家建设的必然性、什么样的政党能够成功地组织国家建设、政党政治的合法性问题、政党制度与现代国家制度建设的关系、政党制度与治理的关系,以及政党的适应性转型问题。

政党建国,意味着现代国家建设的路径发生了变化。无论是英美式的社会中心主义还是法德式的国家中心主义,其实都具有传统与现代的联系性,即新国家是在未曾中断的传统性国家基础上而来,只不过"传统"不同而已,一个是重视个人权利的传统,一个是重视国家权力的传统。但是,后来者基本上都是传统中断的结果,基于传统线索上的国家无以为继,不会自动"长"出来,于是才需要一种新生的政治力量来重整河山。和俄国一样,经历了更多次国家失败的中国,最终呼唤出中国共产党来组织国家。

二 组织中国:为什么是共产党

正如前一章所述,20 世纪上半叶中国最急迫解决的问题是谁来"填补权威的真空"。在中央—地方关系和国家—社会关系的双重危机之下,孙中山的国民党最初也想按照列宁主义原则去"以党建国,以党治国",但国民党的性质在根本上来说和旧军阀并无二致,从最初设想的对党的忠诚还是演变为对个人的忠诚,回到北洋军阀的老路上去了,从"校长"大于"总统"(李宗仁代总统)的事实就知道,蒋介石作为黄埔军校校长所建构的恩主庇护型上下级关系,和旧军阀没有什么实质的区别。因此,虽然国民党也被称为"列宁主义政党",[1] 但完全是形式主义上的,列宁主义政党的本质是组织的作用和组织纪律的严肃性。这样,以个人恩主庇护关系而编织

---

[1] 参见 Dickson, B. J., *Democratization in China and Taiwan: The Adaptability of Leninist Parties*, Oxford: Clarendon Press, 1997。

起来的国民党，不仅有与"校长"的亲疏之分，还有中央军——杂牌军之分。这样一个事实上的乌合之众当然不敌真正靠列宁建党理论而组织起来的中国共产党。

1921年几个知识分子成立的中国共产党是第三国际（共产国际）的一个支部，其组织原则当然也是民主集中制，这一原则在中国共产党的六大被写进党章。中国共产党一开始所要面对的对象是城市工人，井冈山斗争开始之后便是农民，这是和列宁的政党不一样的地方。因此，如何把农民组织起来，即建党知识分子如何处理与农民的关系，就是革命成败的关键，这也是毛泽东的政治发展理论的关键所在，堪称政治创新之处。

1. 党指挥枪原则

1927年9月，秋收起义部队在三湾改编时，毛泽东创造性地提出支部建在连上的原则，设立党代表制度，排有党小组，班有党员；营、团以上有党委，全军由毛泽东领导前敌委员会，从而确立了"党指挥枪"的原则。毛泽东后来在《井冈山的斗争》中对调整军队和党组织结构所起的重要作用也作了肯定，他说："红军之所以艰难奋战而不溃散，支部建在连上是一个重要原因。"

党指挥枪原则最终在1929年的古田会议上确定下来。古田会议通过了毛泽东主持起草的《关于纠正党内的错误思想》，指出了红军内各种非无产阶级思想的表现、来源及纠正的方法，强调了加强党的思想建设和组织建设的重要性，指出红军是一个"执行革命的政治任务的武装集团"，党对军队的绝对领导是红军建设的根本原则。规定红军除了打仗消灭敌人的军事力量之外，还要担负起宣传群众、组织群众、武装群众、帮助群众建立革命政权以至建立共产党的组织等项重大任务。

这样，党指挥枪的前提是党的性质问题。我们知道，无产阶级政党的主体是工人阶级，而当时党员都是农民，如何回答共产党的无产阶级政党性质？毛泽东的答案是"思想入党"，即落后的农民也可以在思想上转化为先进的无产阶级。这样就在逻辑上论述了以农民为主体的共产党的无产阶级政党性质。

党指挥枪的基础是群众，为此古田会议事实上形成了被后来称为"群众路线"的工作法宝：宣传群众、组织群众、武装群众、帮助群众。

2. 民主建军

中国 20 世纪 20 年代流行的是"丛林规则"，军阀混战，因此到处都是旧军队的"兵痞"，如何将这样的旧军队改造为新军队，就是一项重大的制度创新。而以民主主义原则建设军队，更是前所未有的创举，因为军队历来是严格的等级制，怎么可能使用民主主义的平等原则？但是，毛泽东在"三湾改编"中完成了这一创新，连队建立士兵委员会的民主制度，实行官兵平等、经济公平，破除旧军雇佣关系。① 毛泽东在《井冈山的斗争》中这样描述官兵平等："什么人都是一样苦，从军长到伙夫，除粮食外一律吃五

---

① 具体规定是：在军、团、营、连均设士兵委员会，官长同时为士兵委员会委员。全连士兵大会选举 5 人至 7 人或 9 人为连士委执委，推主席一人。以全营人数按每 5 人举一代表组成全营士兵委员会，推举 11 人至 13 人组织营士委执委，推举 1 人为主席。按全团人数每 10 人举代表一人组织全团代表会，推举 17 人至 19 人组织团士委执委，推举 1 人任主席。全军按 30 人至 50 人举一代表组成全军代表会，选举 19 人至 21 人或 23 人组织军士委执委，选一人为主席，军士委执委选 5 人至 7 人为常委。曾经担任过士兵委员会主任的宋任穷将军说："我在营里担任士兵委员会主席，士兵委员会是选举产生的。按选举名额，由连里选出一些委员来，三个连的委员组成营士兵委员会。士兵委员会没有设立什么机关，没有专职办公，只是遇事开会研究。士兵委员会是党代表工作的一个重要组成部分。士兵委员会的工作，主要放在连里面，一个是政治民主，一个是经济民主，分伙食尾子，管理伙食，管理经济。那时来自旧军队的军官很多，打人骂人的军阀习气严重，士兵委员会就同他们那种旧习气作斗争。"王紫峰回忆道：士兵委员会开士兵会时，每个士兵都有发言权。例如：班长派班公平不公平，哪位军官说话态度不好，士兵都可以在大会上进行指名批评。对经济上的意见，士兵同样可以在大会上讲。对排长、连长、党代表的缺点都有批评的权利。士兵委员会设有经济委员会或小组，管理连队的伙食，每个礼拜或每半个月，经济委员会要清算和理员的账目，做到经济公开。（以上资料来自百度词条"三湾改编"，https: //baike. baidu. com/item/三湾改编/4482317? fr = aladdin）

分钱的伙食。发零用钱,两角即一律两角,四角即一律四角。因此士兵也不怨恨什么人。""经过政治教育,红军士兵都有了阶级觉悟,都有了分配土地、建立政权和武装工农等项常识,都知道是为了自己和工农阶级而作战。因此,他们能在艰苦的斗争中不出怨言。连、营、团都有了士兵会,代表士兵利益,并做政治工作和民众工作。"就这样,红军就变成了一个熔解旧军队、锻造新军队的熔炉。

  红军士兵大部分是由雇佣军队来的,但一到红军即变了性质。首先是红军废除了雇佣制,使士兵感觉不是为他人打仗,而是为自己为人民打仗。

  ……

  红军的物质生活如此菲薄,战斗如此频繁,仍能维持不敝,除党的作用外,就是靠实行军队内的民主主义。官长不打士兵,官兵待遇平等,士兵有开会说话的自由,废除烦琐的礼节,经济公开。士兵管理伙食,仍能从每日五分的油盐柴菜钱中节余一点作零用,名曰"伙食尾子",每人每日约得六七十文。这些办法,士兵很满意。尤其是新来的俘虏兵,他们感觉国民党军队和我们军队是两个世界。他们虽然感觉红军的物质生活不如白军,但是精神得到了解放。同样一个兵,昨天在敌军不勇敢,今天在红军很勇敢,就是民主主义的影响。红军像一个火炉,俘虏兵过来马上就熔化了。中国不但人民需要民主主义,军队也需要民主主义。军队内的民主主义制度,将是破坏封建雇佣军队的一个重要的武器。①

  民主主义的官兵平等原则是共产党军队战斗力的源泉。即使到了朝鲜

---

  ① 毛泽东:《井冈山的斗争》,载《毛泽东选集》第1卷,人民出版社1991年版,第63—65页。

战场,据当时任 38 军军长的秦基伟回忆,因自己穿了一件从美军缴获的皮袄,被士兵提意见说是腐化,自己不得不脱下皮袄。民主主义的官兵平等原则真是前所未有,最生动的案例就是井冈山"朱德挑粮小道",总司令亲自下山为士兵挑粮。"士为知己者死",这样的官兵平等型军队一改旧军队克扣军饷、喝兵血的军阀行为。

军队中的民主主义以及军队赖以生存的"群众路线",决定了共产党在解放区的政权必然也是民主主义。

3. 民主建政

中国共产党在成立之际确定要"建立劳农专政的政治",中国共产党先后在中央苏区建立中华苏维埃政权,实行工农兵代表大会制度,在陕甘宁边区建立"三三制"政权,实行参议会制度,在各解放区建立民主联合政府,实行人民代表会议制。

这里要特别一提的是"三三制"。[1] 毛泽东在 1939 年 12 月《中国革命和中国共产党》一文中重新划分了社会各个阶级,按照新的阶级划分确定革命的阶级动力,从而提出了共产党革命的前途、目标。通过对于新的阶级划分分析,毛泽东 1940 年 3 月在《抗日根据地的政权问题》中提出了"三三制"下政权建设问题,并阐明了"三三制"的具体意涵,"在人员分配上,应规定为共产党员占三分之一,非党的左派进步分子占三分之一,不左不右的中间派占三分之一"[2],而且"凡满十八岁的赞成抗日和民主的中国人,不分阶级、民族、男女、信仰、党派、文化程度,均有选举权和被选举权"[3]。"三三制"通过边区的选举活动逐渐开展,共产党员

---

[1] 关于"三三制"的描述取自王鸿铭硕士论文《毛泽东的政治发展理论研究》(中国人民大学政治学系,2016 年),该论文是"命题作文"。

[2] 毛泽东:《抗日根据地的政权问题》,载《毛泽东选集》第 2 卷,人民出版社 1991 年版,第 742 页。

[3] 同上书,第 743 页。

代表着无产阶级和贫农，小资产阶级的代表则是非党的左派进步分子，中间派的代表则是中等资产阶级和开明绅士，形式则是民主集中制。"在1941年边区最基层的乡议会选举中，10926位代表中共产党员仅占2801席，刚刚超过25%，大部分县议会中共产党席位甚至不到三分之一"①，共产党以实际行动保证了"三三制"这一套行政权力网络的成功实行，增加边区政权的非党组织参与。同时共产党对于政权中的党员加强了纪律和领导，确保他们不仅能在政府中贯彻好党的政策，也能与非党人员保持良好的合作关系。"三三制"表明了中共有能力与第三势力分享权力和共同工作，从而推动了抗日民族统一战线的发展，也扩大了中国共产党的权力，使得共产党在陕甘宁边区艰苦的环境下扎下了根。

作为统一战线政策下党组织第三势力的组织路线产物，"三三制"的实行并不是要放弃党的领导，毛泽东指出："'三三制'必须保证共产党员在政权中占领导地位。"相反，各阶级被吸纳进政治过程中协商决策更有助于共产党能直接地、公开地与广大人民群众进行联系，在工作中调整党的政策，创新党的工作方法。陕甘宁边区政权在实际的政治运作中，就将"三三制"和"民主集中制"结合在一起，使得边区政权既能够独立自主地组织群众，又能最大化地动员群众在抗战方面贯彻统一战线的路线，实现"唤起民众、共同奋斗"，积极组织动员人民群众进行政治参与的目标。

党指挥枪—民主建军—民主建政的立体实践，使得共产党在抗战期间不仅站稳了脚跟，还大大地扩大了根据地，共产党军队从抗战爆发时期的9.2万人扩张到91万人，乡村中不脱离生产的民兵发展到了220万人以

---

① ［美］马克·赛尔登：《革命中的中国：延安道路》，魏晓明、冯崇义译，社会科学文献出版社2002年版，第165页。

第四章 世界政治体系中的"逆势而上":人民民主的政治发展道路 | **169**

上,① 根据地人口近 1 亿人,占全国人口的 1/4,这已经是一个事实上的政权,从而为夺取全国政权奠定了坚实基础(见表 4-1)。

表 4-1　　　　　战时八路军和新四军的规模　　　　　(单位:人)

年份	八路军	新四军	总人数
1937	80000	12000	92000
1938	156700	25000	181000
1939	270000	50000	320000
1940	400000	100000	500000
1941	305000	135000	440000
1942	340000	110960	450960
1943	339000	125892	464892
1944	320800	153676	474476
1945.4	614000	296000	910000

资料来源:[美] 费正清、费维恺《剑桥中华民国史(1912—1949)》(下卷),刘敬坤等译,中国社会科学出版社 1994 年版,第 619 页。

　　无论是抗战时期还是解放战争时期,作战虽然是第一要务,但并不是单纯的军事主义,党领导着军队,从而保证各路人马的整体性行动,比如出身于中原野战军的邓小平,在淮海战役期间任"前线总指挥委员会"书记,协调华东野战军和中原野战军的统一作战。这与国民党"蜂窝状"结构的军队形成强烈对比。

　　在重建国家秩序的过程中,共产党把在战争年代形成的党—军关系自然地转移为党—政关系,形成了以党为核心的国家权力组织体系,关键词

---

① 有关数据参见毛泽东《论联合政府》,载《毛泽东选集》第 3 卷,人民出版社 1991 年版,第 1038—1039 页。

是党委制、党组制、党管干部制度和归口管理制度,① 把曾经一盘散沙的中国彻底组织了起来。

在亨廷顿看来,"20 世纪中期最突出的政治成就之一,就是 1949 年中国在经过百年的动乱后首次建立了一个真正能治理中国的政府"②。但是,奉行"无产阶级专政下继续革命"的十年"文革"则破坏了治理中国的能力。富有充分实践理性的中国人和中共自然不会在"继续革命"的道路上走得太久远。

三 中国革命的性质:政党中心主义的人民性

首先需要指出的是,政党中心主义讲的是一套组织国家的路线,其导向是人民性,或者说没有或者失去人民性的政党中心主义,也就很难将国家组织起来并治理国家。有意思的是,具有人民性的政党中心主义,其革命性质不但是新民主主义的即无产阶级的民主主义革命,还是一种现代国家建设的革命。

在中国革命的过程中,政党作为合法性政治的缔造者角色得到充分体现,正所谓"没有共产党,就没有新中国"。而革命过程中的人民主体性决定了,政党中心主义是实践人民民主的唯一途径,或者说人民民主只能通过政党组织来实现,从而体现了政党中心主义与人民民主的同一性。而革命的结果不但有解放工农的人民民主性质,还有着其他新兴民族国家的建国性意义。这样,毛泽东领导的中国革命既有苏联这样的人民民主革命属性,也有印度这样的独立建国式的民族主义革命属性,是二者的混合,兼

---

① 参见杨光斌《中国政府与政治导论》,中国人民大学出版社 2003 年版,"第一章:党和国家领导体制"。

② [美] 塞缪尔·亨廷顿:《变化社会中的政治秩序》,王冠华等译,上海人民出版社 2008 年版,第 280 页。

具人民性和民族性。

中国革命的现代国家建设意义在于,自1840年以来,中国一直处于半殖民地半封建社会的状态,北洋政府治下的中国四分五裂,蒋介石南京国民政府的"地盘"事实上主要限于长江中下游流域,以江浙财团为基础,很多军阀事实上有着自己的地盘,"中原大战"也只是形式上的统一,所以乘"围剿"红军之际而将"中央军"渗透到各地,但是依然有"马匪"马步芳盘踞新疆,党内派别林立。正因为国家权力的渗透力弱小,才使得蒋介石政府的两次土地改革政策失败,为红军的"打土豪,分田地"提供了机会。所以,晚年的梁漱溟说国民党的最大成就是成就了共产党。共产党革命在大陆地区建设了一个真正的现代国家,国家权力依靠党组织渗透到社会的每一个角落。

也就是说,共产党完成了以党建国,把国家组织起来,提供了公共秩序和公共权威,共产党本身成为合法性政治的来源。对于很多非西方国家而言,如何把国家组织起来,确实是亨廷顿最关注的现实主义大问题。为此,亨廷顿的建言是,需要制度化的发展中国家的学习对象是莫斯科与北京,而不是华盛顿。第三波民主化浪潮似乎打击了亨廷顿的判断。然而,无论是威权主义的还是共产主义的发展中国家,转型之后又是什么样呢?依然面临"统治能力"或"统治程度"的挑战,因为"国家"并不是韦伯说的那么强大,而是支离破碎的"弱国家",倒是部落、封建制、军阀等各种寡头构成的"社会"很强大。韦伯是观念中的"强国家"在实践中遇到强大挑战,乃至实践性否定。[1]

中国以及无数发展中国家的经验教训是,作为现代性政治的大众民主是重要的,但现代性政治如果脱离了传统性政治比如国家权威和政治制度化,现代性政治就如同一匹脱缰的野马而难以收拾,甚至失去方向而跌入

---

[1] 参见[美]乔尔·S.米格代尔《强社会与弱国家:第三世界的国家与社会关系及国家能力》,张长东等译,江苏人民出版社2012年版。

深渊。很多发展中国家确实陷入泥淖而难以自拔,期盼中的"强国家"也只是画饼充饥。

大众民主不但要处理现代性与传统性之间的关系,还要处理好与另一种现代性政治即本书所说的政党政治的关系。还是在亨廷顿看来,现代政治制度中的其他制度比如官僚制都是传统政治体制在新时代的嫁接或者延续,但唯独政党是现代政体的独具制度。现代政治需要大众民主即大众参与政治,而政党就是大众参与的组织平台,因此政党作为一种组织却是现代政治的产物。政党在英国早就有了,但政党起组织作用及组织政权的作用则开始于 1800 年的美国,以政党来组织选举、动员,而不局限于过去议会中的不同政党的辩论。从此,以地位论政治转变到以观点论政治。100 年后即 1900 年,几乎全世界都有了政党。① 此时,政党的角色也开始发生变化,演变为布尔什维克、中国共产党这样的提供秩序、组织国家的政党。不同于英美国家的政党在既定的政治框架内活动(合法性来自政治制度),而中国共产党这样的建国党本身就是合法性来源,或者说提供了合法性。这就意味着,虽然都叫政党,但"此党"非"彼党"。这是革命本身所赋予的政党的性质。

政党本身是国家政权合法性的基础,而合法性的源头则在于人民性,即政党组织所依赖的人民性,从而达到党性与人民性的统一性。毛泽东所说的"兵民是胜利之本",以及共产党所提倡的"军民鱼水情",其实都是党与人民的"鱼水关系"。

首先,革命主体的人民性。早在 20 世纪 20 年代的大革命时期,毛泽东在《湖南农民运动考察报告》中就指出把农民组织起来的重要性以及如何通过农会把农民组织起来。在抗战即将胜利的七大报告即《论联合政府》中,毛泽东系统地总结了中国革命的胜利是人民的胜利,通篇讲的就是中

---

① [美]塞缪尔·亨廷顿:《变化社会中的政治秩序》,王冠华等译,上海人民出版社 2008 年版,第 68—69、104—105 页。

国革命的人民性，从而对于即将取得全国政权信心满满，而共产党胜利的关键就是"为人民服务"。

> 我们共产党人区别于其他任何政党的又一个显著的标志，就是和最广大的人民群众取得最密切的联系。全心全意地为人民服务，一刻也不脱离群众；一切从人民的利益出发，而不是从个人或小集团的利益出发；向人民负责和向党的领导机关负责的一致性；这些就是我们的出发点。共产党人必须随时准备坚持真理，因为任何真理都是符合于人民利益的；共产党人必须随时准备修正错误，因为任何错误都是不符合于人民利益的。二十四年的经验告诉我们，凡属正确的任务、政策和工作作风，都是和当时当地的群众要求相适合，都是联系群众的；凡属错误的任务、政策和工作作风，都是和当时当地的群众要求不相适合，都是脱离群众的。教条主义、经验主义、命令主义、尾巴主义、宗派主义、官僚主义、骄傲自大的工作态度等项弊病之所以一定不好，一定要不得，如果什么人有了这类弊病一定要改正，就是因为它们脱离群众。我们的代表大会应该号召全党提起警觉，注意每一个工作环节上的每一个同志，不要让他脱离群众。教育每一个同志热爱人民群众，细心地倾听群众的呼声；每到一地，就和那里的群众打成一片，不是高踞于群众之上，而是深入于群众之中；根据群众的觉悟程度，去启发和提高群众的觉悟，在群众出于内心自愿的原则之下，帮助群众逐步地组织起来，逐步地展开为当时当地内外环境所许可的一切必要的斗争。[1]

---

[1] 毛泽东：《论联合政府》，载《毛泽东选集》第 3 卷，人民出版社 1991 年版，第 1094—1095 页。

毛泽东还提出了"人民战争"①的概念，更是富有激情地指出，"人民，只有人民，才是创造世界历史的动力"。而共产党的"军队之所以有力量，是因为所有参加这个军队的人，都具有自觉的纪律；他们不是为着少数人的或狭隘集团的私利，而是为着广大人民群众的利益，为着全民族的利益，

---

① 毛泽东在《论联合政府》中这样描述"人民战争"："这个军队之所以有力量，还由于有人民自卫军和民兵这样广大的群众武装组织，和它一道配合作战。在中国解放区内，一切青年、壮年的男人和女人，都在自愿的民主的和不脱离生产的原则下，组织在抗日人民自卫军之中。自卫军中的精干分子，除加入军队和游击队者外，则组织在民兵的队伍中。没有这些群众武装力量的配合，要战胜敌人是不可能的。

"这个军队之所以有力量，还由于它将自己划分为主力兵团和地方兵团两部分，前者可以随时执行超地方的作战任务，后者的任务则固定在协同民兵、自卫军保卫地方和进攻当地敌人方面。这种划分，取得了人民的真心拥护。如果没有这种正确的划分，例如说，如果只注意主力兵团的作用，忽视地方兵团的作用，那末，在中国解放区的条件下，要战胜敌人也是不可能的。在地方兵团方面，组织了许多经过良好训练，在军事、政治、民运各项工作上说来都是比较地更健全的武装工作队，深入敌后之敌后，打击敌人，发动民众的抗日斗争，借以配合各个解放区正面战线的作战，收到了很大的成效。

"在中国解放区，在民主政府领导之下，号召一切抗日人民组织在工人的、农民的、青年的、妇女的、文化的和其他职业和工作的团体之中，热烈地从事援助军队的各项工作。这些工作不但包括动员人民参加军队，替军队运输粮食，优待抗日军人家属，帮助军队解决物质困难，而且包括动员游击队、民兵和自卫军，展开袭击运动和爆炸运动，侦察敌情，清除奸细，运送伤兵和保护伤兵，直接帮助军队的作战。同时，全解放区人民又热烈地从事政治、经济、文化、卫生各项建设工作。在这方面，最重要的是动员全体人民从事粮食和日用品的生产，并使一切机关、学校，除有特殊情形者外，一律于工作或学习之暇，从事生产自给，以配合人民和军队的生产自给，造成伟大的生产热潮，借以支持长期的抗日战争。在中国解放区，敌人的摧残是异常严重的；水、旱、虫灾，也时常发生。但是，解放区民主政府领导全体人民，有组织地克服了和正在克服着各种困难，灭蝗、治水、救灾的伟大群众运动，收到了史无前例的效果，使抗日战争能够长期地坚持下去。总之，一切为着前线，一切为着打倒日本侵略者和解放中国人民，这就是中国解放区全体军民的总口号、总方针。

"这就是真正的人民战争。只有这种人民战争，才能战胜民族敌人。国民党之所以失败，就是因为它拼命地反对人民战争。"（毛泽东：《论联合政府》，载《毛泽东选集》第3卷，人民出版社1991年版，第1040—1041页）

而结合,而战斗的。紧紧地和中国人民站在一起,全心全意地为中国人民服务,就是这个军队的唯一的宗旨"。

其次,革命过程的人民性(如何组织人民)。毛泽东在20世纪20年代就认识到,只有把农民组织起来,中国革命才能成功。毛泽东在1926年9月1日写的《国民革命与农民运动——〈农民问题丛刊〉序》中就指出:"农民问题乃国民革命的中心问题,农民不起来参加并拥护国民革命,国民革命不会成功。"[1] 他尤其强调,一旦农民运动兴起,农民革命力量被整合起来,无论多大的力量都将压抑不住,需要引导农民组织起来,打倒土豪劣绅斗争,《湖南农民运动考察报告》中强调"一切革命同志须知:国民革命需要一个大的农村变动"[2],即打破传统乡村权力网络下政权、族权、神权的支配地位,将农民通过农会组织起来,形成以列宁主义共产党组织为主要权力依托的新的权力架构。

如何整合农民呢?毛泽东在1938年的《论持久战》中提出"政治动员"一词。毛泽东认为,战争首先要靠政治动员才能取得胜利,政治动员是把战争的政治目的告诉军队和人民,并通过一个政治纲领说明达到此目的的步骤和政策,而如何去动员则需要依靠不同方式的动员手段,并联系战争发展的情况和士兵、老百姓的生活,经常地持续性的进行政治动员[3]。他进而指出,"兵民是胜利之本,政治上动员军民的问题实在太重要了。抗日民族统一战线是全军全民的统一战线……动员全军全民参加统一战线,才是发起抗日民族统一战线的根本目的"[4]。

---

[1] 毛泽东:《国民革命与农民运动——〈农民问题丛刊〉序》,载《毛泽东文集》第1卷,人民出版社1993年版,第37页。

[2] 毛泽东:《湖南农民运动考察报告》,载《毛泽东选集》第1卷,人民出版社1991年版,第16页。

[3] 参见毛泽东《论持久战》,载《毛泽东选集》第2卷,人民出版社1991年版,第481页。

[4] 同上书,第513页。

如何对农民进行"政治动员"？毛泽东认为，动员群众的方式，不应该是官僚主义的。每个同志喜欢的应该是群众化的方式，即每个工人、农民所喜欢、接受的方式。①

中共在根据地特别重视开展以"诉苦"教育为核心内容的政治动员方式，以"摸心病、挖苦根、吐苦水"为主要方式，激发和调动底层阶级的情绪，提高农民群众的阶级意识和认同，认识到剥削阶级对广大人民群众的阶级压迫，并把这种仇恨情绪转化到革命的行动中。1941年中共中央宣传部实行的《关于党的宣传鼓动工作提纲》就明确了中共开展政治动员和宣传的任务、范围及原则，强调了宣传鼓动工作方法的重要性，从"抓住为广大群众所熟悉的事实；抓住为广大群众最切身的、最迫切的、最易感动的事实；讲话要生动，富于情感，富于煽动性；时间要短"这几个方面进行政治动员。② 苏区的宣传工作贴近群众生活实际，通过贴近老百姓生活的方式，比如喊口号、唱红歌、打标语等政治手段激发群众的革命热情，使得"拥护苏维埃及拥护共产党的主张，几乎成了每个群众的口头禅"，这样就把宣传动员工作真正做到了群众身边。

共产党之所以能这样做，说到底是一种民本主义的现代实践形式——群众路线。"我们共产党人区别于其他任何政党的又一个显著的标志，就是和最广大的人民群众取得最密切的联系，全心全意地为人民服务。"③ 1943年6月1日，毛泽东为中共中央所写的《关于领导方法的若干问题》对于群众路线做出了精辟的论述，他认为："在我党的一切实际工作中，凡属正确的领导，必须是从群众中来，到群众中去。这就是说，将群众的意见

---

① 毛泽东：《必须注意经济工作》，载《毛泽东选集》第1卷，人民出版社1991年版，第125页。

② 中央档案馆编：《中央宣传部关于党的宣传鼓动工作提纲》，载《中共中央文件选集》第11册，中共中央党校出版社1986年版，第681—691页。

③ 毛泽东：《论联合政府》，载《毛泽东选集》第3卷，人民出版社1994年版，第1094页。

（分散的无系统的意见）集中起来（经过研究，化为集中的系统的意见），又到群众中去作宣传解释……使群众见之于行动，并在群众行动中考验这些意见是否正确。然后再从群众中集中起来，再到群众中坚持下去。如此无限循环，一次比一次地更正确、更生动、更丰富。这就是马克思主义的认识论。"①

最后，革命结果的人民性。民族主义革命解决的主要是独立建国问题，但并不触动既有的社会结构和财产关系，尤其是土地制度。共产党进行的"土改"（包括去祠堂化和焚烧地契）事实上把人解放了出来，破除了千百年来人的不平等地位，农民第一次以主人公的身份为自己做决定。在《目前的形势和我们的任务》中，毛泽东就农村进行土地改革的目的和方法指出："在消灭封建性和半封建性剥削的土地制度、实行耕者有其田的土地制度的原则下，按人口平均分配土地……为着坚决地彻底地进行土地改革，乡村中不但必须组织包括雇农贫农中农在内的最广泛群众性的农会及其选出的委员会，以为执行土地改革的合法机关，而贫农团则应当成为一切农村斗争的领导骨干。我们的方针是依靠贫农，巩固地联合中农，消灭地主阶级和旧式富农的封建的和半封建的剥削制度。"②

比较政治研究表明，凡是进行土地改革的国家，平等化就强，市场经济因而也发展得较健康，也有助于民主政治的健康发展，因为民主说到底就是平等的生活方式。相反，以印度为代表的新兴国家，虽然独立了，但只是民族主义意义上的，没有改革土地制度，结果民主选举只是强化了既有的不平等的社会结构，从南亚次大陆到东南亚、从非洲的部落制到南美的大地产制，莫不如此。以阿根廷为例，1946—1955年执政的庇隆总统，

---

① 毛泽东：《关于领导方法的若干问题》，载《毛泽东选集》第3卷，人民出版社1991年版，第899页。

② 毛泽东：《目前的形势和我们的任务》，载《毛泽东选集》第4卷，人民出版社1991年版，第1250页。

在土地制度没有得到根本性触动的情况下,大力推行民粹主义式民主,制造了阶级对立,对于阿根廷从"发达"到进入中等收入陷阱负有责任。

在农村,人民性不但表现在土地改革中,还体现为妇女解放的男女平等、扫除文盲和普及教育、建立公共卫生医疗体系(比如"赤脚医生")、兴修水利设施以使农民能够抵抗自然灾害(洪涝和干旱)等,这些都使得中国的人均寿命大大超过其他发展中国家,农业生产更是其他发展中国家所不能比拟的。这一切,就是最大的人民性。也正因为如此,男女平等和普及教育所培养的健康劳动力,才在改革开放之后提供了源源不断的"人口红利"。这就是改革前后 30 年事实上的连贯性,这都是最基本的常识,以至于容易被遗忘或忽视,倒是诺贝尔奖得主阿玛蒂亚·森在看到自己的祖国印度时,不由得感叹改革开放前的中国所奠基的伟业,他还注意到前 30 年所建立的工业体系对于改革开放之后飞速发展的作用,以及国家权力渗透到社会所带来的共享式发展。[①]

总之。中共所组织起来的革命主体力量、革命过程中组织农民的思想和办法以及革命成果的人民性,都意味着作为人民民主的新民主主义革命其实是一种新型的民本思想的实践。民本主义的源—流—变,直到孙中山那里,都只是思想观念而没有实现这种思想观念的实践形式,毛泽东的群众路线第一次让民本思想有了落地的制度性机制。中国革命建国所走出的政党中心主义路径,不但有政党本身的合法性来源性质(国家建设),还包括政党救国所奉行的民本思想以及由此而产生的实践性制度——群众路线。所有这些,都意味着中国共产党是一种新型政党,与以选举竞争政权为目的西方政党完全不同。

来自列宁主义政党的中共革命更值得在理论上加以总结。列宁面对的阶级是工人阶级,并且是在国家失败的形势下取得政权,而毛泽东面对的

---

① 参见〔印〕阿玛蒂亚·森、让·德雷兹《印度:经济发展与社会机会》,黄飞君译,社会科学文献出版社 2006 年版。

是农民（阶级），是在统治阶级还能统治的形势下从"红色割据"中成长起来的，这就意味着中国革命比俄国革命更艰难。中国农民也基本上属于马克思说法国农民的"一麻袋土豆"，是最难组织起来的。农民阶级比工人阶级更难组织，中国农民属于分散的、原子化的而且以家庭伦理为本位的，让他们起来参加革命、支持革命，没有一整套理论和做法，是不可能的。因此，一样的组织者（政党）、一样的方法（阶级分析），但中国革命和俄国革命还是有很多的不同，主要是组织起来的对象不同（工人或农民），亨廷顿用来形容列宁的话同样适用于毛泽东：注重实际的政治学家的大手笔（其实应该翻译为"注重实际的政治学大师"——笔者注）。

正是因为政治基础的差异性，决定了两党合法性强弱程度的不同。在某种意义上，列宁与其说是组织了工人阶级，不如说是组织起了一个强大的政党，而这个政党的政权来自在第一次世界大战中失败的国家，有点"天上掉馅饼"的味道。这样，党在社会、军队中的基础就不像中共那么扎实。中共走的是"工农武装割据"的道路，从井冈山到延安再到西柏坡，是一个"六万五千里长征"的艰苦卓绝的历程，这样一个长达 22 年的过程，中共把农村彻底组织起来了。因此，中共政权是自下而上"长出来"的，而不是国家不行之后掉下来的。历史很重要。这样的历史决定了中共更能经得起风雨考验，这在历史脉络上解释了在 20 世纪那场剧变中为什么苏联东欧纷纷倒下而中共不但屹立不倒，还能逆势而上。

◇第二节 "人民民主"的宪法表述问题

人民民主的宪法表述需要追溯到中共的延安时期，因为那个时期的中国在政治上、理论上已经完全成熟了，延安时期形成的建国方略直接走进新中国的第一部宪法。新中国第一部宪法历经 1975 年、1978 年和 1982 年多次修改，其中关于政治道路或者国体的"人民民主"表述也随着时代的变化而变化。我们认为，最好的表述还是回到1954年宪法的"人民民主"表述。

一　延安时期的"政治成熟"

"政治成熟"是德国政治社会学家韦伯的概念。中共的"政治成熟"主要表现为其理论和政治道路均能回答并解决革命中的问题乃至建国方向问题，具体体现在如何理解中国的认识论、建设什么样性质的国家（国体或政治道路）以及如何组织政权（政体）。1940年在《新民主主义论》中就开始设计"建国的正确方向"问题，实践证明，这一时期的政治设计已经足够的"政治成熟"。原因在于，到达延安之后，战事并不是太多，毛泽东等人有了足够的时间专心"治学"，① 在哲学（《矛盾论》《实践论》）、战略学（《论持久战》《论新阶段》）、历史学（《如何研究中共党史》）和政治学（国家学，《新民主主义论》《论联合政府》）上，都取得了后人无法企及的

---

① 毛泽东在六届六中全会政治报告《论新阶段》中的讲话可见当时中共对理论研究的重视："一般地说，一切有相当研究能力的共产党员，都要研究马克思，恩格斯、列宁、斯大林的理论，都要研究我们民族的历史，都要研究当前运动的情况与趋势；并经过他们，去教育那些文化水准较低的党员。特殊地说，干部应该着重地研究这些东西，中央委员会与高级干部尤其应该加紧研究。指导一个伟大的革命运动使之向着胜利，没有革命理论，没有历史知识，没有实际运动的了解，就不能有胜利。""而我们的任务，是在领导一个四万万五千万人口的大民族，进行着空前的历史斗争。所以普遍地深入地研究理论的任务，对于我们，是一个亟待解决并须着重致力才能解决的大问题。我们努力罢，从我们这次扩大的六中全会之后，来一个全党的学习竞赛，看谁真正学到了一点东西，看谁学的更多一点，更好一点。我们的工作做得还不错，但如果不加深一步地学习理论，就无法使我们的工作做得更好一些，而只有使我们的工作做得更好一些，才有我们的胜利。因此，学习理论是胜利的条件。在主要领导责任的观点上说，如果中国有一百个至二百个系统地而不是零碎地，实际地而不是空洞地，学会了马克思主义的同志，那将是等于打倒一个日本帝国主义。"

成就，成为各思想领域或学科的"传统"。这些思想成果标志着中共已经在政治上和理论上成熟起来，其国家学直接成为新中国的宪法文本。1938年9—11月召开的中共六届六中全会，是中共政治成熟、思想成熟、理论成熟的标志，根据中共17年的革命斗争实践，毛泽东在《论新阶段》的政治报告中，第一次使用"实事求是"的概念，提出理论联系实际的学习方法，据此要实事求是地对待作为放之四海而皆准的马克思主义，第一次提出"马克思主义中国化"的任务，提出教条主义、公式主义和机械主义是马克思主义的凶恶敌人，提倡"中国作风和中国气派"；张浩在职工运动报告中提出"工作方法的民族化、中国化、通俗化"；张闻天在组织问题的报告中提出"使组织工作中国化"；会议强调"应该坚持保证共产党本身在政治上组织上的独立性"，并保持开放性，向工、农、商、学的积极分子开门，使共产党成为一个"伟大的群众性的党"。六届六中全会还形成堪称"党体"的民主集中制原则的具体化："（一）个人服从组织；（二）少数服从多数；（三）下级服从上级；（四）全党服从中央。这些就是党的民主集中制的具体实施，谁破坏了它们，谁就破坏了党的民主集中制，谁就给了党的统一团结与党的革命斗争以极大损害。"[1] 这些都意味着中共已经是一个自主性的强大政党组织，为此当时领导中共的共产国际盛赞毛泽东是"中国共产党的领导者和组织者之一"，"军事战略家"，"中国共产党卓越领导人之一"，"属于人民的，不屈不挠的领袖和民族英雄"[2]。

"中国作风和中国气派"的认识论。"中国"到底是什么？如何研究中国？这是衡量"政治成熟"的基本标准。试想，连中国的性质都把握不准，还如何搞革命？谈何建国？

---

[1] 毛泽东：《论新阶段》，《抗日民族战争与抗日民族统一战线发展的新阶段——一九三八年十月十二日至十四日在中共扩大的六中全会的报告》，中文马克思主义文库：https://www.marxists.org/chinese/maozedong/marxist.org-chinese-mao-19381012aa.htm。

[2] 参见黄允升《毛泽东与中共六届六中全会》，《党的文献》2004年第1期。

"中国认识论"是如何认识中国、如何研究中国的哲学问题，不同的理论给出不同的回答，基于不同利益的人有着不同的判断。蒋介石从莫斯科考察回国后，开始抛弃"联俄、联共、扶助农工"的新三民主义转而依附于财阀实力，他认为资产阶级就是可以依赖的力量，资本主义是中国的未来而不能搞阶级斗争。他这样说：

> 中国近代产业，并没有发达，阶级的区别，并不明显，如果勉强要说中国有阶级也不过粗具阶级的雏形，阶级的对立，既不明显，阶级的利害，自然没有什么冲突，阶级的利害，既没有多大的冲突，就没有为某一阶级的利益，打倒别阶级的必要。而且更没有为单一阶级的利益，打倒许多阶级的可能。所以我们应该以社会全体的利益为前提而消灭阶级的区别，不应该以阶级的利益为前提，促成社会的分化。这是从中国的社会状况，说明共党的阶级革命不适于中国。无论就打倒帝国主义说，或解放农工说，中国都不能采取阶级斗争。①

而对于毛泽东来说，从《湖南农民运动考察报告》到延安时期，坚定地认为中国革命的基本问题是农民问题，在1940年的《新民主主义论》中，毛泽东借用"权威人士"斯大林的话来论证自己关于中国革命性质的看法：

> 革命的三民主义，新三民主义，或真三民主义，必须是农工政策的三民主义。不要农工政策，不真心实意地扶助农工，不实行《总理遗嘱》上的"唤起民众"，那就是准备革命失败，也就是准备自己失败。斯大林说："所谓民族问题，实质上就是农民问题。"这就是说，

---

① 蒋介石：《本党国民革命和俄国革命的区别》，《先总统蒋公文集》第1册，中国文化大学出版部1984年版，第587页。

第四章 世界政治体系中的"逆势而上":人民民主的政治发展道路

中国的革命实质上是农民革命,现在的抗日,实质上是农民的抗日。新民主主义的政治,实质上就是授权给农民。新三民主义,真三民主义,实质上就是农民革命主义。大众文化,实质上就是提高农民文化。抗日战争,实质上就是农民战争。现在是"上山主义"的时候,大家开会、办事、上课、出报、著书、演剧,都在山头上,实质上都是为的农民。抗日的一切,生活的一切,实质上都是农民所给。说"实质上",就是说基本上,并非忽视其他部分,这是斯大林自己解释过了的。中国有百分之八十的人口是农民,这是小学生的常识。因此农民问题,就成了中国革命的基本问题,农民的力量,是中国革命的主要力量。农民之外,中国人口中第二个部分就是工人。[1]

在五年之后的《论联合政府》中,毛泽东指出国民党和共产党"两党的争论,就其社会性质说来,实质上是在农村关系的问题上",而毛泽东对农民的认识是:

> 农民——这是中国工人的前身。将来还要有几千万农民进入城市,进入工厂。如果中国需要建设强大的民族工业,建设很多的近代的大城市,就要有一个变农村人口为城市人口的长过程。
>
> 农民——这是中国工业市场的主体。只有他们能够供给最丰富的粮食和原料,并吸收最大量的工业品。
>
> 农民——这是中国军队的来源。士兵就是穿起军服的农民,他们是日本侵略者的死敌。
>
> 农民——这是现阶段中国民主政治的主要力量。中国的民主主义者如不依靠三亿六千万农民群众的援助,他们就将一事无成。

---

[1] 毛泽东:《新民主主义论》,载《毛泽东选集》第 2 卷,人民出版社 1991 年版,第 691—692 页。

农民——这是现阶段中国文化运动的主要对象。所谓扫除文盲，所谓普及教育，所谓大众文艺，所谓国民卫生，离开了三亿六千万农民，岂非大半成了空话？①

在《新民主主义论》谈到"中国向何处去"的时候，毛泽东这样说："真理只有一个，而究竟谁发现了真理，不依靠主观的夸张，而依靠客观的实践。只有千百万人民的革命实践，才是检验真理的尺度。"他坚信中国的真假问题要靠人民的革命实践去回答，在《论联合政府》中则明确指出农民工作是评价政党成败的根本标准："中国一切政党的政策及其实践在中国人民中所表现的作用的好坏、大小，归根到底，看它对于中国人民的生产力的发展是否有帮助及其帮助之大小，看它是束缚生产力的，还是解放生产力的。"这里的"中国人民"的主体就是农民。因此，毛泽东要求："中国广大的革命知识分子应该觉悟到将自己和农民结合起来的必要。农民正需要他们，等待他们的援助。他们应该热情地跑到农村中去，脱下学生装，穿起粗布衣，不惜从任何小事情做起，在那里了解农民的要求，帮助农民觉悟起来，组织起来，为着完成中国民主革命中一项极其重要的工作，即农村民主革命而奋斗。"

对于中国社会性质的不同认识，决定了南京国民政府的两次土地改革必然失败，而热衷于制造"黄金十年"即发展民族工商业，并扶持一个文化上的贵族阶层；共产党的政策必然是"打土豪，分田地"，并以前所未有的"政治动员"方法将中国农民组织起来，形成"军民鱼水情"。一支军队可以被打败，但不可能打败"组织化人民"。陈毅这样充满感情地说：淮海战役的胜利是农民用小车推出来的。

就是对于这样一个"农民中国"，应该如何研究呢？如前，1938年的

---

① 毛泽东：《论联合政府》，载《毛泽东选集》第3卷，人民出版社1991年版，第1077—1078页。

第四章　世界政治体系中的"逆势而上"：人民民主的政治发展道路 | **185**

《论新阶段》就第一次提出"马克思主义中国化"和"中国作风和中国气派"。那么，如何形成"中国气派"的学问呢？毛泽东在1942年的《如何研究中共党史》中关于如何研究"中共党史"的论述同样适用于如何研究中国。毛泽东提出了一个通俗的说法——"古今中外法"："就是弄清楚所研究的问题发生的一定的时间和一定的空间，把问题当作一定历史条件下的历史过程去研究。所谓'古今'就是历史的发展，所谓'中外'就是中国和外国，就是己方和彼方。"这其实就是今天常说的比较历史分析，属于一种方法论。方法论背后是认识论，是立场问题，带有本体论性质的根本问题。毛泽东的认识论是典型的"马克思主义中国化"的"中国中心论"：

> 研究中共党史，应该以中国做中心，把屁股坐在中国身上。世界的资本主义、社会主义，我们也必须研究，但是要和研究中共党史的关系弄清楚，就是要看你的屁股坐在哪一边，如果是完全坐在外国那边去就不是研究中共党史了。我们研究中国就要拿中国做中心，要坐在中国的身上研究世界的东西。我们有些同志有一个毛病，就是一切以外国为中心，作留声机，机械地生吞活剥地把外国的东西搬到中国来，不研究中国的特点。不研究中国的特点，而去搬外国的东西，就不能解决中国的问题。①

只有成功的实践即政治自信，才能有如此的理论自信。要知道，到1942年，中国已经在充满荆棘的道路上摸索了整整一百年了，处于这种政治环境的一般学者没有自信是很自然的，比如郭沫若在《中国古代社会研究》中完全按照西欧的社会形态划分中国社会性质，是因为国共第一次合

---

① 毛泽东：《论新阶段》，《抗日民族战争与抗日民族统一战线发展的新阶段——一九三八年十月十二日至十四日在中共扩大的六中全会的报告》，中文马克思主义文库：https://www.marxists.org/chinese/maozedong/marxist.org-chinese-mao-19381012aa.htm。

作失败后中国知识分子根本看不到希望何在，不得不以西方社会性质来解释中国社会，以期给中国社会一个欧洲式的希望。在理论脉络上，这显然是一种教条主义，以至于自己后来对外国友人说这本书是垃圾，不用当回事。另一种教条主义就是胡适式的"世界主义"，企求以美国的理论解决中国的问题，为此请来其美国老师、著名的实用主义哲学大师杜威到中国演讲，"传经送宝"。左的右的知识分子都失去了信心，结果是"病急乱投医"。知识分子的这个负资产一直没有甩掉，改革开放之后西方社会科学更是全面登陆，而且是以自由主义为主导的西方社会科学。据此，中国伟大的政治实践都不符合"历史终结论"——多党竞争式民主。后面将讨论，实行了多党制民主的发展中国家又是什么样的。也正是在这个思想背景下，毛泽东 70 多年前所确立的"中国中心论"显得格外有意义。

在确立"中国中心论"的同时，毛泽东特别强调文化自信，强调兼容并蓄为自己服务，"中国应该大量吸收外国的进步文化，作为自己文化食粮的原料，这种工作过去还做得很不够。这不但是当前的社会主义文化和新民主主义文化，还有外国的古代文化，例如各资本主义国家启蒙时代的文化，凡属我们今天用得着的东西，都应该吸收"①。在这个过程中应该反对来自两个方面的教条主义，"所谓'全盘西化'的主张，乃是一种错误的观点。形式主义地吸收外国的东西，在中国过去是吃过大亏的。中国共产主义者对于马克思主义在中国的应用也是这样，必须将马克思主义的普遍真理和中国革命的具体实践完全地恰当地统一起来，就是说，和民族的特点相结合，经过一定的民族形式，才有用处，决不能主观地公式地应用它。公式的马克思主义者，只是对于马克思主义和中国革命开玩笑，在中国革命队伍中是没有

---

① 毛泽东：《新民主主义论》，载《毛泽东选集》第 2 卷，人民出版社 1991 年版，第 706—707 页。

他们的位置的。中国文化应有自己的形式,这就是民族形式"①。

"民族形式"就有一个如何对待自己的历史的问题。毛泽东指出:"中国的长期封建社会中,创造了灿烂的古代文化。清理古代文化的发展过程,剔除其封建性的糟粕,吸收其民主性的精华,是发展民族新文化提高民族自信心的必要条件;但是决不能无批判地兼收并蓄。必须将古代封建统治阶级的一切腐朽的东西和古代优秀的人民文化即多少带有民主性和革命性的东西区别开来。中国现时的新政治新经济是从古代的旧政治旧经济发展而来的,中国现时的新文化也是从古代的旧文化发展而来,因此,我们必须尊重自己的历史,决不能割断历史。"② 毛泽东在中共六届六中全会上的政治报告中这样说:"我们这个大民族数千年的历史,有它的发展法则,有它的民族特点,有它的许多珍贵品。今天的中国是历史的中国的一个发展,我们马克思主义者,不应当割断历史。从孔夫子到孙中山,我们应当总结,继承一份珍贵遗产。"③

这种以中国为中心的无论体现在文化上还是如何研究中国的"中国认识论",最终都是毛泽东的"实践知识"的写照,他走了一套完全不同于列宁的农村包围城市的道路,他倚重的革命主体是农民阶级而非工人阶级。

(1)国体思想。毛泽东对中国社会性质的认识,决定了其革命的性质是新民主主义,即以工农联盟为主体的民主主义革命,而不再是孙中山的以资产阶级为主体的旧民主主义革命。对革命性质的判断决定了革命的目标是哪一个阶级占统治地位的问题,即毛泽东所说的"国体"。

把"国体"从西学的"政体"中分离出来,是中国人的发明。古代中

---

① 毛泽东:《新民主主义论》,载《毛泽东选集》第 2 卷,人民出版社 1991 年版,第 707 页。

② 同上书,第 707—708 页。

③ 毛泽东:《论新阶段》,《抗日民族战争与抗日民族统一战线发展的新阶段——一九三八年十月十二日至十四日在中共扩大的六中全会的报告》,中文马克思主义文库:https://www.marxists.org/chinese/maozedong/marxist.org-chinese-mao-19381012aa.htm。

国之"国体"相当于"国家体制""国家尊严""国家体例"之类的，引进西学后梁启超等人将"国体"定义为"主权之所属也"，才有君主国体、共和国体之说。① 西方政治思想中一直有政体理论，比如亚里士多德的一人统治的君主制、少数人统治的贵族制和多数人统治的共和制（民主制），以及这些统治形式下如何组织政权（如何统治）。"谁统治"和"如何统治"被统一称为政体，或者说混淆了政治的性质。在西方后来的政体思想演变中，"如何统治"的三权分立、总统制、议会制等，在政体那里不再居重要位置，而是只讲"谁统治"，把"谁统治"说成是政体。② 按照毛泽东的分析方法，这是掩盖了谁统治的政治性质。掩盖了"谁统治"而只谈政体，就容易以形式主义代替本质主义，认为有了一些形式上的权利比如竞争性选举权，就把自己当成主人或者支配阶级，这完全是自我陶醉。

沿着中国政治学的国体、政体之分，在《新民主主义论》中，毛泽东直接指出"国体"的真相："这个国体问题，从前清末年起，闹了几十年还没有闹清楚。其实，它只是指的一个问题，就是社会各阶级在国家中的地位。资产阶级总是隐瞒这种阶级地位，而用'国民'的名词达到其一阶级专政的实际。这种隐瞒，对于革命的人民，毫无利益，应该为之清楚地指明。"③

不得不说这是毛泽东对国体理论的贡献，此前的划分依然停留在亚里士多德的按统治者人数多寡而划分，统治人数之说掩盖了政治实质即阶级统治，毛泽东则根据阶级分析方法提出了国体就是哪个阶级居统治地位这样的根本问题。对此，中国政治学不应该忽视掉。

国体的性质来自阶级力量的对比，那么中国的阶级状况是什么样呢？

---

① 王宏斌：《"政体""国体"词义之嬗变与近代社会思潮之变迁》，《安徽史学》2014年第5期。

② 参见曾毅《政体新论：破解民主—非民主二元政体观的迷思》，中国社会科学出版社2015年版。

③ 毛泽东：《新民主主义论》，载《毛泽东选集》第2卷，人民出版社1991年版，第676页。

第四章　世界政治体系中的"逆势而上"：人民民主的政治发展道路

毛泽东指出，日本帝国主义"一定要打中国，一定要把中国变为殖民地，它就断绝了中国建立资产阶级专政和发展民族资本主义的路"。这时的毛泽东已经看到中国革命胜利的曙光，因而坚信新型国家不可能是资产阶级统治的共和国，而是无产阶级的新民主主义共和国，因为"中国无产阶级、农民、知识分子和其他小资产阶级，乃是决定国家命运的基本势力。这些阶级，或者已经觉悟，或者正在觉悟起来，他们必然要成为中华民主共和国的国家构成和政权构成的基本部分，而无产阶级则是领导的力量。现在所要建立的中华民主共和国，只能是在无产阶级领导下的一切反帝反封建的人们联合专政的民主共和国，这就是新民主主义的共和国，也就是真正革命的三大政策的新三民主义共和国"[1]。

这是1940年时关于"建国"的初步设计。到了1945年，毛泽东关于"国体"的表述更加宪法化，具有了宪法意义：

> 我们主张在彻底地打败日本侵略者之后，建立一个以全国绝对大多数人民为基础而在工人阶级领导之下的统一战线的民主联盟的国家制度，我们把这样的国家制度称之为新民主主义的国家制度。
>
> 这是一个真正适合中国人口中最大多数的要求的国家制度，因为，第一，它取得了和可能取得数百万产业工人，数千万手工业工人和雇佣农民的同意；其次，也取得了和可能取得占中国人口百分之八十，即在四亿五千万人口中占了三亿六千万的农民阶级的同意；又其次，也取得了和可能取得广大的城市小资产阶级、民族资产阶级、开明士绅及其他爱国分子的同意。[2]

---

[1] 毛泽东：《新民主主义论》，载《毛泽东选集》第2卷，人民出版社1991年版，第674—675页。

[2] 毛泽东：《论联合政府》，载《毛泽东选集》第3卷，人民出版社1991年版，第1056页。

经过将近10年的探索，到1949年新中国成立前夕，终于把国体表述为写在新中国宪法上的"人民民主专政"。

（2）政体思想。政体是政权的组织形式，与国体相比，政体更具形式意义，不同的国体可以采用同样的政体，比如现代政治一般都实行代议制或代表制来实现国体的意志。但是，同样是代议制，有着完全不同的代议形式，比如西方国家资产阶级政党的多党制民主、无产阶级政党的民主集中制。因此，从根本上说，政体需要与国体相适应，人民民主专政下的政体必然是民主集中制，而自由主义民主下的政体则是多党制民主。这是我们今天关于国体和政体的认识水平。对于延安时期的毛泽东而言：

> 至于所谓"政体"问题，那是指的政权构成的形式问题，指的一定的社会阶级取何种形式去组织那反对敌人保护自己的政权机关。没有适当形式的政权机关，就不能代表国家。中国现在可以采取全国人民代表大会、省人民代表大会、县人民代表大会、区人民代表大会直到乡人民代表大会的系统，并由各级代表大会选举政府。但必须实行无男女、信仰、财产、教育等差别的真正普遍平等的选举制，才能适合于各革命阶级在国家中的地位，适合于表现民意和指挥革命斗争，适合于新民主主义的精神。这种制度即是民主集中制。只有民主集中制的政府，才能充分地发挥一切革命人民的意志，也才能最有力量地去反对革命的敌人。"非少数人所得而私"的精神，必须表现在政府和军队的组成中，如果没有真正的民主制度，就不能达到这个目的，就叫做政体和国体不相适应。①

---

① 毛泽东：《新民主主义论》，载《毛泽东选集》第2卷，人民出版社1991年版，第677页。

第四章 世界政治体系中的"逆势而上":人民民主的政治发展道路

显然,民主集中制就是新民主主义政权的政体,而人民代表大会制度只不过是实现民主集中制的一种制度安排,人民代表大会制度之外还有苏维埃政府,因此不能把人民代表大会制度这一种制度形式当作政体,或者说把人民代表大会制度当作政权组织形式是不全面的。毛泽东更直接的论述是"国体——各革命阶级联合专政"[1],"政体——民主集中制"[2]。在五年之后的《论联合政府》中,毛泽东再次论述了政权组织的民主集中制:

> 新民主主义的政权组织,应该采取民主集中制,由各级人民代表大会决定大政方针,选举政府。……它是民主的,又是集中的,就是说,在民主基础上的集中,在集中指导下的民主。只有这个制度,才既能表现广泛的民主,使各级人民代表大会有高度的权力;又能集中处理国事,使各级政府能集中地处理被各级人民代表大会所委托的一切事务,并保障人民的一切必要的民主活动。[3]

延安时期以及新中国的四部宪法中的三部,都把民主集中制当作政体,这是符合权力关系本质的。政体说到底就是权力关系的总和,不能把一种权力机关视为政体,正如不能说美国政体是总统制、英国政体是议会制一样,英美政体是代议制民主,代议制民主包括了多党制、选举制、议会制和行政体制。与此相对应,民主集中制包括了党、人大、政府之间的组成原则,因而是中国政体的最好表述,其实中共一开始的表述就是正确的,新中国之后学术界把政体搞混乱了,居然认为人民代表大会制度是政体。

---

[1] 毛泽东:《新民主主义论》,载《毛泽东选集》第2卷,人民出版社1991年版,第677页。
[2] 同上。
[3] 毛泽东:《论联合政府》,载《毛泽东选集》第3卷,人民出版社1991年版,第1057页。

二 变迁中的宪法及人民民主表述的变化

在中国共产党奋斗了 28 年、新中国即将成立之际,毛泽东的《论人民民主专政》,奠定了新中国宪法的基本框架乃至文本。毛泽东在《论人民民主专政》中这样描述新中国的性质(国体)。

中国人民在几十年中积累起来的一切经验,都叫我们实行人民民主专政,或曰人民民主独裁,总之是一样,就是剥夺反动派的发言权,只让人民有发言权。

人民是什么?在中国,在现阶段,是工人阶级,农民阶级,城市小资产阶级和民族资产阶级。这些阶级在工人阶级和共产党的领导之下,团结起来,组成自己的国家,选举自己的政府,向着帝国主义的走狗即地主阶级和官僚资产阶级以及代表这些阶级的国民党反动派及其帮凶们实行专政,实行独裁,压迫这些人,只许他们规规矩矩,不许他们乱说乱动。如要乱说乱动,立即取缔,予以制裁。对于人们内部,则实行民主制度,人民有言论集会结社等项的自由权。选举权,只给人民,不给反动派。这两方面,对人民内部的民主方面和对反动派的专政方面,互相结合起来,就是人民民主专政。①

新中国宪法关于国体的表述,基本上是按照《论人民民主专政》的说法。1954 年宪法序言这样规定:"中国人民经过一百多年的英勇奋斗……建立了人民民主专政的中华人民共和国。中华人民共和国的人民民主制度,也就是新民主主义制度,保证我国能够通过和平的道路消灭剥削和贫困,

---

① 毛泽东:《论人民民主专政》,载《毛泽东选集》第 4 卷,人民出版社 1991 年版,第 1475 页。

第四章 世界政治体系中的"逆势而上":人民民主的政治发展道路 | **193**

建成繁荣幸福的社会主义社会。"

而在宪法第一条关于国体的规定则是:"中华人民共和国是工人阶级领导的、以工农联盟为基础的人民民主国家。"与此相适应,政体则是第二条:"中华人民共和国的一切权力属于人民。人民行使权力的机关是全国人民代表大会和地方各级人民代表大会。"

虽然"人民民主专政"和"人民民主制度"同时出现,但没有单独规定"人民民主专政",显示中共已经更加成熟。其实,国家本身就是暴力机器的化身,具有暴力潜能即随时准备使用暴力机关,即使不规定"专政"条款也不妨碍其专政职能的行使。这是一种解释而已。更重要的原因或许在于宪法序言已经明确的"我国人民在过去几年内已经胜利地进行了改革土地制度、抗美援朝、镇压反革命分子、恢复国民经济等大规模的斗争,这就为有计划地进行经济建设、逐步过渡到社会主义社会准备了必要的条件",即新政权已经站稳脚跟,无须再突出"专政"职能。另外值得注意的是,1954年宪法中的"中国共产党的领导"出现在序言部分,"政体"只是规定人民代表大会制度。

1957年之后的中国政治出现曲折,那就是"反右""大跃进""文化大革命",越来越强调阶级斗争和继续革命。结果,作为肯定"文化大革命"成果的1975年宪法,其指导思想是"无产阶级专政下的继续革命",1954年宪法第一条中的人民民主国体也变成了1975年宪法的"无产阶级专政","无产阶级专政"成了1975年宪法出现频次最高的词汇。序言部分这样规定:

> 二十多年来,我国各族人民在中国共产党领导下,乘胜前进,取得了社会主义革命和社会主义建设的伟大胜利,取得了无产阶级文化大革命的伟大胜利,巩固和加强了无产阶级专政。
>
> 社会主义社会是一个相当长的历史阶段。在这个历史阶段中,始终

存在着阶级、阶级矛盾和阶级斗争，存在着社会主义同资本主义两条道路的斗争，存在着资本主义复辟的危险性，存在着帝国主义、社会帝国主义进行颠覆和侵略的威胁。这些矛盾，只能靠无产阶级专政下继续革命的理论和实践来解决。

我们必须坚持中国共产党在整个社会主义历史阶段的基本路线和政策，坚持无产阶级专政下的继续革命，使我们伟大的祖国永远沿着马克思主义、列宁主义、毛泽东思想指引的道路前进。①

总纲第一条规定："中华人民共和国是工人阶级领导的以工农联盟为基础的无产阶级专政的社会主义国家。"

就这样，1957 年之后的政治曲折，把中国搞得越来越对立、越来越强化对立和冲突，强调阶级斗争。此外，1975 年宪法把党的领导写进总纲："第二条 中国共产党是全中国人民的领导核心。工人阶级经过自己的先锋队中国共产党实现对国家的领导。"但政体的规定则回到延安时期的"民主集中制"："第三条 中华人民共和国的一切权力属于人民。人民行使权力的机关，是以工农兵代表为主体的各级人民代表大会。各级人民代表大会和其他国家机关，一律实行民主集中制。"

人们一直认为，1975 年宪法是对 1954 年宪法的倒退。作为过渡时期的 1978 年宪法，依然具有 1975 宪法的浓厚痕迹，指导思想依然是继续革命理论，强调的是无产阶级专政国体，关于党的地位的规定和政体的规定沿袭了 1975 年宪法。

"拨乱反正"后的 1982 年宪法，在国体、政体上似乎都回到了 1949 年的《论人民民主专政》，但依然有 1978 年宪法的印记即"无产阶级专政"。宪法序言规定"工人阶级领导的、以工农联盟为基础的人民民主专政，实

---

① 参见法律图书馆《中华人民共和国宪法（1975 年）》，http：//www.law-lib.com/law/law-viwe.asp? id = 343216&t = 1524037800。

质上即无产阶级专政,得到巩固和发展"。"第一条 中华人民共和国是工人阶级领导的、以工农联盟为基础的人民民主专政的社会主义国家。社会主义制度是中华人民共和国的根本制度。禁止任何组织或者个人破坏社会主义制度。"

至今,对1982年宪法做过四次修改,并未涉及国体、政体的表述,尤其是没有触动"专政"字眼。但是,学术界、思想界的争论则暗流涌动。

抛开各种争论不说,我个人认为,世界政治体系的性质还依然是白人主导的资本主义世界体系,社会主义中国依然在这个体系中求生存求发展,能否坚持以人民民主为核心的社会主义道路,确实是决定中国前途的大事。

但是,世界政治体系的性质,即国际两大道路之争,并不必然移植到国内政治中,改革开放30多年来,中国社会结构发生了革命性变革,出现了新生社会阶层,但是它们依然是属于人民一部分的阶层,其中的关键是党性与人民性的统一性,即有共产党在,这些新生阶层就是人民的一部分,而不能将国内阶级关系或阶层关系对立化。有了党性所保障的人民性,即不是对立的国内阶级关系,那么,作为暴力潜能的"专政"主要是用来保护国家主权,以法治捍卫人民民主,法治已经是阶级专政的升级版。

一句话,宪法规定的"人民民主专政"不变,但与时俱进的中国共产党必然在理论上也最能体现时代性,何况第一部宪法就将国体定性为"人民民主制度"。

三 语境的变化与表述方式的更化:阶级—人民—团体的话语分析

"建设政治"必然有着不同于"革命政治"语境下的表述方式乃至思维方式,"革命政治"语境中的阶级更多地被人民、团体等词汇所替代。

1. 阶级性：革命的政治逻辑

革命政治必然是大讲特讲阶级和阶级斗争的，这是马克思主义关于革命的基本原理。在中国，将这一原理运用得最好的，无疑体现在毛泽东的《中国社会各阶级分析》和《湖南农民运动考察报告》等一系列论述。经典话语包括：政治不是个人之间的事，而是阶级之间的斗争；谁是我们的朋友，谁是我们的敌人，这个问题是革命的首要问题。有了这样的理论，便有了相应的实践，那就是通过群众路线、统一战线，将底层群众彻底组织起来，形成一个推翻国民党政权的政治联盟。

基于延安时期的《论联合政府》《新民主主义论》等几篇体现建国思想的文章，在新中国成立前夕的《论人民民主专政》中，毛泽东很明确地指出："中国人民在几十年中积累起来的一切经验，都叫我们实行人民民主专政，或曰人民民主独裁，总之是一样，就是剥夺反动派的发言权，只让人民有发言权。人民是什么？在中国，在现阶段，是工人阶级，农民阶级，城市小资产阶级和民族资产阶级。这些阶级在工人阶级和共产党的领导之下，团结起来，组成自己的国家，选举自己的政府，向着帝国主义的走狗即地主阶级和官僚资产阶级以及代表这些阶级的国民党反动派及其帮凶们实行专政，实行独裁，压迫这些人，只许他们规规矩矩，不许他们乱说乱动。"[①] 这篇文章事实上就是后来宪法的基本原则。这一思想的源头在《共产党宣言》，即通过革命而上升为统治阶级，实行无产阶级专政。

如前所述，作为马克思主义政党的中国共产党又很务实，或者具有很强的与时俱进的适应性能力。新中国第一部宪法即 1954 年宪法关于国体的表述是："中华人民共和国是无产阶级领导的、以工农联盟为基础的人民民主国家。"

毛泽东晚年的错误就在于否定了自己以前的很多正确的主张和理论，

---

① 毛泽东：《论人民民主专政》，载《毛泽东选集》第 4 卷，人民出版社 1991 年版，第 1475、1476 页。

比如从1956年党的八大到1957年《关于正确处理人民内部矛盾的问题》都认为对立性的剥削阶级已经不再存在,这是因为"三大改造"已经完成。但不久就将人民内部矛盾误认为是敌我矛盾,是无产阶级与资产阶级之间的斗争,是路线斗争,才有后来的"无产阶级专政下的继续革命"理论指导下的"文革"。作为对"文革"的肯定,1975年宪法完全颠覆了延安时期尤其是1954年宪法的思想,将国体改写成"中华人民共和国是工人阶级领导的以工农联盟为基础的无产阶级专政的社会主义国家"。"人民"不见了,"民主"也消失了,只剩下"专政"了。

如果停留在特定时刻所产生的宪法文本,或者在《共产党宣言》和《论人民民主专政》中找答案,阶级斗争论与专政论是自然的。但问题是,特别语境下的政治逻辑导致的政治经验是值得总结的教训。更重要的是,在改革开放已经产生完全不同的社会结构下,共产党执政的社会基础也发生了重大变化,其指导思想、政治逻辑以及政治表述,都已经发生了重大变化,比如"三个代表"重要思想、社会主义和谐社会、社会主义核心价值观,等等。眼下,我们只能从社会主义核心价值观那里找答案。何况,早在1954年宪法中就有"人民民主"的国体论。

或许有人这样说,不提阶级性,一个党就失去了坚实的群众基础,比如西方国家的阶级淡化所导致的政治基础的削弱。能拿西方国家的政党政治与中国的政治制度相比吗?要知道中国是一党执政的国家,作为执政党的共产党不是代表某个或者某些特定阶级的,只能是代表全体人民的。

正是因为中国是一党执政而非西式多党制国家,才得以避免西方政党政治所加深的或制造出来的社会阶级分裂,使得国民的"人民性"即整体性成为可能。要知道,在多党制国家,为了自己的政治存在,必然要制造出自己的群众基础即阶级基础——尽管他们在纲领上刻意中间化而淡化自己的特定阶级身份认同。因此,西方国家的阶级政治在某种意义上是其政党政治的副产品,或者说分裂的政党政治又强化了阶级政治。而在中国,虽然存在事实上的不平等，存在传统上说的工人阶级、农民阶级等，但是，一党执政的执政目标必然是全民性的；而且，在一党执政的政党制度下，社会是按照单位体制而组织起来的，即便市场化之后单位制的作用不如计划经济时代，也不能忽视单位制对于社会结构及阶级结构的影响，因为单位制是贯彻一党执政的单元。也就是说，阶级这样的社会结构的分野不但要看经济因素，在中国更要看政治制度及其之下的单位制对于社会结构的影响。阶级理论早就告诉我们，作为政治力量的阶级，不是自发的存在，阶级意识有无是衡量阶级的最重要尺度，没有政治意识的"阶级"就是"一麻袋土豆"（马克思语）。显然，中国并不存在西方意义上的阶级意识，这同样是由一党执政的政治制度所决定的。中国一党执政的政治制度决定了，社会成员不是"阶级政治"的行动者，而是"人民政治"的行动者。换句话说，在中国，革命政治的阶级逻辑已经适时地转换成了一党执政的人民逻辑。

2. 人民性：执政者的政治逻辑

革命的逻辑是阶级斗争，而执政（统治）的逻辑则是政治和谐。因为没有经验，则上升为统治阶级的执政者继续推行革命的逻辑，结果便是灾难，革命的对象到最后变成了执政者内部的同志。尚不久远的历史教训意味着，作为执政者的共产党不能再大谈什么阶级斗争、阶级专政，而应推行以政治和谐为导向的法治。从中外历史上，没有哪家的统治者一边坐江山一边在搞动摇江山的阶级之间的斗争。这是政治统治的第一规律，也是治国理政的要道。第二规律，也是更本质的规律，即任何政权的存续都离不开强力后盾，这是国家所以是国家的性质所决定的，但是成熟的统治者展示的都是"蛋糕"，而不是"大棒"，但关键时刻则毫不犹疑地动用"大棒"，比如作为美国加州州长的里根曾以国民警卫队对付反越战的美国大学生。

正是基于自己的教训，基于全人类的文明结晶，改革开放之后的中国共产党在理论上开始转型。虽然认为阶级斗争在一定范围内还长期存在，比如国际政治范围的以其他形式表现出来的，事实上是一种新型的国际政治斗争，但主要矛盾已经是解放生产力、建设社会主义经济，是做"蛋糕"而不是时不时地"秀肌肉"——暴力职能。

在改革开放的进程中，形成了新的社会结构以及在此基础上的新的社会势力，作为执政者，考虑的是如何将新的社会力量纳入体制内，而不是排斥他们，更不是与之进行"阶级斗争"。早在20世纪80年代，知识分子已经是工人阶级的一部分了，而接纳新的社会阶层的思想是"三个代表"重要思想，即新的社会力量均可以加入中国共产党。对这种理论创新和政治思想的大转换，仍奉行阶级斗争学说是否合乎时宜？他们是人民的有机部分。

事实上，中国共产党的表述方式已经发生了转换，那就是我们常说的"党性与人民性"。2013年8月19日，习近平总书记在全国宣传思想工作会议上这样讲："党性和人民性从来都是一致的、统一的。坚持党性，核心就是坚持正确政治方向……坚持人民性，就是要把实现好、维护好、发展好最广大人民根本利益作为出发点和落脚点，坚持以民为本、以人为本。要树立以人民为中心的工作导向。"党性与人民性的统一性，才是一种成熟的治国理政思想，即执政者不但是工人阶级的先锋队，也是中华民族各阶层、各个组成部分的先锋队，从而形成了党与全体人民利益一体化的关系。这样的表述绝不只是政治宣示，而是前述的一党执政的政治制度直接影响社会结构即阶级结构。

在政治统治意义上，只能讲共产党政权的人民性基础而非阶级基础。即使在学术意义上也可以这样讲，即一党执政而非多党制的政治制度可以避免因争夺阶级基础而制造出来的阶级关系。在理论上，"人民性"是个有机整体，但整体又是由部分构成的，阶级、阶层都是客观存在，或者说人民是由阶级、阶层构成的，如何只能讲"人民性"而不讲"阶级性"？这里有几个分层的逻辑：第一，政治制度与阶级关系。如前，阶级已经因为一党执政的政治制度以及由此产生的单位体制而使得阶级意识不复存在，或者是让人感受不到阶级的事实性存在。这应该是中国政治中可以观察到的事实。第二，在政治统治意义上，只能讲党性与人民性的统一性，即共产党是代表全体人民的，人民内部存在矛盾但不存在阶级斗争。因此，讲"人民性"其实就是中外历史上一种政治统治思想的中国语境的表达。第三，在政策意义上，不同的人群有不同的诉求，必须分层处理，因此这里面对人民内部的不同群体、阶层、地区之间的关系，"部分"或者"群众""阶层"往往替代了"人民性"。这样，"人民性"相当于"人民主权"的政治思想，而这种政治思想的实现则依赖于对阶级、阶层的政策性研究。

有了政治制度对于阶级结构的影响的角度，有了政治统治与政策过程的区分，言说者是用"人民性"还是用"阶级性"要视自己的身份而定。比如，作为执政党的坚定的拥护者，如果谈论的是统治问题，而且自己的身份在外界看来又是执政者理论的权威阐释者，就应该讲党性和人民性的统一；如果是一般学者或不那么有权威象征性的研究人员，用"人民性"或"阶级性"，视自己的偏好无妨。语境很重要，身份很重要，不同的身份有不同的逻辑。但是，如果是研究社会大转型或公共政策之类的问题，阶级性和阶层性都是绕不开的概念与方法。

人类制度变迁，直观形式就是农耕文明进入工业文明，其间农业阶级式微，工业阶级兴起了。在工业阶级中，又分为有产阶级、无产阶级和二者之间的中间阶级。这是基本的史实，这一史实在各国的表现形式不同，但说到底是阶级之间的关系。因此，研究大历史的历史社会学，其主导性方法都是马克思的阶级分析，尽管他们尤其是美国的学者从不自称自己为马克思主义者，比如巴林顿·摩尔的《专制与民主的社会起源》是典型的阶级分析，斯考切波的《国家与社会革命》也是阶级分析。不但历史社会学，影响力不容忽略的世界性左翼，其方法论都离不开阶级分析。沃勒斯坦甚至把阶级分析拓展到世界政治领域，形成他著名的世界体系理论。在南美影响巨大的"依赖理论"，也是阶级分析的国际关系运用。

这里的问题是，阶级分析在中国的政治正确性问题。因为"文革"中"阶级斗争天天讲"的痛苦经历，"文革"后中国学术界似乎自觉地集体淡化了与阶级斗争政治相联系的阶级分析方法，取而代之的是韦伯的阶层概念。这个转型在政治上是不难理解的，阶层分析也有不可取代的价值，但是是否因而不能用阶级分析方法？近年来，中国社会学主流又有"把阶级分析找回来"的趋向。我认为，这是客观中道的学术立场。因为哪怕是研究目前中国的社会大转型，都必须面对农民阶级（而非农民阶层）式微这一研究问题，怎么能少得了阶级分析？

人们常说学术与政治分不开，但也不否认，有的问题就是两个层面的问题，是学术问题而非政治问题。比如，研究社会运动（社会抗争）的人并不意味着去搞社会运动，这就是学术与政治的分家。同样，运用阶级分析去看中国的问题，去分析中国社会结构之大转型，并不意味着他们要去搞阶级斗争，这也是学术与政治的分家。

3. 团体：政策分析的逻辑

在一般政治过程及公共政策过程中，"人民性"更多的是一种政治理念，即作为利益配置方式的公共政策工具要最大化人民的利益。因为公共政策总是涉及具体的利益，比如教育资源配置、农田水利建设、军费开支，因此"阶级"甚至"阶层"这样的概念都派不上用场，"团体"（利益集团）和团体分析，便是公共政策分析的主角。我们一般这样认为，政策过程是决策者、资本力量、社会力量之间的互动，这都是抽象的说法，决策者更多的是地方政府或某个政府部门，资本力量不过是某个领域比如房地产领域的利益集团，而社会力量也不是铁板一块的整体，是由形形色色的团体构成。因此，"团体"或"利益集团"就成了政策分析的关键词。

但是，不可简单地认为"团体"这样的新概念就可以取代阶级、阶层这样的古老概念。"公共政策"其实是无数个决策过程的总和，在单个政策过程中，起作用的是团体；公共政策之和，是能看出团体构成的阶层性或阶级性的。比如，对美国1980年以来的1779个政策议程的研究表明，强势的利益集团的诉求变为政策或法律的概率远远高于弱势群体的。此项研究得出的结论是，美国不再是人们常说的民主国家，而是一个倾向保护寡头利益的自由国家，美国存在寡头阶级统治。这个过程，经典地说明了团体（利益集团）与阶级（阶层）的关系。如果以利益集团分析代替阶级分析，而利益集团又能分子化为个体，就成了以自由主义的逻辑替换马克思主义，以简单的现象掩饰了政治的本质。

这也是保守主义的观点。自行为主义政治学流行以来，宏观的阶级问题被中观的利益集团所取代，中观的利益集团进而又被理性选择主义脉络下的微观个体选择所取代，"政治"从此变成个体的"科学化"游戏，"政治"的根本性质因此被消解于数学化的政治学。对于行为主义政治学中团体理论的盛行，施特劳斯的批判从反面印证了利益集团与阶级的关系。在施特劳斯看来，首先，团体理论事实上是把政治事务还原为政治上中立的事务，还原为社会学团体，进而把这些团体还原为个人理论，把政治问题降低为社会问题，结果对于政治科学或者学者而言"重要的东西不是政治上重要的东西"。在施特劳斯那里，政治社团的性质就是阶级关系，政治社团是由统治者与被统治者构成的社团。[①]

尽管我本人非常不喜欢当代假贵族施特劳斯的带有浓厚的精英主义并种族主义色彩的政治哲学，但其关于团体与阶级的关系、政治的形式与政治的本质的判断，我认为触及了真正的问题——虽然自由主义的行为主义政治学并非施特劳斯想象的那样愚蠢而要祛价值化，行为主义政治学只不

---

① ［美］列奥·施特劳斯：《古今自由主义》，马志娟译，江苏人民出版社2010年版，第251页。

过在用一些科学化或形式化的概念掩饰意识形态，而这样做比施特劳斯的赤裸裸的话语更容易被接受因而也更迷惑人。

从古到今，问题的核心就是：利益集团政治的实质就是阶级政治，但是团体分析往往能够淡化阶级政治的性质；反之，阶级政治的实质往往以可以看得到的利益集团政治表现出来。

由此得出结论：第一，思想的专业性、深刻性是由看问题的逻辑分层性表现出来。不同的概念适用于不同的语境，适应于不同层次的政治问题。政治生活是由多层次性政体、多功能性机构构成的，相应的，分析性概念或者说理论逻辑必然是分层性的。那种以一个总概念或含糊不清的概念解释所有政治现象的做法，正是非专业思维的典型表现。第二，更重要的是，政治的逻辑通过话语而建构，但政治逻辑的前提是语境。同样一个党，昨天是革命党今天是执政党，其政治逻辑必然要与时俱进，话语也要发生相应的变化，不存在一劳永逸地回答所有政治问题的话语，因此中国最缺少的就是"新概念新范畴新表述"。第三，过去我们常说经济结构影响阶级结构并影响政党制度，这是西方政治社会的逻辑。本书提出的一个开放性的新范畴是，在中国语境下，一党执政对于阶级结构是什么样的作用？这无疑是值得拓展的新课题，而不应该停留在教科书上。

四 回到1954年宪法的"人民民主"表述

如何在宪法中表述一个国家的阶级性质即国体，被称为"立宪的技艺"。列宁早就告诫我们，政治是一门艺术。或者说，政治是关于利益分配的，其中有些利益甚至是对立性质乃至对抗性质的，即便如此，政治也是要讲究艺术的，正如历史上中共把统一战线作为成功的"法宝"。更重要的是，中国政治发展已经从过去的非常态性的"革命政治"转变为常态时期的"建设政治"，语境和思维方式都发生了巨变。

1. "立宪的技艺"

比较宪法的技术或许能给我们些许启示。现代国家都是在革命之后建立的，其实质都是在政治斗争或革命流血之后建立起来的维护特定阶级根本利益的一种政治格局，中外概莫能外，但关于"革命果实"的规定艺术各有不同。举其要者，大致类型如下。

第一类，美国式无国体规定宪法。世界上第一部成文宪法美国宪法，是一部只讲政体而不讲国体的宪法，其宪法主体就那么几条，分别规定国会、总统、司法的权力和如何组成。由三行字组成的宪法序言是："我们美利坚合众国的人民，为了组织一个更完善的联邦，树立正义，保障国内的安宁，建立共同的国防，增进全民福利和确保我们自己及我们后代能安享自由带来的幸福，乃为美利坚合众国制定和确立这一部宪法。"也就是说，其关键词是"人民""联邦""正义""安宁""国防""幸福"。仅从这些文字看，美国宪法就是一部"人民宪章"。事实上呢？美国宪法是一部经济法律，是129个有产者建立的如何保护自己财产权的根本大法，是美国"建国之父"在《联邦党人文集》中所说的建立一个防止多数人直接管理政府的国家。那么，如何防止多数人直接管理政府呢？也就是说，即使大众政治的时代到来了，大众要修改农业社会时代的宪章，有可能吗？"建国之父"把篱笆扎得结结实实，"新来者"不可能进入自己的"围墙"。根据美国宪法第五条："国会在两院三分之二议员认为必要时，应提出本宪法的修正案，或根据各州三分之二州议会的请求，召开制宪会议提出修正案。不论哪种方式提出的修正案，经各州四分之三州议会或四分之三州制宪会议的批准，即实际成为本宪法的一部分而发生效力；采用哪种批准方式，得由国会提出建议。"试想，在一个多元主义的社会，有什么样的利益能让两院2/3议员或2/3州议会同意修宪呢？看起来是绝对多数原则，而这个绝对多数就是根本性地保护了有产者的利益。可以这样说，这部经济宪法保护了财产权，但也是问题的根源，比如最野蛮的枪支泛滥问题得不到解决。

第二类，以"国家主权"代称国体的宪法。如果说美国宪法是一部经济宪章，是一部关于如何组建政府（政体）的程序法，那么法国宪法多少能看出"国体"的味道。法兰西第五共和国宪法（1958年）在短短的序言中写道：

> 法国人民庄严宣告，他们热爱1789年的《人权和公民权宣言》所规定的，并由1946年宪法序言所确认和补充的人权和国家主权的原则。

根据这些原则和人民自由决定的原则，共和国对那些表明愿意同共和国结合的海外领地提供以自由、平等、博爱的共同理想为基础的，并且为其民主发展而设计的新体制。

看上去法国是以自由、平等、博爱、人权为基础的，以民主为宗旨的共和国，但"国家主权的原则"则暗含很多"专政"性质的规定。比如，法国宪法第三条规定："国家主权属于人民，由人民通过其代表和通过公民投票的方法行使国家主权。任何一部分人民或者任何个人都不得擅自行使国家主权。"关键是"任何一部分人民或者任何个人都不得擅自行使国家主权"之规定，所以，哪怕宪法规定了政党自由组织和活动，但对政党的规制则是主权原则，法国宪法第四条这样规定："各政党和政治团体协助选举表达意见。它们可以自由地组织并进行活动。它们必须遵守国家主权原则和民主原则。"

法国宪法以"国家主权"的名义限制着政党、公民和海外省。这个主权当然是法国大革命之后的革命成果，只不过不是以阶级属性加以规定，而是以属于全体人民的"国家主权"的名义出现。

第三类，强调阶级对立而突出国体性质的宪法。这一类宪法非苏联宪法莫属。且不说1936年宪法，1977年宪法虽然规定"苏维埃国家已经完成了无产阶级专政的任务，它已成为全民的国家"，但宪法第一句话这样写道:"俄国的工人和农民在以弗·伊·列宁为首的共产党领导下进行的伟大十月社会主义革命,推翻了资本家和地主的政权,砸碎了压迫的枷锁,建立了无产阶级专政,创立了苏维埃国家——新型的国家,保卫革命成果、建设社会主义和共产主义的基本工具。"苏联宪法的典型特征有很多,最突出的特征就是阶级对立,虽然也说"完成了无产阶级专政的任务"。

大致说来,中国1975年宪法、1978年宪法和苏联宪法基本一样,尤其是继承了苏联1936年宪法,而1954年宪法和1982年宪法的特征介于苏联宪法和法国宪法之间。如前,1982年宪法中的国体规定"人民民主专政,就是无产阶级专政",介于1954年宪法和1978年宪法之间。我们认为,1954年宪法直接体现了中共延安时期的"政治成熟",依然是新时期、新时代值得借鉴的"政治成熟"资源,应该回到1954年宪法关于"人民民主制度"的国体规定。

2. 中共的适应性转型

这不仅是"立宪的技艺"问题,也是因为在新时代中共在政治上更加成熟了。比如,2014年中共第十八届四中全会关于建设"法治中国"的决定,提出不但要"依法治国",还要"依宪执政"。宪法规定了坚持党的领导和人民民主,依宪执政就是要坚持党的领导和人民当家做主;"依法治国"不但包括一般性的法律执行,还包括国家主权的捍卫的法律性,即通过法律程序捍卫国家主权(国家主权当然首先包括政权)。其实,毛泽东早在《论人民民主专政》中就指出,即使是人民的一员,如果犯法了,也要"坐班房"。

"依宪执政""依法治国"体现了政治的建设性。我们知道,政治分为非常时期的"革命政治"和常态时期的"建设政治"。革命政治总是激烈的,强调阶级对立、政治斗争和革命,因此自然要鼓吹"专政"和"镇压"。但是,非常时期不可能是永久的,否则人们在心理上都承受不了,比如"继续革命"思想指导下的"文革"。马克思、恩格斯在《共产党宣言》

第四章 世界政治体系中的"逆势而上"：人民民主的政治发展道路

中这样说，无产阶级第一步是夺取政权，成为执政阶级，对有产阶级实行剥夺财产权等"专政"，但是最终的目标则是"国家消亡"。"国家消亡"并不是说就没有政治共同体了，应该是国家生活的"去政治化"，即"去革命化"。所以，非常态政治必然要转向常态政治，在吉登斯看来就是"解放政治"转变为"生活政治"，不再是整体性的阶级行为，而是个体化的特殊性诉求。必须认识到政治变迁的一般规律，在非常态的"革命政治"完成之后，必须进行常态性的"建设政治"，"继续革命"的教训无比深刻，最后革命的对象变成了自己的"同志"。

事实上，中共在将近四十年的改革开放之中，已经基本上完成了"革命党"向"执政党"的转型，中共的适应性能力很强。在我看来，如果说1978年的经济政策是效率性适应，即为提高效率而不得不改变共产党过去的经济政策，比如从集体生产到包产到户，那么2002年中共十六修改通过的大党章上规定的"三个代表重要思想"就是结构性转型，共产党不但是工人阶级的先锋队，还是中华各民族和各阶层的先锋队。也就是说，人民不但包括传统的工人、农民、干部、解放军、知识分子等，还包括新生的企业主、外资机构和中介机构的人员。"三个代表"是一种新型的党性与人民性统一的政治思想，不能忘却，是讨论中国国体的理论基石。那种强调阶级对立的论调，似乎忘却了在我党历史上占据重要地位的"三个代表重要思想"。

我们常说前后三十年的统一性，我们更不能割裂改革开放之后政治发展的连续性。中共具有强大的适应性能力，当以社会主义市场经济为导向的改革开放带来社会结构的巨变时，适时地提出了"三个代表重要思想"；当社会结构问题带来结构性利益冲突时，提出了"社会主义和谐社会"；但是，如何实现社会稳定与和谐，新时期提出了从"法治中国"出发的"国家治理体系和治理能力的现代化"思想，以"社会公正"为导向推进全面深化改革。由此可见，在每一个时期，中共都在做正确的应对，并在前一个时期的基础上进行调整和完善,而不是断崖式转变。认识不到这一连续性,对中国的认识,哪怕是阶段性认识,更别说是中国政治的根本性质的认识,都可能南辕北辙,或者"因正因而生变果"。

◇第三节 世界政治体系下的两大民主:自由主义民主与人民民主

严格说来,能够称得上民主政体类型的只有自由主义民主和人民民主。风水轮流转,从19世纪中叶到20世纪中叶的100年,以人民民主为宗旨的社会主义思想和社会主义运动占据绝对上风,占有道德高地的优势,自由民主处于守势。但是,到20世纪80年代,在理论上完成建构的自由主义民主开始转守为攻,并通过民主化的第三波而肢解了苏联东欧社会主义阵营,人民民主处于守势,只有以中国为代表的几个国家在坚守着人民民主。坚守到21世纪,实行人民民主道路的中国模式被福山视为西方模式即自由主义民主的唯一可能的替代模式。在既定的世界政治体系下,按理说支撑世界政治体系的自由主义民主应该一路凯歌,但为什么普遍性地以"无效民主"的面目出现?自由主义民主到底出了什么问题?同时,人民民主是中国必须坚守的政治道路和国体,但其潜在的挑战是什么?这一部分在比较历史和比较政治的视野下进行讨论。

一 民主化浪潮与自由主义民主的实践困局

从亨廷顿所说的第三波民主化(即1974年开始的西班牙、葡萄牙民主化,到20世纪80年代中后期东亚国家和地区的民主化、南美民主化以及苏联东欧的易帜),到有第四波民主化之称的中亚国家的"颜色革命"和中东国家的"阿拉伯之春",再到乌克兰—泰国政治的乱局,民主化政治是世界政治中最常见的,也是改变国际格局的最重要政治形式。

1. 民主化政治如此常见或者说具有易发性

第一,既定世界政治体系下的民主观念普遍化。冷战的起源在于意识形态竞争,因此两大阵营在全球范围内竞相推销自己的思想观念。有意思的是,二者推销的都是民主观念,只不过一个是自由主义民主,一个是社会主义民主,结果自由主义民主占了上风,赢得了冷战。以至于,当人民对政权不满或对当下政治不满时,都把民主当作灵丹妙药,甚至视为宗教信仰加以追求。这不得不归功于从白人优越论到把自由主义民主包装成"普世价值"的政治基督教。

第二,公民权利意识越来越强,行动更积极,抗争活动更加频繁。经济增长不必然带来民主,但是经济增长的一个后果便是青年人价值观的变化以及相应的行动能力的提高。根据密执安大学英格尔哈特教授"世界价值观调查"项目对 81 个国家的长达 30 年(1981—2001)的研究发现,对于那些成长于经济不稳定和经济短缺时期并且价值观形成于这一时期的人们而言,一般都具有"物质主义"的价值观,更加强调经济和物质安全,因而事实上是一种"生存型价值观";而成长于经济繁荣和安稳时期的人们一般有着"后物质主义"的价值观,比如更加重视自由和清洁环境,是一种"自我表现型价值观"。随着经济发展和代际变迁,物质主义价值观明显地向后物质主义价值观转换,从"生存型价值观"向"自我表现型价值观"转变。英格尔哈特根据数据得出结论,不管其传统文化如何,经济发展都会使社会朝同一方向演进,即朝向"自我表现型价值观"发展。这种价值观在政治上的表现就是"摆脱威权的控制",从而产生更多挑战执政者的和平示威活动。[①]

[①] Ronald Inglehart and Christian Welzel, *Modernization, Cultural Change and Democracy: The Human Development Sequence*, Cambridge: Cambridge University Press, 2005.

一般认为，无论是第三波民主化还是随后的起始于突尼斯的第四波民主化即"阿拉伯之春"，以及当前的乌克兰事件和泰国周期性街头政治，都是"自我表现型价值观"的政治表现。

第三，国际背景（主要是西方国家）的决定性作用，即世界政治体系的结构性作用。如果没有苏联态度的变化即让东欧国家拥有更多的自主性以及欧盟成员国身份的诱惑，很难设想东欧国家在如此短的时间内走得那么远、变得那么快，今天的乌克兰更是国际力量拉扯的结果。具体而言，两类国际背景的组织搅动了一些国家的民主化进程：第一类是致力于提升民主和提升人权的国际非政府组织或准政府组织，包括私人协会、运动组织、基金会、咨询公司、政党组织等所提供的思想、联系和财政上的支持；第二类是区域性和全球性组织如欧盟所承诺的成员国身份，其他的如美洲国家组织、英联邦、非洲联盟等，都实行一种全新的外部干预模式即"政治附加条件"，对"违宪"政体加以惩罚。[①]

上述三种因素，尤其是国内经济发展所带来的价值观转型和西方世界的支持和拉拢，使得民主化政治成为当今世界最为常见的政治形式。但民主化所带来的结局大多数并不符合追求者的预期，而是多元化的，而且是人们的不满占主导地位的政治格局。

2. 民主化政治的国家类型

目前，世界上最流行的国家分类法是"自由之家"（the freedom house）按照个人自由和竞争性选举两大标准的分类："1"代表最自由，"7"代表最不自由。据此，印度平均得分是2.5，新加坡是4.5，中国则是6.5。但是，按照联合国颁布的人类发展指数（即幸福指数），印度在过去十年中一直居127位，中国从101位上升到91位，更不用说新加坡的指数有多高了。

---

① 见［美］吉列尔莫·奥唐奈、［意］菲利普·施密特《25年的时光，15项发现》，［意］菲利普·施密特《威权统治的转型：关于不确定民主的试探性结论》，景威、柴绍锦译，新星出版社2012年版，第115—116页。

所以,"自由之家"的分类根本不靠谱。我们将在后面看到,竞争性选举其实是党争民主,而党争民主对于发展中国家而言往往是政治陷阱和发展的障碍。

首先,发达国家的问题。首先对于西方发达国家而言,冷战后党争政治已经出现了"否决型政体",即政府没法做事。在欧洲,一些国家在未来更不乐观,因为其过去的民主是建立在同质化条件之下,现在出现了人口结构的大变化,比如法国的阿拉伯人可能在一代人的周期内超过白人。更大的问题是,很多欧洲国家已经空心化,比如南欧国家、东欧国家,没有工业基础就没有生命力。为此,很可能出现新一波的"逆发展"。拉丁美洲一些国家出现过"逆发展",阿根廷在20世纪初的时候,GDP排世界前20位,最后"逆发展",陷入中等收入陷阱。

其次,转型国家的问题。我们应该从人类基本理性和常识出发,来对国家尤其是转型国家进行分类。比如,政治是否稳定、人民能否参与政治、基本权利是否得到保护、经济增长是否正常、社会公正程度而带来的人民满意度如何。按照上述指标,根据这些国家这些年的实际表现,我们对第三波民主化以后的国家可以做如下分类。

(1) Ⅰ类国家,政治转型为西式民主,经济社会发展卓有成效。这类国家主要有东亚的韩国和东欧的波兰、匈牙利、捷克、斯洛伐克、爱沙尼亚等国。韩国从转型前的"亚洲四小龙"之尾而超过经济规模比其更小的中国台湾,成为创新型国家;东欧的几个国家人均GDP接近2万美元。

(2) Ⅱ类国家或地区,政治转型为西式民主,但陷入治理困境。这类国家或地区有我国的台湾地区、东南亚的菲律宾和印尼、南亚的印度、拉丁美洲的大多数国家,其中墨西哥、阿根廷最甚。在20世纪80年代,"亚洲四小龙"中国台湾排在韩国前面,但现在远远落后于韩国,也与新加坡和中国香港的差距进一步拉大。而对于菲律宾和印度(虽然是老牌民主国家）而言，西式民主即竞争性选举事实上是强化了其固有的封建制或古老的社会结构，结果两极分化和贫困问题得不到根本解决，印度贫困人口依然达 4.2 亿，是非洲人口的总和。墨西哥于 2000 年首次政党轮替，但是十几年来毒品暴力泛滥、腐败猖獗、贫富悬殊、发展乏力、失业严重，整个社会充斥着悲观情绪和对政党—政治家的不信任，整个国家在世界上面临被边缘化的危机。在这种背景下，曾经执政 60 年的墨西哥革命制度党在 2012 年的大选中重新夺回执政权。

（3）Ⅲ类国家，政治发生转型，威权政治色彩强，经济社会发展基本正常。最典型的当属俄罗斯，叶利钦时期实行完全的西式民主，结果是"失去的十年"，俄罗斯上下呼唤强人政治，普京应运而生，"普京式民主"即"可控的民主"让西方如刺在喉，但国内百姓拥护，经济社会发展基本正常。其他国家包括苏联的加盟共和国，如白俄罗斯、中亚国家，以及中东的伊朗。

（4）Ⅳ类国家，政治转型导致国家周期性政治动荡、内战甚至分裂。这类国家有苏联、南斯拉夫以及当下的泰国、乌克兰、叙利亚、巴基斯坦以及非洲的不少国家。

可以肯定，自第三波民主化浪潮以来，只有极少数国家即Ⅰ类国家的民主政治结果是人们所欲求的，即追求民主是为了实现最大限度的"公共的善"，而大多数国家或地区即Ⅱ类、Ⅲ类和Ⅳ类的政治结局都事与愿违，而且在可以预见的将来，这些国家或地区的人民的失望情绪不会消失。连大力推进民主化的美国人 Larry Diamond 也承认，民主化席卷了全世界，结果"治理不善"如同难以摆脱的幽灵。① 很多国际机构和国际非政府组织认为民主可以缓解发展中国家的贫困，结果不过是南柯一梦。用著名民主理论家施密特的话说，"过去 25 年来大多数的政体变迁确实导致了质量低下

---

① ［瑞典］博·罗斯坦：《政府质量：执政能力与腐败、社会信任和不平等》，蒋小虎译，新华出版社 2012 年版，第 236 页。

的政体，枉费了当年为此而付出的斗争和牺牲。而且特别值得注意的是这些幻灭并不仅仅限于新的民主政体，在已经建立的民主社会里，也充斥着类似病态征兆"，而其根本原因则是相关社会中的"基因上的缺陷"使得民主制度和民主实践举步维艰。①

其实，在我看来，民主化导致的世界范围内的大规模政治衰败不仅是因为"基因上的缺陷"，还因为流行的民主理论本身有问题。这就是下面讲的两个深层次原因。

3. 民主化问题的深层次原因

大多数民主化国家都出了问题，而且不是一时的难题，这就不能不追问究竟了。原因固然很多，比如经济发展水平、政治文化、公民素质等。我认为，这些原因固然有一定的相关性，但不是最根本的，最根本的原因是一外一内："外"是外部传导的民主理论以及基于民主理论的民主形式有问题；"内"则是缺少民主政治的最根本条件即同质性这个"基因"。

第一，民主理论本身的问题：选举式民主—党争民主。美国人和国际机构大力推行的民主化政治，其实就是竞争性选举；而当世界范围内的民主化政治不如预期甚至出现政治衰退的时候，他们也开始反思，但是他们绝不会从"根"上加以反思，即他们所奉行的、所推行的民主是否在理念上、在理论上就是一种错误的或者至少是不符合其他国家国情的民主化理论和民主化政治？例如，因"历史的终结"而一炮走红的福山这样说，"民主的失败，与其说是在概念上，倒不如说是在执行中"②。这里，福山和其前次著名的"历史的终结"一样，再一次暴露了其理论修养不足的底色。

---

① 见［美］吉列尔莫·奥唐奈、［意］菲利普·施密特《25年的时光，15项发现》，［意］菲利普·施密特《威权统治的转型：关于不确定民主的试探性结论》，景威、柴绍锦译，新星出版社2012年版，第107页。

② ［美］弗朗西斯·福山：《政治秩序的起源：从前人类时代到法国大革命》，毛俊杰译，广西师范大学出版社2013年版，第11页。

世界范围内的民主政治的危机，绝不能简单地归因为民主执行问题，在我看来，是流行的民主理论、民主观念本身的问题。那么，流行中的民主观念是什么？

目前在世界上流行的民主观念就是被称为"竞争性选举"的"熊彼特式民主"。在熊彼特那里，流行几千年的"人民主权"即人民一起做主的民主理论被改造为"竞争性选举"：民主就是选民选举政治家做决定的过程，而政治家如何做决定、议会如何立法，均不是民主政治的范畴。① 这样，熊彼特来了一个简单的颠倒：传统的人民主权理论把人民当家做主当作第一位的，而在他那里，选举过程是第一位的，人民当家做主是第二位的。经过西方社会科学界几代人的努力，"人民主权"就被置换成"人民的选举权"。

人民有选举权本身并没有错，但问题是这种形式的民主与各种政治思潮联姻就会招致民主政治的变种。民主政治本身是一种大众权利政治，而大众政治会与各种政治思潮相结合，比如与民族主义、宗教势力、民粹主义，或者说这些政治思潮、政治势力必然会借助民主政治形式实现自己的政治目的，结果出现了埃及的穆兄会式的伊斯兰主义民主、乌克兰式的民族主义民主、南美的民粹主义民主，其结果有目共睹。

也就是说，在理论上，作为民主形式的竞争性选举本身并没有错，但是，谁来组织竞争性选举？当然是政党，因此竞争性选举必然是"党争民主"。党争民主的实质又是什么呢？政党是有其特定的群众基础的，可能是不同的阶层（阶级）、宗教势力和民族（种族），这样党争民主势必变成事实上的阶级斗争如泰国，变种宗教极端政治如埃及的穆兄会政权，变成分裂国家的民族之争的政治如目前的乌克兰。

在理论和历史经验上，民主形式事实上是多样化、多元化的，而且有的民主形式比竞争性选举更重要，发生得也更早，比如作为规定根本性秩

---

① ［美］约瑟夫·熊彼特：《资本主义、社会主义与民主》，吴良健译，商务印书馆1999年版。

序的宪政民主（我们可以称之为法治民主）、作为制度安排合理化的分权民主，还有其他的如协商民主、参与式民主等。在民主发生学上，西方国家的选举民主来得比宪政民主、分权民主都更晚，而且美国的立国原则即宪法是通过协商民主建立起来的。但是，在对外政策中，美国忘记了自己的历史，刻意对发展中国家推广一种形式的民主即事实上的"党争民主"。而"党争民主"如果发生在缺少同质性"基因"的社会，势必会导致前述的种种恶果。

第二，民主政治的社会文化基因：同质性条件。不同于君主制和贵族制，民主是关于大多数人参与甚至"人民当家做主"的政治，实现条件自然比其他政体要多、要高，其中最攸关的应该是同质性条件。民主是关乎多数人的政治，多数人如果分别处于对立或异质化结构中，冲突必然发生。民主的同质性条件，是很多西方思想家和学者根据自己或比较政治发展的基本历史经验而得出的规律性总结。事实上，前述四类国家的民主化的成与败，在很大程度上也看它们是否拥有同质性条件。根据世界民主化成败的经验，民主的同质性条件至少有以下三个要素：

一是共同的国家认同。如今的国家尤其是很多发展中国家，都是多民族国家，如果按照英国、德国、日本那样的一族一国，发展中国家将四分五裂，因此，研究民主转型的代表学者林茨等都把"国家性"即对同一个国家的认同，当作民主成败的前提条件。如果没有国家认同，政治派别之间就会为反对而反对，而不是忠于国家的反对（英国叫"忠于女王陛下的反对"），结果可能撕裂国家。在德国魏玛共和国时期，自由主义的最有力评判者卡尔·施密特也是从这个角度谈论其民主同质性理论的。在施密特那里，同质性首先是指同一个民族。[1] 今天，后发国家与早发国家的最大不同之处是，早发国家的民主都是在同一个民族内进行，而后发国家则

---

[1] ［德］卡尔·施密特：《当今议会制的思想史状况》，冯克利译，上海人民出版社2004年版，第165页。

是多民族的事。事情到了这个地步，不能说多民族国家不能搞民主，但至少有多元一体的国家认同，否则就是国家分裂。苏联解体、南斯拉夫分裂、今天的乌克兰，都是因为民族之间没有基本的国家认同。中国台湾地区的情况虽然没有乌克兰那么严重，但是性质是一样的，因为存在本省、外省之间的蓝绿对决，纯是为反对而反对，结果有利于台湾岛的两岸贸易服务协议被长期杯葛，台湾地区也因此从过去的东亚经济领头人而被边缘化。

二是共享信念。连自由民主的最有力论证者萨托利也这样说，没有政治观念上的共识，多党制是很危险的。确实，在英、美等西方国家，不管是什么党，哪怕是共产党，信奉的都是法治和以自由主义为基调的意识形态。因此，同质化条件至少包括一个国家中存在基本的至少是大概的共享信念。第三波民主化以来的历史是，很多国家恰恰是因为缺少共享信念而内斗不止，甚至导致国际冲突。"阿拉伯之春"国家的问题事实上就是教派之间的冲突。

三是平等性的社会结构。民主本身就是社会平等化的产物，因而平等性也是同质性的首要条件。在托克维尔看来，美国基于平等的社会自治本身就是人民主权的生动体现。今天，很多失败的民主化转型就是因为社会结构的极端不平等。在不平等的社会结构里，民主不过是民粹主义的另一种说法。泰国、南美洲的一些国家就是典型。

总之，第三波民主化以后之所以出现那么多问题，甚至是国际、国内冲突，大概都可以从民主理论本身以及民主的同质性条件那里找到答案。党争民主本身具有冲突性，而冲突性的党争民主如果发生在政治信仰对立、主张一族一国的异质性国家或者社会结构严重不平等的国家，冲突是必然的事。值得再次重复的简单道理是，党争民主本身是冲突的，而竞争性选举更强化了冲突，因为在异质性国家，竞争性选举是以党派、信仰、民族为基础而展开的政治动员。

第四章 世界政治体系中的"逆势而上":人民民主的政治发展道路

这样,亨廷顿的"文明的冲突"模式则可以拓展为"民主的冲突"模式。"文明的冲突"为什么会发生?亨廷顿列举了五大原因:第一,每个人都会有多重认同,它们可能会相互竞争或彼此强化,全世界的人都会根据文化界限来区分自己,因而文化集团之间的冲突越来越重要,不同文明集团之间的冲突就会成为全球政治的中心;第二,现代化运动刺激了非西方国家的本土认同和文化的复兴;第三,任何层面的认同只能在与"他者"的关系中界定,而交通和通信的改善导致不同文明的人民之间互动更加频繁,结果是对自己的文明的认同更显著;第四,控制其他集团一直是冲突的最古老的根源,不同的文明国家总是企图将自己的价值、文化和体制强加于另外一个文明集团,物质利益的冲突可以谈判解决,但文明冲突则无法通过谈判解决;第五,常识是,憎恨是人之常情,人们需要敌人,冲突无所不在。"冷战的结束并未结束冲突,反而产生了基于文化的新认同以及不同文化集团(在最广的层面上是不同的文明)之间冲突的新模式。"① 这就是亨廷顿所说的文明的冲突的模式,用图 4-1 表示一目了然:

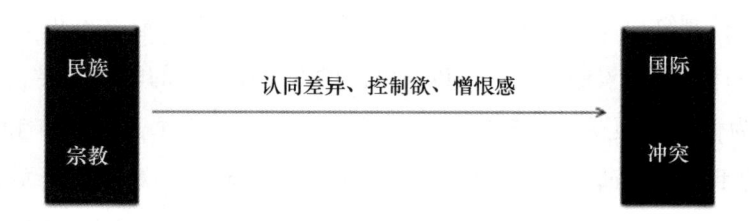

图 4-1 文明的冲突模式

但是,文明的不同认同必然导致冲突吗?亨廷顿上面所列举的原因,

---

① [美]塞缪尔·亨廷顿:《文明的冲突与世界秩序的重建》,周琪等译,新华出版社 2002 年版,第 133—135 页。

其实主要是一般性的因果律,但是一般性因果律的问题总是似是而非:一个原因导致 n 个结果,一个结果也可能是 n 个原因所致。需要找到由"因"到"果"的中介机制。

那么,到底是什么东西使得不同的文明认同最终走向冲突呢?我认为一个重要的答案是党争民主。有了党争民主,亨廷顿的"文明的冲突"模式就演变为"民主的冲突"模式(见图 4-2)。

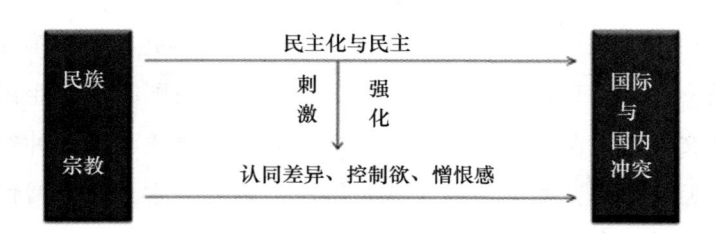

图 4-2 民主的冲突模式

民主来自西方,西方人尤其是美国人自然大力推广民主。但是,制度变迁充满了非预期结果,作为全球化形式之一的民主化最终却刺激了本土化文化的认同,强化了种族和宗教差异,使得不同民族和宗教之间产生了更强烈的控制欲望以及由此而来的对非我族类的憎恨,最终不仅导致国际冲突,也伴随着频繁的国内冲突以及由国内冲突而引发的国际冲突。

4. 为什么"预期中的善变成了非预期的恶":自由主义民主的性质

根据我的长期研究,自由民主是一种"革命理论",革命理论是不能用来治理国家的。自由民主听起来很好,有自由有民主,这是知识分子的最爱。但是它是革命理论。要知道,自由的前提是法治,社会最重要的是法治;民主背后有权威,你说要民主,不可能不要权威或者说中央集权。所以自由民主掩盖了很多的东西。这样一个革命理论在新时期变成了新自由主义,我称之为"百慕大三角区":政治民主化、经济私有化和市场化、治理社会化。这"三化"都是去政府化、去国家化,强调的是社会权利即个体权利，而发展中国家本来就组织不起来，你再给他推行"三化"方案，那就会走上邪路。我们一定要明白一个简单的道理，好概念并不等于好政治，正如"社会主义"这个好概念在历史上曾经给我们带来困扰一样，自由民主同样会遇到大麻烦，它可以打败对手，但不能建设自己。美国政体是如此复杂，怎一个自由民主可以概括呢？

二 人民民主：比较优势、面临的挑战与对策

如何看中国，是国内外的一个热门话题，因为中国人过去对自己很悲观，却出现了一个强大的中国，国外的观察也是一错再错。因此，需要认识中国的新视野。

关于观察中国政治视角的问题，流行的是"观念的中国"，问题是观念从何而来？改革开放几十年了，过去一直是对西方开放，我们理解世界的观念乃至事实主要来自西方，以此来观察中国，中国不是一个正常的国家。中国走到今天，对外开放还要打开第二扇门，看看西方之外的世界，那就是广大发展中国家是什么样的，拉丁美洲，还有非洲，亚洲的印度、孟加拉、印尼、菲律宾这些国家。不仅如此，即使是西方国家，也是从历史中走过来的，其现代化进程是什么样的？也是伴随着治理危机，一个危机接着一个危机。从纵向的大历史到横向的大空间，我称之为"大十字思维"，可以帮助我们跳出观念的世界，看到真正的历史与现实，从而在比较历史与世界政治的视野下观察中国，得出的结论可能完全不一样。这就是复杂性理论告诉我们的，观察问题的层次不一样，结论就不一样。不得不说的是，中国人不擅长理论建构，我们用于观察问题的理论都是人家的，但中国人不逊于历史研究，至少我们应该发掘新的历史知识乃至现实经验以丰富我们的视野，而不仅仅停留在"拿来主义"的理论上。何况以理论对照政治现实，任何政治都需要被批判。

1. 人民民主的比较优势

比较"发现"中国。比较研究首先是可比性问题，这里既有国家规模问题，也是国家建设的历史阶段问题。全世界人口过亿的国家只有 12 个，其中有工业化的俄罗斯、美国和日本，它们是如何走过来的大家都知道，其中掠夺对其发达很重要，比如《马关条约》日本掠夺了中国两亿两白银，比其两年的国民生产总值还多，日本从此成为强国。其余 9 个是：亚洲的中国、印度、孟加拉国、巴基斯坦、印尼和菲律宾，非洲有一个尼日利亚，拉丁美洲有巴西和墨西哥。比较研究发现了什么呢？1∶8，即只有 1 个人民民主制度即中国，其余 8 个全是西式民主。这些国家的治理水平如何呢？它们能和中国相提并论吗？好坏一目了然。美国经济学著名学者按照制度主义的套路，提出所谓包容型制度与榨取型制度是国家兴衰的根源，在序言中宣称贫穷国家要想富裕，只能先政治转型即走向自由民主，并以非洲的博茨瓦纳为典型，还大赞转型后的巴西。[①] 巴西今天怎么样了？政治恶斗不止，无罪的罗塞夫总统居然被弹劾，有犯罪嫌疑的议长还稳坐钓鱼台。博茨瓦纳又是一个什么"新星"？人口 200 万，高度的同质化人口即思瓦托族，有竞争性选举，但行政体制上则是中央集权制的，今天人均 GDP 不足 7000 美元。就是这样一个弹丸小国，居然被"国际社会"处处当作典型宣传。

人们需要有尊严的生活，我们提一个法治的指标来检验。根据世界正义工程的报告，每十万人中的杀人犯，尼日利亚、巴西和墨西哥是 23—25 个左右，俄罗斯是 9 个，印度是 3 个，中国是 1 个。要知道，这些国家都有所谓的宪法法院，但其作用到底是什么？很多国家的宪法法院就是政治工具，甚至是政治动荡的根源，比如泰国和巴基斯坦的宪法法院。

比较研究发现，中国知识界严重地被虚假的知识和错误的真理所侵扰。

---

① Daron Acemoglu, James Robinson：《国家为什么失败：权力、富裕与贫困的根源》，台湾卫诚出版社 2013 年版，第 29、434—438 页。

因为中国社会科学的滞后性,很多人把碎片化知识乃至虚假的知识当作信仰,并把碎片化知识道德化,以为自己占据了道德高地。根据我的民主理论研究,流行的"公民社会是民主的基础"就是一种虚假知识,固然有托克维尔笔下的好公民社会,还有普特南笔下的好公民社会(北部意大利)与坏公民社会(南部意大利),而现实中有的公民组织如埃及的穆兄会上台之后则大搞专制,意大利和德国的法西斯主义都产生于发达的公民组织基础之上。[1] 所以,谈公民社会这样的"常识",需要建立在比较政治研究之上的基础知识。还有,"选举授权才有合法性",完全是一种革命理论,很多转型国家党争产生的政府连治理的功能都没有,别说合法性,连道德性都没有,因为治理是政府的职业道德,不能治理的政府是无道德的。[2] 类似的虚假知识还很多,需要在研究的基础上发现"新常识",而不能把虚假的知识当作常识。

2. 人民民主面临的挑战与对策

比较产生自信,但是中国人没有理由盲目自信,必须看到人民民主所面临的一系列挑战。第一,人民民主是制度、道路,也是一种思想和思潮,因此作为政治思想的人民民主必然受到国际政治思潮的影响乃至冲击。第二,人民民主的主体是人民和中共,没有中共组织起来的"人民"称不上整体性人民,是一盘散沙般的原子化个人。因此,人民民主的命运首先取决于中共的党性保持得如何,中共的党性代表了人民性。第三,作为第一政治主体的"人民",在政治生活中表现为公民个体所构成的社会组织和各种性质的组织,因此,公民权利的实现程度,就决定了人民民主的实现程度。第四,与此相关,市场经济所带来的社会结构的深刻变化,使得"人民"处于不同的结构或社会等级之中,顺其自然的市场化必然冲击着作为

---

[1] 杨光斌:《观念的民主与实践的民主:比较历史视野下的民主与国家治理》,中国社会科学出版社 2015 年版,第 224—255 页。

[2] 杨光斌:《合法性概念的滥用与重述》,《政治学研究》2016 年第 2 期。

社会弱势群体的那一部分"人民"的权益。第五,长链条的行政体制必然是官僚化的或官僚主义的,这样的政府有背离民众的危险。这样,人民民主至少面临着国际思潮、党性、社会结构、官僚制以及民主政治建设本身的"五大挑战"。仅"五大挑战"就需要以专门的著作加以论述,这里只能做一简单的阐述。

(1) 国际思潮与人民民主。在既定的世界政治体系下,流行的或者影响最大的无疑是包装为"普世价值"的自由主义民主,其核心就是"政治民主"和"经济自由"。中国社会科学的"拿来主义"过程也决定了,有很多中国人包括精英阶层,把自由主义民主当作"普世价值"加以追求或者看待。我们认为,当前中国最大的危险不是来自金融风险、环境污染、外来渗透等,而是来自因为没有自己的话语权而导致的不自信。对于中国这样一个大国而言,其治理无疑要比可比的印度、墨西哥等国好很多,但很多精英分子却认为中国错了,因为他们习惯于以西方的理论和政治标准来衡量中国。

在这种情况下,受到西方社会科学影响的人开始质疑中国的人民民主模式,他们认为人民民主不适应市场经济的发展,而市场经济发展导致的利益多元化也需要引进西方自由主义民主的多党竞争机制,打破人民民主一党执政的权威垄断性。这种观念背后秉承着两种思路:一种思路认为中国的政治制度不利于市场经济和资本主义的发展,只有进行西化的政治体制改革,才能保证中国实施真正的市场经济,才能使看不见的手真正发挥作用,最终促进中国的经济发展,这种思路可以被称作经济自由主义,它本质上并不关心中国是否是一个民主国家,它对中国政治制度的否定实质上是对中国经济发展模式的否定,是对国家干预经济的否定,是完全代表改革开放后新崛起的资本权贵的一种观点;另一种思路认为中国的政治制度不是真正的民主制度,其对人民民主的否定是因为认为自由主义民主的多党竞争制度是比人民民主更加真实的民主制度,他们在多党制和民主制之间画了等号,他们质疑人民民主模式是为了在中国推动民主,结束中国共产党的一党执政,在中国实现政治自由,他们并不关心实现多党竞争制度之后中国是否还能保证经济发展和政治稳定,政治体制改革本身就是他们的目的,这种思路可以被称作政治自由主义,在中国广大社会阶层尤其是知识阶层中具有广泛的影响。这两种思路一种将资本的经济利益置于国家和人民的利益之上,一种将某种政治理念的实施置于国家安全和社会稳定之上,都假设如果采纳另一种模式中国会发展得更好,而无视中国正是在人民民主这一政治制度之下取得了社会、经济双重发展这一举世瞩目成就的事实。

必须认识到加强民主话语权研究的迫切性。习近平总书记在2013年全国宣传思想工作会议(8·19讲话)上指出要有"新概念新范畴新表述",其实是很有针对性的战略思路。但是,在现实中,一方面执政者自己把民主口号喊得很响亮,比如"社会主义的本质是民主","民主是社会主义的生命",世界上没有哪个执政者像中国这样如此高调地呼喊民主,因为民主一直是反对派、弱者的武器;另一方面我们却没有自己的民主话语权,流行的或人们观念中的民主还是西式的竞争性选举,把选举等同于民主。结果,无论是国际社会还是国内的一般百姓甚至党内知识精英,都以选举为标准来衡量中国的民主政治。这无疑自己把自己置于被动境地。

为此,必须加强民主历史、民主实践和民主理论的研究,搞出原创性的民主理论话语,在民主领域出"新概念新范畴新表述"。事实上,当年美国的"选举式民主"就是针对"二战"后来势汹汹的社会主义运动即人民主权而搞出来的。结果,美国不但靠经济、军事、技术等"硬实力"与苏联对抗,更依靠自由、民主等"软实力"葬送了对手。

(2)中共党性与人民民主。别说中共不能变成美国式的多元主义政党,就是变成派别林立的国民党,那也将是中共的失败和人民民主的劫数。如本书多次指出的,人民民主的生命力来自党性与人民性的统一,来自共产党的代表性。和任何组织一样,政党组织也需要能量补充过程,否则就会呈衰竭之势。尤其是在从革命党转变为执政党之后，尤其是在市场经济的社会结构中执政时，对于一个已经有8000万以上党员的政党组织而言，如何"不忘初心"并保持列宁主义政党的纯洁性、先进性乃至组织性、纪律性，是自然而然的挑战。

对于一党执政的政党，团结性决定了政党的命运，苏共、国民党和中共都是如此。20世纪80年代因戈尔巴乔夫的政治改革引发了党内分裂，政治局委员叶利钦独立竞选俄罗斯共和国总统，开启了苏共失败的大门。国民党政权在大陆败于派系斗争，在台湾也失败于党内分裂，先是从国民党内分裂出来的"新党"，接着是宋楚瑜的"亲民党"，结果在2000年选举中国民党败于民进党。党内派系斗争，一直伴随着国民党。对于中共而言，党内团结一直是一大法宝，但是1959年庐山会议动摇了党内民主生活，进而"文革"使中共长期处于政治斗争状态，严重地削弱了为人民服务的能力。改革开放之后10年，党的团结又遭遇挑战，那就是1989年政治风波。之后，党进入了长达20年的政治团结，是这一时期改革突飞猛进的根本保证。但是，周永康事件、徐才厚和郭伯雄两个军委副主席事件、令计划事件、薄熙来事件、近百名将军腐败案等，都标志着党内团结受到严峻挑战。对此，习近平总书记这样直率地指出："党除了工人阶级和最广大人民群众的利益，没有自己特殊的利益。如果有了自己的私利，那就什么事情都能干得出来。党内不能存在形形色色的利益集团，也不能存在党内同党外相互勾结、权钱交易的政治利益集团。党中央坚定不移地反对腐败，就是防范和清除这种非法利益关系对党内政治生活的影响，恢复党的良好政治生态，而这项工作做得越早、越坚决、越彻底就越好。"① 这些利益集团的存在，表面上看是败坏了政治生态，根本上是社会结构利益集团，其对社会公正和人民主体地位的侵害的程度，决不能低估。前车之鉴，后事之师。

---

① 《中共十八届五中全会在京举行 习近平作重要讲话》，人民网（http://www.china.com.cn/cppcc/2015-10/30/content_ 36932828.htm），2015年1月13日。

苏共失败的原因很复杂，但其中一个重要教训就是特权阶层的利益集团化，这个阶层是后来改革的根本阻力，戈尔巴乔夫试图从根本上清除这个"制度性障碍"，但因改革战略上犯了颠覆性错误，结果导致全军覆没。①

为此，中共在 2015 年提出"四个全面战略"：全面实现小康、全面深化改革、全面依法治国、全面从严治党。在从严治党中，不仅要解决长期以来形成的形式主义、官僚主义、享乐主义和奢靡之风这"四风"，还要有向党中央看齐意识、守政治规矩、讲政治纪律、有政治立场和政治定力，以修复被破坏的政治生态。

从严治党的关键在于"关键少数"。"关键少数"的"上"是上层的团结，"下"是直接联系百姓的 2000 多个县委书记。如果上有团结的领导层，下有接地气即真正为人民服务的县委书记，中国政治发展的基本盘就不会出问题，不会被动摇。需要认识到，县级政府已经非常科层化了，焦裕禄这样的直接深入乡村、和民众打成一片的县委书记已经很少了。这是时代的产物。首先，县政府管理了若干"衙门"包括公安局、司法局、教育局等十几个"科级""局"，它们每天都要向县委县政府汇报工作以求"指示"；其次，县委县政府下辖若干乡镇，在中东部，县域人口大到 200 万，相当于一个小国的人口规模，小也有几十万。在这种规模和结构下，如何让县委书记和民众打成一片，确实是前所未有的挑战。对此，应该有专门的县委书记工作守则，规定每周有几天和百姓同吃同住同劳动，以确保党密切联系群众的"群众路线"发挥切实作用。

（3）官僚主义与人民民主。哪怕党性和人民性是一致的，也不可能消灭官僚主义。由科层制而产生的官僚主义是政治学上的老问题。我们知道，马克思、列宁划分阶级的原则是按生产资料占有即所有制为基础，在承认这一基础的同时，马克斯·韦伯又提出了"地位集团"概念作为马克思阶

---

① 杨光斌、郑伟铭：《国家形态与国家治理：苏联—俄罗斯转型研究》，《中国社会科学》2007 年第 4 期。

级分析的补充。所谓"地位集团"就是有特殊才干、技能而进入支配阶层的团体,比如中世纪时期的教士、各个时代的军人。阶级概念在不断发展着。十月革命后,托洛茨基提出了废除官僚专制的不断革命理论,这显然是对当时苏联体制的一种巨大挑战。在"二战"之后的社会主义阵营中,南斯拉夫副总统吉拉斯在20世纪50年代初出版了《新阶级:共产主义制度分析》一书,把苏联的特权阶层称为"新阶级"。社会主义国家普遍批判这本书,但是当时的中国并没有批判。毛泽东在1956年党的八大二次会议上指出,"我们一定要警惕,不要滋长官僚主义作风,不要形成一个脱离人民的贵族阶层。"显然,毛泽东已经看到等级化的科层制所形成的"官僚阶级"的可能,这大概就是其后来提出的"走资派"问题。新中国成立几年后,出于对等级化科层制的不满,毛泽东在"大跃进"时期创立了试图摆脱科学主义专家治国的党的一元化领导体制,就是建立各种直接对毛泽东个人负责的党的领导小组制度。但是,有了领导小组制度也不能没有国务院行政体制。

从中央到地方,行政体制由中央政府(包括国家部委)、省政府、市政府、县政府和乡政府构成,如此长的政治链条,必然出现传统上所说的"条块关系"。"条"是各级政府部门之间的关系,"块"是地方政府间的关系。这样,既可能形成"条"之间的张力和竞争关系,更可能形成"块"之间的张力尤其是竞争关系。在这种体制下,GDP主义的激励机制决定了地方政府的很多决策,比如将土地开发作为财政收入的主要来源,这个过程不但产生了大量腐败,也因非法拆迁直接侵害了百姓利益,抬高了居住成本,结果直接侵害了人民利益。

虽然官僚主义是一个古老问题,但是在政府依然控制最大资源如土地和项目审批权,同时又处于市场经济的时代,就更容易形成权力寻租和"官商同盟",这是对人民利益的直接危害。从报道出来的腐败案看,各级、各种规模的腐败基本上产生于行政审批和工程项目,大到刘志军这样的高铁案、小到一个县的腐败案,莫不如此。由此,才出现了审批权越多越大,

第四章 世界政治体系中的"逆势而上":人民民主的政治发展道路 | **227**

寻租概率越高的政治生态,从而导致国家发改委能源局和价格司几乎全军覆没(见表4-2)。

表4-2　　　　　　　　发改委部分因腐败落马官员

姓名	曾任职位	落马时间
刘铁男	发改委原副主任	2013.5
曹长庆	发改委价格司原司长	2014.8
刘振秋	发改委价格司原司长	2014.9
周望军	发改委价格司原副司长	2014.9
李才华	发改委价格司原副司长	2014.9
郭剑英	发改委价格司原副巡视员	2014.9
张东生	发改委财金司原司长	2014.8
熊必琳	发改委工业司原司长	2013.5
许永盛	能源局原副司长	2014.5
梁波	能源局电力司原副司长	2014.6
魏鹏远	能源局煤炭司原副司长	2014.5
郝卫平	能源局核电司原司长	2014.4
王骏	能源局新能源司原司长	2014.5
姚木根	多年任江西发改委主任	2014.3
刘学库	河北发改委原主任	2014.1
祝作利	曾任陕西发改委主任	2014.2
令政策	曾任山西发改委主任	2014.6

发改委"惨案"只有一个原因,政府职能与市场经济严重不对称,政府依靠其法定职权垄断了太多的资源。如果说改革开放之初的"总病根"是邓小平同志所说的权力过分集中,特别是书记这个一把手,而改革开放30多年后的中国的"总病根"则是市场化积聚的庞大资源又被国家所垄断,即政府资源垄断,否则很难想象怎么会有那么多的人如过江之鲫争当人民的"仆人"。为此,我们必须而且最好就政府资源垄断问题寻求解决之道。目前政府职能依然具有计划经济特征,其恶果便是利用公权力而设置进入市场的门槛

并"寻租",大大增加市场的交易费用。因此,必须从源头上截断权力。

掌握巨大资源的官僚制和新型社会结构中的资本力量结盟,不但危害着人民利益,还可能最终绑架根本政治制度——人民代表大会制度。

(4) 社会结构与人民民主。中共十六届四中全会的决定指出,改革开放以来,中国的社会结构发生了深刻变革,由此也发生了利益关系的深刻调整和政治观念的深刻变化。市场经济趋向的改革,必然带来利益多元化和社会结构的分化,形成历史上、理论上都讨论的而又难以避免的"强势""弱势"结构问题。也就是说,市场经济必然造就各国都有的以资本力量来讲政治的阶层,相应地也造就一个无权无势的"沉默的大多数"。这些年来,越来越多的群体前往毛主席故居进行瞻仰。这些变化其实是政治心理的写照,毛泽东是平等主义的象征,是民族精神的寄托,因此在民间社会把毛泽东像当作"神像"而祭祀。

与此同时,市场经济中已经形成一个强大了的资本力量集团,它们已经能呼风唤雨,巨大地影响着社会走向,比如"淘宝"所引导的消费主义。更重要的是,和其他国家一样,当资本集团强大到一定程度的时候,必然要在政治上发声或者寻求政治代理人,以更好地保护自己的利益或者更能够将自己的利益最大化。实现从资本力量到资本权力的转化机制之一就是选举政治,国外是这样,国内也是如此。

从湖南衡阳人大代表贿选案,到四川南充党委会贿选案,再到史无前例的辽宁省全国人大代表贿选案,都是经济权力直接控制政治权力的苗头。

特别值得研究的是辽宁省系列贿选案。辽宁省系列贿选案共有三起曝光,分别是2011年10月辽宁省委常委选举、2013年辽宁省第十二届人大常委会副主任选举和2013年辽宁省第十二届全国人大代表选举贿选案,尤其是第三例,牵涉广泛,引起中央震怒。2013年1月27日,第十二届辽宁省人大第一次会议第二次全体会议上,一共选出102位第十二届全国人大代表。其中,45名全国人大代表为通过拉票贿选违法当选,而当日投票的619

第四章　世界政治体系中的"逆势而上"：人民民主的政治发展道路 | **229**

名十二届辽宁省人大代表涉及的受贿人数多达 520 人，金额也十分惊人，有的行贿 400 多万元。第十二届全国人大常委会第二十三次会议依法确认 45 名拉票贿选的辽宁全国人大代表当选无效，认为："辽宁拉票贿选案是新中国成立以来查处的第一起发生在省级层面、严重违反党纪国法、严重违反政治纪律和政治规矩、严重违反组织纪律和换届纪律、严重破坏党内选举制度和人大选举制度的重大案件。案件涉及人数众多、性质恶劣、情节严重，触目惊心。""搞拉票贿选，是对我国人民民主代表大会制度和社会主义民主政治的公然挑战。"①

结果的分析更值得深思。辽宁省全国人大代表的指标人数为 102 人，若其中一半是戴帽指标，比如辽宁籍中央机关人员的人大代表，占辽宁省人大代表的指标，还有中央指定的行业性指标。这样，由辽宁省人大代表选举产生的全国人大代表仅 50 人左右，其中 45 人都是贿选上来的，而且这 45 人中，只有 2 人不是商人，43 人都是国企老总或者民企老板。

表 4-3　　　　辽宁涉嫌贿选的 45 个全国人大代表基本资料

序号	姓名	基本资料
1	于洪	男，汉族，中共党员，1958 年 2 月出生，葫芦岛宏跃集团董事长
2	王文良	日林集团董事长，1954 年生于辽宁省丹东市，2011《福布斯》中国富豪榜排名 190 名
3	王占柱	男，蒙古族，1957 年 10 月出生，中共党员，大学学历，工程师，曾任沈阳铁路局局长
4	王守彬	1947 年 1 月 25 日出生，中共党员，高级经济师。现任青花集团董事长、总经理、党委书记。大石桥市青花峪村党委书记、村委会主任。第八届、九届、十届、十一届全国人大代表。全国劳动模范，全国乡镇企业家。中国耐火材料行业协会会长，辽宁耐火材料工业协会理事长，营口市耐火材料行业协会会长

---

① 《辽宁贿选案性质恶劣，触目惊心》，《人民日报》2016 年 9 月 13 日。

续表

序号	姓名	基本资料
5	王宝军	生于1969年11月,辽宁葫芦岛人,清华大学经济管理学院工商管理专业毕业,现任宏运集团董事局主席
6	王春成	1963年出生,辽宁锦州人,辽宁春成工贸集团董事长,2008年起担任全国人大代表,2013年被选为全国人大代表
7	方威	1973年出生,辽宁沈阳人,辽宁方大集团实业公司董事局主席
8	包紫臣	男,蒙古族,辽宁沈阳人,1951年7月出生,现任本溪矿业集团有限责任公司董事长
9	曲宝学	男,汉族,1968年10月生,辽宁盘山人,长江商学院工商管理专业研究生毕业,辽宁宝来石油化工集团董事长
10	朱景利	汉族,1964年7月出生,中共党员,高级工程师,2007年北京化工大学博士毕业,中国石油辽阳石化分公司总经理、党委副书记
11	刘云文	男,汉族,籍贯为辽宁辽阳人,1960年2月出生,中共党员,中国兵器北方华锦化学工业集团有限公司[原名辽宁华锦化工(集团)有限责任公司]总经理
12	刘芝旭	男,汉族,辽宁沈阳人,1954年9月出生,中共党员,硕士研究生,中兴—沈阳商业大厦(集团)股份有限公司第五届董事会董事长、总经理(兼)、董事会战略委员会主任委员
13	刘清莲	女,汉族,中共党员,大专,辽宁省凌海市达莲海珍品养殖有限责任公司总经理
14	刘福祥	阜新矿业(集团)有限责任公司董事长、党委书记
15	齐牧	男,汉族,河北平山人,1962年10月出生,中共党员,毕业于北京理工大学工商管理专业,硕士研究生学历,博士学位。中信锦州铁合金股份有限公司总经理
16	孙寿宽	男,1949年10月出生在辽宁大石桥,毕业于辽宁科技大学硅酸盐专业,辽宁嘉晨集团有限公司董事长
17	李玉环	女,辽宁省兴城市人,1964年2月出生,满族,凯森蒙集团有限公司法定代表人,总经理
18	李东齐	男,汉族,安徽芜湖人,1960年1月出生,中共党员,曾任沈阳中—集团董事长

续表

序号	姓名	基本资料
19	李海阳	男，1971年1月出生，毕业于北京工商大学（原北京商学院）管理系，美国Lawrence Technological University 工商管理学硕士，经济师。辽宁曙光汽车集团股份有限公司董事长、总裁，兼任辽宁曙光实业集团有限责任公司董事长
20	杨敏	抚顺罕王集团董事长，2005年度全国十大经济女性。2006年在中国私营企业纳税百强排行榜中，罕王集团名列第十一，当选为第十一届全国人大代表，一次荣获全国五一劳动奖章，两次荣获全国三八红旗手，荣获全国百名"优秀社会主义建设者"称号
21	何著胜	海城市后英镁砂集团总公司总经理，1991年和1995年连续两届被农业部授予"全国乡镇企业家"光荣称号
22	冷胜军	男，汉族，1963年出生，曾任大连石化公司总经理、党委副书记
23	宋树新	男，汉族，山东蒙阴人，1959年出生，中共党员，毕业于鞍山钢铁学院冶金机械专业，大学本科学历，葫芦岛七星国际投资集团有限公司董事长兼总裁
24	张文成	男，1947年3月出生，兴城市四家屯街道四家村党总支书记，四家村企业集团股份有限公司董事长兼总经理
25	张玉坤	女，1956年2月出生，大学学历，高级经济师，盛京银行党委书记、董事长、行长
26	张占宇	凌海电力集团董事长，从2000年开始兼任凌海市三台子镇小上五旗村党支部书记、村委会主任，连续当选第十届、第十一届、第十二届全国人大代表
27	张国军	男，辽宁万华集团有限公司董事长
28	张素荣	女，鞍山华夏巾帼社区服务有限公司总经理、鞍山家庭服务业协会会长，当选为第十一、十二届全国人大代表
29	张振勇	1960年出生。大学学历，高级工程师，凌钢集团股份公司董事长、总经理、党委副书记
30	张晓芳	女，汉族，1960年10月出生，教授级高级工程师，工学博士，本钢集团有限公司董事长、党委书记
31	张铁汉	男，鞍山宝得钢铁有限公司党委书记、总经理，捐资近8000万元用于扶贫帮困、助学敬老，连续三年被国家民政部授予全国爱心捐助奖。2010年获"全国劳动模范"称号

续表

序号	姓名	基本资料
32	金占忠	男，满族，1962年12月出生，辽宁法库人，创办辽宁铁岭市金都集团并任董事长、总经理
33	柳长庆	男，出生于1952年12月，辽宁科大聚龙集团董事局主席、辽宁科技大学教授
34	姜秀云	辽宁省委组织部干部一处调研员
35	姚庭财	男，汉族，辽宁新民人，1957年5月出生，中共党员，辽宁华福印染股份有限公司总经理
36	耿洪臣	男，汉族，河北霸州人，1963年7月出生，中共党员，现任北方重工集团有限公司董事长
37	高宝玉	1954年出生于辽宁台安，辽宁省营口港务集团有限公司原董事长、党委原书记，2014年贿选案时的情况
38	郭光华	男，1964年4月出生，中共党员，辽宁省锦州新华龙实业集团有限公司董事长
39	常薇	女，汉族，河北省人，1963年4月出生，营口城市规划设计院院长
40	韩有波	男，回族，辽宁庄河人，1960年11月出生，中共党员，毕业于法国南锡高等矿业学院产业现代化专业，研究生学历，工程硕士学位，教授级高级工程师。2007年7月起，任中共铁岭市委常委，铁煤集团董事长、党委书记、总经理。2009年1月，经辽宁省委、省政府批准，以铁煤集团为基础，成立辽宁铁法能源有限责任公司，任董事长、总经理，兼任控股子公司铁煤集团董事长、总经理
41	惠凯	生于1964年9月。大连理工大学管理科学与工程专业博士学位、美国罗斯福大学工商管理专业硕士学位，任大连港集团有限公司党委书记、董事长、执行董事、提名及薪酬委员会委员，兼任东北亚现货商品交易所有限公司等公司董事长
42	谢文彦	历任辽河石油勘探局局长助理、中国石油辽河油田公司总经理助理、副总经理、总经理

第四章 世界政治体系中的"逆势而上"：人民民主的政治发展道路 **233**

续表

序号	姓名	基本资料
43	谭文华	锦州阳光能源等七家公司董事长、十一届全国人大代表、2015年"全国劳动模范"荣誉称号获得者
44	燕福龙	汉族，1960年12月生，毕业于中国人民大学工业经济专业，研究生学历，曾任国家电网公司辽宁省电力有限公司总经理。2014年8月，因涉嫌严重违纪违法问题被国务院国资委纪委立案调查。2014年12月，因涉嫌受贿犯罪被逮捕
45	魏立东	男，中国石油天然气股份有限公司锦州石化分公司总经理，2016年全国"五一劳动奖章"获得者

　　本书已经指出，国家权力由政治权力（在中国就是党的领导）、资本权力和社会权力构成，西方政治学理论把资本权力打包处理，包装在社会权力之中，与政治权力相抗衡。其实，资本权力哪能等同于一般民众的社会权力？商人的权力是资本权力而非社会权力，上述行贿当选的"代表"代表的正是资本权力。资本权力很容易和政治权力形成同盟关系，正如很多国家的情形所展现的。也就是说，如果没有代表人民性的中国共产党，中国将和其他国家没有什么区别，政治权力都会变成资本权力的傀儡。中国已经发生的故事告诉我们，当一些读书人在鼓吹去政党化的政治自由时，到底是在为自己的利益鼓吹还是在为资本权力说话。

　　（5）民主不足与人民民主。根据前述的"世界价值观调查"的概念，"自我表达型价值观"驱动下的民主化政治并不必然导致好民主和良政，很多时候是坏民主和劣政。即便如此，还是阻挡不了人们高涨的政治参与热情，执政者治理得再好，百姓还是要自主地表达利益诉求，比如新加坡和中国香港的情况。比较而言，中国内地不具备民主政治的同质性条件：外部有"台独""港独"势力，内部有"疆独""藏独"势力；意识形态上左右对立严重，不存在基本的政治共识；社会结构上城乡二元化，严重不平等。在这种异质性的国情里搞竞争性选举即党争民主，结果是可以预期的。

为了避免坏民主和劣政的出现，必须创新民主政治的形式。在这个方面，中共中央第十八届三中全会关于全面深化改革的决定指出，建立全方位、各个层次的协商民主制度。这是一个好的设计，也可以作为一种替代竞争性选举的民主形式。但是，应该看到，这是一种弹性的、实行起来比选举民主更难的民主形式。更应该看到，在所有的改革规划中，建立协商民主制度是最困难的领域。即便如此，为了避免竞争性选举即党争民主带来的劣政，执政者也必须下大功夫建设协商民主制度，以有效地将社会需求和社会参与纳入决策过程之中。

在建设民主政治、完善民主形式的过程中，党的领导须臾不可或缺。很多国家的民主政治实践经验告诫我们，民主形式越发达，政府越是难以施政，因为民主形式为各种利益集团所绑架，既有辽宁贿选案中的资本权力集团，也有各种包括家族势力和宗教势力的地方势力的介入，结果民主选举、公民社会组织等反而成为强化旧的社会结构的新形式而已，这一点在印度、孟加拉国、巴基斯坦等南亚国家，在非洲和拉丁美洲，都是如此，选举政治强化了亨廷顿所说的"普利夺社会"和米格代尔所说的由军阀、地主、部落酋长、商人所构成的"强社会"。

在"强社会"的社会结构中，"人民"不过是原子化个人，其地位如鱼虾，选举权只不过一种象征性安慰。后发国家普遍呈现"强社会"结构，因此特别需要一支能够制衡各种"强社会"的政治力量，在中国就是共产党，这一点连国民党都不能胜任，因为国民党本身是各种"强社会"的大杂烩。也就是说，如何在发展民主政治中保持共产党的领导，是未来中国政治发展的关键所在。

第 五 章

实现人民民主的政治制度：民主集中制

作为"人民主权"的人民民主既是制度也是价值，但价值意义更大，或者说人民民主是价值上的民主模式（民主的价值模式）。问题是，现代性政治就是人民性政治，是大众权利政治，因此自卢梭提出"人民主权"以来，各家各派的民主都号称是人民的民主。英国人潘恩在《常识》中讲"人民主权"而鼓动美国革命，但是美国独立后在立宪过程中则把潘恩排除在外，不满于英国贵族制的潘恩不得已又落魄地回到故乡，在寂寥中黯然离世，美国人建立的是一种潘恩所反对的"防止多数人直接参政和管理的政府"，号称"复合共和制"。法国大革命更是以卢梭思想为旗帜而攻占巴士底狱，但是"人民主权"思想变成了广场政治，身首异处由欢呼声决定，"人民主权"实验变成了后人多恐惧的"暴民专政"。"二战"之后，世界进入了冷战政治即宗教式的意识形态战争，"人民主权"在自由主义民主理论那里被改造得面目全非，以自由主义的民主在理论上系统地替换了一直以来以多数人统治为中心思想的"民主"。在非西方国家，作为现代性价值的"人民主权"也有一个如何落地的问题，虽然非西方国家的阶级革命或者民族解放政治的主题都是全体人民。

在这种语境下，以工农为主体的中国革命，是一种典型的人民革命、一种人民主权的斗争。但是，革命之后也有一个如何安顿或者如何实现"人民主权"的政体性制度问题。沿着十月革命的道路，中国共产党实践人民民主的制度自然是民主集中制。但是，同样都是民主集中制，中国的显然不同于苏俄的，可谓形似而魂不同。一个显见的不同是，中国的民主集中制之上还有一个中国自古以来的民本思想之魂，而苏俄的则更多的是一种直接的权力组织形式；另外一个不同是，奉行民主集中制的中国共产党的族群构成高度单一化，即基本上是以一个民族为主，而在苏俄，俄罗斯人占整个苏联人口的比例是44%，俄罗斯人在布尔什维克中占42%，大多数布尔什维克来自其他族群。① 族群之间的张力直接冲击着民主集中制，苏联解体首先源自民族主义势力的撕裂。因此，绝不能因都是民主集中制政体而给中国政治戴上"苏联模式"的帽子，也不能将苏共不堪之命运比附于中国共产党。

理论是实践经验的结晶。中国走到今天，已经大大冲击了我们所熟悉的很多理论，因此解释中国发展经验的"中国模式"争论随之而来。我坚定地认为，中国模式的内核就是民主集中制，历经革命时期的1.0版、新中国前30年的2.0版和改革开放以来的3.0版。然而，国内外关于民主集中制的理论研究则完全滞后于中国的实践，这里对民主集中制在理论上做出新的解释，对民主集中制所体现的制度维度做出新勾画。

◇ 第一节　辩论"中国模式"

中国研究一直是海内外知识界重要的学术传统和研究领域之一，最早的中国研究可以追溯到早期的汉学研究（sinology），尤其在鸦片战争之后伴随着国门"被"打开，西方传教士和学者们出于对中国传统文化的感知和兴趣，来到中国对于中国的历史文化、人文风貌展开研究，为西方读者展现了古老中华文明的独特风貌。"二战"之后，世界政治进入了新的秩序范

---

① 赵鼎新：《历史社会学视野下的政党与政党发展》，2016年10月10日在中国人民大学国家发展与战略研究院的讲座。

畴，西方学者在高度意识形态化的学术研究背景下兴起了所谓"现代中国研究"（modern China studies），他们从现实的政治、外交问题等入手，分析中国的政治、经济和社会发展情况，形成了以费正清为代表的"冲击—回应"、列文森为代表的"传统—现代"和柯文为代表的"在中国发现历史"三种主流研究路径。

改革开放以来，中国的经济社会快速发展，取得了举世瞩目的巨大成就，吸引了无数海内外学者的关注，学者们发现中国的改变已经不再是对外部冲击的回应，更多地需要从中国自身出发寻找内在原因，"以中国为方法"探求中国社会经济迅速发展的理论依据。在微观层面，不少学者进行深入的田野调查，希冀通过对中国经济社会发展现实的深入了解发现市场经济、社会内部、乡村建设等方面的发展原因，并从制度的背后了解中国发展的深层次文化因素。在中观层面，学者们通过对党政关系、国家与社会的关系、中央与地方的关系、政府与企业的关系在纵向和横向上进行思考，也从全球化角度对中国的制度转型加以解释，希望在中观制度层面对于中国经济社会的发展脉络做一个大致的梳理。上述两个层面的研究在学界已经不胜枚举，而且有许多值得关注和继续学习探索的研究，但仅靠各个不同专门领域的研究是无法整体概述出中国政治和经济社会发展原因的，因此在不少海内外学者看来只有从宏观入手加以整体的概述，描绘出中国发展图景的整个轮廓，理清中国内在发展和演化的景象，将中观和微观的理论成果加以总结推而广之，才能很好地解释中国快速发展的改革轨迹，因此，提炼出属于中国发展模式的概念性质，就成了学者们在宏观层面追逐的目标。

一 中国模式概念的提出

关于中国模式的讨论早在1992年邓小平同志发表南方谈话之后就开始

了，不过当时更多地以"中国特色"这一名词作为国内外关注的理论热点话题，这不仅反映出中国改革开放的成就对于国外学者的深刻影响，同时也让西方学者逐渐意识到原有的理论范式无法完全解释中国成功崛起的内在因素，以前在西方用于讨论中国的语言已不再适用，而要研究中国，必须以"中国为方法"，具有"中国眼光"，重视中国的发展经验。

中国模式的概念成为国际瞩目的焦点。在美国高盛公司高级顾问乔舒亚·库珀·雷默发表关于中国模式的文章之后，国外学者对于中国模式的研究进入了一个新的高潮。雷默在 2004 年发表题为"北京共识"的报告，第一次正式提出了"北京共识"的概念，与日益走向没落的"华盛顿共识"相比，雷默认为"北京共识"有可能成为其替代者。[①]雷默把"北京共识"和中国模式等同起来，认为中国的改革在实现经济增长的同时保持了国家发展的独立自主，相反，按照"华盛顿共识"走"西方教条式"发展道路的后发第三世界国家却陷入了先发达资本主义国家设下的"全球化陷阱"之中，由此雷默认为，"北京共识"在"华盛顿共识"逐步消失之后可以给世界发展带来新的良方和希望。"北京共识"一经提出，就受到了海内外学者的高度关注，显然这一概念的提出有着浓厚的政治背景，以中国经济取得巨大成就的视角来看，潜在地显露出中国经济社会发展对西方资本主义现存秩序造成了巨大挑战。

在经济上，中国迎来了三十多年的高速度增长，GDP 一跃成为世界第二，综合国力得到大幅度提升；在社会上，中国中产阶级规模开始逐步壮大，逐渐较为稳定，社会保障体系也逐步完善；在政治上，中国的体制转

---

① Joshua Cooper Ramo, "The Beijing Consensus", Foreign Policy Centre, 2004. "华盛顿共识"源自撒切尔和里根在上台后对英国和美国的经济结构做出的一定程度的重整，从而影响到整个 20 世纪 80 年代西方国家的经济思维革命，通过实行"大市场、小政府、轻赋税"的"新自由主义改革"一举解决了西方国家在两次石油危机之后的"滞胀"局面。这种"新自由主义"路线最后被升华为"华盛顿共识"，并被国际货币基金组织和世界银行在全世界推销，一时间被大多数发展中国家奉为圭臬。

型过程并没有像西方学者预计的那样在变革中崩溃,反而越发有生命力,治理能力和治理体系向现代化全面推进。丁学良就从政治、经济和社会三个方面概括出了中国模式是"国家政权、国民经济、民间社会"三大块的联结体,并认为中国模式应该定位在政治经济学的领域范围内讨论政治与经济的关系。① 但丁学良对于中国模式的概述割裂了改革前后三十年的关系,也割裂了革命历史演化的逻辑,显然这样的历史观是值得商榷的。美国著名中国问题专家黎安友(Andrew Nathan)教授也指出,在中共十六大顺利召开之后,中国共产党和国家领导制度在权力交接过程、干部晋升改进、官僚机构差别化、大众参与和诉求渠道拓宽四个方面实现了制度化,并认为中国共产党通过一系列改革全面地使政权得以稳固和加强,因此他把这一套政治模式称为"有韧性的威权主义"②。美籍日裔学者福山相当重视中国改革以来的发展经验,也承认确实存在一种独特的中国模式,而且这样的中国模式与中国政治文明的独特传统对于亚洲地区的现代化发展产生了深远的影响。福山认为中国模式包括了市场经济、一党执政的威权政府、出口导向的发展战略以及相对有能力的国家,据此福山指出,政治上的威权主义和经济上的自由开放相结合使得中国的发展模式取得了空前的成功,在他设计的衡量各国治理状况的坐标系中,中国就处于国家能力强而程序约束弱的一端,而美国则正好相反。但福山仍然没有放弃他的核心理念:自由民主体制之外的现代化模式迟早会面临着民主化的压力。他进而强调,这样的中国模式一是单纯依靠出口导向实现经济发展,二是在政治体制上缺乏对下负责的责任体制导致政府无法始终保持高质量的治理能

---

① 丁学良:《辩论"中国模式"》,社会科学文献出版社 2011 年版,第 11 页。
② Andrew Nathan, "China's Changing of The Guard: Authoritarian Resilience", *Journal of Democracy*, Vol. 14, No. 1, (January 2003), pp. 6–17.

力，所以福山认为中国的发展模式既不可持续，也难以被其他国家复制。[1]

在西方学者找不到更好的概念描述出中国经济社会发展和政治转型的过程，也找不到中国发展面临的体制机制弊病时，他们发现他们给中国扣的所谓概念帽子根本无法解决现实问题，无法指明中国面临的现实矛盾，于是转而从对中国体制机制的"病理学分析"转向对中国经济社会发展和政治体制运行的"生理学分析"，把目光的焦点对准中国的改革经验，对其进行经验性研究和高度的理论概念概括。这就是为什么"北京共识"一经雷默提出就引起了海内外学者高度关注的主要原因，西方学者把"北京共识"等同于中国模式，认为搞明白了中国三十多年的发展模式，就能摸清楚中国政治体制运行机制这头大"象"。

二 中国模式的研究主题

（一）改革开放与经济腾飞

关于中国模式的讨论首先是从总结中国经济发展的巨大成就展开的。许成钢和魏兹曼曾在1994年提出了一个关于"中国模式"的悖论：按照一种形式标准的主流产权理论，这里所说的"中国模式"应该是一种引起经济灾难的、极端不现实的方案，在现有的产权结构下，乡镇企业应该是没有效率和无人负责的。[2] 这两位学者在20世纪90年代提出的这一悖论，事实上代表了西方学术界在经济方面对于"中国模式"为何能够取得成功的普遍困惑。

对于中国的经济腾飞，不少学者认为中央政府主导下的渐进式经济改

---

[1] Francis Fukuyama, "What is Governance", *Governace*, Vol. 26, No. 3 (March 2013), pp. 347 – 368.

[2] M. Weitzman and Xu, "Chinese Township Village Enterprises as Vaguely Defined Co-operatives", *Journal of Comparative Economics*, Vol. 18, No. 2, 1994.

革充分发挥了中国的比较优势,在利用好要素禀赋的比较优势下,形成了中国经济的跨越式发展,这是中国经济模式的主要特征。林毅夫就把中国三十多年来的经济成就定义为中国的奇迹,并认为中国取得巨大经济成就的背后源自发展战略和经济改革的成功,中国通过选择"比较优势战略",走出了一条不同时段内符合自身比较优势的要素禀赋结构的发展道路,从而实现了竞争优势。[1]

另一部分学者则从地方竞争的角度入手,以政治经济学的分权理论为基础,认为中国政府实行的财政分权所引发的地方政府"锦标赛"式的竞争是中国经济实现快速增长的主要原因。钱颖一等就认为,地方分权的一党体制通过引入地方政府间竞争提高了中国体制内的创新能力,促进了私营经济的发展,成为中国经济发展的主要引擎,所以在中国市场上竞争的主体与其说是一个个企业,倒不如说是一个个地方政府,中国的市场经济是由地区间的竞争推动的;同时,地方分权的一党制体制还鼓励各省在基础设施、外商直接投资等方面展开竞争,促进中国经济的长期繁荣。[2]

以上这几种主流的解释,虽然得到了学术界的热烈讨论和一致认可,但是并不能充分回答西方学者在经济方面对于"中国模式"的困惑,因为他们的不同解释都是从政策实施角度出发,而没有从宏观制度入手对体制模式进行制度演化层面的分析,从而也就无法全面地提升并归纳"中国模式"在经济方面的大致框架。

对于中国经济模式的制度性总结,郑永年教授首先批驳了"国家资本主义""权贵资本主义"等西方学者给中国经济发展模式的定义和称呼,也不赞同部分学者简单地把国有部门发展与市场经济相结合起来的片面看法。

---

[1] 林毅夫、蔡昉、李周:《中国的奇迹:发展战略与经济改革》(增订版),格致出版社2014年版,"序言"第18、19页。

[2] Qian Yingyi and Barry R., "Weingast: Federalism as a Commitment to Perserving Market Incentives", *The Journal of Economic Perspectives*, 1997.

他认为："大家说中国的转型经济就是从计划经济到市场经济、从国有经济到私营经济，这就没有看到中国经济秩序的本质，全面的国有化和全面的私有化都不是中国经济的常态，混合经济秩序才是中国经济的常态，因此从概念上来说中国是'政府内市场'（market in state），而美国是'市场内政府'（state in market）。"① 胡鞍钢等也认为，中国社会所具有的差异性、多样性基本特征，决定了混合型的经济结构最符合中国国情，而这样的混合经济体制对于世界也具有巨大的外溢性，通过在国际大舞台上"两条腿走路"，中国的混合经济模式有着巨大的机遇和足够的发展空间。因此，混合经济模式就是中国经济模式的最大特征。② 可以说，正是采取了混合经济模式，中国政府实现了"顶层设计与地方创新"相统一，解决了中国经济发展中政府与市场、中央与地方之间的内在张力。在经济绩效的推动下，中央政府有强烈的意愿进行自上而下、从整体到局部的改革发展，不断克服政治、经济和社会领域的困难和障碍，同时大力鼓励地方创新，探索适合本地发展模式的独特路径，从而激发了地方经济发展的活力和积极性，这样在混合经济模式的宏观架构上中央与地方各省一起联动，使得中国改革取得了巨大的成功。

（二）一党执政与政治发展

经济快速发展的背后是良好政治制度所提供的稳定政治秩序，尤其在2008年全球遭受严重的金融危机影响之后，中国经济发展背后的政治因素成为海内外学者关注的焦点，学者不再单纯地只是归纳中国经济发展的成功之道，而更希望从政治层面探讨中国模式形成的内在机理。

郑永年教授不赞同将中国模式过于政治化，认为对于中国模式高度意

---

① 郑永年：《中国崛起：重估亚洲价值观》，东方出版社2016年版，第137页。
② 胡鞍钢等：《中国国家治理现代化》，中国人民大学出版社2014年版，第141—161页。

识形态化的讨论显然不能帮助学者们对中国模式的优势和劣势进行充分的认识,为此他指出中国的发展经验就是所谓的中国模式,并试图从历史演化的逻辑勾勒出这样一个经验脉络。他把政党对于国家的主导以及由此而形成的党和国家领导体制比喻成"组织化皇权",认为传统皇权和现代党权都是中国社会的整合力量和中国大一统文化的政治表现,也是贤能政治的制度承载,而列宁主义政党在组织和意识形态两个方面都被中国的政治精英所认同,并且有着更为广泛的组织基础和更为强大的渗透能力。[①] 通过梳理现代党权的发展脉络,郑永年教授进而对中国模式给出了自己的判断,他认为中国模式的核心是中国的政治和经济体制,政治上是开放的一党制下形成的"内部多元主义",而经济上是混合经济模式。但历史没有终结,这样的中国模式是开放的,也需要不断进行渐进性的改革,为此他指出中国的改革发展需要经历经济、社会和政治"三步走"的改革过程。正是因为这样的模式还有尚待改进的弊端,他认为或许采用中国经验这样去政治化的描述更为恰当,对于中国模式过分道德化的审美趣味解读无异于进行"捧杀"。[②]

王绍光教授则从本体论、价值论和认识论的不同角度对于中国模式有一个很好的总结。他首先指出了中国经济社会发展的客观事实,在经济增长、消除贫困、人类发展指数上的成就是巨大的,所以他在本体论意义上承认中国模式的存在,并更愿意把中国模式称作中国道路,进而他在价值论上认为中国这样一条发展道路是值得被推广的,特别是中国在公共政策、社会领域方面的改革经验是完全有资格向外推介的。在认识论意义上,王绍光教授认为必须要有一个对于中国式发展道路的理论性解释,在宏观上解释清楚存在中国模式。他批评了一些对于中国模式持保留意见的学者的

[①] Zheng Yongnian, *The Chinese Communist Party as Organizational Emperor: Culture, Reproduction and Transformation*, London and New York: Routledge, 2010.

[②] 郑永年:《中国模式:经验与挑战》,中信出版社2016年版。

观点，指出他们只把关注点放在中国的政治体制上，总认为只要建立一个多党竞争选举的体制就能解决中国社会存在的所有问题，他把这种典型的西式思维方式称为"政体思维"，并指出这种"政体决定论"的意识形态观点拿来分析中国政治模式显得方枘圆凿。为此，王绍光教授提出了"政道思维"，强调要把着眼点放在政治秩序的实质和治国的理念方式上，强调不要一味地盲从西方理论家的"政体思维"，从而只关注政治体制的形式而不关注政治体制运作的目标和途径，或许用"政道思维"来观察中国政治，会有不同的感受。①

与此同时，不少学者尤其是海外学者把视角放在了中国民营经济的发展与中国民主化进程之间的关系上，结果却发现新兴企业主们伴随着资产规模的扩大并没有谋求与执政党和政府相对抗，相反，他们被中国共产党吸纳进入政治体制之中，形成了新的中国政治经济发展模式。狄忠蒲考察了中共在吸收民营资本家入党方面所作的努力，他认为"三个代表"理论的提出扩大了中共执政的基础，显示出了中共极强的调适能力，企业家们也愿意加入和支持中国共产党，这种全新的政策创新模式取得了极大的成功。② 蔡欣怡对于中国民营企业家的深度田野考察也印证了狄忠蒲的观点，她在结论中认为，改革开放以来市场的发展并没有给中国带来民主，私营企业家不太可能要求政权变革，即便民主化在中国发生，也不可能是由一群私营企业主主导的，他们改变政府议程设置的方式不是通过民主而是通过一种"适应性非正式制度"。③ 可以看到，中国政治的发展模式颠覆了巴林顿·摩尔、熊彼特等人关于"资产阶级带来民主""现代民主是资本主义

---

① 王绍光：《中国·政道》，中国人民大学出版社 2014 年版。
② Bruce Dickson, *Red Capitalists in China: Party, Private Entrepreneurs, and Prospects for Political Change*, Cambridge: Cambridge University Press, 2003.
③ [美]蔡欣怡：《绕过民主：当代中国私营企业主的身份与策略》，黄涛、何大明译，浙江人民出版社 2013 年版。

发展产物"等论断,也与李普塞特、派伊等现代化理论家逻辑下的经济发展带来政治自由的观点南辕北辙。因用西方传统理论模式解释不清中国政治经济发展的经验,部分海外学者不得不把这样的实践经验称为一种独特的中国模式。

可以说,实践经验证明中国的政治发展模式既没有走封闭僵化的老路,也没有走改旗易帜的邪路,更没有犯所谓的"颠覆性错误",实现了在不根本性地改变中国共产党一党执政的情况下达到高速经济增长的目的。黄宗良教授认为"中国模式"的关键在于符合了中国国情,契合了中国的历史传统和发展程度,并一直具有开放性的特征。[①] 可以看到,如果简单地把中国改革开放看作新自由主义经济发展模式下"私有化"加"自由化"的产物,那么就很难理解为何世界上推行私有制和市场制的国家那么多,却很少见到像中国这样实现了三十多年高速度发展的国家。"中国模式"通过强调政府的作用,强调经济发展先于公民权利与民主化的发展,强调有选择地学习西方的经济和政治制度,不断完善与发展了国家治理体系,兼顾了制度创新与制度延续,从而展现了良好的国家治理能力。

(三) 历史传统与社会文化

中国两千年大一统国家的政治形态孕育了独特的中华文明,"百代犹行秦法政",自秦汉以来儒法合一的官僚制政治体系一直是中国历史发展的主轴,而如今这样的大一统国家体系又与现代化建设紧密结合,为中华民族伟大复兴提供坚强的保证。不少学者尤其是国内学者在"以中国为方法"的身份意识和问题意识下,更加重视基于中国自身文明性和历史经验所进行的高度概括,从而总结中国经济社会发展对于中国乃至世界的实践价值。

张维为把中国模式的成就看作一个"文明型国家"的崛起,并归纳了

[①] 黄宗良:《从苏联模式到中国道路》,北京大学出版社2014年版。

"文明型国家"的八大特点(超大型的人口规模、广阔的疆域领土、悠久的历史文化传统、丰富的文化积淀、独特的语言、独特的社会、独特的经济、独特的政治),尝试性地描绘出中国模式的文明价值内涵。① 潘维同样指出,中国模式的基础来自中华文明的延续性,必须横贯中华文明几千年的历史去研究这样一个模式的内涵意义,而"人民性"即中华"百姓福祉"是中华文明延续下来亘古不变的传统,正是对于"人民性"的强调构成了中国模式由民本政治、社稷体制、国民经济三位一体组成的结构。②

在文化方面,学者们通过对中国几千年的文化传统考察,探寻中国发展模式的独特因素,他们首先发掘了民本主义贯穿在中国模式中的重要价值。朱云汉教授在研究社会主义的中国模式兴起的时候就指出,中国传统的政治观念一向重视"民惟邦本"的"民本主义",而在这一观念的基础上,力求"民享"。换句话说,中国的社会主义民主,特别看重"民享",而不采取有碍"民享"的"选举民主"或"民粹导向"的"民治"。③ 贝淡宁从"民本主义—贤能治理"的角度思考了中国模式形成的内在因素,他将中国模式界定为"顶层的贤能政治、中层的实验和基层的民主制"三者的有效结合,并认为中国政治体制的巨大潜力和经济增长活力蕴藏在伟大的儒法哲学文化基础上,形成了一种特殊的"民主贤能制模式"。不同于西方的选举式民主,"贤能政治"(political meritocracy)的治理模式将选举(election)与选拔(selection)相结合,有助于中国在传统基础上建立强大而有力的政治体制,并不断回应人民的诉求。④ 姚洋则对民本主义下的精英

---

① 张维为:《中国震撼:一个文明型国家的崛起》,上海人民出版社2011年版。
② 潘维:《人民共和国六十年与中国模式》,生活·读书·新知三联书店2010年版,"序言"。
③ 朱云汉:《高思在云:中国兴起与全球秩序重组》,中国人民大学出版社2015年版。
④ Daniel A. Bell, *The China Model: Political Meritocracy and The limits of Democracy*, Princeton University Press, 2015.

治理有着很好的总结,他认为中国在过去三十多年发展的成就得益于一个中性的政府,这个中性政府不代表任何利益集团的利益,因为组成中性政府的政治精英们更加关心人民整体的利益,从"民本主义→贤能治理→中性政府",民本主义的关怀最终推动了中性政府的形成,而中性政府就是中国模式的最大政治优势。①

在另外一个角度,也有许多学者从中国传统文化中的"天下观"的角度考察了中国模式的特征,将民本主义与天下观结合起来,来解释当代中国社会主义的特色发展道路,意在寻求与西方普世价值观不同的意识形态,体现出中国模式在文化方面的内在意涵。"天下观"或者说是"天下体系"理论,是中国古代政治哲学以及政治实践中一以贯之的世界观,是王道哲学中不可或缺的一部分,也是中华古代农耕文明直至近代中国革命与建设的漫长历史进程中一直延续的民族精神精髓。王赓武就指出,正是"天下"的概念让中国人可以将这些要素编织成一种单一的历史叙事,在这种叙事中,文化成功地塑造了中华文明,并将之转化为中国人的价值,这样的价值就是对强政府、国家地位、天下一统等行为的认可。②赵汀阳对于中国传统文化中的"天下观"有一个很好的总结,在赵汀阳看来,"中国的世界观,即天下理论,是唯一考虑到了世界秩序和世界制度的合法性理论,因为只有中国的世界观拥有'天下'这个级别上高于/大于'国家'的分析角度"③。

文化主义是理解中国模式必不可少的视角。"二战"之后的比较政治学先后研究公民文化(阿尔蒙德等)、价值观表达(英格尔哈特)以及社会资

---

① 姚洋:《中国模式及其前景》,《中国市场》2010年第24期。
② [新]王赓武:《更新中国:国家与新全球史》,黄涛译,浙江人民出版社2016年版。
③ 赵汀阳:《天下体系——世界制度哲学导论》,中国人民大学出版社2011年版,第3页。

本（普特南），所有这些都是围绕"民主化"这个主题而展开的。问题是，即使形成了有助于民主化的政治文化，很多国家因此而发生了民主化转型，但为什么依然是无效的民主和无效的治理？说到底是文化和社会结构问题。为了回答这一根本问题，沿着托克维尔—韦伯式的文明研究，我提出了"中华文明基体论"，中华民族的"基因"至少包括：不变的语言文字与华夏民族；国家大一统思想和治国的民本思想；行政体制的郡县制、官僚制和选贤任能；文化上的包容与中庸之道；社会生活的自由与自治，以及家庭伦理本位，等等。这些"基因"代代相传于、内化于生活在固定疆域内的华夏民族血液中，因而构成了延绵几千年的中国文明共同体，从而可以称中国为"中华文明基体"，即由文明基因构成的一个共同体。① 因为中华文明是世界上唯一的未曾中断而延续至今的强大文明，由此可见其生命力及其对现时代中国的影响。

三 被神话的中国模式？

尽管自从"北京共识"、中国模式被提出之后有相当多的学者肯定这样概念的存在，但是仍有不少学者认为，中国模式是被神话的概念，与20世纪70年代曾经提出的日本模式、东亚模式、拉美模式一样，是经济高速增长下意识形态的产物，伴随着经济增速的下滑、社会矛盾的凸显以及"威权主义政体"未向民主化转型，中国模式将不可能持续。

一部分学者从政治方面的角度对于中国模式提出自己的思考。裴敏欣认为中国执政党存在"党组织渗透能力匮乏、在群众中的威信减弱、党内纪律遭到破坏"等主要问题，由此带来的是政权统治能力的下降，进而她认为不亚于苏联体制的腐败和庇护现象将成为困扰中国执政党的顽疾，中

---

① 杨光斌：《中华文明基体论》，《人民论坛》2016年第5期下。

第五章　实现人民民主的政治制度：民主集中制 **249**

国的新权威主义显示出了苏联勃涅日列夫时代政治停滞和印尼苏哈托时代权贵资本主义的双重病症。①"历史终结论"者福山指出，中国模式是威权主义体制主导下的高速增长，相比于阿拉伯等独裁国家，无疑这样的政治体制显得高效有序，并且已经取得了将近三十年9%的年均GDP增长率，还成功地应对了2008年的国际金融危机。但福山认为，这一切并不意味着中国模式具有其强大的优越性，政治制度更应该看重其长期的治理绩效或者说观其长远能否经受住考验。显然在福山看来，缺乏法治和民主问责制，中国从长远来看仍然将面临一系列难以克服的问题。② 福山的观点与谢淑丽等不谋而合，谢淑丽认为，尽管现在"中国崛起"越来越受到国际社会关注，但中国仍是一个存在种种问题的"脆弱的超级大国"，从其表面看来"睡醒的巨龙"在强大的经济和军事实力保障下正准备展翅高飞，但实际上中国内部社会问题十分复杂，国内政治带来的后果就是影响到中国外交政策的制定，她为此提醒美国政治界和学界要注意中国内部问题发生的变化，很可能中国的脆弱会带来对于美国的威胁。③ 沈大伟也同样强调，共产党单纯的调适并不能拯救一个正在收缩的政权，要想给这个政治制度提供无限的生命力，执政党必须引入更大的政治竞争，扩大国家与社会之间的"民主空间"。④ 而戴雅门（Larry Dianond）也认为"韧性威权主义"尽管是具有韧性的，但其并不是一个静态的政治体制，威权统治是有时间限制的，强健的法治和异议的公开化是这样的体制不可避免的转型方向，旨在潜意

---

① Pei Minxin, *China's Trapped Transition*: *The Limits of Developmental Autocracy*, Cambridge, Mass: Harvard University Press, 2006.

② ［美］弗朗西斯·福山：《中国模式——高增长与双刃的威权主义》，（日本）《读卖新闻》2011年9月25日。

③ Susan L. Shirk, *China*: *Fragile Superpower*: *How China's Internal Politics Could Derail Its Peaceful Rise*, New York: Oxford Uninersity Press, 2007.

④ David Shambaugh, *China's Communist Party*: *Atrophy and Adaptation*, Berkeley of University of California Press, 2008.

识地强调中国所谓的"威权主义体制"尽管现在看起来健康良好，但民主转型是迟早的过程，只不过是时间长短的问题。①

另一部分学者则从经济方面的角度也对中国模式提出了自己不同的看法。许小年提出，应该把改革开放以来中国经济取得的巨大成功分为两个阶段。分税制改革之前中国经济的快速发展得益于"国退民进"，国家把计划经济年代占有的资源交还给市场，小政府模式下资源的快速流动和自由配置使得市场的效率大为提高，但这样的巨大成就在许小年看来并不是中国模式所独创的，而这样的发展思路早在亚当·斯密的著作中就有体现，或许叫作亚当·斯密模式更为恰当。而分税制改革之后中国经济的发展源于"国进民退"，国家重新占有较大规模的财政、土地等资源，大政府模式下由政府主导进行经济发展，而这样的发展思路在许小年看来早在日本战后经济起飞时就已经采用了，是典型的凯恩斯经济发展模式。因此，许小年认为，根本不存在所谓的中国模式，因为中国模式照搬的要么是亚当·斯密模式，要么是东亚模式或者说是凯恩斯模式，而没有自己的独创性。②陈志武也指出，单纯靠投资带动增长的中国经济发展模式往往只能带来短期的繁荣，中国政府主导的经济发展方式扭曲了市场经济理念，无法释放出个人创新的活力、增加个人的自由，最终会带来整个社会福祉的倒退。陈志武进而认为，缺乏政治制衡机制的中国模式和东亚模式并不一样，日本等的民主制衡模式会抑制政府权力的快速膨胀，而不受限制的中国政府权力很可能将把中国带回到改革前的状态，因此陈志武同样认为，根本没有中国模式这回事，推动中国崩溃论的学者才是真正对中国社会有益的

---

① Man F. Plattner, Larry Jay Diamend, "China's Changing of the Guard: Authoritarian Resilience", *Journal of Democracy*, Vol. 14, No. 1 (January 2003), p. 5.
② 许小年：《中国模式其实是不存在的》，《上海企业》2013 年第 1 期。

人。① 黄亚生同样很支持陈志武的观点，他认为中国的经济发展模式并不是所谓的东亚模式，而是类似于20世纪60年代中期到70年代中期拉美国家的经济发展模式，而在黄亚生看来，东亚模式是成功实现了经济社会快速发展的模式，拉美模式则以最后陷入中等收入陷阱的失败而告终。为此他认为，中国经济发展的拉美化说明中国的经济模式是不成功的，如果不改变这样的发展方式，中国也会陷入中等收入陷阱的泥淖，收入分配差距恶化、"国进民退"导致的民营经济萎靡、土地财政的暴利已经证明了这一套经济模式的短期性和脆弱性。所以对于中国经济发展黄亚生得出的结论是，中国模式是拉美化失败的发展模式，中国模式即使存在也是不可持续的，远远落后于他所看好的印度模式。②

梳理对于中国模式持保留态度的观点可以看到，很多西方学者主要关注中国是否能最终走向民主政治，他们用"民主—非民主"两分法概述中国政治体制的运行模式，用多党制、三权分立、选举民主这些西方的制度表现形式来管窥中国的政治发展。在政体思维的影响下，这些学者认为中国的一党执政、民主集中制不属于传统民主理论的概念范畴，但极权体制又无法描绘出中国在改革开放之后意识形态、经济社会体制甚至执政党转型带来的巨大变化，尤其在2002年他们看到中国共产党在"后强人时代"完成了第一次权力和平交接之后，善于创造概念的西方学者把"威权主义"（authoritarianism）的帽子扣在了中国的政治体制之上，在民主和极权中间制造了一个概念——"威权主义"，并在概念前面通过添加各种不同的形容词对于中国的政治体制加以描述，"韧性威权主义""碎片化威权主义""协商性威权主义""争议性威权主义""审议性威权主义"等不同概念如雨后春

---

① 参见徐琳玲《没有中国模式这回事——对话陈志武》，《南方人物周刊》2011年第28期。

② 《黄亚生：印度模式优于中国模式》，2014年10月15日，观察者网（http://www.guancha.cn/HuangYaSheng/2014_10_15_276253.shtm）。

笋般出现。这些概念虽然修正了冷战结束后海外学者对中国执政党和民主化改革的悲观主义态度和批判观点,认为执政党的某些制度改革巩固了政权的统治能力,中国的体制还有韧性空间,未来中国共产党的生存发展是收缩与调适两者互动的动态作用过程。但无论是"威权主义"还是"体制调适",西方学者囿于"转型学"范式仍然认为这个体制还是会走向从所谓威权到民主化的历程,调适最终也是为了适应体制内外不断要求的变革诉求,倘若体制转型止步不前,或许又将陷入机制僵化,国家面临崩溃。

而另外一部分对中国模式持否定态度的学者则更是斩钉截铁地认为中国模式并无独特之处可言。尤其是在经济方面,不少学者要么认为中国模式是东亚模式的 2.0 版,中国的发展道路是按图索骥、依葫芦画瓢地走韩国等"东亚四小龙"曾经走过的路,而且在未来也将面临它们在 20 世纪 90 年代末期金融危机之后面临的困境,那时才是执政党真正遇到挑战的时候,因此不存在一个独特的中国模式。更为悲观者在某种程度上承认存在一个中国模式,但他们认为中国模式与东亚模式截然不同,而更具有拉美化色彩,在他们看来东亚模式至少在"二战"后期到 20 世纪末取得过较大的成就,而拉美模式则在 20 世纪 70 年代陷入困境,发展止步不前,中国模式只会在不可持续发展下面临与拉美国家类似的中等收入陷阱深渊,而那就是中国模式神话破灭之时,所以中国模式即便存在也不会成功。

很显然,这些学者关于中国模式的判断仍然没有摆脱西方社会科学的话语体系,在意识形态政治化或者说理论模式化的思维路径下对中国模式的讨论显然无法深刻阐述中国模式的独特经验。在没有历史观和缺乏大空间视野的比较前提下,对于中国模式的研究无异于"盲人摸象"。比如唱衰中国模式的自由主义经济学家们认为中国政府主导下的经济发展违背了主流的经济学理论,这种有违主流理论的发展模式注定不会持久,因此他们更为看好印度的经济发展模式,而对中国模式持根本性的否定态度。石之瑜对于在"西方中心论"思维方式下衡量中国模式对与错的学术研究有很好的总结,他认为英美知识界所界定的中国模式大多聚焦于中国的经济转型及其中政府发挥了如何的作用,很少论及政治、经济现象以外的层面,所以明显将这一模式"简单化"了,这样只会把中国模式看作对西方现代化道路的普遍性威胁,进而影响到对中国模式正确的价值判断。[①] 可以看到,尽管在对中国历史传统和文化传统的研究上,不少学者就中国独特模式的归纳做出了一定的努力,但就中国模式整体研究而言,仍然没有突破"西方中心论"的主导型话语体系,而不少学者尤其是海外学者内在愿景还是希望中国能走上西式民主的道路,接受西方所谓的"普世价值",成为"西化"国家的一员。

所以,海内外学者关于中国模式的研究整体性和系统性仍需提升,否则这些研究只能是隔靴搔痒,无法指明中国模式的真正实质,否则只会让一些并不太靠谱的观点占据关于中国模式探讨的主流市场,却对中国特色发展道路与内在经验视而不见。以中国为代表的东亚国家从集中权威到发展经济,再到社会建设最后到政治民主,一系列理性、有序的渐进民主化过程显得极为有生命力,而且配合了整个国家的经济腾飞与社会发展,也为国家的政治转型提供了经济和政治文化条件,这样的民主发展历程在最近十几年里已经被证明极为有效,中国的民主实践模式却被中国模式"唱衰论"者选择性忽视,只能说这些学者一方面太局限于某个领域的具体政策层面,另一方面他们本身的意识形态和价值判断也有问题,因而造成他们无法从整体上真正了解中国模式。

事实上,在中国谈中国模式,其实就是讨论一种政治模式,如果不能从中国根本的政治体制入手,把中国共产党作为理解中国模式的钥匙,将党和国家领导体制作为理解中国政治模式的关键词,并从革命年代以来历史演化的脉络理解中国模式的发展逻辑,是很难辨清中国模式的内涵实质,

---

① 石之瑜、李梅玲:《"西方中心论"与崛起后的中国——英美知识界如何评估中国模式》,《人民论坛》(学术前沿) 2013 年第 3 期。

也很难形成关于中国模式的完整理论框架，更不用说归纳三十多年以来中国快速发展的改革经验。而这样的政治模式在我看来必须是关于党的组织原则问题并适用于国家的组织原则问题的模式机制，这种模式机制就是民主集中制。①

四　民主集中制构成中国模式

在中国经济社会发展的实际运行中，政治制度起着决定性作用，其中最重要的制度就是作为政体的民主集中制，它既是政权组织形式的基础，又是党内部的组织原则，也是国家基本制度机构的组织原则，是以执政党为核心、将党和国家有效组织起来的基础性制度原则。如果要谈中国模式，必须把执政党作为理解这个模式的核心关键，将党和国家领导制度作为理解这个模式的切入点，而由"民主基础上的集中，集中指导下的民主"所构成的民主集中制，既是中国历史内生演化的产物，也是把党和国家领导体制有效组织起来的政治逻辑，② 因此民主集中制就是中国模式的最大优势，中国模式的最大特色就是民主集中制。

毛泽东作为党和国家制度的奠基者，针对革命实际和群众意志，将革命的背景、列宁主义的理论基础和中共的独特政治组织模式有机地结合起来，创造性地采取民主集中制的组织模式，不仅调动了广大人民群众参与社会革命的积极性，同时也塑造了党的核心权威，有力地保障了党内政令畅通。邓小平作为党和国家制度的改革者，同样也认为"民主集中制是党和国家的最根本的制度，也是我们传统的制度。坚持这个传统的制度，并

---

① 杨光斌、乔哲青：《论作为"中国模式"的民主集中制政体》，《政治学研究》2015 年第 6 期。

② 杨光斌：《民主集中制是我国根本政治制度的优势所在》，《光明日报》2014 年 9 月 30 日第 1 版。

且使它更加完善起来,是十分重要的事情,是关系我们党和国家命运的事情"①。在改革年代,如果没有民主,就无法激发社会和市场的最大活力,为改革事业的发展增添动力,但如果失去了权威,则更可能在改革中迷失方向,无法抵御外部势力"和平演变"的诱惑。习近平在庆祝全国人民代表大会成立60周年讲话上谈到了"民主集中制可以形成治国理政的强大合力,切实防止出现相互掣肘、内耗严重的现象",并用了八个能否来衡量这个国家制度是否民主有效,强调"既要加强党的领导,避免群龙无首、一盘散沙的现象,又要坚持一切权力属于人民,依法保障人民权利"②。

政体是把一个国家组织起来的根本性制度或手段,在中国,民主集中制不仅是一种政体,体现了党和国家领导体制的关系原则,同时也是一个政策过程,在"国家—社会、中央—地方、政府—企业"各个维度上把不同领域联系起来,展现了中国国家治理的制度组织力和国家能力。民主集中制作为革命年代形成的中共政治组织原则,有效地强化了群众路线下的政治参与,奠定了中共的组织基础和国家政权组织形式,既实现了国家权力,又保障了人民权利,最大限度地展现了民主与集中的辩证统一,使得社会在增强活力与创造力和重建能力与秩序之间保持高度的稳定。人民意志的统一与意愿的反映得到了充分的结合,保证了国家机关既能够集中力量办大事又能协调高效运转,从而实现了集中领导与广泛参与的统一、充满效率与富有活力的统一。

毫无疑问,民主集中制与群众路线相结合,将权力行使的集中性、权力分享的民主性和权力来源的民本性有机统一在一起,形成了中国自身的

---

① 邓小平:《在扩大的中央工作会议上的讲话》(1962年2月6日),载《邓小平文选》(第1卷),人民出版社1994年版,第312页。
② 习近平:《在庆祝全国人民代表大会成立60周年上的讲话》,《人民日报》2014年9月5日第2版。

政治模式，所以如果说要谈论中国模式的话，民主集中制及其中介机制群众路线就是最根本的中国模式。对比西式民主制度如今遇到的困境，先发国家制度僵化，产生不了强势的能够解决问题的领导人，政府决策被利益集团裹挟，政策制定否决点过多，导致否决型体制、弱政府的出现。后发国家只学到了西式民主的表象，而没有学到其内在实质，缺乏民主的同质化条件只能导致后发国家面临民主潮回流和劣质化民主的双重窘境，一人一票选举民主和多党竞争的盲目推行要么被寡头政治取代，要么陷入民粹主义政治困境，民主化大大超前于国家制度建设，只能使得这些后发民主化国家陷入权力危机之中。所以说，民主集中制这种从革命历史中而来、在改革发展中管用、在现实治理中有效的制度，正是中国模式成功的法宝，其优势在当今国家治理比较中彰显得淋漓尽致。

◇第二节 民主集中制原理

与代议制民主平行的民主集中制政体，在冷战时期曾经是西方政治学研究的焦点问题，苏联的解体使得这个概念在西方政治学中几乎消失，即苏联的失败也是这个理论和概念的失败。但是，在冷战结束之后的四分之一世纪之际，随着"中国模式"成为世界舆论的焦点，也就有必要"找回民主集中制"，正如当年"统合主义"概念在"二战"后消失30年之后被重新找回来一样。其实，在中国，民主集中制一直是理论上和实践中的热点问题，也是政治中的核心问题，只不过因为中国社会科学和政治学的问题意识殖民化，没有对自己的核心问题给予足够的重视，相反很多人研究的都是些与中国本身没有什么关系的无用之学。

在国际社会科学界，研究的政体只有两大类：作为自由民主的代议制民主政体和非民主政体即威权主义。在西方政治学那里，前者是"历史的终点"即人间天堂，后者必然失败即人间地狱。那么世界政治的事实到底是什么样的呢？让我们看看简单的加减法。实行代议制民主的32个富裕国家的人口总和不过10亿，即不超过全球人口的15%，全世界85%的人口生活在中等收入或者欠发达国家；在85%的人口中，中国13亿人即占全球人口的20%，实行的是民主集中制，而剩余的全球65%的人口大多数生活在代议制民主的中等收入、更多的是欠发达地区。

中国因制度不同而取得的比较优势如此的显著，但是在西方政治学那里却被列入威权主义的"坏政体"之列，必须走向"历史中的终点"才算是正道。读书人怎么都成了闭门造车的不睁眼看世界的观念的囚徒？自称搞科学研究的人怎么都成了传教士？目前关于中国政体的种种说法基本上都是给"威权主义"加个前缀词或者后缀词，诸如"柔性威权主义""威权主义的韧性""分权化威权主义""地方主义的威权主义""后极权主义的威权主义"等，不胜枚举，离开威权主义就不知道怎么来看中国，由此可见国际社会科学界已经僵化到什么程度、教条主义到何种程度。中国无论怎么变化，都是与民主政治无关的威权主义；既然是非民主的威权主义，政体转型是必然的，即转型到自由民主政体。可以说，西方主流学界关于中国的研究已经不是学科主义或政治科学了，而是从意识形态出发的政治哲学了。

是时候跳出西方社会科学意识形态化的二分法话语体系了，给中国的政体以证明，给予其学理上的身份还原。我们将会发现，坊间热议的中国模式首先应该是作为政体的民主集中制，而这一制度在理论上不但具有现代性的民主主义属性，同时也是基于中国历史文化的内生性变迁的特征，并且克服了后发巨型国家因普遍缺失国家能力而导致的组织化不足的结构性病理。更重要的是，生活政治告诉我们，作为政体的民主集中制同时还是政治过程的核心即决策过程的原则，即政治形式与政治过程的一致性，从而构成了世界上最独特的制度体系。为此，中国政治学乃至整个社会科学非常有必要深入研究这样一个关乎道路自信和制度自信的大命题。

一 民主集中制的语义学解释

民主集中制是中国人最熟悉的一个概念，或许是太熟悉，人们容易使之流于空洞和形式上的说法，以至于忘记了人们孜孜以求的中国模式其实就是我们生活中的民主集中制。

作为一种党和国家的组织原则，民主集中制无疑会得到大量的研究，这里无须列举国内既有的研究成果。首先指出的是，民主集中制是一种与自由民主并驾齐驱的政体形式，这种政体形式不但体现在人民代表大会制度和国家结构、权力结构上，也体现在政治—经济关系和国家—社会关系上。后面将详细拓展作为政体的民主集中制。而在厘清政体意义上的民主集中制之前，要先在语义学上澄清民主集中制的含义。

在很多方面，讲到民主集中制，不能不比较代议制民主中的自由主义民主，或曰自由民主。在语义学上，民主集中制说得坦诚而且真实，讲的是一个组织良好的国家既需要民主政体和活力，又需要决策的权威和集中。请问，在组织良好的国家，哪一个国家离得开民主和集中？比较而言，自由民主概念是一种隐晦教诲，说其为"高贵谎言"也绝不为过。试想，如果一个国家只有自由与民主，而无法治和集中，这个国家会是什么样呢？事实上，西方国家的自由背后是法治，即以法治守护作为财产权的自由，民主后面是集权，即以政府集权而保障民主不至于把国家搞得四分五裂。看看托克维尔在《论美国的民主》中讲的政府集权的重要性就知道了。与法国相比，托克维尔认为美国更有作为国家意志体现形式的法律集权和政府集权，同时也有体现地方利益的行政分权即治理意义上的分权。也就是说，在大众民主到来之前，美国等西方国家早已完成了国家建设意义上的关键环节，比如法治和集权以及由此带来的国家能力。因此，"自由民主"

掩饰了很多真实的制度,相当于柏拉图式的隐晦表述,而"民主集中制"则道出了政治的真相。

一般认为,民主集中制来自俄语,民主集中制是"民主的集中制"的简称。按照我国民主集中制研究的代表学者王贵秀教授的考察:

> 在俄语中,"民主集中制"是这样一个复合词:"Демакратическй централизм"。前者"Демакратическй"是一个形容词,意思即"民主的";后者"централизм"是一个名词,意思是"集中(制)"、"集权制"、"中央集权制"或"集权主义"。两个词合成为一个词,译为"民主的集中(制)",是准确无误的。有时把它译为"民主的集权制"、"民主的中央集权制",也未尝不可。我们在二、三十年代就使用过这样的译法。所有这些译法都是符合俄语的原意的。①

应该说,民主集中制不是有些学者解释的两种制度的组合即民主制和集中制,而是一种制度形式的表述,即民主的集中制。但是,停留在"民主的集中制"还不够,还不能真正体现一种政治制度的内在的、深远的价值逻辑。中文一般都把 democracy 翻译成"民主",其实,正如 liberalism 不是自由而是自由主义一样,democracy 不但是汉语中的民主,更有民主主义的含义,自由、民主、平等等价值都是带"主义"的,认识不到这一点,就是对近代政治思想史的遗忘。近代政治思想都是由各种"主义"而不是主义之下的实体性概念构成,除了西方流行的自由主义、社会主义、保守主义、民主主义、平等主义等外,还有民族主义、伊斯兰主义、儒家思想等。

理解了这个大背景,democratic centralism 就不是简单的"民主的集中

---

① 王贵秀:《民主集中制的由来和含义新探》,《理论前沿》2002年第8期。

制"了，而是"民主主义的中央集权制"即"民主主义的集权制"。其实，民主集中制思想的集大成者毛泽东恰恰正是在"民主主义"的意义上谈论民主集中制。在《井冈山的斗争》中讲的民主就是用"民主主义"，"同样一个兵，昨天在敌军不勇敢，今天在红军很勇敢，就是民主主义的影响。红军像一个火炉，俘虏兵过来马上就熔化了。中国不但人民需要民主主义，军队也需要民主主义。军队内的民主主义制度，将是破坏封建雇佣军队的一个重要的武器"[1]。并不熟悉外文的毛泽东为什么大讲特讲"民主主义"？可以认为，"民主主义"是当时的一个流行语。然而，无论如何，"民主主义"确实是恰如其分的运用。

把"民主集中制"完整地理解为或者还原为"民主主义的集中制"，并不是无用的文字游戏，而是关乎这一政治制度的本体论归属，即到底是什么政治属性、政治价值问题。如果一个政治制度只是硬制度而无价值支撑，这样的政治制度是没有生命力的，或者说就不属于根本性的制度（"道"），而是中观或者微观层面的"器"。"器"层面的制度属于治道范畴，任何国家、任何时代都可以通用，但是作为"道"的根本制度则很难移植、很难轻易学习，需要根植于一个国家的文明基因。也正是因为政体的"道"的属性即文化或主义意义上的属性，或者说文明基因属性，我们才可以理解，为什么同样一种政治制度在不同的国家具有完全不同的效应，即我们常说的南橘北枳。

还原语义学上的民主集中制，是为了明确作为政体的"民主集中制"是民主主义的本体论属性，正如作为政体的"自由民主"是自由主义的本体论一样。

作为"矛盾体"的民主集中制。还是在语义学上，尽管"民主集中制"是一个词，但是还是有很多人把它理解为两种制度即民主制和集中制，那

---

[1] 毛泽东：《井冈山的斗争》（1928年11月25日），载《毛泽东选集》第1卷，人民出版社1991年版，第65页。

么这两个词不是对立的吗？以二元对立的方式看待民主集中制，是典型的西方社会科学的思维方式，比如国家—社会的二元对立、民主—专制的二元对立，而中国人更讲究"对立性事物"的统一性，即老子所谓的"反者道之动"，讲究的是事物之间的相互转换和更化。对于把民主与集中对立的看法和疑问，毛泽东早在延安时期就给出如下回答：

> 民主和集中之间，并没有不可越过的深沟，对于中国，二者都是必需的。一方面，我们所要求的政府，必须是能够真正代表民意的政府；这个政府一定要有全中国广大人民群众的支持和拥护，人民也一定要能够自由地去支持政府，和有一切机会去影响政府的决策。这就是民主制的意义。另一方面，行政权力的集中化是必要的；当人民要求的政策一经通过民意机关而交付与自己选举的政府的时候，即由政府去执行，只要执行时不违背曾经民意通过的方针，其执行必能顺利无阻。这就是集中制的意义。只有采取民主集中制，政府的力量才特别强大，抗日战争中国防性质的政府必定要采取这种民主集中制。[①]

民主和集中的融通性，对中国人而言是一种很正常的思维方法和工作方法。

不得不在比较意义上说，在语义学上，如果说民主制与集中制是矛盾的，"自由民主"即自由主义民主的矛盾性和其中的紧张关系更加明显。很简单，自由主义讲的是个人权利尤其是财产权，而民主是大众的平等即合法地通过立法的形式剥夺少数人的财产，其间的紧张关系可见一斑。正是因为这种冲突性的紧张关系，自由民主理论家萨托利才不厌其烦地论证，如果自由民主之锚泊定于自由主义，那将是民主的幸运；相反，如果自由

[①] 毛泽东：《和英国记者贝特兰的谈话》（1937年10月25日），载《毛泽东选集》第2卷，人民出版社1991年版，第383页。

民主偏重于作为平等的民主，作为政体的自由民主则必然再度灭亡。①

民主和集中尽管是可以融通的，但毕竟是两个结构性变量，这就涉及如何实现结构性均衡的问题。结构性均衡既是一个抽象的理论问题，也是实践中的具体问题。在抽象的理论上，任何政治制度都是由一套彼此关联的制度矩阵构成，彼此之间要相互适应，实现动态中的均衡而不是稳定不变的平衡。民主集中制需要动态均衡，自由民主也需要如此，萨托利论证自由民主的均衡性原理同样适用于民主集中制。他这样说："假如西方式的制度是自由主义加民主的产物，他们就会不断提出对各组成部分进行内部再平衡的问题。这种断言并不等于说该平衡应当是一种稳态（更何况静态）平衡，即突出表现为倾向于恢复制度原状的消极反馈。它们也可能是一种不稳态的平衡，以积极进取的反馈方式对制度进行变革。事实上，在历史上，我们最终达到的永远是各种各样的平衡结局，也就是对它们的组成部分进行各种组合与调配而达成的平衡。然而，一种社会制度要想保持统一，它就必须始终获得某种均衡性的再平衡。在一个特定制度中，假如所有因素都在导致不平衡，就是说，没有出现补偿性力量，这个制度只有土崩瓦解。"②

确实，如果说自由主义与民主的不均衡导致了很多国家的问题，比如党争太激烈而导致的治理失效，而不均衡的民主集中制最终导致了苏联的瓦解。在整个斯大林时期，民主主义的集中制名存实亡，只有专权而无民主，导致后斯大林时期即勃列日涅夫时期的社会大停滞；而戈尔巴乔夫时期又是有大民主而无集中，民主化、公开化、透明化彻底瓦解了必要的集中制，苏联最终土崩瓦解。因此，什么时候是民主多一些还是集中多一些，在理论上需要把握均衡，而在实践上更是一种智慧。毛泽东这样说，过去

---

① ［美］乔·萨托利：《民主新论》，冯克利、阎克文译，东方出版社1993年版，第394—398页。

② 同上书，第394—395页。

在战争年代集中制多了些，现在建设年代需要更多的民主制。毛泽东还很智慧地指出，大民主是吓唬敌人的，小民主才管用。这确实是治国理政的要道。遗憾的是，"小民主"没有得到充分发掘，而"文革"这样的"大民主"却大行其道。"大民主"最终伤害了的不但是民主本身，还有正常的集中制。

二 民主集中制的政治属性——民主主义

前述的语义学考察已经指出，民主集中制属于民主主义的，正如自由民主属于自由主义的政治性质一样。过去我们理解的民主集中制讲究的都是其对立统一性的哲学范畴。也正是在哲学上，可以把对民主集中制的理解向前推进。根据王贵秀教授的解释：

> 哲学揭示了人类把握宇宙万物所使用的范畴有三大类：一是"实体"范畴，二是"属性"范畴，三是"关系"范畴。以此来观察和分析民主集中制的内在结构，它即"民主的集中（制）"，并不是由两个"实体"构成，而是由"民主的"这一"属性"与"集中（制）"这一"实体"构成的。就是说，"民主的"与"集中（制）"这两部分的关系既不是两个"实体"的关系，也不是一个实体的两个"侧面"（实体的侧面仍然是实体）的关系，而是"属性"与"实体"的关系。"民主的"这种属性是内在地规定"集中（制）"这一实体的性质的。具有了"民主的"这种属性或规定性，"集中（制）"就成为"民主的集中制"；不具备或失去了"民主的"这种属性或规定性，"集中（制）"就不再是"民主的集中制"而成为"非民主的或专制的集中制"。[①]

---

① 王贵秀：《民主集中制的由来和含义新探》，《理论前沿》2002 年第 8 期。

王贵秀教授的这种哲学范畴上的解释和我们前述的对 domocracy 的语义学即"民主主义"的解释异曲同工。更重要的是,确定作为政体的民主集中制的政治属性,其实就是一种类型的划分。第一,集中制的政体是民主主义的,而非其他主义的,不是斯大林式的官僚主义的,也不是戈尔巴乔夫式的无政府主义的,因此一切集中制下的决策或其他政治行为都必须以民主为前提。这里的民主形式是多样的,有选举式民主、参与式民主、协商民主等,还有作为民本思想实践形式的群众路线。也就是说,界定了民主集中制的民主主义的类的属性,无论是在政治制度和组织制度的构成上,还是在其中的政治过程中,都离不开民主主义的原则和形式。

第二,作为一种类的属性的划分,可以鉴别出两大政体类型即自由民主制和民主集中制的根本区别所在。在自由民主那里,由于政治属性是自由主义的,因此民主或者作为民主的平等只能在自由主义的范畴之内发展,以自由主义指导或者框定民主与平等,而不是相反,即不能以平等或者民主来淹没自由主义,即可以有政治上的民主或一人一票,但这种政治上的民主不能波及经济领域,不能有损财产权。这样,自由主义的民主是自由主义对民主或者平等的胜利,而不是民主对自由主义的胜利;而当平等或者民主的势力盖过自由主义的时候,自由民主也就死亡了。这是萨托利关于自由民主关系的经典论述。

比较而言,民主集中制是一个比自由主义具有更多民主属性的政体。也就是说,自由主义民主偏爱的是自由即少数人的财产权,而民主集中制偏爱的是民主即大众的平等权。因此,在理论脉络上,民主集中制比自由民主制更亲大众。

这且不说。按照萨托利的论述方式,同理,民主集中制是民主主义之中的集中制,而不是民主主义之外的集中制。也就是说,民主集中制的生命力来自民主主义,观念上的民主主义就是常说的人民主权,而人民主权在制度形式上既有古希腊城邦式的直接民主或者法国大革命广场政治中的直接民主,也有托克维尔在《论美国的民主》中所说的乡镇自治即社会民主,还有近代以来的选举民主以及大众的参与式民主与协商民主。集中制建立在这些民主制度形式上才是民主的集中制,才有活力和生命力。历史上的集中制并不少见,有君主个人的,有少数寡头的,但都不是以前述民主诸形式为基础的。但是,即使有民主诸形式和大众参与,如果没有法治为保障,民主集中制也可能脱离民主主义范畴而变质,比如前述的斯大林模式下的无法治、无民主的集中制。

比较而言,在具有悠久专制主义传统的国家,搞集中制相对容易,难的是民主主义的各种制度的形成和约束机制的建立,因此很多国家都出现了因集中过度而民主不足带来的问题。而在被长期殖民的国家,因为被殖民者分而治之的历史原因,社会中的军阀、贵族势力很强大,在民主化运动中往往是以民主之名搞党争有余,而国家决策权威不够,结果自由民主在这些国家形成了无效治理,甚至更严重的灾难。

中国即经历了上百年四分五裂、一盘散沙的历史,权威的集中制无疑是一种必需品。但是,集中过度而导致的社会自由、社会创造力的窒息以及党内民主的阙如而导致的政治灾难,又迫切地将集中制置于民主主义的制度矩阵之中。因此,确立民主集中制的民主主义政治属性,以及由此带来的观念上的改变,对于民主集中制的常态化不无裨益。

三 民主集中制的文化机理

任何一套行之有效的政治体制,必须有与之相适应的文化系统为支撑,政治使文化保持生命力,而文化使政治免于沉沦。我们已经看到世界上完全不同的文化系统均实行同一性的政治制度比如代议制民主或自由民主,结果却是天壤之别,其中的关键机理就是政治与文化的冲突。结果,大家虽然都是"民主"国家了,但并不能避免"文明的冲突"。因此,有哲学家这样指出：" 政治与经济同是文化的表述，它们的效能必须与其他的文化价值观一起来评估。而且特别需要指出的是，我们认为自由主义的、个人主义的和以权利为基础的民主以及自由企业资本主义，都是西方现代性历史发展的具体产物。因此，任何试图将这些东西在各种文化中普遍化的做法都是愚不可及的。"①

自由民主在一些早发达国家运行得还不错，关键是这种制度所赖以存在的文化系统。这个文化系统就是洛克式自由主义所确保的个人权利至高无上性，而且是麦克弗森所说的 "个人占有式自由主义"，即以财产权为核心的自由主义，个人权利凌驾于社会之上，因为个人是权利的唯一拥有者。如果把这套价值系统即文化体系移植到中国，"就会大大改变中国的特征，实际上会将整个中国社会改造成一个外族历史叙事的终端"②。

因此，中国的政治制度尤其是根本性的政体形式，只能建立在自己文化基础之上，这套文化系统就是 "集体善" 高于个人权利的儒家思想，用西方人的话说就是社群主义。巧合的是，"民主集中制" 的属性是相对于自由主义的民主主义的，而民主主义是大众权利的产物，即社会平等化的产物。这也就意味着，民主集中制本身是一种 "集体善" 的追求，而不是自由主义的个人权利的张扬，"个人服从组织，少数服从多数"，就是 "集体善" 的经典表述。

当然，虽然民主集中制是以大众平等化权利为基础的，但并不必然要排除个人自由以及基于个人自由而产生的活力和创造性。事实上，无论是毛泽东还是邓小平，他们在谈论民主的时候，大多数时候谈的是由个人活力、社会活力和地方活力构成的生动活泼的政治局面。对于自由主义的信徒而言，这套话语可能算不上民主的表述，但是，只能说这样的认识太拘

---

① [美] 郝大伟、安乐哲：《先贤的民主：杜威、孔子与中国民主之希望》，何刚强译，江苏人民出版社 2004 年版，第 16 页。

② 同上书，第 17 页。

泥于自由主义的教科书而忘记了自己的历史文化传统。"在西方传统中，独立自主的个人占据着重要位置。要在中国传统范围内寻找这种西方知识分子推崇的主导思想，将是徒劳的。更重要的是，表述这些思想成分的价值观、行为以及制度同样在中国传统中不存在。"[1] 存在的传统就是"个人服从组织，少数服从多数"的"集体善"。请注意，这里的"组织"不但是政治组织，还包括家庭组织和社会组织。

民主集中制的思想基础——民本主义。不同于一般的治理形式或者技术性的制度形式，一套行之有效的政治制度尤其是根本性质的政体形式，不但要成长于特定的文化土壤之中，还必须有价值体系尤其是"主义"层面的价值体系的支撑或者为基础，否则就只是一种世界通约性的治理形式、制度形式。比较而言，"自由民主"的文化基础是个人权利至上即权利高于善，而其价值体系则是自由主义；民主集中制的文化机理是"集体善"，而其价值体系则是经过马克思主义中国化后的民本主义。

我们知道，民主集中制这个概念来自列宁，但为什么能在中国生根发芽而成为拥有世纪性活力的政治制度？不但有其前述的深厚的文化基础，更有其治国理政的思想基础，与中国历史悠久的民本主义思想相吻合。从先秦时期的"民惟邦本"，到汉代的"民贵君轻"，到明末清初的"天下不能一人而治"和"天下为主，君为客"，再到孙中山的"天下为公"之共和思想，尤其是毛泽东的"为人民服务"的共和思想，是一套绵延不绝的民本主义思想的不同形式的政治表述。

在延安时期，毛泽东已经形成了其完整的治国理政思想。特别值得强调的是，毛泽东把民主集中制与其共和思想联系在一起。他这样说："只有民主集中制的政府，才能充分地发挥一切革命人民的意志，也才能最有力量地去反对革命的敌人。'非少数人所得而私'的精神，必须表现在政府和

---

[1] [美] 郝大伟、安乐哲：《先贤的民主：杜威、孔子与中国民主之希望》，何刚强译，江苏人民出版社2004年版，第25页。

军队的组成中,如果没有真正的民主制度,就不能达到这个目的,就叫做国体和政体不相适应。"① 在毛泽东那里,政体是民主集中制,而国体则是人民当家做主的共和国,即后来所说的无产阶级领导的工农联盟为基础的人民民主专政。

关于民主集中制与国体的关系,毛泽东这样说:"在我们国家,如果不充分发扬人民民主和党内民主,不充分实行无产阶级的民主制,就不可能有真正的无产阶级的集中制。没有高度的民主,不可能有高度的集中,而没有高度的集中,就不可能建立社会主义经济。我们的国家,如果不建立社会主义经济,那会是一种什么状况呢?就会变成修正主义的国家,变成实际上是资产阶级的国家,无产阶级专政就会转化为资产阶级专政,而且会是反动的、法西斯式的专政。"②

毛泽东所说的是一套特定时期的话语,即基于阶级分析的共和制概念的话语表达。但是其中的政治思想价值是显然的,那就是民主集中制是一套实现共和国的政体。在毛泽东那里,共和国又是什么样子呢?就是其引用的"非少数人所得而私"的"为人民服务"的国家,是孙中山的"天下为公"。无论怎么表述,其中的民本主义思想的色彩是很浓厚的。

值得指出的是,过去所有的民本主义思想只是停留在思想层面,或者是各级官员所奉行的一套指导思想,而无实现这套思想的制度或者中介机制。所不同的是,作为政体的民主集中制不但是民本主义思想的政治制度,而且还有实现民主集中制度的中介机制即我们耳熟能详的群众路线。对此,毛泽东有很多经典的论述,比如"从群众中来,到群众中去"的群众路线思想,并把群众路线作为共产党成功的一大宝贵经验。关于民主集中制和

---

① 毛泽东:《新民主主义论》(1940 年 1 月),载《毛泽东选集》第 2 卷,人民出版社 1991 年版,第 677 页。

② 毛泽东:《在扩大的中央工作会议上的讲话》(1962 年 1 月 30 日),载《毛泽东著作选读》下册,人民出版社 1986 年版,第 822 页。

群众路线的关系,毛泽东这样说:

> 没有民主,不可能有正确的集中,因为大家意见分歧,没有统一的认识,集中制就建立不起来。什么叫集中?首先是要集中正确的意见。在集中正确意见的基础上,做到统一认识,统一政策,统一计划,统一指挥,统一行动,叫做集中统一。如果大家对问题还不了解,有意见还没有发表,有气还没有出,你这个集中统一怎么建立得起来呢?没有民主,就不可能正确地总结经验。没有民主,意见不是从群众中来,就不能制定出好的路线、方针、政策和办法。我们的领导机关,就制定路线、方针、政策和办法这一方面说来,只是一个加工工厂。①

如果把群众路线和民主集中制联系在一起,民主集中制的民本主义思想基础就更容易理解了。群众路线说到底是讲人民的重要性,即儒家自古以来的"以民为本"思想。

这样,群众路线、民主集中制、民本主义之间的逻辑关系就很清楚了。群众路线是实现民主集中制的中介机制,而民主集中制是具体实现共和制的政治制度即政体,而中国的共和制必然是以"以民为本"的民本主义思想为纲。反过来说也成立,也正是因为有了民本主义思想指导下的"天下为公"的共和制,才会有更好的民主集中制政体,而民主集中制的健康发展则少不了实践这种政治制度的群众路线以及其他形式的民主。

四 民主集中制的微观机制

作为政体的民主集中制是宏观性结构,而宏观性结构的政治制度的生

---

① 毛泽东:《在扩大的中央工作会议上的讲话》(1962年1月30日),载《毛泽东著作选读》下册,人民出版社1986年版,第819—820页。

命力无疑需要微观机制来丰富和充实，否则名称再美好的政治制度都会落空。也就是说，理想要落地，需要一套实现理想的中介机制。历史上很多美好的理想最终变成空想或者现实中的灾难，就是因为缺少一套行之有效的中介机制。打着卢梭的"人民主权"理论而革命的法国大革命最后所以变成了血腥的广场杀头政治，就在于没有一套落实人民主权原则的中介机制。另外，当我们特别提出来民主集中制的微观机制的时候，我们并不缺少实现集中制的机制或制度，比如各级党委就是专门集中而设立的机关。因此，这里的微观机制主要是民主的方面，即如何建立更多元而有效的民主形式以健全民主集中制。

第一，作为特殊民主形式的群众路线。前述的民本主义思想之下的群众路线无疑是一种中介机制。而对陷入自由民主话语体系而难以自拔的人来说，很难理解为什么把群众路线与民主联系起来，甚至在心理上拒斥群众路线这样的概念。殊不知，作为自由民主理论大师的萨托利和英格尔哈特，都把回应性当作民主的根本，认为不能回应民众需求的民主最终都是"无效的民主"。在回应性意义上，无论是选举式民主还是参与式民主，并不必然多于群众路线所产生的回应性效应。常识还告诉我们，选举民主是可以被强势利益集团操纵的，而参与式民主的主体在能力和力量上也是不平等的，因此这些民主形式所表达的利益渠道与效果都是不平等的。也正是在这个意义上，自上而下的群众路线倒是可以弥补其他民主形式与生俱来的不足，让民意更能成为政策。可以说，其他的民主形式都是可以模仿甚至移植的，唯有以民本主义为文化和思想基础的群众路线难以模仿和移植。

第二，选举民主。我们反对选票至上，但并不意味着选票不再重要，选举毕竟是民主最原始、最重要的形式之一。但是，选举民主如何运用？如前，百姓不满来自纵向的基层政治、横向的单位—社区政治，以及政治功能上的问题。对于解决政治功能问题（比如权力滥用，如乱立项、乱花钱），选举民主就无能为力——西方国家也不是靠选举民主来规范权力的。但是，在基层单位和社区层面，选举民主就是重要的，因为大家彼此了解，如果上级强行任命一个德才上都有问题的人，人们的不满是自然的；而且不满的人们会迁怒于体制和执政党，认为因为有了这样的制度才有"带病上岗"的单位领导。同样，在人们生活的社区，居民委员会本来是为社区居民服务的，但是作为事实上的一级政府组织，它们又要有所作为，比如完成上级交代的丰富社区文化生活的任务，搭台唱戏放电影，这些活动在农村或许是必要的，在城市社区就变成了扰民。鉴于此，社区选举也是重要的，要选举出不唯上而唯民的真正为居民服务的居民委员会。

第三，协商民主。《中共中央关于全面深化改革若干重大问题》的决定指出，要建立全方位、多层次的民主协商制度，实在是明智之举。在我看来，如果说在横向层面的基层单位——社区急需选举民主，政治功能层面则急需协商民主。政治功能其实也是分层次的，比如事关日常生活的居住环境问题，社区和街道建设问题，以及知识界和媒体所关心的没有预算法而各个部门浪费性预算、无效预算、非生产性预算，都需要协商民主制度。由于政府占有的资源太多而又没有预算法，政府部门乱立项、乱花钱所带来的危害有目共睹，有的政府部门巧立名目搞政绩工程就是为了更多的部门预算。为此，就需要有协商民主的形式来抑制政府部门的预算冲动，这里既需要与专家协商论证，更需要与人民代表大会中的专门委员会协商，而不能由政府部门想当然，不能想干什么就干什么。其实，在事关百姓利益的问题上，有的地方已经建立起来好的协商民主形式，比如青岛城阳区的"市民议事会"，凡事关居民生活的政策和项目都需要通过"市民议事会"；还有实行多年的温岭市乡镇一级预算协商制度。地方和基层的协商民主已经有了实践甚至是成型的模式，亟待建设的是政府部门决策中的协商民主制度。

第四，参与式民主。从本质上说，选举民主和协商民主都是参与民主，但是它们并不能解决所有层次和所有功能上的问题,而把余下形式的百姓的参与归类为参与式民主。参与式民主主要适用于纵向层次的政治生活,既包括基层政治中的政治参与,也包括中观层面的利益集团的活动,还包括全国层面的政治参与。具体形式有:上访、听证会、意见表达以及利益集团的游说活动等。其中,上访是因为百姓的个人利益受到侵害,听证会是关乎群众的切身利益比如物价问题,而意见表达则是知识分子特有的关心国家大事、国家前途的表现。这样,本来适用于纵向层次的参与式民主有了最多层次的色彩,既有个人利益和群体利益,还有全国性利益和公共利益,体现出政治生活的生动性。百姓有参与,政府有回应,正是民主政治的最生动体现,也是民主政治的最本质写照。正如习近平总书记在《中共中央关于全面深化改革若干重大问题的决定》的说明中所言,改革的顶层设计是对社会呼唤改革的回应。各家各派民主理论的一个共识是,回应性是民主的最重要方面。

第五,分权民主。如果西方人把宪政称为一种民主形式,我们更有理由把分权政治与民主联系在一起,称之为"分权民主"。这样说不仅有政治理论上的资源支撑,还因为分权本身最符合民主的本义。

民主的最基本含义就是人民当家做主或者多数人统治。到了现代国家时代,原始意义上的民主变成了代议制民主或代表制,要么由皇帝作为"代表",要么由选举产生的议员或官员作为"代表"。无论谁是代表,都与原始意义上的民主相去甚远。但是,分权却可能找回原始意义上的民主,即让"人民"直接行使各种权力。这是因为,对于早发达国家而言,现代国家的形成就是权力集中化或中央化的过程,从而大大削弱了既有的地方自治。为此,托克维尔无比正确地指出,追求民主的大革命却强化了中央集权削减了地方自治。就此而言,中央对地方的分权难道不是重新找回"人民"的过程吗?因此,中央对地方的分权其实就是一种民主化的过程。

对于中国这样的后发国家而言,国家建设与早发达国家的秩序不同,即早发达国家依次是社会（自治）、经济组织、政治权力集中化，而后发国家如中国则是在一盘散沙的基础上而先有政治权力的集中与统一，然后再扶植大的经济组织，最后再建构社会。也就是说，政治权力淹没了一切，没有经济和社会，一切都政治化了。集中了一切权力并进而垄断了一切资源的国家又需要大转型，即培育自主的经济组织和自主的社会组织。在这一大转型过程中，中央要向地方分权以形成权力分享与共治的中央—地方关系，政府要向企业分权以形成好的市场经济，国家要向社会分权以形成好的公民社会。这样，权力和资源集中化或中央化是现代国家建构的第一阶段，而去中央化或去集权化的大转型又成为国家建设的第二阶段。后发国家的国家建设中的大转型，无疑是民主化的一个部分，或者可以称为"民主的去集权化"或干脆称之为"分权民主"。在《论美国的民主》中，托克维尔谈论的民主就是平等、分权和社会自治。

值得指出的是，上述几种民主形式中的选举民主和协商民主，不仅是民主集中制的民主阶段，在集中阶段都是不可或缺的政治形式，比如重大事项、重大人事安排中的票决制和协商制，都是集中阶段的重要组成部分，没有民主的决策就是毛泽东所说的"霸王"而不是"班长"。也正是在这个意义上，我们说民主集中制在政治属性上是民主主义的。

◇第三节 作为政体的民主集中制

一 民主集中制：从党的组织原则到政权组织原则

中国的国家建设路径，既不同于以英美为代表的商业集团主导的以社会为中心的所谓社会中心主义，也有别于法、德和日本的官僚制主导下的以国家为中心的国家中心主义，而是以党作为国家的组织者，其时间顺序和组织路径是：建党—建军—革命—国家制度。这样一套独特的建国路径决定了，必须寻求那种既能解释国家也能解释党的政治理论。或者说，只有把党和国家有效连接在一起的理论才是有效的政治理论。民主集中制正是这样一种政治理论，它从党的组织原则（可以称为"党体"）演变为国家政权的组织原则（即"政体"），并同时是党和国家的本体论性质的组织原则。也可以说，我们常说的"党和国家"之间存在一个内在的组织逻辑关系，存在一个连接党和国家的桥梁，那就是民主集中制。没有民主集中制，就难以理解党和国家领导体制，也难以理解党何以治国即"党治国家"。

一般认为，民主集中制原则起始于列宁。从民主集中制的字面起源上，这是不错的；但从实质上看，民主集中制等同于或者根本性地体现着巴黎公社的"议行合一"。所谓议行合一原则，就是在特定历史环境中议会和行政合二为一，其中选举产生的议员又兼任行政官员；官员的薪资基于平等原则而受到严格限制，官员随时可以撤换。这样，官员产生的方式是民主的即选举，而议行合一则是集中制的。马克思在《法兰西内战》中指出，巴黎公社就是以后的无产阶级共和国制度。

历史似乎有所间隔。在列宁的秘密斗争中，其建党原则是集中制即铁的纪律，而社会主义运动领袖之一卢森堡认为缺少了民主制，为此列宁将集中制改造为民主集中制。1906年列宁指出：

> 现在留下的是一项重大的、严肃的和非常重要的任务：在党组织中真正实现民主集中制的原则，——要进行顽强不懈的努力，使基础组织真正成为而不是在口头上成为党的基本组织细胞，使所有的高级机关都成为真正选举产生的、要汇报工作的、可以撤换的机关。要进行顽强不懈的努力来建立一个包括全体觉悟的工人社会民主党人、独立进行政治活动的组织。应该实现直到现在还多半是在纸上承认的所有党组织的自治权。应该彻底消除争地盘的斗争、畏惧其他"派别"

的心理。但愿我们能真正有团结一致的党组织，而在这些组织内部，各个不同的社会民主主义思想派别之间只能进行纯粹的思想斗争。这是不容易做到的，我们也不可能马上做到。但是道路已经确定，原则已经宣布，我们现在应该力求完全地、彻底地实现这个组织上的理想。①

在第六次代表大会上，通过的新党章进一步明确了民主集中制的集体内容：（1）党的各级领导机关从上到下按选举产生；（2）党的各级机关定期向自己的党组织报告工作；（3）严格遵守党的纪律，少数服从多数；（4）下级机关以及全体党员必须绝对服从、执行上级机关的决议。由此建立了民主集中制的制度雏形。

各自为政的山头主义、派别主义，是革命过程的常见现象，为此在尊重各地政治首创精神的基础上实行集中制，是保证革命成功的前提。后来的中国革命面对同样的问题，为此而强调民主集中制原则。

苏联党的原则自然成为第三国际的组织原则，而作为共产国际的一个分支机构，中国共产党自然也采取民主集中制原则。为此，在中国共产党的第六次党代会上，民主集中制原则正式写入党章。1928年的六大党章规定："组织原则：中国共产党与共产国际其他支部一样，其组织原则为民主集中制。"

民主集中制在中国共产党的实践中有一个完善的过程，其中的关键点是三湾改编之后的《井冈山的斗争》、古田会议以及1945年中共七大。在《井冈山的斗争》中，民主主要体现为官兵平等原则：

红军的物质生活如此菲薄，战斗如此频繁，仍能维持不敝，除党

---

① 列宁：《关于俄国社会民主工党统一代表大会的报告》（1906年5月上半月），载《列宁全集》第13卷，人民出版社1987年版，第59页。

的作用外,就是靠实行军队内的民主主义。官长不打士兵,官兵待遇平等,士兵有开会说话的自由,废除繁琐的礼节,经济公开。士兵管理伙食,仍能从每日五分的油盐柴菜钱中节余一点作零用,名曰"伙食尾子",每人每日约得六七十文。这些办法,士兵很满意。尤其是新来的俘虏兵,他们感觉国民党军队和我们军队是两个世界。他们虽然感觉红军的物质生活不如白军,但是精神得到了解放。同样一个兵,昨天在敌军不勇敢,今天在红军很勇敢,就是民主主义的影响。红军像一个火炉,俘虏兵过来马上就熔化了。中国不但人民需要民主主义,军队也需要民主主义。军队内的民主主义制度,将是破坏封建雇佣军队的一个重要的武器。①

对于军队而言,一个规模不大的建制单位内部可以有平等和民主,但是大规模的建制、不同的建制单位之间即不同的根据地之间如何搞民主?对于当时的红色割据政权而言,重要的大概不是民主,而是如何集中的问题,否则各自为政而不能统一行动的红军必然在"民主"中灭亡。1929年年底的古田会议解决了集中制的问题。首先明确红军是一支怀有政治任务的武装集团,反对单纯的军事主义观点,确立了党对军队的绝对领导;在此基础上,当时流行的极端民主主义得到纠正,即确立了军队的民主集中制原则。这样,民主集中制从党的组织原则转化为军队的组织原则,从而确保了特殊环境下党—军一体化的组织原则,这为后来党和红军队伍的发展壮大起到关键性的制度保障作用。

在1945年中共七大修改的党章里,民主集中制原则被概括为:"民主集中制,即是在民主基础上的集中和在集中领导下的民主。"这一概括影响十分深远。其具体内涵是什么?刘少奇在七大所作的《关于修改党章的报

---

① 毛泽东:《井冈山的斗争》(1928年11月25日),载《毛泽东选集》第1卷,人民出版社1991年版,第65页。

告》（出版后改名为《论党》）中作了完整说明。刘少奇说，党的领导机关是由党员选举出来的；党的决议是从群众中集中起来的，并由党员的代表们所决定的；党的领导机关的权力是由党员群众所授予的；党内的秩序，是根据个人服从组织、少数服从多数、下级服从上级、全党服从中央的原则建立起来的。因此党的集中制是建立在民主基础上的，不是离开民主的，不是个人专制主义。关于集中指导下的民主，刘少奇说："党的一切会议是由领导机关召集的，一切会议的进行是有领导的，一切决议和法规的制订是经过充分准备和仔细考虑的，一切选举是有审慎考虑过的候选名单的，全党是有一切党员都要履行的统一的党章和统一的纪律的，并有一切党员都要服从的统一的领导机关的。这就是说，党内民主制，不是没有领导的民主，不是极端民主化，不是党内的无政府状态。"刘少奇还指出："党内民主的集中制，即是党的领导骨干与广大党员群众相结合的制度，即是从党员群众中集中起来，又到党员群众中坚持下去的制度，即是反映党内的群众路线。"[①]

新中国成立以后的民主集中制原则基本上是沿着中共七大的权威表述而展开的，只是不同时期的领导人有着基于特定场景的阐述。比如，到了以江泽民同志为核心的第三代领导人这里，民主集中制发展为如何处理集体领导和个人分工负责相结合的领导制度，即"集体领导、民主集中、个别酝酿、会议决定"。

民主集中制从党的组织原则，到军队的组织原则，也自然地成为建国和国家的组织原则，即新中国的政体形式。其实，早在延安时期，就有了民主集中制的治国实践，如抗日民主政权组成的"三三制"原则。在民主政权组成人员的分配上，共产党员、非党员的左派进步分子、中间分子各占1/3。共产党员代表无产阶级和贫农，左派进步分子代表农民和抗日

[①] 《刘少奇选集》上卷，人民出版社1981年版，第359页。

战争时期的小资产阶级，中间分子代表民族资产阶级和开明绅士。1940年3月6日，中共发出毛泽东起草的关于《抗日根据地的政权问题》的党内指示：在政权工作人员中，共产党员、非党的左派进步分子和中间派应各占三分之一，实行"三三制"。实行"三三制"有利于团结各阶层人民参加抗战，是共产党的法宝即统一战线在政权建设上的经典运用。"三三制"讲的是政权构成的民主制，但是政权的运行必然是共产党领导下的集中制。

"三三制"原则说到底是如何代表人民或者如何让人民当家做主的问题，因此，"三三制"原则必然体现在人民主权的人民代表大会制度的构成之中。人民代表大会制度如何组织起来？即新中国的政体形式是什么样的？必然是延续党—军组织原则的民主集中制。

二　作为政体的民主集中制

一般认为，作为政体的民主集中制来自毛泽东在延安时期著名的《新民主主义论》《论人民民主专政》和《论联合政府》。其实，把民主集中制原则明确地当作政体形式看待的，还是列宁。

殖民主义的一个副产品就是催生其他国家、其他民族民族主义意识的觉醒，因此民族主义成为20世纪新兴民族国家建设的一个重大挑战，也是对新兴国家政权组织的挑战。在这种大历史背景下，列宁虽然有著名的"民族自决论"思想，但是对于社会主义国家如何建国、如何组织政权，则坚持中央集权制即政治学上所讲的单一制，但是这个单一制必须是民主主义的，即民主集中制。列宁这样说：

> 当然，马克思主义者是反对联邦制和分权制的，原因很简单，资本主义为了自身的发展要求有尽可能大尽可能集中的国家。在其他条

件相同的情况下，觉悟的无产阶级将始终坚持建立更大的国家……

在各种不同的民族组成一个统一的国家的情况下，并且正是由于这种情况，马克思主义者是决不会主张实行任何联邦制原则，也不会主张实行任何分权制的。中央集权制的大国是从中世纪的分散状态向将来全世界社会主义的统一迈出的巨大的历史性的一步，除了通过这样的国家（同资本主义紧密相联的）外，没有也不可能有别的通向社会主义的道路。

然而，决不能忘记，我们维护集中制只是维护民主集中制。①

列宁所讲的反对联邦制和分权制，无疑都是中央—地方关系意义上的政权组织原则。中央—地方关系中的一个大问题是民族关系，比如大民族与小民族之间的关系。如果因民族之间的不平等而坚持实行联邦制，这样的联邦制也必须坚持民主集中制：

民族自决权只是一种政治意义上的独立权，即在政治上从压迫民族自由分离的权利。具体说来，这种政治民主要求，就是有鼓动分离的充分自由，以及由要求分离的民族通过全民投票来决定分离问题。由此，这种政治民主要求并不就等于要求分离、分裂、建立小国，它只是反对任何民族压迫的斗争的彻底表现。一个国家的民主制度愈接近充分的分离自由，在实际上要求分离的愿望也就愈少愈弱，因为无论从经济发展或群众利益来看，大国的好处是不容置疑的，而且这些好处会随着资本主义的发展而日益增多。承认自决并不等于承认联邦制这个原则。可以坚决反对这个原则而拥护民主集中制，但是，与其存在民族不平等，不如建立联邦制，作为实行充分的民主集中制的唯

---

① 列宁：《关于民族问题的批评意见》（1913年10—12月），载《列宁全集》第24卷，人民出版社1990年版，第148、149页。

一道路。①

这段话事实上包括两种完全不同的语境：一是在存在帝国主义的殖民地国家，被压迫民族完全有民族自决权即民族解放；二是在社会主义多民族国家，因为不存在民族压迫，即使为了保证各民族的平等而实行联邦制，但联邦制也是民主集中制下的一个组织制度。

中国共产党在20世纪20—40年代也曾经有过联邦制主张，甚至在1946年政治协商会议上还主张联邦制。但与此同时，将党的组织原则转化为国家政权的组织原则，在延安时期已经明确形成了。在1940年的《新民主主义论》中，毛泽东这样说：

> 至于还有所谓"政体"问题，那是指的政权构成的形式问题，指的一定的社会阶级取何种形式去组织那反对敌人保护自己的政权机关。没有适当形式的政权机关，就不能代表国家。中国现在可以采取全国人民代表大会、省人民代表大会、县人民代表大会、区人民代表大会直到乡人民代表大会的系统，并由各级代表大会选举政府。但必须实行无男女、信仰、财产、教育等差别的真正普遍平等的选举制，才能适合于各革命阶级在国家中的地位，适合于表现民意和指挥革命斗争，适合于新民主主义的精神。这种制度即是民主集中制。只有民主集中制的政府，才能充分地发挥一切革命人民的意志，也才能最有力量地去反对革命的敌人。"非少数人所得而私"的精神，必须表现在政府和军队的组成中，如果没有真正的民主制度，就不能达到这个目的，就

---

① 列宁：《社会主义革命和民族自决权》（1916年1—2月），载《列宁全集》第27卷，人民出版社1990年版，第257页。

叫做国体和政体不相适应。①

因此，可以认为，中国共产党所主张的联邦制在 20 世纪 20—30 年代是指中央—地方关系，到了 40 年代则是指处理各民族关系的原则，而整个国家政权则是民主集中制。和列宁一样，即使存在联邦制，也是民主集中制下的联邦制。事实上确实如此，新中国成立后实行苏联式联邦制的变种即民族区域自治制度，但这一制度是在民主集中制原则下运行。

在 1945 年的《论联合政府》中，毛泽东说新中国的政权组织应该是人民代表大会制度，而人民代表大会制度的组织原则是民主集中制：

新民主主义的政权组织，应该采取民主集中制，由各级人民代表大会决定大政方针，选举政府。它是民主的，又是集中的，就是说，在民主基础上集中，在集中指导下的民主。只有这个制度，才既能表现广泛的民主，使各级人民代表大会有高度的权力；又能集中处理国事，使各级政府能集中地处理被各级人民代表大会所委托的一切事务，并保障人民的一切必要的民主活动。②

这段话就是说民主集中制既是人民代表大会制度的组织原则，又是政体形式的来源。应该看到，政体理论是抽象的，而任何政体之下都有一套根本性制度、基本制度或组织制度为支撑；如果一个国家的政体是民主集中制，政体之下的各种结构性制度都是民主集中制，也就是理所当然的。因此，实在没有必要去争论民主集中制到底是人民代表大会制度的组织原

---

① 毛泽东：《新民主主义论》，载《毛泽东选集》第 2 卷，人民出版社 1991 年版，第 677 页。

② 毛泽东：《论联合政府》，载《毛泽东选集》第 3 卷，人民出版社 1991 年版，第 1056—1057 页。

则，还是政体的组织原则。民主集中制就是政体，而政体是由一套制度构成的制度矩阵。

毛泽东在延安时期的建国理论直接成为新中国宪法的指导思想，甚至宪法文本本身。1954 年《宪法》"总纲"第一条规定了新中国的国体，第二条便是政体："第一条　中华人民共和国是工人阶级领导的、以工农联盟为基础的人民民主国家。第二条　中华人民共和国的一切权力属于人民。人民行使权力的机关是全国人民代表大会和地方各级人民代表大会。全国人民代表大会、地方各级人民代表大会和其他国家机关，一律实行民主集中制。"

1954 年宪法中的民主集中制专指国家机构的组成方式，即国家行政机关由人大产生并对人大负责。到了 1982 年《宪法》，民主集中制不但包括国家机关即横向的权力结构组织形式，还包括了国家结构形式即中央—地方关系的组成方式。1982 年《宪法》第三条规定："中华人民共和国的国家机构实行民主集中制的原则。全国人民代表大会和地方各级人民代表大会都由民主选举产生，对人民负责，受人民监督。国家行政机关、审判机关、检察机关都由人民代表大会产生，对它负责，受它监督。中央和地方的国家机构职权的划分，遵循在中央的统一领导下，充分发挥地方的主动性、积极性的原则。"

可见，中国人在政体的认识上有一个不断拓展的过程，即政体不但包括横向的国家权力组织方式，还包括纵向的国家结构形式即中央—地方关系。事实上，这才更符合政体理论本身的意义。政体说到底是统治权以及围绕统治权而建立的权力关系，简单地说政体是权力关系的总和。据此，不同时代的政体内涵是不一样的。在城邦国家时期，因为是一种典型的政治社会，而且不存在现代国家意义上的规模以及由此而导致的中央—地方关系，政体主要是指统治权。亚里士多德的定义是："一个城邦的职能组织，由以确定最高统治机构和政权的安排，也由以订立城邦及其全体各分子所企求的目的。"① 这里，政体至少由三个方面构成：第一是组成城邦的目的即今天所说的立国价值；第二是统治权；第三是围绕统治权而建立的政权的安排即国家机构。即使在城邦国家时代，亚里士多德已经提出了政权的安排包括三权即议事、行政和审判，这是我们看到的三权分立的源头所在。据此，后来的学者才把三权之间的关系总结为议会制政体、总统制政体和混合制政体。在严格意义上，议会制不能称为政体，因为它只不过是政权安排即权力关系中的一种权力而已，不能以一种权力形式代替作为权力关系总和的政体。

到了现代国家时代，存在一个古典理论不曾面对的国家规模问题。这样，回答大规模国家如何组织起来的政体理论就适时出现了，比如单一制和联邦制。国内新的政体理论研究成果是，到了市场经济时代，权力关系不但包括狭义政治范畴的国家机构和中央—地方关系，经济权力即资本权力事实上已经成为一种左右政治权力的不可忽视的权力。因此，考察市场经济时代以后的政体理论离不开政治—经济关系的维度。资本权力是重要的，同样重要的还有社会权力，因为现代政治的一个重要特征便是政治的大众性。这样，政治—社会关系或国家—社会关系的维度也是现代政体理论所不能忽视的。② 也就是说，今天的政体理论不再是单纯地讲国家机构这个纯粹的政治，还有经济和社会两大变量，政体是政治、经济和社会三大关系的总和。在中国，不但包括国家权力结构，还有政府—市场关系和国家—社会关系。

---

① ［古希腊］亚里士多德：《政治学》，吴寿彭译，商务印书馆2008年版，第181页。
② 曾毅：《政体新论：破解民主—非民主二元政体观的迷思》，中国社会科学出版社2015年版。

第六章

以民主集中制为轴心的权力关系

民主集中制历经革命时期的1.0版、新中国前30年的2.0版和改革开放以来的3.0版，民主的因素越来越多，集中的范围越来越小，民主与集中的关系正在趋向平衡。在我看来，相对于"党争民主"所导致的政治失衡以及普遍性的"否决型政体"，中国制度的一个世界性意义就在于"平衡"，即民主与集中之间的平衡。现代性政治就是大众权利政治，没有民主是没法运行的；但是现代性政治不能离开人类几千年赖以生存的权威性结构，否则就变成无政府主义的丛林规则。比较政治告诉我们，很多国家的问题就是现代性政治与传统性政治的失衡，导致"否决型政体"的"无效民主"。

政体不但是谁统治的问题，还是如何统治的权力关系，政体是各种权力关系的总和。在中国，政体内涵除了宪法所规定的国家机关组成形式（人大与"一府两院"）、中央—地方关系，还包括政治—经济关系和国家—社会关系。我们发现，无论是传统意义上的政体形式即国家机关组成方式和中央—地方关系，还是改革开放以后所衍生出来的政治—经济关系和国家—社会关系，都有形或无形地体现了民主集中制原则，可谓民主集中制的3.0版。

有了"民主集中制政体"的这个"发现"，我们就会认识到，关于中国政治的各种概念，诸如"威权主义"、描述政治—经济关系的"发展型国家"、描述国家—社会关系的"统合主义"、描述中央—地方关系的单一制或者经济联邦主义，都不过是中国政治的一个侧面，或者是盲人摸象式的概念，只有民主集中制这个概念，才能比较全面地刻画或者代表中国政体。

第一节 人民代表大会制度的民主集中制原则

全国人民代表大会被称为国家最高权力机关，国务院被称为国家最高行政机关和中央政府，这里将二者统称为"中央权力机关"。宪法规定，人大与"一府两院"的关系是民主集中制原则。在庆祝全国人民代表大会成立60周年大会上，习近平总书记指出："坚持和完善人民代表大会制度，必须坚持民主集中制"；"我们要坚持和完善民主集中制的制度和原则，促使各类国家机关提高能力和效率、增进协调和配合，形成治国理政的强大合力，切实防止出现相互掣肘、内耗严重的现象"。本节重点阐释人民代表大会制度的民主性一面，兼论人民代表大会制度的集中性制度安排。

在西方代议制政府的背后，有许多流行的民主理论作为基础，使代议制成为政治合法性的代名词。而我国人民代表大会制度（简称人大制度）的民主理论基础是什么？迄今为止，对于这个问题很少有过完整和系统的表述。过去我们往往强调人民主权论，实际上，人民主权论也是代议制政府的理论基础，并不能区隔我国人民代表大会制度与西方代议制原则方面的差异。为此，有必要对人大制度的民主理论基础重新加以讨论，以加深对我国根本政治制度的认知。

国内学术界对人大制度理论基础的研究，主要有三种解释模式：（1）从宪政角度进行解读，认为人大制度是一种宪政体制，强调人民代表大会制度建设应朝宪政方向努力。[①]（2）从人民主权和代议制的角度分析，认为

[①] 谢庆奎：《宪政体制与人民代表大会制度建设研究》，《新视野》2005年第1期。

人大制度属于代议制的一种类型，其理论基础是人民主权理论和马恩经典作家的民主共和国学说。①（3）从代表制理论角度进行归类，有学者在研究代表和选民关系时，将中国的人民代表大会代表纳入其中某种类型之中，并分析中国制度的特殊之处。② 当然，第三种路径与其说是对人大制度的整体理论解释，不如说是观照代表制度本身。尽管代表制度是人大制度的重要组成部分，但后者还包括代表大会的组织机构制度、工作程序制度等更广泛的内容，单纯的代表理论不足以解释整个人大制度。从国外的研究情况来看，西方学者一般侧重于从立法体系比较的角度分析中国人民代表大会的立法过程、作用、变革以及人大和其他机构的关系，他们通常注重实证分析，很少从规范角度讨论人大制度的民主理论基础。

从既有的文献来看，人民主权的解释视角成为主流。政治学、法学学科的研究者往往依据宪法和法律文本，认为人民代表大会制度是实现人民主权的一项制度设置。然而，人民主权论只回答了主权归属问题，即实质民主问题，而没有解决人民代表大会的程序性问题。任何一项民主制度都应该是实质民主和程序民主的统一，考察人民代表大会制度的民主理论基础，除人民主权论以外，还应当从其他程序性民主的角度展开。

在考察人民代表大会制度特征的基础上，我们认为它既是一种实质民主，也是一种程序民主。人民主权理论、代表制理论和协商民主理论则是人大制度的三大民主理论基础，只是作为程序民主的代表制度和协商制度过去很少在理论上得到系统的解释。

---

① 浦兴祖：《社会共和论与人民代表大会制》，《社会科学战线》1999年第3期；蔡定剑：《中国人民代表大会制度》，法律出版社2003年版；周叶中：《代议制比较研究》，武汉大学出版社2005年版。

② 邹平学：《关于人民代表行使权力的身份的理论与实践》，《中国法学》1994年第6期；胡位钧：《两种代表制理论之再评价》，《法商研究》1998年第2期；温辉：《代表与选民的关系》，《现代法学》2001年第2期。

一 人民主权理论

国家"一切权力属于人民"可追溯到"主权在民"即人民主权的理论。虽然"政治权威源自人民"的观念源远流长，但首次对人民主权进行完整表述的是法国启蒙思想家卢梭。

马克思继承了卢梭的人民主权思想，马克思的《黑格尔法哲学批判》是"一部自始至终渗透着典型的卢梭人民主权思想的著作"[①]。巴黎公社的实践将马克思的人民主权思想具体化。巴黎公社有四个基本特点：（1）公社由普选的代表组成，这些代表对选民负责，随时可以被撤换；（2）公社是兼管行政与立法的工作机关，一切社会生活的创议权都留归公社；（3）废除资产阶级的常备军，用武装的人民代替它；（4）废除旧的警察、法官和行政部门的官吏，把所有的公职人员变成人民的公仆。马克思认为，巴黎公社的这些措施有效地保证了其最高权力属于工人阶级和全体劳动人民，并由人民当家做主。巴黎公社的这些做法经马克思、恩格斯总结后，成为社会主义国家政权建设的普遍原则。例如，恩格斯在1891年提出"一切政治权力集中于人民代议机关之手"的主张，就是对马克思"一切社会生活的创议权都留归公社"观点的发展。这成为后来列宁"一切权力归苏维埃"的理论基础，也是我国人民代表大会为国家权力机关的理论渊源。相对于卢梭主张通过人民定期的集会决定政府的去留而言，马克思更强调代议机关行使一切权力，人民产生和监督代议机关成员。前者是一种直接民主的思路，后者则属于间接民主。

在社会主义国家的政治实践中，人民主权思想已成为无产阶级政权建设的基本原则。人民主权原则首先体现在人民代表大会的制度安排上。人

[①] 参见［意］德拉·沃尔佩《卢梭与马克思》，赵培杰译，重庆出版社1993年版。

民性是人大制度的首要民主特征,我国《宪法》第二条就规定:"中华人民共和国的一切权力属于人民。人民行使国家权力的机关是全国人民代表大会和地方各级人民代表大会。"人民性是由国家性质决定的,它贯穿在人民代表大会制度的各个方面:第一,各级人民代表大会的组成人员都是由广泛的、平等的定期选举产生的,人民有权监督、罢免其代表。第二,人民代表大会的权力来源于人民的委托,它统一行使国家权力,具有全权性。第三,掌握全部国家权力的人民代表大会并不亲自行使所有权力,它将行政权、司法权分别委托给由它产生的"一府两院",并保持对其进行监督。第四,国家机关及其工作人员接受人民的监督,人民有权对国家机关的工作提出批评、建议和意见,有权检举和控告国家机关工作人员的违法失职行为。由此可见,国家权力是按照"人民——人民代表大会——一府两院"这样一种逻辑序列展开的,人民是主权的最终来源,而人民代表大会则是人民行使国家权力的全权机构,"一府两院"根据权力机关的委托行使部分职权,权力的运行按照人民的意志进行,人民有权纠正权力行使过程中的偏差。

  上述制度安排意味着,一方面,人民作为主权者拥有一切权力,但人民并不直接行使国家权力,而是通过普选将权力委托给自己所选出的代表,由他们组成各级人民代表大会统一行使;同时,人民代表大会又通过选举和表决将其中的行政权、司法权分别委托给"一府两院"行使。另一方面,人民又保持着对国家权力的最终控制权。必要时,人民有权以主人的身份直接或通过人民代表大会间接地撤换其"公仆",重新选择权力行使者,从而保障国家权力永远属于人民。

  这种"人民——人民代表大会——一府两院"的权力逻辑,既沿袭了马克思的部分代议制原则,也继承了卢梭的某些观点。人民是政治权力的来源,构成主权者,这是卢梭和马克思的共同主张;通过人民选举产生代表大会这样一种代议机构来统一行使国家权力,是马克思"一切社会生活的创议权都留归公社"、恩格斯"一切政治权力集中于人民代议机关之手"的现实版,并且克服了卢梭主张人民定期集会的缺陷;代表大会将行政权、司法权分别委托给由它产生的"一府两院",并对其进行监督,符合卢梭的"政府是主权者与臣民之间的中间体,政府权力来自人民的委托"观点,只不过这里的"委托"是由人民代表大会代表人民完成的,属于一种"间接委托"。并且,将行政权和司法权委托给"一府两院",超越了马克思"议行合一"的最初设想,是我国借鉴苏联1936年宪法体制建立人民代表大会制度的直接产物。

二 代表制理论

代表制理论主要涉及代表与选民的关系。代议制是由选民选出的代表行使权力的间接民主。因此,代表与选民的关系就成为代议制一个不能回避的基础性问题,如周叶中所说,"代表制度是代议制的核心,离开了代表制度也就无所谓代议制度"[1]。在代议制发展演进的过程中,思想家们形成了不同的代表学说,各国也建立了不同的代表与选民关系的法律制度。这些学说和制度,为社会主义国家构建新型代表与选民关系提供了参照。

在政治学意义上,代表意指一种中介关系,即某个人或某个集团为一个更大的群体行事或代言。代表制理论的争论主要围绕代议机构成员的地位和角色而展开,特别是当选举权扩展到绝大多数社会成员时,代表与选民的关系更是一个争论不休的话题。代表应该代表意见还是利益,是代表个人、阶级还是部门,对这些问题的不同回答构成了不同的代表学说。

从代表的对象来看,代表制理论更是五花八门。在中国的语境中,我

---

[1] 周叶中:《代议制比较研究》,武汉大学出版社2005年版。

们更愿按社会构成的层次性，将代表制理论区分为阶级代表说、党派代表说和行业（职业）代表说三种类型。

（1）阶级代表说。马克思主义者持这种观点。在马克思看来，社会由两个或三个经济阶级所组成，阶级之间的冲突是社会的根本冲突，作为上层建筑的政治制度是由经济结构和经济关系决定的。在资本主义社会中，基本的冲突发生在资产阶级和工人阶级之间，国家只是管理资产阶级事务的委员会，其首要任务是维护资本主义制度。在这种社会中，代议机构可担当沟通的角色。在环境较为有利时，可以带来工人生活条件的改善；但不能改变工人阶级的基本命运。因此，资本主义社会的代议机构掩盖了阶级斗争的实质。社会主义国家不是要取消代议制，而是建立新型的代议制度。马克思指出："公社必须由各区全民投票的城市代表组成……其中大多数自然会是工人，或者是公认的工人阶级的代表。"[①] 在这里，马克思首次阐述了新型代议制度中的代表学说，说明了代表的阶级性。列宁也从政权的归属中阐明了俄国代议机构代表的阶级本质："政权应当完全地、绝对地属于劳动群众和他们的全权代表机关——工农兵代表苏维埃。"[②]

（2）党派代表说。党派代表说考虑了政党政治的兴起给代议制带来的影响。这种说法认为，在那些政党纪律很严的国家，议员代表的是政党的意志与利益，而不是其他什么的意志与利益。当选民的意见、议员本身对公共利益的判断与政党的观点相冲突时，政党领袖就会强迫议员按政党的观点去投票。在这种情况下，议员有义务支持自己所属的政党，因为他们的当选建立在政党纲领和党内提名候选人的基础上。相应的选举也从候选人之间的选择变成了若干行动纲领之间的选择。

（3）行业（职业）代表说。这种代表学说为19世纪的法国工团主义者

---

① 《马克思恩格斯全集》第17卷，人民出版社1965年版，第646页。
② 《列宁选集》第3卷，人民出版社1975年版，第406页。

和20世纪的英国基尔特社会主义者所倡导。工团主义者认为，当代表来自不同行业时，代表受到本行业特殊利益的影响是必然的。如果本行业的特殊利益对其代表有约束力，则可以促使代表结构合理，使不同的行业都积极地通过自己的代表对国家的各项决策施加影响，以保证各行业利益的平衡和国家决策的公正。行业利益代表说主要基于对地域代表制的批判而产生。这种说法认为地域代表制难以代表不同职业的利益，并且导致国家缺少专门的职业家担任立法的技术性工作，因此倡导行业代表制。英国基尔特社会主义者将这种代表学说发展至顶峰。以彭蒂、霍布森和科尔为代表的基尔特社会主义者主张建立以行业为基础的民主自治的工人组织——基尔特，由基尔特负责管理工业。他们认为，国家只是代表消费者利益的一个政治组织，它占有生产资料，但不是主宰一切的最高权力机关。国家和全国基尔特处于平等地位，两个组织互助协商有关生产者和消费者共同利益的问题。当双方发生冲突时，由一个代表各种行业公民的机关——联合小组委员会（由基尔特、基尔特代表大会和政府三方组成）做出最后裁定。在基尔特内部，每年召开的基尔特代表大会是最高权力机关，每一个基尔特在此大会上都有代表权。我国人民代表大会按行业（职业）建制的做法，在某种程度上与此有相似性。

  我国人民代表大会制度中的代表与选民关系，虽然现有法律做出了相关规定，但不像西方国家那样明确。《宪法》第七十六条规定："全国人民代表大会代表应当同原选举单位和人民保持密切的联系，听取和反映人民的意见和要求，努力为人民服务。"《代表法》第二条、第四条分别规定："全国人民代表大会和地方各级人民代表大会代表，代表人民的利益和意志，依照宪法和法律赋予本级人民代表大会的各项职权，参加行使国家权力"；"代表应当与原选区选民或者原选举单位和人民群众保持密切联系，听取和反映他们的意见和要求，努力为人民服务"。"代表人民的利益和意志"既可以解释为"代表全国人民的利益"，也可以解释为"代表选区、行业或单位的利益"①。在我国人民代表大会制度下，代表与选民的关系究竟如何？

　　人民不是抽象的主体，而是按照地域、职业、阶级、阶层分布的多元、具体的主体，因此，人民主权实际上是无数有着不同身份和利益的个体的主权。在这种意义上，各级人民代表大会作为人民行使主权的机关也应该由能充分反映不同地区、职业、阶级和阶层特征的代表所组成。《宪法》关于"选举单位"的规定，其实包含着以职业和行业为基础的工作单位，因而是一种典型的行业代表制度。因此，在我国，各级人民代表大会不但具有地域代表制的特征，而且还有按行业建制的色彩，这点在人大代表的选举中体现得最为明显。在县区人大代表直接选举中，按照《选举法》第二十四条的规定，普遍是将具有共同身份的选民划分到单个或者联合选区，选举产生1—3名代表，比如少数民族代表、归侨代表等。在关于代表名额分配的原则中也要求："要注意代表的界别构成比例，使工人、农牧民、干部、知识分子、解放军、民主爱国人士、归侨、侨眷，其他劳动人民和妇女都有适当名额的代表。"② 在县级以上的间接选举中，也是根据不同行业的代表名额和比例，确定各方面候选人。虽然间接选举是按地域（选区）选举产生上级人大代表的，但每个地域（选区）又是按行业确定各方面代表名额和比例的。最近几届全国人大代表的身份构成充分说明了这一点。从第六届到第十届全国人大，代表的总人数稳定在2970—2984人之间，工农代表比例保持在16.6%—23%之间；知识分子代表比例保持在21.1%—23.5%之间；干部代表比例保持在21.4%—32.4%之间；解放军代表稳定在9%；归侨代表比例保持在1.2%—1.6%之间。③ 从最近两届全国人大代

---

　　① 邹平学：《关于人大代表行使权力的身份的理论与实践》，《中国法学》1994年第6期。
　　② 杨孟才：《县乡换届选举工作指南》，中国民主法制出版社2001年版，第65页。
　　③ 蔡定剑：《中国人民代表大会制度》，法律出版社2003年版，第220页。

表的行业和职业构成来看,各行业(职业)代表所占比例变化也不是太大。总而言之,作为一种非竞争性的、非职业化代表的制度安排,代表组成具有选区(在中国是选举单位)和行业的双重特征,其中以行业性体现选区,也就是说,每个选举单位的代表主要是行业代表。按功能团体建制,是一种从程序角度保证人民性得以实现的制度安排。

人民代表大会是社会结构的缩影,是按不同功能团体建制的。人大代表看上去通过选区制度而产生,但实际上每个选区所产生的是行业代表。不管是地区,还是民族、党派和性别,代表选举的最终落脚点还是在职业上面。

人民从来不是抽象的,而是由无数具体次级部分构成的;全民意志也从来不是先天就存在的,而是无数"众意"综合后形成的。人大制度就是按照这样一种机理运作的:它将社会不同部分(特别是不同行业)的利益和意志,通过委任的人民代表这一中介,汇集到人民代表大会,通过大会的交流、协商和妥协,最后按照少数服从多数的表决原则,最终形成全体人民的意志和利益。

三 协商民主理论

协商民主(deliberative democracy)是一种 20 世纪后期在西方引起广泛关注的民主形式。虽然中国没有像西方那样发展出一套成熟的协商民主理论,但存在着丰富的、多层次的体现协商民主特征的社会主义民主制度和政治实践,例如政治协商制度、听证会、民主恳谈、公民评议会、村民(居民)代表会等。何包钢归纳了这些制度和实践的共同特征:(1)在下结论前,让人们到桌边并鼓励他们畅所欲言;(2)参与者有充分的时间来参与协商过程,并有少量的时间参与讨论;(3)在协商的过程中,尽管有不同的意见,参与者被要求在相互尊重的基础上交换意见。他认为,社会主义政治系统和文化鼓励群众参与、强调磋商的传统成为推动协商民主制度发展的重要因素。① 就协商民主理论在中国的传播而言，政治理念的兼容性、既有的政治资源再加上执政者的改革考虑，使得协商民主理论一登陆中国，就吸引了一批知识分子和政界人员。一些学者认为，选举加协商的互补性民主制度是中国特色的民主政治，协商民主可以弥补选举民主的不足。② 有学者甚至认为，协商性民主在价值上优于竞争性的选举民主。③ 有政协委员在 2007 年"两会"上发言称西方协商民主理论与实践脱节，而我国却早已有了协商民主的理念和成功实践，呼吁进一步通过协商民主推动政治改革与和谐社会建设。④ 2006 年 2 月，中共中央在《关于加强人民政协工作的意见》中明确提出选举和协商是我国社会主义民主的两种重要形式，在某种程度上表明了最高层对协商民主理论的认可。

尽管我国的人民代表大会制度建立在选举基础上，但协商性也是其重要的民主特征。协商性在人民代表大会制度中主要体现在两个方面：（1）从人大制度的外围来看，每逢各级人大开会时，同级政协也召开会议，对人大所讨论的重大问题、人事安排提出意见与建议，从而影响人大的立法和决策。在某种程度上，政协系统的意见已嵌入人大的运行过程之中。（2）从人大制度自身的运行来看，各级人大十分重视民主协商。在各级人大及其常委会会议中，不管是法律草案和决定案的审议，还是人事安排的讨论，

---

① 何包钢：《中国的参与和协商制度》，载陈剩勇、何包钢编《协商民主的发展：协商民主理论与中国地方民主国际学术研讨会论文集》，中国社会科学出版社 2006 年版。

② 李君如：《中国能够实行什么样的民主》，《北京日报》2005 年 9 月 26 日；陈家刚：《协商民主是不是民主的一种形式》，《解放日报》2006 年 7 月 31 日；庄聪生：《协商民主是中国特色社会主义民主的重要形式》，《中共中央党校学报》2006 年第 4 期。

③ 林尚立：《协商政治：对中国民主政治发展的一种思考》，《学术月刊》2003 年第 4 期。

④ 陈漱渝：《通过协商民主推动社会主义和谐社会建设》，2007 年 3 月 13 日，新华网（http：//news.xinhuanet.com/misc/2007-03/12/content_ 5837207.html）。

都是在代表团会议或小组会议基础上进行的,然后根据各方面的合理意见修改议案,再在全体会议上交付表决;如果审议时对某些重要问题有意见分歧,或者发现某个问题没有解决,则暂时搁置不付表决,等条件成熟或问题解决后再进行表决。在代表团会议或小组会议内部,代表或常委会组成人员之间也是在平等基础上进行充分讨论和酝酿,形成代表团或小组的决定和整体意见,再把它带到全体会议上。可以说,人大每通过一项法律法规和重大决策,都是在充分协商、考虑各方面的意见后做出的,少数群体的意见和利益并没有因为缺少代表而被忽略。

正是因为这种制度运作方式,人大的各项立法和决策具有极高的民意基础。除政协制度外,其是协商民主在国家制度层面的另一主要体现。如果说西方国家议会的竞选活动和信息操纵导致协商民主在该领域很难实现的话,那么我国的人民代表大会则突破了这些限制性因素,显示了中国特色政体的优越性。《物权法》的审议过程经典地说明了人大制度的协商特征。在这一立法案例中,人大与政协之间、人大与公民之间、人大内部的代表团或小组之间,以及代表团或小组的代表之间,都将协商程序发挥得淋漓尽致。

虽然间接选举存在固有的不足,但协商民主无疑有助于弥补这种代表性不足所造成的缺陷,使全民意志尽可能得以实现。具体而言,协商民主就是通过缜密的程序规则,将分散的选民意见和局部利益通过人大代表这一中介纳入特定场景,以程序的正义性(参与者平等、自由讨论、协商达致共识)求得为所有人所接受的合法性结果。正如一些共和主义者所主张的,公共政策的合法性没有必要像自由主义者所主张的那样必须建基于人民的同意,只要有可以辩论的条件就够了。这种说法虽然偏激,但在一定程度上表明了协商之于政策合法性的意义。

如果我们不拘泥于细节和教条,而紧紧扣住协商民主的核心要素,就必须承认:我国的人民代表大会中存在丰富的协商民主实践,协商性是人大制度运行的鲜明特色。虽然我们至今没有发展出协商民主理论，但早已存在的协商民主从程序方面构成了人大的制度性支持。

四　人民代表大会制度的集中性

人民主权原则的实现既要有程序性的民主形式，也要有能将各种程序民主统合起来的制度安排，否则就如同我们看到的很多转型国家陷入代议制民主之下的党争民主而不能自拔。邓小平同志曾经说过："我们实行的就是全国人民代表大会一院制，这最符合中国实际。如果政策正确，方向正确，这种体制益处很大，很有助于国家的兴旺发达，避免很多牵扯。"联想到当下很多转型国家在党争民主下的困境，更能体会到邓小平他老人家的朴素语言中的大智慧。在我国，这种统合程序民主的制度既完整地体现在党章中，也在宪法中有着明确的规定，具体体现为党的领导原则和议行合一原则。

（1）党的领导。关于我国的根本政治制度，完整的说法应该是"党的领导下的人民代表大会制度"。习近平总书记在全国人民代表大会成立60周年庆祝大会上指出："保证党领导人民有效治理国家，切实防止出现群龙无首、一盘散沙的现象。"这既是对中国历史和现实的客观描述，也是比较之后的经验总结。

西方的政党政治产生于资产阶级革命之后的议会政治，因此政党在议会活动中形成，在议会内部有党团，因此政党只是利益集团性质的政治组织。和西方政党政治完全不同的是，中国共产党是建国党，是一盘散沙的国家的组织者，建国路线图是"建党——建军——革命——建国（国家机构）"。因此，党领导人大是历史的内生性逻辑，是一种事实性存在，不能用基于西方历史的宪政主义理论来观照中国的历史和现实。倒是有很多国家不顾自己的历史而搞起了党争民主式的宪政主义，结果如何呢？因此，在理论上，党领导下的根本制度的优越性应该得到更深入的研究和认识。

那么，党如何来领导人大？在制度设计上，人大内部有党组，人民代表大会召开期间有主席团，党的这些组织将党的意志变为法律和政策。习近平总书记在庆祝全国人民代表大会成立60周年庆祝大会上指出："要不断加强和改善党的领导，善于使党的主张通过法定程序成为国家意志，善于使党组织推荐的人选通过法定程序成为国家政权机关的领导人员，善于通过国家政权机关实施党对国家和社会的领导，善于运用民主集中制原则维护党和国家权威、维护全党全国团结统一。"这里，法定程序之上的民主集中制，是认识党与人大关系的基本原则。

（2）议行合一原则。议行合一原则是第一个无产阶级政权巴黎公社的首创，是民主集中制政体的一个重要组成部分，是和代议制民主下的三权分立相对立的理论和制度。因此，民主集中制度相对于代议制民主的优势的一个实现形式便是议行合一制度。在我国宪法中，议行合一原则主要体现在国家机构的组成原则上，"一府两院"由人大产生，对人大负责，人大并对之履行监督之责。

作为一种运行60多年的制度，固然有其不完善之处，比如人大的监督职能有待充分发挥；但是相对于一些发展中大国因三权分立而导致的相互对立、相互扯皮而使国家发展、人民福祉裹足不前的困局，议行合一原则所表现出的制度优势有目共睹。

五 小结：中国政治实践与民主理论发现

如果说人民代表大会制度中的人民性是关于权力归属的根本性制度，功能团体建制则是实现这种根本制度的一种技术性制度安排，而协商性则是人民代表大会制度运行的一种主要原则和方式。三项民主制度相互衔接、相互补充，构成了三位一体的制度体系。人民代表大会制度的每一项制度安排都体现了相应的民主理论。作为一项民主制度，人民代表大会制度是实质民主与程序民主的统一体，其理论基础相应地包括作为实体民主的人民主权论和作为程序民主的代表制理论、协商民主理论。

通过对人民代表大会制度民主理论基础的考察，不难发现，我国现行人民代表大会制度虽然受革命传统和苏联模式的双重影响，但它并没有摆脱西方议会政治的基本原则——人民主权和代表政治。从这种意义来说，我国的人民代表大会制度与西方的议会制度具有一定的相似性，至少在政治原理和组织机构上是如此。因此，在讨论人民代表大会制度时，可以将其视为代议制的一种特定类型。①

然而，承认人民代表大会制度具有与西方国家议会制度相同的民主理论基础并不意味着两种制度是一回事。人民代表大会制度中的丰富协商民主实践，在某种程度上是对西方议会政治的超越。从这方面来说，我国的人民代表大会制度具有中国自己的特色，就如同整个中国政治体系都具有自己的特殊性一样。

有些人在我国的民主政治问题上妄自菲薄，总是以西方的政治制度来审视中国政治制度的合理性，因此对我国政治制度中的民主因素，比如对人民代表大会制度的民主性视而不见。当西方国家以人民主权为原则、以代表制度为核心、以法治为保障建立代议制政府时，中国也在以相同的原则构建自己的社会主义民主政体。人民主权、代表制度、法治原则，这些看似西方国家"专利品"的政治概念，我们其实并不缺，至少近代以来我们就在朝这些方面努力。我们的体现人民主权的选举民主正在发展，体现代表制民主与协商民主的制度安排早已存在，这就需要以新的民主理论来重新解释和审视我们的政治。

最后需要指出，本节是在规范层面讨论人民代表大会制度的民主理论

---

① 国内不少研究人民代表大会制度的专家都持这种观点。

基础的。当我们说人民代表大会制度的每项制度安排都体现了相应的民主理论时，并不等于这些民主原则都在实际政治生活中得到了充分实现。在现实政治中，一些制度安排需要被"激活"，以充实社会主义民主政治的程序特征。比如，城乡代表比例的不平等、选举法执行中的缺憾、协商的非对称性，在某种程度上分别影响了人民代表大会制度的人民性、委托原则和协商性。然而，理论在解释世界的同时，也为我们改造世界提供了依据。讨论人民代表大会制度的民主理论基础，不仅有助于加深对我国根本政治制度的认知，也有助于改革和完善人民代表大会制度，加强社会主义民主政治建设。

◇ 第二节　中央—地方关系：政治单一制与经济联邦主义

中国宪法规定的民主集中制的中央—地方关系，其实是政治学理论上的单一制或中央集权制的中国特色的表述。在单一制的中央—地方关系中，地方权限来自中央政府的授权，地方享有一定的地方自主权但必须执行中央政府的大政方针。实践证明，对于中国这样一个具有大一统传统、多民族的发展中国家来说，单一制有效地保障了现代化进程中的"国家性"——要知道很多多民族的发展中国家在现代化进程中发生了分裂。因此，单一制的中央—地方关系不可动摇。另一方面，作为"第二次革命"的经济改革给中央—地方关系带来了结构性的变革，过去作为中央"代理人"的地方政府越来越享有利益主体的角色，从而出现了学术界所说的经济关系上的"经济联邦主义"。所谓"经济联邦主义"，就是经济权力的分权带来的经济权力的分享与共治，其中以财政权为核心。与中国的这一进程相似，世界上实行中央集权制的国家，比如英国和法国，都出现了经济权力分散化的趋势，即使是联邦制的印度也是如此。所以，经济联邦主义与市场经济制度具有密切的相关性。这样，在中国，一方面传统的政治上的单一制在结构上并没有发生大的变化，但在经济上则出现了"联邦主义"，中央—地方关系出现了政治和经济二元化结构。中央—地方关系的这种二元化现象，是和整个中国政治相一致的，即从计划经济时代的政治经济一体化演变为民主集中制的政治和市场经济制度的经济。即便如此，无论是中央—地方关系还是政治—经济关系，都离不开民主集中制，或者说是一种事实性民主集中制。

一　关于中央—地方关系的国家理论[①]

在传统的政治学和宪法学理论中，中央—地方关系被称为国家的结构形式，因此关于中央—地方关系的理论就被建构为国家结构理论，国家结构主要分为单一制和联邦制两种。我认为，"国家结构"本身就不是一个好的概念建构，而产生这个概念的历史背景和社会科学方法论都决定了不能再简单地用这一传统的国家理论诠释变迁中的中国中央—地方关系。

第一，产生国家结构理论的历史背景与制度变迁的挑战。在欧洲民族国家形成的过程中，关于中央—地方关系的国家结构理论应运而生。常识告诉我们，民族国家的形成就是抑制地方主义和培植中央集权的过程，因此说以中央集权为主要特征的单一制（这里暂且假设单一制命题是正确的）是普遍的倒也不错。在整个18世纪到19世纪，以权力分享路径建构民族国家也确实是一种例外，这个例外就是最为典型的联邦制国家美国，因而形成了联邦制例外论。但不例外的是，美国真正成为一个现代国家的转折点是战争即美国内战，内战是对当时宪制的否定，内战以后的1787年宪法修

[①] 关于这一理论的系统性讨论，参见杨光斌《国家结构理论的解释力与适用性问题》，《教学与研究》2007年第7期。

正案使美国真正成为一个统一国家内的权力分享的联邦制国家。[1] 看来，无论是欧洲还是北美洲，民族国家的成长都有血腥的战争，战争是国家权力集中的最高形式，但是战争的结果可能是权力共享，如英国和美国，也可能是中央集权，如德国和法国。早发达国家在19世纪完成了民族国家建设，大多数晚发达国家的这一进程持续到20世纪60年代。

如果说在民族国家成长和建设时期单一制是通例而联邦制是例外，但是在民族国家建设基本完成和国家治理的过程中，以自治和分享治理为主要特征的联邦主义则成为一种普遍趋势。当1978年中国开始下放权力的时候，发展中国家中的另一个巨型国家印度也开始进行类似线路的变革，发达国家中的英国开始了"撒切尔主义"的分权与私有化变革，并进而形成了世界范围内的联邦主义革命浪潮。首先，财政分权。1978年，各国地方政府的财政支出占其国总支出的20%，但是到1995年这一比例提高到32%，其中作为单一制国家的丹麦的地方政府的财政权居然比美国的地方政府还大。其次，政策权的下放。在初级教育、基础设施（地方公路建设）和地方治安等方面的政策权上，1975年有20%的中央政府不能对地方政府进行控制，而到1995年这一比例上升到60%。最后，政治性分权。1970年，各国有30%的地方政府是由选举产生的，到1999年这一数字飙升到86%，这一转变基本上是在20世纪80年代末和90年代初完成的。[2] 不仅国内关系具有越来越多的联邦主义特征，国际关系中的联邦主义安排也在蓬勃发展，欧盟的形成与发展便是例证。

在国内政治中，分权不等于联邦主义，或者说联邦主义也并不简单地等于分权。这就关系到以什么标准看待联邦制/联邦主义的问题。关于联邦主义，首先，联邦制是统一国家内的自治与分享治理的一种制度安排。在

---

[1] 欧阳景根：《宪政挫折研究》，吉林人民出版社2007年版，第116—118页。
[2] 上述数字参见 Jonathan Rodden, "Comparative Federalism and Decentralization: On Meaning and Measurement", *Comparative Politics*, July 2004, pp. 481–500。

一个联邦主义的政治实体中，基本的政策是通过某种形式的协商而制定并实施的，这样使所有的人都能分享这个体制的决策与执行过程。① 其次，自治与分享治理的本质性内涵意味着，联邦主义不但是一个结构上的概念，更是一个程序上的概念。② 也就是说，不管宪法如何规定一个国家的政治制度和政治结构，只要在程序上即事实上是一种治理分享的状态，这样的国家就是具有联邦主义特征的国家。如果一个国家在结构上被规定为联邦制而在程序上得不到自治与治理分享的任何保障，这样的国家就不是联邦制。最后，我认为，自治与治理分享不但是指宪法规定基础上的政治关系，还应该包括经济关系。虽然政治是经济的集中体现，但是在很多场景下，政治和经济是分立的，二者甚至朝着不同的方向发展，是一种政治上的集权和经济上的分权关系。在这种条件下，经济领域中的治理样式对于理解中央—地方关系就是至关重要的，也为理解传统上的国家结构理论增加了新的变量，并可能进而修正或否定传统的国家结构理论。因此，分权是联邦主义的重要基础，当地方政府是由选民直接选举的时候，或者说当地方政府通过法律规定而获得一定程度的地方性政策的自主权和自主的财政权时，中央—地方关系就可能演变成以契约为基础的合作和讨价还价关系，而这些就符合前述的联邦主义的内涵。因此，联邦主义与支出、岁入、借贷、政策和政治分权的举措成正比例关系。③

综上所述，单一制已经不能准确地反映制度变迁中的很多国家的政府

---

① 联邦制思想起源于《圣经》，描述人与神之间的伙伴关系。从语义学上看，"联盟"源于拉丁词 foedus，和希伯来语 brit 一样，意思是契约。就本质而言，联邦制是一种由契约关系约定的联盟式的伙伴关系，在权力关系上是一种特殊的治理权分享。参见[以色列]伊拉扎《联邦主义探索》，彭利平译，上海三联书店 2004 年版，第 6—7 页。

② 我认为，伊拉扎在这方面的学术贡献为人们理解联邦制和联邦主义非常有益。参见[以色列]伊拉扎《联邦主义探索》，彭利平译，上海三联书店 2004 年版，第 78—79 页。

③ 同上书，第 491 页。

间关系。与联邦主义理论相比，单一制是一个不断衰萎的概念，原因就在于它不能准确地反映变迁中的制度安排。在《布莱克维尔政治学百科全书》中已经找不到"单一制"，而是以"中央集权制"来代替"单一制"。西方政治学教科书依然在沿用"单一制"概念，依然在沿着宪法规定的政治关系而讨论，依然是一种旧式的制度主义，① 有的甚至以政府层级的多少来区别单一制与联邦制，将旧制度主义推向极致。②

第二，产生国家结构理论的方法论与新方法论的挑战。望文生义，"国家结构"或"国家结构的形式"就是典型的旧制度主义方法论的产物。无从考察是谁第一次提出这样的概念，但是把这一理论教科书化的则是英国学者惠尔。③ 惠尔1946年出版了《联邦政府》（*Federal Government*），该书以宪法规定和宪法之上的政治关系为准则，比较研究了美国、加拿大、瑞士和澳大利亚的政府体系。这样，我们看到，国家结构理论真正成为明确的政治学理论是政治学的古典主义方法论的结果。古典主义的核心就是旧制度主义，以研究制度、政体为核心的旧制度主义也被称为法律主义，方法论特征是专注于法律、制度和结构的静态描述，而不关心制度的现实功能和制度运转中的问题。20世纪20—30年代西方国家的一系列大危机是对这种研究方法的重大打击，因为它不能就现实问题提出有效的解决之道。因此，在第二次世界大战以后，一系列新的研究方法取代制度主义而成为主流的研究范式，并在研究联邦主义中取得重大进展。

---

① 参见［美］迈克尔·罗斯金等《政治科学》（第六版），林震等译，华夏出版社2001年版，第265—267页。

② ［美］莱斯利·普里森：《政治学中的重大问题：政治学导论》，刘晓等译，华夏出版社2001年版，第245—246页。

③ A. H. Birch, "App roaches to the Study of Federalism", *Political Studies*, Vol. ⅡV, No. 1, 1966, pp. 15–33; William S. Livingston, "A Note on the Nature of Federalism", *Political Science Quarterly*, Vol. Ⅱ, 1952, pp. 81–95, 转引自王丽萍《当代国外联邦制研究概述》，《政治学研究》1996年第4期。

遗憾的是，在我国政治学界和宪法学界关于国家结构的研究中，大多数依然属于惠尔式的旧制度主义，即主要基于宪法规定而形成的政治关系来研究我国中央—地方关系，进行法律的、制度的描述，并根据法律条文的变化而推演，在"单一制"前面加上不同的修饰词。毫无疑问，国家结构的形式是由法律规定着的，因而法律主义的研究是弄清国家结构的前提。但是，法律是静态的，实施中的制度和静态的法律可能有很大出入。这就要求我们不仅要弄清静态的规定，更要理解动态的政治过程，尤其是政治—经济过程。其实，不仅是研究方法的更新问题，更为重要的是，前述很多国家的制度变迁是对国家结构理论的真正挑战。

必须指出的是，单一制、联邦制不是终极的意识形态问题，不是宗教观念中的对与错、好与坏、白与黑等目的理性，只不过是一种工具理性而已，是一种即时即地性质的国家治理的方式。例如，在20世纪20—30年代，共产党是最强烈的联邦主义者。1946年1月16日，中国共产党代表团在政治协商会议上提出《和平建国纲领草案》，提出"中央与地方之权限，采均权主义，省得自订省宪"，其中"省宪"是典型的联邦制条款。1949年通过的《共同纲领》正式提出单一制共和国。[1] 由此说明，无论是单一制还是联邦制，只不过是一种因地制宜的解决问题的方案。[2] 新中国成立以后实行的单一制和中央集权制，是一种历史的必然选择，是克服中国在过去100年中形成的总体性社会危机的有效治国之道。但是当苏联式的以计划经济为基础的中央集权制把单一制推向极端而问题累累以后，中国共产党人又不得不寻求新的治国之道，这就是以分权为起点和导向的经济改革。经过近30年的改革开放，经济领域中的自治和治理分享在中国已经成为一种普

---

[1] 参见陈明明《联邦制：中国共产党早期纲领与政策的一个观察》，复旦大学学术研讨会论文汇编《变革社会中的中国政治与政治学：体制、逻辑与边界》，2005年6月。

[2] 参见童之伟《单一制、联邦制的理论评价和实践选择》，《法学研究》1996年第4期。

遍性的制度建制。

上述理论的讨论为我们重新认识中国经济转型时期的中央—地方关系提供了方便和可能。中国的经济变革是在政治稳定的前提下进行的，在既定的政治结构不变的条件下，中国的经济关系发生了革命性变化。因此，必须对中央—地方关系进行政治上和经济上的二元化认识。不做这样的区分而笼统地谈论中国的中央—地方关系，必然会出现认识上的偏差。

二 政治单一制

虽然单一制是一个不断式微而联邦主义是一个不断张扬的概念，但是对于转型时期的中国而言，制度变迁所体现的政治—经济形态更为复杂，既不能简单地将中国定性为单一制国家，更不能定性为联邦主义国家。但是如果进行政治和经济的二元化处理，我们很容易发现，中国兼具单一制和联邦主义的特征。

或许是因为看到经济改革带来的巨变，或许是因为香港和澳门回归带来的新元素，或许是因为宪法中关于民族区域自治的规定，政治学和法学界的一些学者开始不满足于传统的中国国家结构的单一制定性，因此提出了各种样式的新看法，比如民主集中单一制说[1]、复合式单一制说[2]、混合制说[3]，甚至还有联邦制体制的政治制度说[4]，等等。我认为，将中国的国家结构（这里暂且还借用"国家结构"概念）笼统地定义为各式各样的单

---

[1] 童之伟：《单一制、联邦制的区别及其分类问题》，《法律科学》1995年第1期；童之伟：《论有中国特色的民主集中单一制》，《江苏社会科学》1997年第5期。

[2] 艾晓金：《中央与地方关系的再思考：从国家权力看我国国家结构形式》，《浙江社会科学》2001年第1期。

[3] 参见杨宏山《府际关系论》，中国社会科学出版社2005年版。

[4] ［以色列］伊拉扎：《联邦主义探索》，彭利平译，上海三联书店2004年版，第53页。

一制,① 只是看到了政治关系而忽视了经济关系的重要性;因香港和澳门的特殊性而规定为混合制,模糊了中国政治的主体性质;而因民族区域自治的宪法规定将中国视为联邦制体制,表明作者伊拉扎缺少中国政治的基本常识,尽管他对联邦主义理论有重要贡献。

认识中国政治的第一个前提是,在政治结构基本不变的前提下,中国的经济关系已经发生了革命性变革,这一常识要求我们必须对政治关系和经济关系进行二元化处理,尽管不能忽视二者之间的互动关系。认识中国政治的第二个前提,也最为基本的常识是,共产党领导和党政关系是理解中国政治的基本切入口。这一常识要求我们,考察中国的国家结构,不但要理解宪法上的规定,更要解读党章上的规定。与第二个前提相联系,认识中国政治的第三个前提是,不但要从结构上即法律关系上理解国家结构,更要从程序上即事实关系上理解国家结构,比如宪法上关于共产党的领导就一句话即"坚持共产党的领导",而事实上共产党的领导体现在政治生活的每一个层面。另外,关于中国政治历来有正式政治与"非正式政治"(informal politics)之说,② 非正式政治在一定程度上就是描述事实上的程序问题。

上述三个方面是我们认识中国中央—地方关系的出发点。在中央—地方的政治关系上,我国《宪法》第三条规定,"中华人民共和国的国家机构实行民主集中制的原则",即"一府两院"都由人民代表大会产生,对它负责,受它监督;中央和地方的国家机构职权的划分,遵循在中央的统一领导下,充分发挥地方的主动性、积极性的原则。《宪法》第八十九条规定中央政府即国务院的职权之一是"统一领导全国地方各级国家行政机关的工

---

① 在此需要指出的是,如果在单一制前面附加各种前缀,作为社会科学的国家结构理论变成了无限繁衍的化学分子式。社会科学的生命力在于对理论的简约性处理进而具有的通识性,如果就一个问题得出众多的命题式概念,该理论就失去了应有价值。

② 有关中国非正式政治的集中研讨,参见 Jonathan Ubger, ed., *The Nature of Chinese Politics: From Mao to Jiang*, M. E. Sharpe, Inc., 2002。

作，规定中央和省、自治区、直辖市的国家行政机关的职权的具体划分"。上述两条以中国特色的"民主集中制"表述了人民代表大会与政府的关系以及中央与地方政府的单一制性质。

那么在党章中关于党政关系①是怎么规定的呢？每一个党员耳熟能详的规定就是"下级服从上级，全党服从中央"这样一个民主集中制组织原则。为了确保"全党服从中央"，党章及其相关文件规定了党委制、党组制、归口管理制以及党管干部等制度和原则。② 这些制度规定既是法律上的结构，又是事实上的程序。宪法的民主集中制组织原则详细规定了人大与政府的关系，党章中的民主集中制原则详细规定了党与人大、党与政府的事实性关系。在党—人大—政府关系中，涉及的政治关系是复杂的、多方面的，但是最能体现民主集中制组织原则的是党管干部制度。

根据1998年中共中央颁布的《中共中央管理的干部职务名称表》，所有副省级以上的干部均由中央直接考察和管理，地方主要正局级岗位的干部向中央备案。③ 应该说，干部名称表延续了20世纪80年代的干部管理体

---

① 在中国，党政关系就是党和国家领导体制，包括党与人大的关系、党与政府的关系、中央—地方关系、党与军队的关系、党与人民群众团体的关系、党与司法的关系等各个层面。参见杨光斌《中国政府与政治导论》，中国人民大学出版社2003年版，第23—24页。

② 有关这些制度的详细功能，参见杨光斌《中国政府与政治导论》，中国人民大学出版社2003年版，第24—43页。

③ 具体包括省、自治区和直辖市的书记、副书记和常委；省、自治区和直辖市的纪律检查委员会的书记和副书记；省和自治区人民政府的省长、副省长、主席、副主席；直辖市的市长、副市长；省、自治区和直辖市人大常委会的主任、副主任；省、自治区和直辖市的政协主席、副主席；省、自治区和直辖市的高级人民法院院长、高级人民检察院的检察长；副省级城市（包括广州、武汉、哈尔滨、沈阳、成都、南京、西安、长春、济南、杭州、大连、青岛、深圳、厦门、宁波）的书记、市长、人大常委会主任、政协主席；新疆生产建设兵团的司令员、副司令员、第一政委、政委和副政委。参见 Hon S. Chan, "Cadre Personnel Management in China: the Nomenklatura System, 1990 - 1998", *The China Quarterly*, 2004, pp. 703 - 734。

制。1984年中央将对地方干部管理的权限由下管两级（省部级和正局级）改革为下管一级，即直接管理副省以上干部的考察和任免。这样中央直接管理的干部人数由原来的15000人左右下降到3000人左右。与1990年颁布的《中共中央管理的干部职务名称表》相比，中央对地方干部的管理权限基本没有变化。但是，在20世纪90年代初期，随着地方政府作为利益主体的角色凸显，地方保护主义倾向日趋明显，地方人大否定中央推荐的候选人而选举本地人为副省级干部的事并不只发生在一两个省份，维护和加强中央权威也就成为当时的重要议题。加强中央权威的最为便捷的办法就是加强对地方干部管理的力度。

中共中央组织部1999年6月颁发了《党政领导干部交流工作暂行规定》，在地方领导选拔上实行非本地原则和定期调换制度。关于省级领导的具体规定是应更加频繁地调到另一个省或调到中央任职。现行领导班子的构成模式是，作为正职的省委书记和省长从别的省或中央部委调来，而副职则主要出自本省。在实行中国传统上的回避原则的同时，中央对省级正职领导的任期也有严格的控制，20世纪90年代后期以来地方领导的任期更短、更替更快。[①]

总之，自20世纪90年代后期以来，中央政府对地方政府的省级核心领导干部的管理大大加强了，这样做的主要目的是遏制地方主义和宗派主义，加强中央政府的权威，以便保持政治上的统一和稳定。在中国的经济转型中，控制地方核心领导干部成为中央约束地方政府行为的一种主要手段，也是政治单一制的核心特征。

[①] 资料来源:《中国年鉴》(1985年、1990年、1995年和2000年)，(东京) 广播电视出版社。转引自 [美] 李成《中国省级领导的机构：国家整合与地方自主》，《中国社会科学评论》(香港) 2002年第1卷第3期。

三 经济联邦主义

如果说对政治单一制没有疑义的话,那么"经济联邦主义"则可能是一个颇具争议的命题。这是因为,以分权为主要特征的经济改革虽然走过了将近40年,经济生活中中央政府的权力和计划性调配权还是无处不在。突出表现在以下几个方面:第一,对国土资源的直接管理权。首先是《土地管理法》中规定的国务院对于土地资源利用上的管理权,2003年以来,国务院撤销了很多地方以"经济开发区"为名的商业"圈地"。其次,在矿产资源方面,中央政府享有直接的计划性质的调配权。以西煤东送为例,西部每年向东部输送5000万吨煤,每吨补贴是10元,收入是5亿元,按市场价是140亿元;若用5000万吨的煤发电,以火电上网价0.23元计,收入是340亿元。同样由于西气东送,当地人不可以用天然气而东部优先。[①]第二,对项目投资的直接管理权。投资什么样的大项目以及当项目的规模大到一定程度时,都需要国家发展和改革委员会的批准,以避免重复建设、破坏生态或盲目上马。例如,中央政府否定了地方政府在怒江建坝的建议,各地方的地铁工程需要得到发改委的批准方能立项。第三,宏观经济调控中强制性权力的运用。20世纪80年代的宏观调控方法主要是行政手段,90年代以后越来越以货币政策为主,但是并不排除比行政手段更为强硬的强制性权力的运用。当货币政策不能发挥有效作用时,中央就毫不犹疑地运用强制性权力,江苏"铁本事件"就是最好的例证。上述案例中中央政府的权力和权威都不是典型的联邦主义国家所能拥有的。

尽管对事权的管理范围是衡量中央—地方经济关系的一个重要指标,但是衡量中央—地方关系的最为核心的指标体系却是财政体制。从计划经

[①] 以上数据来自2005年4月1日,中央电视台《新闻会客厅》"国务院西部开发办副主任李子彬谈话"栏目。

济时代的统收统支"大锅饭"财政到20世纪80年代的"分灶吃饭"的财政包干,再到1994年以后在全国实行的分税制,我国的财政体制已经发生了革命性变化。无论是财政包干体制还是分税制,说到底都是财政分权,尽管分税制大大提高了中央财政在全国财政收入中的比例,即从1992年的20%左右提升到目前的50%左右。如有些研究人员所说,财政分权尤其是分税制的两个最明显的结果是:在中央—地方关系上,中央直接管理经济的作用下降而宏观调控能力增强,地方政府的作用加强;在政治—市场关系上,削弱了政府的作用,加强了市场的作用。①

地方政府从过去的代理人到今天的利益主体角色、市场从过去的辅助性角色到今天的主导作用,已经成为一种新的制度安排,而这样的或类似的制度安排所导致的理论话语就是"财政联邦主义"甚至是"维护市场联邦主义"即"经济联邦主义"。在国内政治中,分权不等于联邦主义,或者说联邦主义也不简单地等于分权。但是,分权是联邦主义的重要基础,当地方政府是由选民直接选举的时候,或者说地方政府通过法律规定而获得一定程度的地方性政策的自主权和自主的财政权时,中央—地方关系就可能演变成以契约为基础的合作和讨价还价关系,而这些就符合前述的联邦主义的内涵。因此,联邦主义与财政分权、政策分权和政治分权的举措成正比例关系。② 因此,把分税制下的中央—地方经济关系描述为财政联邦主义,并非经济学家的心血来潮,已经是我国经济学界的一种共识。

根据财政联邦主义代表学者奥茨(Oates)的综述,传统的财政联邦主义理论认为,中央政府应承担宏观经济稳定、扶贫的收入再分配和提供全国性公共产品(如国防)的职能。在经济高度开放与失去制定货币和汇率政策

---

① 闫坤、陈昌盛:《中国财政分权的实践与评价》,《广东社会科学》2003年第5期。

② Jonathan Rodden, "Comparative Federalism and Decentralization: On Meaning and Measurement", *Comparative Politics*, July 2004, pp. 481 – 500.

权力的条件下,地方政府难以运用传统的宏观经济调控措施来稳定经济,并且,在经济单位能在地区间自由流动的条件下,地方政府的收入再分配职能也受到了严重的限制。相反,地方政府应承担提供辖区性公共产品的职能,因为地方政府具有充分了解辖区内选民的偏好和境况优势。首先,与中央政府相比,地方政府具有了解管辖区内选民偏好和当地公共产品提供成本的信息优势;其次,宪制约束和政治压力限制中央政府向一些地区提供比其他地区更高水平的公共产品,从而只能向所有地区提供同一水平的公共产品,考虑不到地区间的差异。①

财政联邦主义主要基于资源配置这样典型的传统的经济学观念来分析财政分权问题。但是,如果说中央—地方关系不是单纯的政治—法律关系,它同样也不是单纯的经济关系,资源配置从来不是单纯的经济关系,政治关系和政治家的偏好对于资源配置结果至关重要,因此必须从政治经济学的角度才能有效地认识资源配置。在比较研究18世纪的英国、19世纪和20世纪初的美国以及改革开放时期中国的中央—地方关系的基础上,理性选择制度主义代表人物温加斯特(Weingast)提出了"维护市场联邦主义"(Market-Preserving Federalism)即经济联邦主义。

在温加斯特看来,传统上公认的联邦制的两个基本特征是:(1)存在一个政府内的层级体系,在政府之间存在权力划分,任何一级政府都不拥有绝对的制定政策法规的垄断权,同时又在自己的权力范围内享有充分的自主权。(2)每一级政府的自主权都是制度化的,从而使联邦主义的约束能够自我实施。所谓"维护市场的经济联邦主义"是在以上两个条件外再加上三个条件:(3)地方政府对辖区内的经济事务享有主要的管理权;(4)一个统一市场的形成,使得地方政府不能利用它们的经济管理权制造贸易

---

① 关于财政联邦主义的研究成果的长篇综述,参见 Wallance E. Oates, "An Essay on Fiscal Federalism", *Journal of Economic Literature*, Vol. XXXVII, Sept. 1999, pp. 1120 – 1149。

壁垒；（5）各级政府都面对着硬财政预算约束。

上面的每一个条件都是"维护市场的经济联邦主义"所不可或缺的。第一个条件清楚地界定了联邦制所必需的基本特征，但是仅有这一点是远远不够的，因为在仅仅依赖最高政府的自由裁量权的条件下，联邦主义很难持续，放下去的权力随时可以收回。在实践中，联邦制的一个主要问题是中央政府可能压制地方政府，因而一个可持续的联邦主义必须防止中央政府对地方政府的威压，这样就需要第二个条件。但是前两个条件只是关于联邦主义的一般变量，没有涉及对经济问题的权限，因此需要加上后三个条件。对中央政府所具有的改变、解除或伤害联邦制的能力若缺乏制约，就会大大弱化联邦制的自我维持能力。一个有生命力的联邦制必须解决这个难题，一个重要的途径是中央和地方政府都面对硬财政预算，使它们不能出于政治目的而无休止地超出预算，导致宏观经济环境的不稳定。①

在引入地方政府之间的竞争时，"维护市场的经济联邦主义"的经济效果是：第一，地方政府之间的竞争会使地方政府努力提供一个良好的环境以吸纳经济要素；第二，硬财政预算约束意味着地方政府可能破产，地方政府因而在财政上慎重行事；第三，地区间的竞争还意味着，没有任何一级政府拥有对其经济政策制定的全部垄断权；第四，地区之间的竞争无疑会约束强大的中央政府的经济功能，但是这种约束必须建立在制度之上，仅仅依靠观念的约束是不可靠的。②

如果说"财政联邦主义"描述的是财政分权下的中央—地方关系，那么"维护市场型联邦主义"无疑是根据财政分权之后地方政府作用的加强

---

① Barry R. Weingast, "The Economic Role of Political Institutions: Market-preserving Federalism and Economic Development", *Journal of Law, Economics, and Organization*, April 1995.

② Qian Yinyi and Barry Weingast, "China's Transition to Markets: Market-Preserving Federalism, Chinese Style", *Journal of Policy Reform*, Vol. 1, No. 2, 1996, pp. 149 – 186.

和市场机制的强化而进行的理论总结。但是，在中国的语境下，"联邦主义"根本不同于典型的联邦制国家形态，是一种原始语义学上的现实性运用，意在描述在以分权为逻辑起点的改革中地方政府所享有的自治与分享治理状态，是一种完全不同于过去单一制下的地方政府的代理人角色。

四 二元结构下的国家治理

政治单一制即政治上的中央集权和经济联邦主义即经济上的地方自治与治理分享并存的局面，是一种典型的政治—经济关系中的二元化结构。对于这种政治权力集中而经济权力分散的结构，很多学者看到的往往是问题。问题无疑是存在的，但是对于转型时期的中国而言，二元化结构下的优势也是明显的。无论是对优势的总结还是对问题的讨论都可能是不全面的，这里只选择与本题最切的话题加以讨论。

1. 二元结构之于转型中国的优势

在从计划经济向市场经济转轨的过程中，中央政府、地方政府和市场的力量无疑都是推动市场经济的重要力量，其中制度创新的第一推动力应该是地方政府与市场力量的合力。[①] 但是，不同的力量代表着不同的利益取向，如果仅以地方政府与市场主体的合力推动市场经济，中国统一的市场经济就难以形成，市场秩序就可能处于无序状态。因此，我国经济转型中政治单一制的优势主要表现在：

第一，有利于维护国内市场的统一和市场秩序。当地方政府从计划经济下的代理人转变为市场经济下的利益主体时，其行为模式也就发生了重大变化，从过去的以执行中央计划为主转变为以实现地方利益为驱动力。其中既有来自社会的就业、社会福利等自下而上的压力，也有经济增长指

---

① 杨光斌：《我国权力主体的市场化动力比较研究》，《学海》2003年第1期。

标的自上而下的压力,因为政治单一制下的干部管理体制的用人标准主要是以经济增长为指标的政绩标准,从而导致地方政府行为的 GDP 主义,比如 20 世纪 80 年代的"羊毛大战""棉花大战""大米大战"等各种资源争夺战,20 世纪 90 年代地方政府竞争中竞相实行的政策优惠大比拼而导致的"开发区"建设中的"圈地运动"、设立贸易关卡的诸侯经济行为等,严重地危害了统一的国内市场形成,发展下去就可能形成 16—18 世纪法国式的地区经济,而不是统一的国家经济。

令人尴尬的是,畸形的地方行为在很大程度上恰恰是由政治—经济的结构性矛盾导致,而矫正这种畸形最终还得依赖单一制下的中央权力和权威。以整治"开发区"①为例。2003 年 8 月,国务院办公厅在三天之内连下两道命令,紧急叫停各类开发区的审批,号令地方清理整顿各类开发区,加强建设用地管理。同月,由国土资源部等五部委组成的联合督察组,分兵十路,对全国 31 个省区市土地市场秩序治理整顿工作进行联合督察。

在市场经济中,仅依靠货币政策进行宏观调控是不够的,维护国内统一的市场和形成良好的市场秩序,还必须依靠国家的强制性权力,而以党管干部原则为主要特征的政治单一制就是一种立竿见影的强制性权力。尽管我们没有必要过分夸大这种强制性权力的政治和经济效力,但是它维护市场的作用是明显的事实,至于如何完善党管干部原则并进而健全以此为核心的政治单一制,那是另一个层面的问题。我们相信,在以后相当长的时间内,在进一步健全市场机制和进行以法律、经济手段为主的宏观经济

---

① 到 2003 年年中,全国有各类开发区 3837 家,其中经国务院批准的只有 232 家,省级批准的有 1019 家。据不完全统计,各类开发区规划面积达到 3.6 万平方公里,超过了现有城镇建设用地总量,而许多地方违法授予园区土地供应审批权,园区用地未批先用、非法占用、违法交易的现象十分严重。根据对 10 个省市的统计,在 458.1 万亩园区实际用地中,未经依法批准的用地就达 314.6 万亩,占 68.7%。仅北京市的国家级、区级、乡级开发区总数就多达 340 家。参见章敬平《拐点》,新世界出版社 2005 年版。

调控中，行政手段甚至是强制性权力都是不可或缺的辅助工具，而政治单一制将能有效地保证行政手段的经济效益。

第二，在保持区域平衡发展中实现多经济中心治理。由于可分配资源的有限性，我国改革开放初期实行的让一部分人和地区先富裕起来的政策是一项正确的战略选择。同样，当近 40 年的改革开放使我国成为世界第二大经济体、外汇储备 3 万多亿美元、国民生产总值突破 50 万亿元人民币、人均 GDP 突破 7000 美元、越来越多的大城市和东部居民出国观光旅游的时候，"共享改革开放成果" 就是一种必然的发展战略，而政治单一制能够有效地保证这种发展战略的转移。首先是开发大西北，接着是开发东北地区，这种政府主导的大战略必然会对缩小东西差异、南北差异起到相应的作用。

但是我认为，在保持区域平衡发展过程还应该实行重点突破，而不仅仅是撒胡椒面式的面面俱到。在战略转移的初期阶段，应该让大西北和东北的大多数人甚至所有人感受到中央政府投资的效益，这对减轻社会矛盾具有明显的作用。但是在规划深度发展的大战略中，还应该实行重点突破，建设若干立足于区域的多中心城市。经济全球化也是一个区域化的过程，而对于中国这样的巨型国家而言，区域化不但包括与其他邻国的经济一体化，还特别指国内经济的区域化，比如以珠三角、长三角、京津唐为代表的区域经济，国内经济的区域化特征已经很明显了，经济学家早已对此进行过深入研究。但是我认为，仅有区域化是不够的，如果仅有区域化而无中心城市，这样的区域化就是一个低水平的地域性的概念。国内外的经验表明，只有存在一个中心城市，才能带动该区域经济的高水平发展；而多经济中心不但是一个大型国家经济发达的象征，也是均衡发展的结果。因此，在区域化的基础上，还应该实现多经济中心治理的格局。

建立多经济中心的国家理论（所谓国家理论其实就是发展共性经验的总结）的基础是，几乎所有的联邦主义国家都是多中心格局，单一制是单一中心结构，而中国事实上已经具有了经济联邦主义的制度特征。在典型的单一制国家比如法国，一般只有一个中心，巴黎集政治中心、经济中心和文化中心为一体。而在典型的联邦制国家比如美国，基本格局是一个政治中心，多个经济—文化中心，政治中心是华盛顿特区，文化中心是波士顿，金融中心是纽约，东部的芝加哥、西部的旧金山和洛杉矶都是经济中心。就连德国这样规模的联邦制国家，政治中心是柏林，而经济中心则有法兰克福、波恩、科隆等。中国有些不同，即使在政治和经济都是单一制的计划经济时代，不但有北京这个政治—经济—文化中心，还有上海这样的经济—文化中心，基本原因是上海曾有"东方巴黎"的辉煌以及中国的超大规模领土面积。在中国经济已经具有联邦主义特征的今天，在区域化的基础上，建成多经济中心共享治理格局不但是人类经验的必然反映，更是一种现实需要。超大的国家规模、超多的人口数量都意味着不是两个经济—文化中心所能满足的。除了华北的北京、华东的上海，至少还应该有华南的广州、华中的武汉或郑州、西北的西安、西南的重庆、东北的沈阳或大连。当然，我们所指称的中心城市都是大都市的概念，比如"大郑州"至少应该包括距郑州只有一个小时行程的东面的开封、西面的洛阳、北面的新乡和南面的许昌。这样一个多中心格局的形成，既可以有效地减轻北京、上海作为特大规模城市的环境、资源等方面的压力，也可以实现国家整体经济的均衡发展。

如何建立多经济中心？区域经济基础上的自我发展固然是重要的，但是更应该发挥政治单一制的优势，发挥我们传统上能集中力量办大事的体制优势。具体地说，作为经济中心的北京和上海已经很成熟，已经完全有能力依靠自身力量进一步提升自己的发展品质。因为拥有得天独厚的海外资源，广州也完全有条件依靠自身的力量而成为北京、上海之后的第三个经济—文化中心。因此，国家应该有计划地依次扶持其他经济—文化中心的崛起。如何扶持？仅举一例，除政治性庆典以外，所有由国家主导和投资的大型运动项目如奥运会、博览会如世界博览会都应该在北京、上海之外的城市举办。相信以我国的体制优势、以国家实力和动用的资源而论，建成几个能与北京、上海相媲美的经济—文化中心并不需要太长的时间。必须指出的是，新型的中心城市必须具有经济和文化的双重属性，仅有经济而无文化内涵的城市是发展中国家初级工业化的政策产品。

2. 二元结构下的问题

第一，权威资源流失问题。我曾经提出这样的观点，控制一切资源的权力并不必然是强大的，因为存在权威资源流失和权威分散化的可能。[①] 权威不同于权力，前者是一种让人心理认同并自愿服从的力量，而后者就是一种强制性力量。由于现行的政治单一制直接来源于计划经济时代的政治—经济单一制结构，国家的一种惯性行为就是尽量地控制，这是难以避免的。作为国家代表的中央政府并不总是直接行使控制和管理的权力，这种权力通常由其代理人即形形色色的行政机关去执行，而我们的行政机关除了拥有世界上通行的政务机关如外交部和司法部等，宏观经济调控部门如中央银行和财政部等，还有直接建立在行业和产品基础上的经济管理部门如铁道部和信息产业部等，以及各种功能交叉、重叠的执法部门。作为政策执行机关的行政部门同时又具有事实上的立法权和政策解释权，而每一个部门出台的法律性规定和政策都可能在自觉不自觉地扩展自己的权力，从而形成我们通常所说的"条条关系"之间的矛盾。由于在委托人—代理人之间的信息不对称，作为代理人的行政部门都会利用已经得到的授权拓展自己的权力。[②] 在我国，由于行政部门设置的基础有问题，既存在基于行业的部门又存在职能交叉和重叠问题，行政部门的执法欲望更高、立法冲动更强，从而形成了以部门主义为中心的政府管制，而这种现象的直接后果就是分割或分散中央政府的政策权威，中央政府的法律/政策效力因不合

[①] 杨光斌：《中国经济转型中的国家权力》，当代世界出版社 2003 年版，第 68 页。
[②] [美] 查尔斯·林德布洛姆：《政治与市场：世界的政治—经济制度》，王逸舟译，上海三联书店、上海人民出版社 1992 年版，第 30 页。

理的"条条关系"而打了折扣。①

不仅如此,老"条条"遇到了新"块块"即经济联邦主义的地方政府,使得国家的权威资源有可能进一步流失。为了保证国家意志的实现,我国的单一制体制往往是各种职能部门垂直对应,从中央、省、市最后到县,存在一一对应的职能相同的党政部门。中央与地方的职能部门之间存在三种管理模式:中央直接管理的部门如银行;中央和地方双管的部门即中央管业务而地方管党务和人事;地方管理的部门即地方政府的各种职能部门。这样,我们看到,每一个部门都存在多头管理的现象,既要执行上一级主管部门的命令,又要执行同级政府的政策,而对每一个干部的管理权则来自上级或同级党委。也就是说,受到多重制约的政府部门很有可能执行多重意志,从而大大降低其行政效能。

更严重的是,按政府层级而一一对应的部门设置原则,在经济联邦主义大大加强了地方政府行政管理权限的情况下,有些部门则有可能成为保护地方主义利益的工具,从而直接耗散作为国家权力基础的经济资源甚至作为国家意志的法律权威。最典型的司法体制和环境保护部门,由于按照政府等级设置各级法院、检察院和环保部门,司法部门的地方保护主义现象尽人皆知。当企业与银行发生债务纠纷的时候,法院往往执行当地政府的意志而偏袒企业,因为企业是地方的、银行是国家的。当本地企业与外地企业发生纠纷时,法院总是倾向保护本地企业的利益,因而新时期地方保护主义的一个重要表现是地方政府鼓励当地企业"逃废债"。作为一级政府职能部门的环保部门更不可能监督政府的危害环境的行为。我们看到,在现有的制度安排下,作为国家意志的法律因地方保护主义而被不同程度地虚化。

第二,社会公正问题。在政治权力集中和经济权力分散的二元体制下,

---

① 杨光斌:《制度化权利的制度成本》,《天津社会科学》2005年第1期。

在市场经济的大潮中，不同的政治—经济力量具有不同的价值取向和利益驱动。在现行的权力机制中，我们所看到的政治—经济主体主要是中央政府、地方政府和作为微观市场主体的企业即直接以利润为最大化的市场的力量，那么公众的力量呢？毫无疑问，中央政府是代表国家利益和公众利益的，也是主导市场经济的主体。保护公众利益就需要公平的政策，而推动市场就需要有效率的政策，这样中央政府需要在公平与效率之间进行选择和平衡，有的时期是一种两难选择。另外，尽管中央政府是以国家利益和民众利益最大化为政策导向的，但是它只是政策的制定者，而不是执行者，并不直接面对基层和民众，执行者和面对民众的机关是作为代理人的行政机关和各级地方政府，这样中央政府保护民众的政策可能在执行中被扭曲和变形，这样的例子并不少见。

  为什么呢？毫无疑问，地方政府都是人民的政府，在本质上保护民众利益的。但是我们的地方政府还是一种利益主体，和企业一道构成市场经济制度创新的"第一行动集团"。[①]从某种意义上说，地方政府和中央政府一样，既要保护民众的利益，又要进行制度创新以推动市场经济。但是，根本不同于中央政府的是，首先，地方政府只是本地利益的代表者，如果说中央政府实行的是公正与效率相平衡的政策，那么面对公平与效率的选择时，地方政府往往有可能倾向效率而忽视公平。其次，这种行为取向的动力是，地方政府直接面对市场的力量和利益，在监督机制不健全的条件下，在执行政策和法律的过程中，国家的政策和法律有可能物化为官员个人的权力，从而形成权力寻租，并进而形成官商勾结，形成不正当甚至是非法的官商同盟，社会不公正由此产生。农村中的群体性事件、城市中的强制

---

① 杨瑞龙：《我国制度变迁方式转换的三阶段论：论地方政府的制度创新行为》，《经济研究》1998 年第 1 期。

性拆迁、煤矿安全生产问题、发达地区工人的不合理报酬问题,① 都与官商勾结或地方政府的不作为有关。中国现阶段的这种现象并不是孤立的存在,比较政治发展的一般经验是,在市场经济的初级阶段或不健全的市场经济体制中,当市场的力量急剧扩张的时候,贫富悬殊和社会不公正就会加剧,因为市场经济是一个优胜劣汰的过程,农民和工人是市场经济中的弱势群体,因此国家的干预和保护就特别必要。

在我国,单一制体制下的中央政府虽然拥有强大的权力,但是在经济联邦主义化和官商勾结的条件下,中央政府的权威有可能被分散,国家的公平性政策有可能被扭曲而不能直达民众。我们认为,除了国家的保护性立法外,国家还应该把民众有效地组织起来合法地保护自己的利益,否则有时只能以极端的甚至非法的形式进行利益表达。如何把民众组织起来?第一个方案,也可能是现实性选择是,改革现行的工会体制。首先是工会成分的拓展,即将工会成员扩展到农民。其次是工会领导体制的改革,作为监督性的机制,实行垂直管理,而不再隶属于各级单位内部,因为凡是执法和监督体制,都需要一种独立性存在才可能有效地运行。第二个方案,在党和政府的组织下成立垂直管理性质的农民协会。不管以什么方法,必须进行制度创新,必须让民众合法地、有序地进行政治参与,建立中央政府与民众之间上下互动的渠道,建立中央政府、地方政府、市场主体和民众之间均衡互动的机制,实现社会的和谐发展。

3. 在改革中完善中央—地方关系

针对性的治理方案至少有三点:一是进一步的行政改革而理顺"条条关系",这已经是一个老生常谈但依然没有厘清的问题。

---

① 在深圳的很多外资企业,一个工人每小时的报酬仅有2元人民币;在大都市的房地产企业,不分昼夜工作的建筑工人的月收入仅一两千元,甚至最后拿不到钱,完全违反了最基本的公平原则,从而导致严重的贫富差距。在工人处于无组织状态的情况下,就需要国家的立法保护或地方政府的积极介入。

二是改变计划经济体制下机构设置上的一竿子插到底的做法。在市场经济条件下，地方尤其是市、县一级的经济管理部门已经没有存在的必要。首先是因为市、县两级的国有企业已经微乎其微，因而基于行业和产品而设置的部门随同虚化；其次是经济的运行越来越依靠国家的宏观调控政策。因此，地方政府的职能部门有很大的空间去瘦身。遗憾的是，由于传统思维的影响，一些新设的系统如国家农业开发银行也实行一竿子插到底的做法，居然把它办到县一级。一竿子插到底的做法不但膨胀了政府机构，使很多地方政府的财政变成了吃饭财政，也使很多的地方职能部门事实上成为地方保护主义的工具。

三是收放有度。该放权的放权，如地方行政管理权；该集权的集权，如作为执行国家意志的司法和执法系统。我们的改革是以分权为逻辑起点的，而且分权贯穿始终，但是对有些领域而言，并不是越分权越好，而是需要集权。在经济分权和行政管理权放权的时候，司法和执法系统就需要集权。行政管理权更多的具有地方性，因而需要放；而法律则更多的具有国家性，因而需要集中。不要说在政治单一制的中国，就是在典型的联邦制的美国，司法和执法权力都是集权的，体现了更多的国家性，而不应该是地方性。由于我国是一个强行政弱法律的体制，在现行的司法和执法体制下，国家性的法律很容易为地方行政权所操纵，因此必须重组我国的司法和执法体制。司法体制和环保这样的执法体制至少应该像人民银行系统一样重新建构，还应该参照其他国家的成熟经验。

4. 地方政府的改革

在地级以上的城市中，都存在事实上的四级行政管理机关，即市政府、区政府、街道办事处和居民委员会。区政府下属的处级单位不下 70 个，再加上党的职能部门、人大、政协和人民群众团体，处级单位都在百家以上，很难想象很多地方政府怎么能够承担如此的财政压力，地方财政也只能成为吃饭财政。更重要的是，我们应该检讨，有必要存在这么多的机构吗？

它们的存在到底意味着什么？另外一个常识是，设置地方政府的原因是因为地域的广袤性和差异性，而在市场经济体制下一个城市内设置那么多区政府又是为什么？这些问题不是本书能够深入讨论的，但却是应该深思的。

5. 减少政府层级

在中央—地方关系的政府层级上，宪法规定有中央政府、省政府、市政府（过去是地区或行署）、县政府和乡政府五级。这种设置不但是计划经济的需要，还是20世纪50年代军事管制的需要，是国家建设中政治权力的无限延伸，因而这种世界上独特的、超多的政府层级事实上是特殊历史背景的产物。现在我国进入常态时期，已经是市场经济体制，还需要这么多层级的政府吗？江苏等省的试点应该大胆推广并进一步深化，要"强县扩权"，最终淡化甚至取消地级市政府。从上面关于市政府编制的简单列举我们可以想象，地级市政府的存在对于市场经济运行、对于基层政府的财政到底意味着什么。关于地级市的地位可以参照我国台湾省的经验，将经济上和地位上特别重要的市如台北市和高雄市划归为直辖，享受更高的待遇，而将大多数市改变为县级市。比如，类似台中县和台中市的平行关系，中国大陆现行的大多数地级市可以变成县级城市，市政府只管辖城区。

我们相信，在保持政治和社会稳定的前提下，渐进的政府层级设置改革一定会使中央—地方的关系更加顺畅，政府体制运行更加有效，成本更加低廉，人民群众的利益因而会得到更好的保障。

◇◇第三节　政府—市场关系：作为事实性民主集中制的发展型国家

中国的经济改革是由政府启动的，但经济体制改革又必然带来政治—

经济关系或政府—市场关系的变化。但是不管如何变化，国家依然在经济生活中居主导性地位，学术界一般用"发展型国家"来形容中国的国家形态。在国家主导的经济发展中，国家的自主性或者决定性作用，并不妨碍或者无法阻止作为利益主体的经济利益集团的出现，利益集团已经深深地嵌入中国的政治经济过程之中。如果说"发展型国家"相当于国家集中同时不乏民主因素的一面，那么作为多元主体的利益集团的出现则是经济自由的一种象征，因此说中国的政治—市场关系是一种事实上的民主集中制并不牵强。

一 "强发展型国家"

20世纪末，发展型国家理论成为解释日本、韩国、中国台湾等东亚国家与地区在现代化过程中经济迅速发展之经验的主流理论，这些国家——尤其是日本——也因此被当作发展型国家的代表。查默斯·约翰逊（Chalmers Johnson）在《通产省与日本奇迹——产业政策的成长（1925—1975）》一书中首次提出并阐释了"发展型国家"概念，成为公认的理论创始人。[1] 在查默斯看来，尽管日本经验的一些历史因素是不能复制的，但日本模式仍旧能够被学习。因为该模式最为核心的成功要素——强烈的发展意愿、经济发展的优先性以及政商合作的方式，都可以由一个强政府通过精心安排来实现。为此，查默斯提出了以日本模式为蓝本的发展型国家四要素：谋发展的官僚组织、官僚队伍拥有充足的空间可以实施创新而不受制于利益集团的政治制度、顺应市场经济规律的国家干预经济方式、一个像通产

---

[1] ［美］查默斯·约翰逊：《通产省与日本奇迹——产业政策的成长（1925—1975）》，金毅等译，吉林出版集团有限责任公司2010年版。

省这样的经济发展的导航机构。① 发展型国家理论强调发展意愿的优先性，坚持后发国家以政治权力干预引导经济繁荣。在发展型国家里，权力与财富往往紧密合作，发展型国家理论从来不否认政治背景以及权力活动之于经济的重要性，在它那里，经济学回归了政治经济学的传统，更注重一个有机整体的人类社会的实际经济生活。

"发展型国家"的概念一经提出，便引起许多政治与社会学家的回应，有人将发展型国家理论运用于战后同样取得优秀经济表现的韩国与中国台湾地区，他们认为韩国与中国台湾地区在经济体系特征上与日本具有高度一致性，比如以私有企业为主，政府干预市场来引导经济发展。② 1998年东亚金融危机，人们开始怀疑发展型国家，但这一模式的历史存在性并不容置疑，同时也不妨碍很多人把发展型国家模式用来分析中国经济的成功。确实，从中国的政府机构设置以及运行机制看，中国不但属于发展型国家，而且是"强发展型国家"。

1. 经济部门

在计划经济时期，国家计划经济委员会有"小国务院"之称，可见其地位和作用。历经机构改革，国家发展和改革委员会以及在其统筹下的众多产业主管部门，形成了中国独具特色的经济部门制度设计；它们采取了现代经济学中常用的金融工具以及发展型国家流行的产业政策，间杂着计划经济遗留的管理方式，从宏观到微观上践行着国家意志，推动市场经济按照国家认为的最优方向发展。

政府机构中与经济相关的部门有许多，它们直接或间接地参与工业化

---

① 查默斯有关发展型国家的理论论述均摘引自 [美] 查默斯·约翰逊《通产省与日本奇迹——产业政策的成长（1925—1975）》，金毅等译，吉林出版集团有限责任公司2010年版。

② Gordon White and Robert Wade, "Developmental States and Market in East Asia: An Introduction", in Gordon White (eds.), *Developmental States in East Asia*, London: Macmillan, 1988.

进程,驾驭市场经济按国家的预期计划发展。这些主导工业化转型的部门里,最重要的是作为宏观导航部门的国家发展和改革委员会。

国家发展和改革委员会的前身乃是计划经济时代就存在的国家计划委员会。1998年第九届全国人民代表大会第一次会议审议批准了国务院组成部门的改革与设置,将国家计划委员会更名为国家发展计划委员会,2003年第十届全国人民代表大会审议批准了新的改革方案,将国家发展计划委员会改名为国家发展和改革委员会。

作为经济导航部门,我们可以将国家发改委的职能笼统地分作两个大类:一是编制发展规划与经济政策;二是领导和协调经济活动,统筹经济发展。

计划理性的优势,体现在国家自主性的充分发挥,它要求计划部门能独立于短期狭隘的利益而制订出连贯的符合长远利益的经济发展计划,依靠阶段性成果的累积达到全面发展的赶超目标。自计划委员会时代以来,国家发改委便肩负着制定各种发展战略、中长期规划、年度计划以及制定产业发展政策等重任,为经济发展和结构转型绘制清晰蓝图。为此,国家发改委设置了专门的发展规划司,官方对其主要职责的定位是:"研究提出国民经济和社会发展战略、规划生产力布局的建议;提出国民经济和社会中长期发展、总量平衡和结构调整的目标和政策;突出推进城镇化的发展战略和重大政策措施;编制国民经济和社会发展中长期规划,组织编制和协调经济社会发展专项规划、区域规划;承担参与重大投资项目的前期工作,以及国内投资项目进口设备免税确认等具体工作。"[①]

---

① 参见国家发展和改革委员会发展规划司主页(http://ghs.ndrc.gov.cn/Idzc/)。

主任 — 副主任 — 秘书长 — 副秘书长

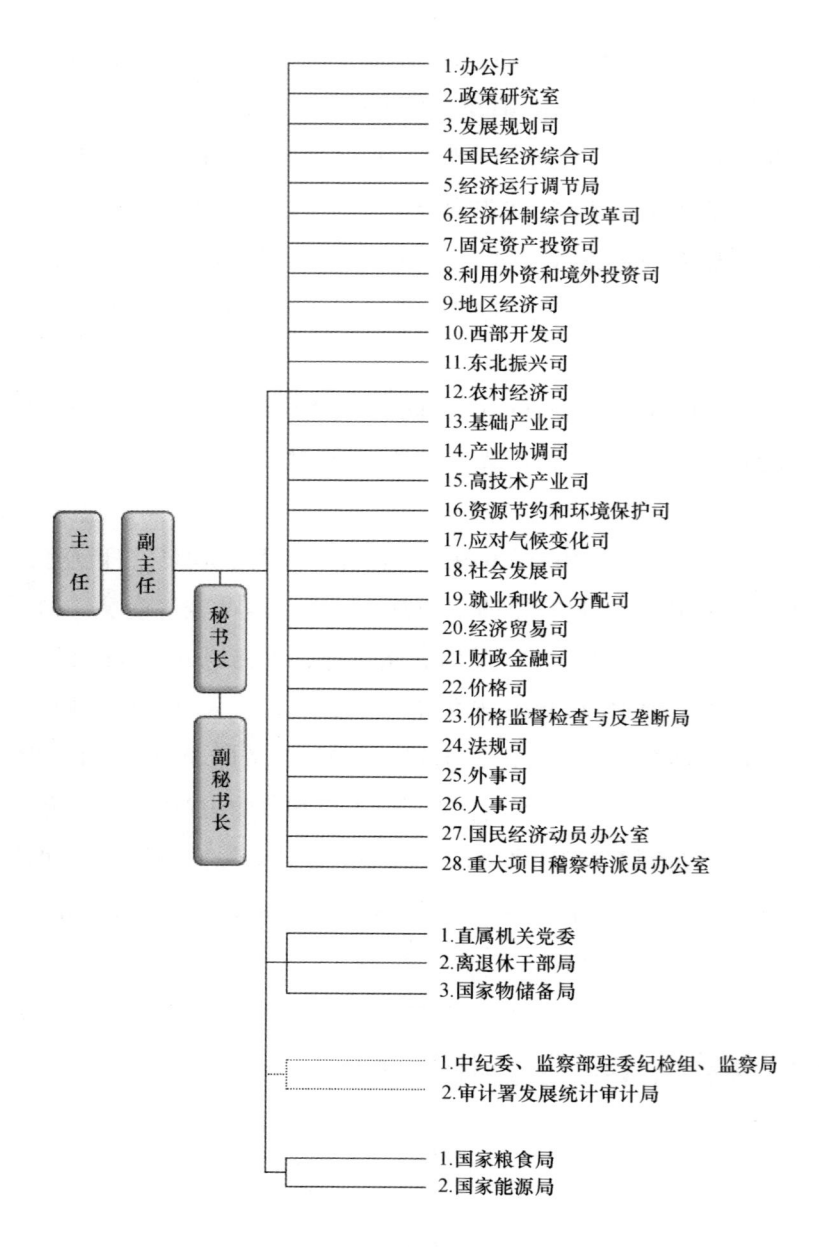

1. 办公厅
2. 政策研究室
3. 发展规划司
4. 国民经济综合司
5. 经济运行调节局
6. 经济体制综合改革司
7. 固定资产投资司
8. 利用外资和境外投资司
9. 地区经济司
10. 西部开发司
11. 东北振兴司
12. 农村经济司
13. 基础产业司
14. 产业协调司
15. 高技术产业司
16. 资源节约和环境保护司
17. 应对气候变化司
18. 社会发展司
19. 就业和收入分配司
20. 经济贸易司
21. 财政金融司
22. 价格司
23. 价格监督检查与反垄断局
24. 法规司
25. 外事司
26. 人事司
27. 国民经济动员办公室
28. 重大项目稽察特派员办公室

1. 直属机关党委
2. 离退休干部局
3. 国家物资储备局

1. 中纪委、监察部驻委纪检组、监察局
2. 审计署发展统计审计局

1. 国家粮食局
2. 国家能源局

图6-1　国家发展和改革委员会的机构设置

资料来源：国家发改委官方网站（http://www.ndrc.gov.cn/jgsz/default.htm）。

每隔五年，国家发改委会编制国家发展规划，为将来五年的经济发展制定纲要，此类总体规划既包括规划纲要，还包括紧密相关的建议与说明。在中长期规划中，它将预测发展趋势、测算规划指标，提出国民经济和社会发展的基本战略，以及中长期的总量平衡、结构调整的目标和政策，规划生产力的布局。随后，依据五年计划的规划纲要，国家发改委将指导其他参与经济和社会管理的相关部门以及地区的中长期规划编制工作，组织协调专项规划和区域规划的编制。专项规划和区域规划包含了国民经济与社会发展的重点项目、全国城镇发展的规划布局，亦包含产业部门的具体规划，针对性地对重点条块做出将来五年的发展预导。此外，它亦负责编制那些由单一部门或地区政府勉力承担的跨行业或综合性规划，以及各项专项规划、区域规划的协调衔接。

不仅如此，国家发改委在整个发展和改革工作中处于统筹地位，工作范围涉及经济现代化的各个主要方面（见图6-2）。

除了制定规则外，国家发改委亦参与具体实践。经济体制改革、经济结构调整、重大建设项目和生产力布局、可持续发展等重大的宏观问题，都是发改委直接领导和负责的领域。这些任务有一些共同特征，它们往往超出独立部门、政府层级、地域乃至时空的领域，具有影响全局的复杂性和延续性。比如，地区经济司有组织拟订区域经济发展规划、提出区域经济发展的重大政策的职能。这些规划与政策已经超出单一地区或部门的可控范围，往往是区域性和多经济社会维度的。又比如，产业协调司负责综合分析工业和服务业发展的重大问题，组织拟订综合性产业政策，研究提出综合性政策建议；统筹工业、服务业的发展规划与国民经济和社会发展规划、计划的衔接平衡；协调重大技术装备推广应用和重大产业基地建设；会同有关方面拟订服务业的发展战略和重大政策，协调服务业发展中的重大问题。

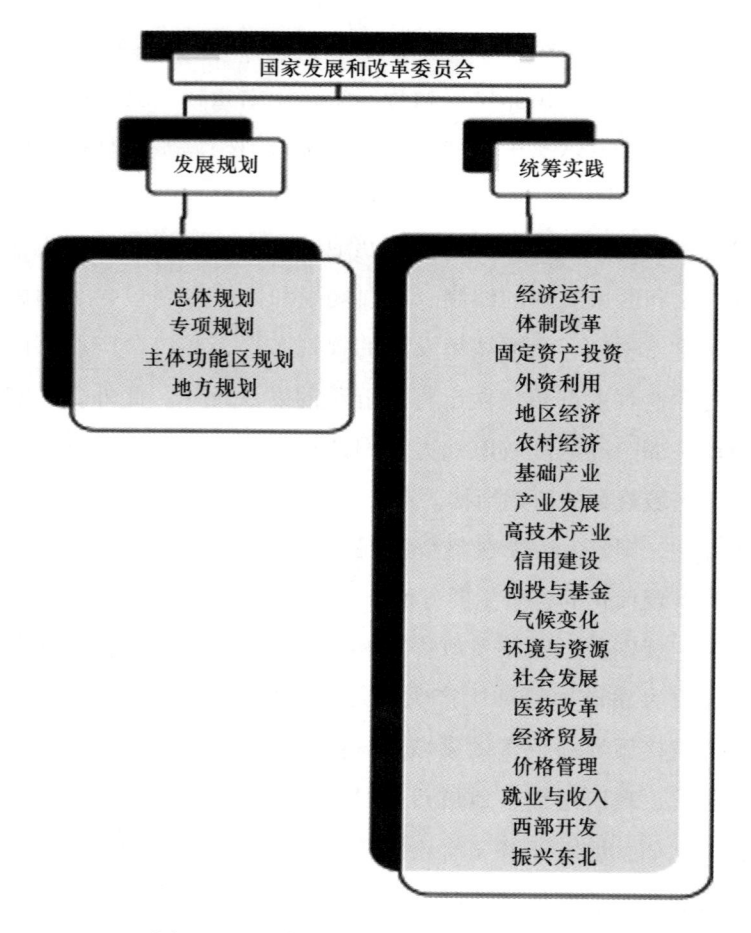

图6-2 国家发展和改革委员会职能板块

```
                国家发展和改革委员会
                    │
        ┌───────────┴───────────┐
     发展规划                 统筹实践
        │                       │
   ┌────┴────┐           ┌──────┴──────┐
   │ 总体规划 │           │   经济运行   │
   │ 专项规划 │           │   体制改革   │
   │主体功能区规划│         │  固定资产投资 │
   │ 地方规划 │           │   外资利用   │
   └─────────┘           │   地区经济   │
                         │   农村经济   │
                         │   基础产业   │
                         │   产业发展   │
                         │  高技术产业   │
                         │   信用建设   │
                         │  创投与基金   │
                         │   气候变化   │
                         │  环境与资源   │
                         │   社会发展   │
                         │   医药改革   │
                         │   经济贸易   │
                         │   价格管理   │
                         │  就业与收入   │
                         │   西部开发   │
                         │   振兴东北   │
                         └─────────────┘
```

资料来源：国家发改委官方网站（http://www.ndrc.gov.cn/）。

表6-1显示了国家发展和改革委员会的主要职能。具体来说，国家发改委在制定发展规划之余亦要参与到经济运行、体制改革、固定资产投资、外资利用、地区经济、农村经济、产业发展、环境与资源、社会发展、经济贸易、西部开发、振兴东北等发展事务中。这类发展事务往往超出单一

地区、单一政府或单一部门的执行能力，或是易在多利益主体间存在潜在矛盾与冲突。由统筹性的导航部门引领发展，能够更好地提高合作效率、降低政治成本和资源浪费的情况。

表 6-1　国家发展和改革委员会的主要职能简介

国家发展和改革委员会的主要职能简介	（一）拟订并组织实施国民经济和社会发展战略、中长期规划和年度计划 （二）负责监测宏观经济和社会发展态势，承担预测预警和信息引导的责任 （三）负责汇总分析财政、金融等方面的情况，参与制定财政政策、货币政策和土地政策，拟订并组织实施价格政策 （四）承担指导推进和综合协调经济体制改革的责任 （五）承担规划重大建设项目和生产力布局的责任 （六）推进经济结构战略性调整 （七）承担组织编制主体功能区规划并协调实施和进行监测评估的责任 （八）承担重要商品总量平衡和宏观调控的责任 （九）负责社会发展与国民经济发展的政策衔接 （十）推进可持续发展战略 （十一）组织拟订应对气候变化重大战略、规划和政策 （十二）起草国民经济和社会发展、经济体制改革和对外开放的有关法律法规草案，制定部门规章。按规定指导和协调全国招投标工作 （十三）组织编制国民经济动员规划、计划，研究国民经济动员与国民经济、国防建设的关系，协调相关重大问题，组织实施国民经济动员有关工作 （十四）承担国家国防动员委员会有关具体工作和国务院西部地区开发领导小组、国务院振兴东北地区等老工业基地领导小组、国家应对气候变化及节能减排工作领导小组的具体工作 （十五）承办国务院交办的其他事项 根据国务院规定，管理国家粮食局、国家能源局

资料来源：发改委官方网站（http：//www.ndrc.gov.cn/jj/default.htm）。

在国家发展和改革委员会之下,还对众多行业设置了产业主管部门。比如,教育部主管教育业,工信部主管电子通信业,建设部主管建筑业,铁道部主管铁路运输业,交通部主管交通运输业,水利部主管水利电力业,农业部主管农业,卫生部主管卫生业,文化部主管文化业,中国人民银行主管银行金融业,旅游局主管旅游业,国家电力监管委员会主管电力,等等。

有的产业,依据其复杂性,其涉及的产业主管部门还不止一个。比如,新兴的游戏产业的行政主管部门有工信部、文化部、新闻出版总署和国家版权局。工信部主要负责拟定产业发展战略、方针政策、总体规划和法律法规,并对产业实施经营许可制度及监督。文化部主要负责互联网文化发展与管理的相关部分。游戏出版物的网上出版发行进行前置审批以及游戏软件著作权的登记管理工作则由国家新闻出版总署负责。国家版权局则管理行业内的游戏版权问题。

产业主管部门具有完整的体系,不仅在横向上,亦在纵向上对产业发展进行管理。主要的产业主管部门除了在国务院设立部署外,还在省和市、县层次上拥有分支机构。比如,教育业的主管部门在中央一级是教育部,在省政府一级是教育厅,在市县政府一级则是教育局;工商业的主管部门在中央一级称国家工商行政管理总局,省级和市、县级均称工商行政管理局。

这些产业主管部门直接作用于行业的微观运作,从企业的准入到运行及其规范,都受主管部门不同程度的控制。这一特殊的产业主管部门体制,使中国政府具备了较日、韩等发展型国家更为深刻的经济管理能力,不再是引导,而是掌控经济发展的脉搏。

2. "五年计划"的经济导航机制

在党和国家领导体制中,中国共产党的领导是全方位的。尽管党并不组建职能部门来直接治理,但却从政治上、意识形态上、组织上对政府和社会实施领导；它通过党管干部、归口管理、党组等形式，将党和政府高度统合起来。因此，在中国的政府组织中，并不存在一个独立于政治家阶层的官僚阶层，政府既有治理上的官僚特性，比如它的大部分公务人员都是从对口的高等院校专业中选拔而来，具备专业知识背景，上下级权责管理与日常运作上是制度性、科层化和非人格化的，又有统治上的政治性（政治性则是国家作为统治阶级工具所具备的特性，表现为符合统治阶级利益的统治目的、意识形态、理想等），因为那些负责进行公共治理的部门，亦受到政治领导。

在这样的情况下，国家想对经济进行有效治理，它的介入机制必须首先提供一种使统治与治理保持高度一致的保障，即在党与政府之间形成发展共识。五年计划的编制过程显然为这种发展共识提供了形塑过程。在五年计划的编制过程中，政府部门起到关键作用，但最终形成的五年计划文本则需要最高政治层面的认可。

通常，一个全国性的五年计划编制工作由政府部门开始，确立初步意向后提交党中央；党的领导层将统一政治共识，定下五年计划的主体基调，通过撰写建议或意见的方式来下达战略方针与计划框架。随后，政府部门将党的意志进一步具化与细化，形成计划纲要（通常是初稿，在计划周期中纲要还会随需要而调整）。计划纲要由党中央和国务院批准，并最终由全国人民代表大会正式通过。也就是说，除去全国人民代表大会的最终决策外，五年计划的编制大体经过两个"政府—政党"的意志重心转移流程，第一道流程用于研究确定五年计划的基本内容，第二道流程则用于形成五年计划的具体纲要。在这个过程中，党和政府的思想逐渐统一，最终形成国家对国民经济与社会发展的共识性安排。

需要强调的是，每一个计划周期的背景不一，相应的，编制周期中意志重心发生转移的具体次数亦不会严格一致；但每一次转移都能在上述两道流程中找到自洽的位置，从而使这一转移经验符合我们对编制程序的概括。就"一五"计划的编制周期而言，较为特殊的是该计划是新中国编制的首个五年计划，党和政府对于该怎么"计划"还处于摸索阶段。另一方面，这一时期恰是苏联对华援建项目大批量投建的关键时期，"一五"计划的主体便由这些援建项目构成。在政府制定初步草案和党确定计划基调之间，多出一个针对援建项目与苏联商议的环节，"一五"计划草案也多向苏联请教学习。出于这些历史原因，"一五"计划的编制周期中，意志重心的转移次数也相对偏多。从"七五"计划开始，五年计划的编制经验基本符合上述概括。

五年计划仅仅达到政治阶层的共识是不够的，要保持经济高速增长，为发展型国家的国家主导模式提供合法性，五年计划机制还将发展共识上升为社会性共识。在"十一五"之前，这一功能通过制度层面上人民代表大会的最终批准，以及非制度层面上党与政府的高度权威来实现；"十一五"之后，愈发成熟的社会参与机制扩大了民主输入与监督的效果，强化了民众对发展计划的认同。

五年计划的编制过程可预见地、规律化地、制度性地向决策机构以外的社会部门展开，无疑有益于计划理性的确立。从五年计划编制工作走向制度化以来，决策民主化的程度亦逐渐加深，到"十二五"进入编制周期时，决策民主化已经发展到相当程度。除了党与政府频繁就五年计划编制召开各种会议外，已经有三种民主协商形式确立了制度化的运行机制，包括中期评估、国家规划专家委员会和包括听证会在内的公众参与制度。

这些制度将社会相关利益集团纳入编制周期，一方面搭建起一个让计划理性立足于社会现实的良好平台，一方面亦为社会提供了监督官僚自主性的透明渠道，使社会利益免受自主性异化带来的危害。但最终对五年计划起到决定性作用的，是政治领导阶层的集体决策。这是因为，社会参与者来自不同阶级和阶层，背景结构决定了社会观点的复杂性。他们的意志可能具有客观性，但公正性和全面性却得不到保障，而这正是国家的长处所在。这种民主与集中相结合的制度设计，为中国国家自主性（至少在发展计划的制订环节上）保持理性提供了制度基础。

五年计划尽管是阶段性的长期发展规划，但每两到三个五年计划之间都有视野更长远的远景计划来协调，使经济发展既有阶段性目标，又共同地导向一个统一的远景理想，使发展的累积效应得到最大限度的发挥，保证发展的稳定性。但实施五年计划并不意味着在计划周期内严格遵守一个一成不变的计划文本，相反，作为发展战略的五年计划应当是可变的。

首先，五年计划下的每一个年度计划，都以上一个年度的经济发展形势为基础来编制，逐步地调整可能存在的不当布局。其次，五年计划的计划周期过半之时，政府将主持对该计划的中期评估。中期评估既包含了计划实施当局的自我考察，亦有社会第三方的独立评估，一旦发现五年计划不合理之处，国家便会主动对其进行更正。这些机制给予了五年计划活力。

五年计划在整个现代化过程中亦经历了从指令性计划到指导性计划的转型，从为公有制和计划经济服务，到多种经济并存的市场经济模式。六五计划是上述改革的转变点，在其之前的几个五年计划，从编制、内容、性质上都与其他八个五年计划表现出极大不同。计划性质的改变，深层次的原因是国家与经济关系的变化，是政府职能的转变，进一步地带来了五年计划在决策机制上的变迁。

二 经济利益集团的出现

经济利益集团是市场经济的必然产物，任何国家都难以避免。20 世纪初，政治过程论的创始者本特利指出："如果能解释利益集团，那么一切都可以解释清楚了。"① 尽管目前中国的利益集团还没有达到理解一切政治现象的重要程度,但是利益集团已经成为中国政治过程中的重要变量。在20世纪80年代政治改革高潮时期,中国官方文件和媒体多次谈到"利益集团"。② 到了90年代,由于众所周知的原因,政治改革徘徊不前,"利益集团"又一次从官方的舆论中消失,以"利益群体"取而代之。但是,到2006年10月中共十六届六中全会以后,当胡锦涛同志和温家宝同志提出建设社会主义和谐社会时,提出必须防止"既得利益集团"的出现,"利益集团"又一次出现在官方文件中。与此相呼应,官方权威媒体新华社《瞭望》(新闻周刊)2006年10月关于"利益集团"的文章引起广泛关注,"特殊利益集团"几乎成为中国所有媒体的批评对象,认为中国近年来突出的社会不公正问题与"特殊利益集团"有着直接关系。虽然官方文件指出要防止"既得利益集团",事实上,"利益集团"在中国政治中的出现和作用已经很常见。习近平同志坦率地指出,共产党没有自己的特殊利益,党内不能存在形形色色的利益集团,也不能存在党内同党外相互勾结、权钱交易的政治利益集团,党中央坚定不移地反对腐败,就是防范和清除这种非法利益关系对党内政治生活的影响。③ 显然,党内存在各种非正式的利益集团,其危害性难以计量,比如周永康案、令计划案等。但是,作为一种经济利益主体的利益集团,则必然伴随着市场经济的形成而出现,是经济体制变化带来的社会结构变化的必然结果。

对于利益集团的简单界定是:为特定利益而组织起来的一种社会组织。

---

① [日] 迁中丰:《利益集团》,郝玉珍译,经济日报出版社1989年版,第13页。
② 1988年中共中央在十三届二中全会工作报告里第一次承认中国社会存在不同的利益集团:"在社会主义制度下,人民内部仍然存在着不同利益集团的矛盾。"为此,党内理论权威郑必坚在《人民日报》上发文分析经济结构的变化所带来的利益关系调整和利益集团问题(《大变动,再认识》,《人民日报》1988年5月20日)。
③ 《习近平在中共十八届五中全会第二次会议上的讲话》,2015年1月13日(politicspeople.com.cn/m/2016/6928/c1001-28747335-2.html)。

在大多数国家,利益集团主要指社团型利益集团,即专门为利益表达而建立起来的行业性组织,比如各种各样的"协会"。其他类型的利益集团包括机构型利益集团和非社团型利益集团。① 在政策过程研究中,尽管美国政治学家把官僚机构当作一种利益集团,但他们更多的是从部门政治或官僚政治而非利益集团路径来研究美国的政策过程。中国社会的发育状况决定了不能简单地用现存的利益集团类型和标准来审视中国的利益集团,除了"行业"和"特定利益"外,另一个是理解中国利益集团的关键词是"官商关系"。中国的很多行业主管部门比西方国家的政府部门具有更多的部门利益和行业利益,事实上是一种典型的行业型利益集团。在这种制度安排下,特定行业即那些有着特定官商关系的公司本身就是利益集团的组织形式,其在政治过程中的作用甚至比社团型利益集团更大。而与西方国家的利益集团相比较,中国的社团型利益集团具有更多的政策执行功能而较少的主动性利益表达,但是无组织的利益集团却更加活跃。为此,根据中国的利益集团的组织状况及其在政治经济过程中的作用大小,我们把中国的利益集团分类为:机构型利益集团(institutionalized interest group)、公司型利益集团(enterprised interest group)、社团型利益集团和无组织利益集团,这里主要讨论与政治、市场关系密切的前两类。

(1)机构型利益集团

作为国家代表的政府部门,本应是公共利益的代表者。但公共选择理论的研究表明,政府官僚机构与官员并不必然是公正无私的"道德人",反而具有追求自身利益最大化的"经济人"特征。据此,西方学者和一些国

---

① 从组织形态上看,在常态政治中,美国政治学界把利益集团主要分类为:(1)机构型利益集团,比如官僚机构、立法机关、军队、政党、教会及公司;(2)社团型利益集团;(3)非社团型利益集团,它们以共同的种族、语言、宗教和职业为基础,但是没有组织起来(详细内容参见[美]阿尔蒙德、鲍威尔《比较政治学:体系、过程和政策》,上海译文出版社1987年版,第202—207页)。

内学者把政府官僚机构都视为利益集团，起着利益表达与综合的作用。① 我们不同意这种划分方法。不能因为任何时间和地点都存在本位主义和部门利益，而把作为国家权力建制的有机组成部分称为利益集团，因为利益集团是特指国家权力机构之外的政治社会力量，如果把存在组织化利益的团体都归类为利益集团，利益集团就成为解释一切政治现象的概念，"国家权力"等经典概念就失去了应有价值。尽管如此，什么是国家权力的有机组成部分，在市场经济的体制中需要进一步界定。一般而言，维持国家正常运转的政务部门（如司法部、外交部、民政部、文化部、教育部等）和宏观经济调控部门（如央行、财政部、发改委、国资委等）是任何国家都必须有的，不能因为它们或许存在部门利益而把它们称为利益集团。但是，目前，中国政府部门的设置依然具有计划经济的特征。例如，在国务院下属的行政管理部门中，还有各种以行业和产品为基础的主管部门，有主管邮政与信息产业的信息产业部、主管铁路产业的国家铁路局，等等。正常来说，中央各部委应该是中央政策的执行者，自身保持政治中立，只努力追求政策执行的效率。但是在当今的中国，因为中央决策机制的不健全，在很多场合，实际上是部委决策、中央背书，在很大程度上中央各部委成

---

① 日本学者迁中丰认为在集团理论中，除了利益团体之外，官厅组织、军队和政党等也都同样作为压力团体而构成一种过程（［日］迁中丰：《利益集团》，郝玉珍译，经济日报出版社1989年版，第40页）。也有一些西方学者在讨论中国政治时，把中国军队作为一个利益集团，并分析了它在中国外交决策过程中的角色和影响力。参见 Harry Harding, "The PLA as a Pollitical Interest Group", in Victor Falkenhein (ed.), *Chinese Politics from Mao to Deng*, New York: Paragon House, 1987; You Ji, "The People's Liberation Army as a Key Interest Group in Chinese Party Politics", in *The Chinese Communist Party in Reform*, Edited by Kjelk E. Brodsgaard and Zheng Yongnian, Routledge, 2006; Zhongwei, Song, "The Structural Influence of the Military in China's Foreign Policy-Making", *Asian Studies Review*, Vol. 24, No. 1, Mar., 2000, pp. 71–98. 中国学者毛寿龙也认为"如果不受约束，军队、武警、公安等国家机关都可能成为利益集团"（《关于当今中国的利益集团问题——毛寿龙教授访谈录》，http://www.360doc.com/content/06/0116/14/2311_59152.shtml）。

了中央政策的决策部门。这就使它们有能力将自己的"部门利益"凌驾于社会公共利益乃至国家利益之上,通常被称为"特殊利益集团"。① 不仅如此,由于因行业和产品的交叉性,因行业和产品而设置主管部门必然导致部门的重叠和功能的交叉与利益冲突。以文化领域为例,最高主管部门是中共中央宣传部,在国务院则有文化部、国家广播电影电视总局、国家新闻出版总署(党的十九大后划归中宣部)、国家文物局;以交通领域为例,有主管水路交通和陆路交通的交通部,也有只管水利而无权管理水上交通的水利部;再以水污染领域为例,生态环保部和水利部都在管理,都在争夺管理权。② 这些部门的行政级别相同,而功能和利益存在交叉,利益冲突是常见的现象。在市场经济的今天,这些行业主管部门很容易演变为该行业或产品的利益代言人,利益冲突导致机构之间的矛盾。

因此,我们特别把那些建立在产品和行业基础上的所谓经济主管部门称为机构型利益集团。在经济转轨过程中,有些部门的存在具有时代的合理性和必要性,比如为了加快信息产业的发展而组建的信息产业部;有的没有被改革则因为国家当时没有足够的资源去同时解决那么多的部门政治难题,因此,一下子撤销13个部委的时任总理朱镕基在1998年说,此改革是过渡性的,还不够,还要改。在市场经济体制基本建立的条件下,有的部门的历史使命已经完成,有的已经成为市场经济的阻碍力量,代表着特殊的行业和利益。从这个角度来看,可以说一些政府主管部门是最强大的利益集团。如果缺少外部竞争、外部约束,缺乏内部的自觉性,政府有些部门会有非常强烈的动机去争取自己的利益最大化、法定化、国家化甚至是国际化。③ 对于这种现象,决策者已经有充分的认识,因此中共十九大后

---

① 杨军:《部委"利益分殊"进行时》,《南风窗》2006年12月B期。
② 人民网:《水利部数据称淮河流域各省全部超标排放》(http://politics.people.com.cn/GB/1026/6041325.html),2007年7月28日。
③ 江涌:《警惕部门利益膨胀》,《瞭望》(新闻周刊)2006年10月号。

对政府机构进行了大幅度改革。

就不同层级的政府而言，如果说，在计划经济体制下，地方政府与官员基本上是较纯粹的上级的代理人，那么改革近40年来，随着以地方分权为主要手段的市场化改革，我们也可以把基于行政区划的政府间（中央与地方之间、地方与地方之间）关系视为博弈关系。如各省（直辖市）在争夺中央的财政补贴、建设项目，这也是各级政府纷纷在北京设立的驻京办事处承担的功能之一，从中我们可以观察出各地政府之间、地方与中央之间的博弈。

（2）公司型利益集团

在中国，很多公司本身就是利益集团，或者至少起着利益集团的作用。"行业""特定利益"和"官商关系"等关键词意味着，并不能把绝大多数公司归类为利益集团，能被视为利益集团的公司主要有两类：

一是垄断行业的大型国有公司，诸如石油行业的国家石油总公司、中国石油化工总公司和中国海洋石油总公司，电信产业的中国电信、中国移动和中国联通，电力行业的国家电网公司和几家发电公司，邮政行业的中国邮政总公司，燃气行业的中国天然气总公司，等等。很多其他国家的行业垄断是一种自然垄断，并在国家的干预下实行反垄断。但是在中国，行业垄断其实是一种行政垄断，[①] 行业垄断公司的背后都有行政主管部门，因而是行政权力保护着垄断行业的垄断利益。在这种条件下，垄断公司本身

[①] 行政垄断是政府为保护本部门或本地区所属企业的利益，通过法律、行政法规或规定的形式，维护这些企业的市场垄断地位，阻止竞争市场形成的行为。除非国家特别授权，它一般为反垄断法所禁止。与此不同的是，还存在国家垄断，即通过运用国家行政权力来实现的，具有国家意志，其宗旨是维护国家利益和社会公共利益，是对经济运行的一种保护和干预。参见过勇、胡鞍钢《行政垄断、寻租与腐败——转型经济的腐败机理分析》，《经济社会体制比较》2003年第2期。不过，从中国实际看来，国家垄断并不一定代表国家利益或社会公共利益，一些国家垄断也是通过中央政府行政部门的垄断来实现的。

就是庞大的利益集团，它们不需要以社团型利益集团即"协会"的形式组织起来，它们对政府的影响比"协会"更直接、更有效。

二是暴利行业的公司。在中国，暴利行业特指房地产业和2010年之前的采矿业。这些行业的产权多元化，既有国有也有私有。很多企业离开权力的保护就难以运转，因而在很多地方形成了官商一体化的利益集团。与垄断行业相比，暴利行业的利益集团在数量上更多，在形态上更隐蔽但却是公开的秘密，在影响政策的方式上合法与非法并存。

三 政策过程中的利益政治问题

在中国政治过程中，不同的利益集团在具体的公共政治过程中的角色、行动资源与策略、影响力等方面存在明显的差异，而"利益集团对公共政策制定和执行的影响根据他们不同的组织资源而表现出显著的不同"[1]，政治过程的参与也不是一个中立的问题：谁参与了一项政策议题就有助于形成什么样的政策议题。[2] 因此不可一概而论，需要具体分析利益集团是否会影响决策或立法，分析是哪些利益集团参与了政治过程，如何参与了政治过程，某个利益集团内的哪些人参与了政治过程，如何参与，谁的声音被听取。"为了收集这些问题的信息，最有效的起点是考察利益集团本身是如何参与到公共政策设置的，是如何影响公共政策执行的。"[3]利益集团同政府

---

[1] [加]迈克尔·豪利特、M. 拉米什：《公共政策研究——政策循环与政策子系统》，庞诗等译，生活·读书·新知三联书店2005年版，第100页。

[2] [英] H. K. 科尔巴奇：《政策》，张毅、韩志明译，吉林人民出版社2005年版，第47—48页。

[3] Mark Bevir, "Encyclopedia of Governance", London, *Sage Publications*, Vol. 1, 2007, p. 465.

保持日常接触关系，这种关系究竟是什么性质的，① 这些都是利益集团研究中的核心问题。

第一，政治过程中的机构型利益集团。机构型利益集团本身具有组织制度、资源与权力上的天然优势，同时又是政策的决策者，对政策的议题、议程和决策起着决定性作用，甚至在多数情况下还是政治过程的垄断者。因此，这类利益集团对中国政策的制定、执行、反馈等各个阶段、政策的价值取向等方面的影响最大。2006年10月，《瞭望》（新闻周刊）刊文指出包括机构型利益集团在内的行政部门利益极度扩张，在决策或履行职能过程中，有些部门过多地从本部门利益出发，过于强调、维护与谋取本部门利益，影响了决策的战略性、全局性和前瞻性，损害了社会公正与大众利益，增添了国家经济及政治风险。② 在我们看来，建立在政府部门、行业和产品基础上的一些机构型利益集团利用法定的国家权力而扭曲着公共政策。

首先是使部门利益国家化、制度化。尽管是建立在行业和产品的基础上的经济主管部门，它们毕竟是国家权力机关。官僚政治的一个规律是，每个部门都会在已经获得授权的基础上扩展自己的权力，行业主管部门更是如此，时常以"国家利益"之名而实现部门利益，并且将部门利益制度化。在中国，将部门利益升格为国家利益的渠道之一是行业报纸，每个部委都有自己的机关报，行业报纸是部门利益的有力鼓吹者。③ 将部门利益制度化的渠道之一是行政部门立法权。中央机构广泛存在借法律规章来巩固、谋取部门利益的现象。如通过"职权法定""行为法定"与"程序法定"

---

① ［美］罗德·黑格、马丁·哈罗普：《比较政府与政治导论》，张小劲等译，中国人民大学出版社2007年版，第251页。

② 江涌：《警惕部门利益膨胀》，《瞭望》（新闻周刊）2006年10月号。

③ 在中国加入WTO的谈判期间，不同行业的报纸对入世有着决然不同的态度，每当入世谈判取得一点进展时，对入世持抵制态度的部门就通过自己的报纸攻击中国的谈判代表，甚至说他们是"卖国贼"。

使部门利益法定化。由于立法机构本身的因素，导致人大常委会审议的法律草案多由政府部门起草。这样，有些政府部门就利用政策资源优势，在制定有关法律草案时，千方百计为部门争权力、争利益，借法律来巩固部门利益，获取法律执行权，进而获得相应的机构设置权和财权。近20年来，在全国人大通过的法律中，由国务院各相关部门提交的法律提案占总量的75%—85%，此外还有大量由行政部门制定的行政法规、部门规章，同样具有法律约束力。[①] 如此一来，通过立法过程这些机构型利益集团就将自己的利益法律化，进而将部门利益制度化。因为很多法规都是由部委起草，然后人大通过，很多时候，通过几乎成了一种形式，负责起草的部委对内容的自主度非常大。

其次是阻碍公平竞争。建立在行业基础上的行政机关自然要保护其属下的垄断利益，排斥他人进入，阻碍公平竞争。被称为"经济宪法"的《反垄断法》争论了13年才能出台。2006年6月，国务院向全国人大常委会提交了《反垄断法（草案）》，第二条规定："对本法规定的垄断行为，有关法律、行政法规另有规定的，依照其规定。"草案第四十四条规定："对本法规定的垄断行为，有关法律、行政法规规定应当由有关部门或者监管机构调查处理的，依照其规定。"这意味着"经济宪法"的地位低于行政法规，反垄断行政执法机构的阶位低于其他行政执法机关。如果这样的法律出台，《反垄断法》将依然在保护垄断。从"经济宪法"到一般性的行业法规的立法过程，处处体现了行业主管部门的利益集团性质。

第二，政治过程中的公司型利益集团。公司型利益集团中的国有垄断公司主要通过影响政府主管部门或监管部门而形成有利于自己的政策。如"金融（四大银行、一大保险）、能源（电力、石油）、邮电（邮政、电信）、运输（铁路、民航）、基础建设等领域的国有垄断企业，长期依托行

---

① 杨军：《部委"利益分殊"进行时》，《南风窗》2006年12月B期。

政垄断，拥有强大的博弈能力。为维护龙头地位、持续获得垄断利润，有些垄断企业在政界、学界、传媒界网罗代言人，影响甚至操纵话语权，为其垄断地位辩护，极力排斥行业竞争与民营经济介入，抵制《反垄断法》等于己不利的法律政策出台，或以本行业的特殊情况（如自然垄断、国家安全、为政府赚钱等）为由要求从相关法律政策中得到豁免，维持垄断"①。另外，它们还利用强大的经济资源和政治优势，组成更大的利益集团。如中国集团公司促进会（下称中促会）是由包括宝钢、一汽、东风汽车制造厂等几个大型国有企业的老总于1987年倡议发起的。其会员都是大型国有企业。除了帮助解决会员企业体制转型过程中遇到的问题以外，中国集团公司促进会还代表其会员企业向政府反映这些大企业的意见和要求，并组织有关政策研究来影响决策机构。自20世纪90年代以来，每年中促会都就有关重要的政策或问题邀请专家，企业代表和政府有关部门进行调研，然后将研究报告提供给政府决策机构。从1998年到2000年，中促会上报了16个专题报告，其中有7件得到国务院总理、副总理的批示。中促会的个案表明一些自发性协会为分散的经济实体提供了利益表达与综合甚至影响决策的渠道，它表明当利益集团的力量达到一定分量，并以自主型集团的形式表达利益时，就会产生更大的影响。②

同时，有着特殊的官商关系的采矿和土地开发等行业的暴利公司则以合法或非法的形式在政治过程中发挥着影响：（1）2010年之前，由于中国经济持续高速增长而能源短缺，以采煤业为代表的采矿业四处开花，煤炭安全生产成为举世瞩目的问题，中央政府对此似乎束手无策，关键原因则在于地方官员，尤其是县、乡两级官员直接参与其中，结果变成了中央政府与官商同盟的博弈，往往导致中央政府疲于应付。（2）如果说煤炭生产

---

① 《警惕部门利益膨胀》，《瞭望》（新闻周刊）2006年10月号。
② 案例来源：马秋莎《比较视角下中国合作主义的发展：以经济社团为例》，《清华大学学报》（哲学社会科学版）2007年第2期。

中形成的官商同盟属于非法性质,而土地开发中形成的官商同盟既有合法性质,也有非法性质。土地开发已经成为地方政府财政收入的重要来源。浙江省一项调查表明,如果征地收益是100%,各利益关联方分配比例是:地方政府20%—30%,开发商40%—50%,村级组织25%—30%,农民5%—10%。① 在房屋价格中,政府的税、费收入占房价的50%,房地产利润占25%以上,而地产商的资金则来自银行贷款。如此高的预期收益和几乎等于零的成本付出,驱使地方政府和开发商结盟,② 导致住房价格居高不下。典型的官商同盟的作业程序是:"地方政府土地项目立项——引入外来投资者——完成批地手续——胁迫投资者同意分肥,不就范就踢走——引入新的关联代理人开发商——代理人开发住宅获利——官员以及特殊利益群体分赃。"③

大权在握的公司型利益集团,不仅利用各种资源将自己偏好和利益要求输入政治过程,影响政策决策的指向,而且当它们成为政策目标时,还极力采取选择性服从,即支持对自己有利的政策,抵制甚至是暗中改变不利于自己的政策。因为"目标群体掌握的政治和经济资源同样可以影响政策的执行。受到政策影响的强大群体可以通过支持或反对来使政策的执行符合自己的意志"④。例如,地产开发商不但可以通过非法手段实现具体项目的开发,还有能力通过合法手段形成有利于自己的行业政策,推动国务

---

① 汝信等编:《2005年:中国社会形势分析与预测》,社会科学文献出版社2004年版,第6页。

② 据《中国经济时报》2007年6月28日的相关报道,在2006年全国建设系统查处违法违纪和涉嫌违法违纪的415人中,建设主管部门和具有管理职能部门的工作人员占68%。

③ 参见《财经》2007年第15期,《失意潜规则》一文关于"上海松江交通枢纽开发案"的深度报道。

④ [加]迈克尔·豪利特、M.拉米什:《公共政策研究——政策循环与政策子系统》,庞诗等译,生活·读书·新知三联书店2005年版,第270页。

院认可房地产业是"国民经济的支柱产业",以抵消不利于自己的行业政策。① 国务院的文件至少为地方政府土地开发提供了支持政策,在客观上甚至为官商同盟提供了合法性借口。一个房地产商不无得意地说,这是第一次商业的声音大过政府的声音。正是因为地方政府与地产商的结盟,和采矿业一样,中央政府近几年控制房价的政策失效,很多城市的房价飙升。

总之,人们不喜欢具有暴力性的国家权力因而要求民主,但是,在经济生活中,尤其是市场体制的经济生活中,民主总是一种奢侈品,因为市场的主体是企业以及基于企业身份而形成的利益集团,企业喜欢的是自由,自由就是企业主体的"民主",这使我们必须以现实主义的态度面对之,而不能理想化。至于企业内部的民主体制问题,那已经不是政府—市场关系的范畴了,到目前为止,除非在国有部门,人们还无法在私有部门强行推广民主制,因为私营企业可以用脚投票,随时走人以逃避在他们看来不堪承担的成本。民主尤其是社会民主是我们追求的目标,但必须以现实主义的审慎来看待经济民主。

四 关于资本权力与国家权力关系的思考

市场经济必然产生各种经济利益集团,但这并不必然意味着利益集团要主宰政治过程并绑架国家权力,利益集团在政治生活中作用的程度,是区分资本主义政治与社会主义政治的一个重要指标。

在资本主义国家,其政治发展的逻辑是:市场经济——社会分化——

---

① 2003年6月13日央行出台了《关于进一步加强房地产信贷业务管理的通知》,要求商业银行对开发贷款、土地储备贷款、建筑贷款垫资和个人住房贷款严格控制,被认为是"房地产的冬天"。与此同时,在地产商的推动下,全国工商联与众多地产商一道上书国务院,促成了国务院18号文件的出台,该文件指出,"房地产业关联度高,带动力强,已经成为国民经济的支柱产业",并且发展是健康的。参见李曙光《立法背后的博弈》,《中国改革》2006年第12期。

基于利益集团的多党制——代议制民主——事实性寡头政治。也就是说，在市场经济导致的社会分化后，必然是资本权力从整个社会中"脱嵌"出来并凌驾于社会之上；资本权力的坐大必然出现反映其利益诉求的政治制度即多党制和代议制民主，结果，代议制民主实际上被寡头控制，形成事实性寡头民主。

在中国这样的社会主义国家，其政治发展的逻辑是：市场经济——社会分化——党的领导——民主集中制——人民主体性。差别发生在第三个环节，即社会分化虽然有资本权力，但资本权力服从党的领导，由党来整合全社会利益，这个过程通过民主集中制来完成，最终实现人民主体性的政治。

随着市场经济的发展、社会分化程度的加深，资本权力会越来越强大，这将对政治生活产生什么样的影响呢？这是一个永远值得深思和警惕的问题。事实上，2004年召开的中共十六届四中全会就意识到了这一问题，"无产阶级政党夺取政权不容易，执掌好政权尤其是长期执掌好政权更不容易。党的执政地位不是与生俱来的，也不是一劳永逸的。我们必须居安思危，增强忧患意识，深刻汲取世界上一些执政党兴衰成败的经验教训，更加自觉地加强执政能力建设，始终为人民执好政、掌好权"[1]。中共十七届四中全会认为："全党必须牢记，党的先进性和党的执政地位都不是一劳永逸、一成不变的，过去先进不等于现在先进，现在先进不等于永远先进；过去拥有不等于现在拥有，现在拥有不等于永远拥有。"[2] 这事实上是对社会结构深刻变革、利益结构根本调整和人的观念发生根本变化之后的党的执政能力的忧虑。

---

[1] 《中共中央关于加强党的执政能力建设的决定》，2004年9月19日中国共产党第十六届中央委员会第四次全体会议通过。

[2] 《中共中央关于加强和改进新形势下党的建设若干重大问题的决定》，2009年9月18日中国共产党第十七届中央委员会第四次全体会议通过。

不难设想，一个拥有万亿资产的利益集团，自然要通过媒体或自己直接建立媒体而表达自己的利益需求，也会通过各种形式让学术界乃至官员为其站台，并竭力影响全社会，影响公共政策的走向。这样，一个资本权力集团事实上掌握了公共权力，而这个权力过去一直属于国家和政府。当若干个万亿资本集团形成合力的时候，当它们有能力控制大多数媒体、与学术界和官员"合作"的时候，对社会主义国家的政治发展逻辑又将会构成什么样的影响呢？

如前，资本主义政治和社会主义政治的差别发生在第三个环节，前者是资本权力主导，后者是共产党领导，因此如何在市场经济中保持党的领导权，就是一个根本性问题。可以这样说，如果党丧失了领导权，中国和美国就没有什么区别了，"历史终结论"就变成了现实。正是因为看到这个潜在的危险性，中共十八大之后才力度空前地反腐，严防党内出现形形色色的利益集团。

是国家权力主导着资本权力，还是国家权力被资本权力绑架，乃至于资本权力主导着国家权力，是两种政治制度的根本区别所在。中国历史上一直是儒家人文集团执政，绝对不容许资本权力染指国家权力。在某种意义上，中国共产党类似一个儒家执政集团，不但坚持着马克思主义的人民主体性思想，也秉承着儒家的民本思想，从而更公正地协调着各方利益，而不是凌驾于其他社会阶层之上。但是，当市场经济导致的资本权力坐大之后，这个"传统"和制度安排都有可能受到挑战，因此，中国共产党应该时刻抱有"过去拥有不等于现在拥有，现在拥有不等于永远拥有"的危机意识。

◈ 第四节　国家—社会关系：作为事实性
民主集中制的统合主义

由于中国社会科学学术概念的匮乏，中国政治就成了西方社会科学的解释对象和理论的试验场，其中最典型的就是关于中国国家—社会关系的研究。从国外到国内，用得较多的概念就是"国家统合主义"（the state corporatism），这是一个解释南欧和南美的概念，现在用于解释中国政治。[①] 对于中国政治而言，"统合主义"（又译"法团主义"）不是个好概念，因为它是欧洲与生俱来的文化或者传统，而中国文明基因中对应的并不是这样的独立性社会组织，而是家庭伦理本位的宗法政治。那么，什么是国家统合主义呢？在复兴了这一概念的菲利普·施密特看来，因为统合主义来自天主教的文化传统，并不是可以随意选择的，指在支持阶级合作和国家团结的前提下，代表不同行业利益的社会组织被整合到国家的决策过程之中；这些社会组织数量有限，具有行业代表性因而具有垄断性和非竞争性、受到国家承认，国家控制或引导其组织构成和利益表达。[②] 国内学术界则借用这个概念指称改革开放以来的国家—社会关系。我们认为，中国的规模及其带来的复杂性，不是一个单纯的学术概念所能解释的。一方面，我们确实有中央政府批准才能成立的行业组织，其与国家的关系相当于国家统合主义，但同时还有大量自发的自治性社会组织，在英国和美国，后者则相当于所谓的社会统合主义，即不受国家控制的自主性社会组织之间的合作

[①] Bruce J. Dickson, "Cooptation and Corporatism in China, The Logic of Party Adaption", *Political Science Quarterly*, Vol. 115, No. 4.

[②] P. Schimitter, "Still the Century of Corporatism", *The Review of Politics*, Vol. 36, No. 1, 1979.

与博弈。但是，在中国，即使是自发自治的社会组织，因为文明基因的关系，其与国家或者政府的关系也很难说就和英美国家的一样。即使生搬硬套，中国既有欧陆的国家统合主义，又有英美式的社会统合主义，这不就是既有集中又有自由和民主的民主集中制吗？因此，如果说改革开放前的国家—社会关系是典型的集中制的，这几十年的则属于典型的民主集中制的。

传统上的"人民群众团体"，比如共青团、妇联、工会、工商联、科协等，属于政治建制的一部分，即属于国家权力的组成部分，列宁称之为党联系群众的"传送带"，坚定地执行着党和国家政策。因此，不能简单地将这些事实性政治建制称为"社会组织"，但是，随着市场化的深入，传统上的一些"人民群众团体"又不得不淡化其政治建制的身份，有些"人民群众团体"比如作家协会和文联，不得不走市场化路线，以吸纳更多的会员。至于行业组织，在计划经济时代也有，比如中国对外贸易促进会（简称贸促会）、中国人民对外友好协会（简称友协）等；新兴的行业组织则是由政府改制而来，比如由冶金部而来的中国钢铁工业协会、由机械工业部而来的很多协会诸如中国汽车工业协会，从煤炭部而来的中国煤炭建设协会，而石油部则直接演变为三大石油公司。这些由政府部门脱身而来的行业协会或者"公司"，属于我们所说的公司型利益集团，是政治经济关系的重要组成部分，在前面得到讨论，它们在很大程度上还履行着一定的政府功能，直接影响着中央政策的走向。

一　社团型利益集团与无组织化利益集团

改革开放以来，由于经济结构和社会结构的变化与国家治理的需要，党和国家也逐步而谨慎地退出一些原来严格控制的领域，交由民间社会实行自治，并允许一些有相同利益的群体组建社团。根据民政部官网信息，截至 2015 年年底，全国共有社会组织 66.2 万个，吸纳社会各类人员就业 734.8 万人；全国共有社会团体 32.9 万个，其中：工商服务业类 3.7 万个，科技研究类 1.7 万个，教育类 1.0 万个，卫生类 1.0 万个，社会服务类 4.8 万个，文化类 3.3 万个，体育类 2.3 万个，生态环境类 0.7 万个，法律类 0.3 万个，宗教类 0.5 万个，农业及农村发展类 6.2 万个，职业及从业组织类 2.1 万个，其他 5.3 万个。此外，全国共有各类基金会 4784 个，其中：公募基金会 1548 个，非公募基金会 3198 个；民政部登记的基金会 202 个、涉外基金会 9 个、境外基金会代表机构 29 个。公募基金会和非公募基金会共接受社会各界捐赠 439.3 亿元。全国共有民办非企业单位 32.9 万个，其中：科技服务类 1.6 万个，生态环境类 433 个，教育类 18.3 万个，卫生类 2.4 万个，社会服务类 4.9 万个，文化类 1.7 万个，体育类 1.4 万个，商务服务类 3355 个，宗教类 114 个，国际及其他涉外组织类 7 个，其他 1.9 万个。[①] 这还只是在民政部门正式注册的民间组织，另外，还存在无法精确统计的没有注册的民间组织。尽管这些民间社团中，有相当一部分不是典型意义上的政治型利益集团，但其中也包括许多能够在相关政策决策过程中起不同程度作用的利益集团。也就是说，很多全国性社团在政治过程中并没有西方背景中的社团型利益集团的作用那么大，但是在一些地区，地方性民间社团在地方治理中的作用已经不可忽视。这些组织都可以归类为社团型利益集团。

在社团型利益集团的发展呈雨后春笋之势的同时，非组织化利益集团也是一种不容忽视的社会现象。在利益集团研究中，不仅要研究组织化的利益集团，而且还要关注那些没有组织起来表达（主观的或客观的）利益需求的主体，为什么没有组成组织化的利益集团？这一问题对目前中国的政治过程来说，相当重要。对非组织化的潜在利益集团，从组织化程度来

---

① 中华人民共和国民政部网站：《2015 年社会服务发展统计公报》（http://www.mca.gov.cn/article/sj/tjgb/201607/20160700001136.shtml，2016 – 07 – 11）。

说，与其称之为利益集团，不如称其为利益群体更为合适。但关键问题是，此类利益集团的特征不在于其利益诉求的组织化，而在于它以实际行动影响着中国的政治过程，这也是这类群体或集团的重要性所在，因此我们不能将之排除在中国利益集团研究之外。

大体而言，非组织化的利益集团主要以以下两种形式存在：一是以政治权力或经济资源为基本依托而形成的非组织化利益集团，主要表现为官商勾结生成的集团化利益联盟。这与前述公司型利益集团、机构型利益集团有重合之处，但这里强调的是官商一体化利益联盟的非组织性、非制度化、非机构化的方面。正如政策研究者林布隆所指出的那样："当一个政策制定者通过直接行使他的地位所特有的权力——国会投票、总统否决、行政命令——来影响政策时，我们通常不会给他或她贴上从事利益集团活动的标签。但当政策制定者也从事像没有权力的人所从事的那种影响政策的活动时，他或她也就可能会被认为是扮演利益集团的角色。……如果不那么严格的话，我们可以把通过不拥有政府权力的个人和私人团体的一切相互活动以及政府官员在其直接权力之外所从事的那些影响政策的互动活动看作是利益集团的活动。"[①] 然而，界限是不明确的。

二是由弱势群体形成的潜在利益集团，大体包括农民、农民工、蓝领产业工人与雇员、个体工商户、城乡贫困人口和失业半失业人员等。这种潜在的利益集团因为具体的特定利益而形成，因此具有来得快、去得快的组织特征。他们既是社会弱势群体，更是政治弱势群体，政治上处于原子化生存状态，没有组成社团的动力、能力、资源与相应而有效的法律制度支持；他们掌握的经济资源仅能维持生存，大规模地转换成为政治资源的可能性很小，几乎没有政治上和文化上的话语权；但在实际政治运作中，其政治权利又被排斥，还不时受到政治权力的侵犯；利益表达能力低下，

---

① [美] 查尔斯·E. 林布隆：《政策制定过程》，朱国斌译，华夏出版社1988年版，第107—108页。

在与其利益相关的决策制定与实施过程中没有发言权,其利益受到政府侵犯时,出于搭便车意识、解决成本过高等因素考虑,一般很少采取集体行动,除非其群体性生存受到极度威胁。总体上来说,他们在阶级现实和阶段意识方面都处于一种碎片化的状态,按照查特吉的说法:"底层历史是碎片化的、不连续的、不完整的,底层意识的内部是分裂的,它是由来自支配和从属阶级双方经验的元素建构起来的。"[1] 由于上述诸多原因,它们基本上是一个被遗忘的"忍气吞声的集团"。[2]

非组织化利益集团虽然不如组织化利益集团那样明晰可辨,但并不能因此而忽视它们在中国政治过程中的重要性。前两种非组织化利益集团与制度化的正式政治组织相互嵌入（inter-embedded）,成为影响中国政治过程的重要变量。部分无组织利益集团恰恰是暴利行业利益集团崛起的产物。尽管由弱势群体形成的利益集团在多数情况下采取忍气吞声的策略,然而,一旦采取行动,就可能对政治过程产生重大影响。这些群体的活动已经是过去十年里最重要的一种社会政治现象,并对于公共政策的改变有着重要影响,因而是一种不容忽视的利益政治现象。这样看来,通过分析无组织的,但又对中国政治过程产生重要影响的利益集团,更能透视出中国政治过程中的一些实质性特征。

二　政治过程中的社团型利益集团

社团型利益集团包括具有明显国家统合主义（state corporatism）特征的"人民群众团体"、官办行业协会。国家统合主义社团通常被称为"二政府",意为它们是政府政策的执行机构或其延伸,主要职能是执行政策而非

---

[1] ［印］查特吉:《关注底层》,《读书》2001 年第 8 期。
[2] ［美］曼瑟尔·奥尔森:《集体行动的逻辑》,陈郁等译,上海三联书店、上海人民出版社 1995 年版,第 191 页。

主动地表达利益。但随着中国社会政治转型的逐渐深入，其中一些官办行业协会甚至是"人民群众团体"，如全国妇联、全国工商联的利益表达功能有所增强。据研究，全国妇联运用个人沟通、舆论宣传、向党中央国务院递交报告、在全国人大和政协会议期间游说等方式，对妇女阶段性就业政策和《婚姻法》的制定、修改过程具有一定的影响力，在某种程度上达到了综合妇女要求、维护妇女权益的目的。①

与体系组织化程度相对较低的妇联（中国所有女性都是妇联的自然会员，会员与妇联之间没有委托授权关系）相比，各级工商联实行会员制度，体系组织化程度较高，其利益综合与表达功能也相对较强。有研究表明，全国工商联中有影响人士不断呼吁给工商联以更多的自主权，同时有的市、区级工商联实际上"更多的是代表它们的而非政府的利益"。② 各级工商联组织积极参与涉及非公有制经济法律法规和有关政策的制定工作。自1998年始，名义上代表大陆私营企业主的全国工商联就接连几次在政协会议上提出提案，要求将保护私有财产写入宪法，被媒体称为"一号提案"。全国工商联的工作报告指出：全国工商联的主要领导参加了中共十五大以来历次中央全会文件、历次《政府工作报告（征求意见稿）》的讨论。在中共中央、国务院每年召开的政治协商和情况通报会上，驻会主要领导当面向中央领导阐明观点和意见，得到中央领导的高度重视。全国工商联还参与了包括《个人独资企业法》《个人所得税法》《中小企业促进法》《行政许可法》等在内的40件法律法规修正草案的修改过程。有20多个省级工商联参与了当地党委、政府发展非公有制经济条例的制定工作。在九届全国政协

---

① 徐家良：《制度、影响力与博弈：全国妇联与公共政策制定》，中国社会出版社2003年版；Jude Howell, "Women's Organizations and Civil Society in China", *International Feminist Journal of Politics*, Vol. 5, No. 2, July 2003, pp. 191–215。

② J. Unger, "Private Business, The Chinese Government and the Rise of New Associations", *China Quarertly*, No. 47, 1996, p. 185.

历次会议上，全国工商联共提交了 30 多个团体提案，涉及保护私有财产、清理同十五大和宪法精神不相符的政策法规、尽快制定《商会法》、建立中小企业信用担保机制、安排具备条件的非公有制企业改制上市、建立中小企业发展基金、贯彻公平税负原则、为社会化征信体系立法等各方面的内容。地方各级工商联结合各地实际，利用政协讲坛，积极参政议政。1997—2002 年的五年中，省、区、市工商联共提交团体提案 500 多份。包括工商联的不断呼吁在内的多种因素，促成了"很多过去长期被垄断的基础设施、金融、电讯、高新技术领域相继向民营企业开放。上海、广东等地一些民营企业已进入这些投资领域。继 1996 年中国民生银行成立之后，经过几年努力，全国工商联牵头发起组建的首家非国有股份制保险公司——民生人寿保险公司已正式挂牌"①。

另外，一向低调的中华全国总工会也开始进入一些比较关键的政治过程。2004 年 6 月《企业破产法》进入一审时，以全总为代表，主张首先维护职工权益；以央行为代表，主张根据国际惯例，首先偿还银行债务。平时极为低调的全国总工会公开挑战中央强势部门，对于企业破产之后应该先对失业职工进行赔偿还是应该先偿还债务的问题提出了尖锐质疑。② 在《劳动合同法》的制定过程中，全国总工会也起到了一定代表工人利益的作用。

当然，"人民群众团体"的代言人身份也受到一些天然的限制。一位曾在工商联担任过副主席职务的人士说："我们是统战组织，不是行业协会。为本行业争取利益也要有分寸，如果大政方针有了明确定论，我们是绝对

---

① 人民网：《中华全国工商业联合会九届代表大会工作报告——经叔平代表中华全国工商业联合会第八届执行委员会作的工作报告》（http://www.people.com.cn/GB/shizheng/19/20021123/872992.html），2002 年 11 月 23 日。

② 欧阳斌：《大陆立法游说集团浮现》，《凤凰周刊》2006 年第 35 期。

不能再说什么的。"①全国工商联这种功能冲突与其双重代理角色有关。② 更值得注意的是，"人民团体"的这种看似表达利益集团成员"共同利益"的行为，并不自然而然地意味着它不是为了国家或自身的利益，在一定程度上却与机构型利益集团的利益混合在一起。这是其在新的环境中，调适自身功能、更新治理之道的一种策略。如自治性妇女权益社团的兴起，打破了妇联在原有体制格局内的垄断地位，对妇联定位于"二政府"还是代表妇女利益提出了挑战。"由于是国家立法机构的参与者，因此全国工商联的高级官员们往往把全国工商联更多地看成一个立法机构，而不是为会员游说政府的机构。""虽然全国工商联原则上可为会员提供的服务范围很广，但实际上全国工商联主要将其职能定位在政府与工商界的联系及传统的政治作用上，把为会员提供直接服务的职能放在次要位置。""一些地方商会在外国专家组实地调查过程中表示，它们感到一方面商会没有想象的那样有足够权力服务会员，另一方面全国工商联和地方商会的声音对政府的影响十分有限。"③ 再以工会为例，在中国实际政治过程中，工会不只代表工人利益，还是劳资双方的调解者。另外，全总为何要在新建企业中大力组建工会呢？面对公有制企业的破产、倒闭以及工人的下岗失业，工会经费从何而来？一项独立研究表明，这主要是"为了解决全国六十多万专职工会干部的生存问题，各级总工会必须开辟新财源。伴随着原有企业的改制、破产、倒闭，合资、独资、民营等大量新兴企业迅速涌现，因此在新建企业中组建工会就成了全总工作中的重中之重"④。

---

① 欧阳斌：《大陆立法游说集团浮现》，《凤凰周刊》2006 年第 35 期。
② 关于全国工商联的双重代理角色的学术分析，可参见韩福国《市场、组织与国家——中华全国工商联及民间商会（ACFIC）在制度博弈中的双重代理分析》，博士学位论文，复旦大学，2001 年。
③ 亚洲开发银行：《中国私营企业的发展》，2003 年。
④ 韩恒：《关注工会系统的自主利益——对基层企业工会的调查与思考》，《二十一世纪》（网络版）2005 年 7 月号。

至于中国的官办协会，虽然几经变革，① 总体而言还是具有"国家统合主义"的组织形式，但实际上并不承担典型（或说西方）意义上的"国家统合主义"所扮演的"利益代表"或"利益调解"的角色，许多行业协会根本不能有效运行，其存在与动作实际上与利益集团政治的过程或协调过程无关。协会的建立不是为了代表或抑制集团利益，相反是作为政府机构的助手而设的。因此，在许多情况下，尽管我们看到的是统合主义的组织形式，但实质上这些安排并不是统合主义。一项以山东烟台行业协会的个案研究认为，中国城市中的行业协会和烟台行业协会大同小异，也许只有温州、厦门和其他城市例外。②

作为新出现的现代社会组织，自治性社团在保持基本自治的基础上积极地与国家进行互动。同时自治性社团面临法律、人力、资金、信任和知识技术方面的困境，在政治过程中处于弱势地位。因为，国家对自治性社团的态度具有二重性，即国家意识到必须让这些社团承担一定的功能，以减轻政府的负担，促进政府职能的转换，也有利于实现"良治"。同时，由于中亚国家"颜色革命"以及国内非法组织如"法轮功"的影响，执政者自然担心一些社会组织的政治性目的。因此，可以理解的是，国家对自治

---

① 董亚炜：《政府职能、国家权力与社会发育——当代中国行业协会的政治学研究》，博士学位论文，复旦大学，2005年。

② Kenneth W. Foster, "Embedded within State Agencies: Business Association in Yantai", *The China Journal*, No. 47, Jan., 2002, pp. 41 – 65; Yep, Ray, "The Limitations of Corporatism for Understanding Reforming China: An Empirical Analysis in a Rural County", *Journal of Contemporary China*, Nov., 2000, Vol. 9, No. 25. pp. 547 – 566. 不过，在以上这些研究中，并没有对行业协会进行细化分类，其实温州、厦门等一些经济发达地区既存在由国家自上而下组织起来的行业协会，同时还有自下而上组织起来的民间行业协会（又称民间商会），二者存在诸多差异。参见余晖《民间行业商会：合法性困境》，《南方周末》2005年3月17日。如下文将要提到的，后者并不具有典型国家统合主义的特征，而且在地方相关治理过程中扮演着相当重要的角色。

性社团必然要实行"分类控制",① 限制其自主性和在具体区域或行业内的数量与密度。即使是这样,在个人力量与资源无法完成利益诉求或实现时,一些公民组成社团,利用可利用的资源和手段,② 努力参与政治过程,以表达自己的利益诉求。自 2003 年始,乙肝病毒携带者群体以 NGO 等形式组织起来,通过游说全国人大代表和政协委员,理性表达自己的意见,积极推动乙肝病毒携带者权利保护立法。③ 在邮政法草案的审议过程中,民营快递业发达的上海由多家快递公司选出代表,进京联络多个相关部门。④ 当然,在中国政治过程中,自治性社团的利益诉求是否能够输入政治体系,能否以及在何种程度上得以实现,最终还是取决于政府的意志。北京的著名自治社团"自然之友",保护滇金丝猴、保护藏羚羊行动是两个比较成功的案例,其成功在于其行动得到了中央政府及相关部门的支持。⑤ 相反的一个典型案例是:在京密引水渠修砌过程中,三个环境保护自治社团认为要用水泥封砌原有渠道的两侧和底部,该项目没有经过环境影响评估,违反了国家的有关规定,而且会带来严重的生态问题,并为此促成了与北京政府对话,但对话没有取得成功,该工程已经按政府原计划方案完成。成功的与不成功的案例都表明国家对社会仍然有着绝对的优势,决定权仍然在国家

---

① 参见康晓光《分类控制:当前中国大陆国家与社会关系研究》,《社会学研究》2005 年第 6 期;王信贤、王占玺:《夹缝求生:中国大陆社会组织的发展困境》,《中国大陆研究》2005 年第 1 期;Tony Saich, "Negotiating the State: The Development of Social Organizations in China", *The China Quarterly*, No. 161, Mar., 2000, pp. 124 – 141。

② 关于自治性社团应对国家控制和参与政治过程的手段、途径的讨论,可参见赵秀梅《中国 NGO 对政府的策略:一个初步考察》,《开放时代》2004 年第 6 期;Tony Saich, "Negotiating the State: The Development of Social Organizations in China", *The China Quarterly*, No. 161, Mar., 2000, pp. 124 – 141。

③ 成功:《乙肝维权群体"院外游说"推动立法》,《南方周末》2007 年 8 月 23 日第 11 版。

④ 欧阳斌:《大陆立法游说集团浮现》,《凤凰周刊》2006 年第 35 期。

⑤ 参见赵秀梅《中国 NGO 对政府的策略:一个初步考察》,《开放时代》2004 年第 6 期。

和政府手中。①

在地方治理中，尤其是沿海发达地区，一些社团型利益集团起到了聚合、表达其成员利益的角色。2007年3月24日，在汇集上海律师代表的大会上，会长吕红兵直白地表达了上海律师参政议政的要求："抓住明年市人大和政协换届时机，争取进一步增加律师进入人大和政协的名额。"这或许在全国可能都是很少见的，律协会长会如此"赤裸裸"地表达这种政治诉求。在2007年上海"两会"上，上海市律师人大代表及政协委员又新提出了近20份颇有见地的提案、议案，其中上海市人大代表、上海律协副会长钱丽萍提出的关于提请制定《上海市电子商务条例》的议案列入市人大2007年的立法计划中。该议案正是上海市律师协会构建的"议案集体研讨机制"这一平台下的产物。上海律师行业中，其实还有一种方式参政议政，就是作为律师个体，代理公益诉讼或者上书国家权力机关。如2006年上海市民邓维捷状告中国银联收取跨行查询手续费，以及状告卫生部有关全国牙防组违法认证案，还有就深圳警方将妓女、嫖客游街示众事件上书全国人大等事件。②

在浙江温州，商会通过搜集和提供行业发展信息为政府决策提供参考，通过与政府官员的直接接触提出企业与行业发展的需求和建议，通过人大和政协的议案和提案影响、监督政府的政策制定、实施。调查显示，2002—2003年，82.3%的温州商会向国家或当地政府有关部门提出过建议；超过50%的温州商会参与人大和政协的数量在1—5人之间而且参与数量在15人

---

① 当然，利益集团的影响权与政府的决策权之间的关系问题也是值得关注的。这两种权力是现代政府决策体制中既相互关联又存在基本界分的两个基本要素，前者对后者的影响只是程度上的问题，而不能取代后者。相关论述，可参见赵成根《民主与公共决策研究》，黑龙江人民出版社2003年版，第231—233页。

② 哲沅：《庙堂与江湖——上海律师参政议政冲动调查》，《南风窗》2007年第9期。

以上的组织也为数不少。① 另外，在外经商的温州商人也纷纷在经商地组建商会，并以其独特的组织优势公开地介入当地的社会公共事务的治理之中，成为不同于国家力量的一种自下而上的组织力量，对社会的运作甚至是政府的决策和目标都产生了重要的影响，有效地促进了当地地方治理的转型。② 例如，浙江省义乌市是中国小商品交易中心，假冒伪劣商品一度泛滥，政府屡禁不止，不得已，1995年，义乌市政府把治理责任交给"义乌市个体劳动者协会"所组织的"义乌市保护名牌产品联合会"，假冒伪劣产品基本得到抑制。再如，温州以烟具产品而闻名世界，曾何几时，质量低劣和价格恶性竞争让温州烟具行业处于萧条状态。从1993年开始，温州市政府将烟具行业的管理权完全交给"温州市烟具行业协会"，该协会拥有企业审批、产品质量检测、最低产品保护价以及新产品维权等权力，从此温州市烟具行业健康发展。③

在其他一些地方，地区性支柱行业对相关政策过程也具有重要影响。如在2002年南丹矿难之前，南丹政府的主要会议和重大决策都会邀请商会的人参加，他们的建议甚至起到决定性作用。④

上述案例说明，在地方治理中，一些自治性社团利益集团具有较强的政治参与意识，能够积极汇聚、表达成员共同利益，与政府达成良性互动，将之输入政治过程，致力于在政治过程中实现利益集团的利益。这既改善了地方政府的形象，也实现了社会利益最大化，因而被认为中国应该大力

---

① 郁建兴：《行业协会：寻求与企业、政府之间的良性互动》，《经济社会体制比较》2006年第2期。

② 陈剩勇、马斌：《民间商会与地方治理：功能及其限度——温州异地商会的个案研究》，《社会科学》2007年第4期；余力、肖华：《解密温州商会——政府与市场之间的"粘合剂"》，《南方周末》2004年4月15日。

③ 上述两个案例参见余晖等《行业协会及其在中国的发展：理论与案例》，经济管理出版社2002年版，第39—42、43—45页。

④ 朱文轶：《南丹审判》，《三联生活周刊》2002年10月11日。

推动这类利益集团的发展。倡导发展这类利益集团还有更重要的政治逻辑，即根据西方国家的政治发展，基于私有产权的利益集团最终必然在政治上形成自主性利益诉求并推动中国的政治民主化。但是也有研究并不完全支持这种政治逻辑，认为"红色资本家"虽然有自己的利益要求，但是他们更愿意在既定的体制内进行利益表达。[①]

还需要提及的是，在全球化的今天，对中国政治过程的输入不仅来自国内，而且也来自国外的社团型利益集团。国外的某些利益集团已经在一些与其利益相关的领域产生明显影响。《劳动合同法》制定过程中，在华外资企业不仅表现出了高度的参与意识，而且通过各种方式影响立法进程。如"各国在华商会以及中国外商投资企业协会（商务部下属的行业协会），通过母国政府或政治游说，或收买、利用高干子女、亲属，或聘请一些部门领导与职员做咨询师（拿咨询费），或将相关课题并配以丰厚的课题经费，给予各大部委研究机构与学者等途径，对我相关部门决策与立法施加巨大影响。这是我国大量政经信息外泄、经济高度对外依赖、独立自主的工业体系受损、外企长期保持'超国民待遇'不变以及内外企税率未能统一等一系列重要问题的症结所在"[②]。

总之，社团型利益集团在中国政治过程中的作用，随着集团的类型、所处政治时空等因素的变化而有所变化和存在不少差异。[③] 整体来看，社团型利益集团显示出一定的自主性和行动能力，"仍然受到国家的控制，总体上还是属于'国家法团主义'（state corporatism），同时也表现出向'社会

---

① Bruce J. Dickson, *Red Capitalists in China: The Party, Private Entrepreneurs and Prospects for Political Change*, Cambridge University Press, 2003.

② 江涌：《警惕部门利益膨胀》，《瞭望》（新闻周刊）2006年第41期。

③ 有些对行业协会的研究指出，一些社会团体由于背离了其非营利性，而成为剥削成员企业的组织。参见贾品荣《中国社会团体官气十足 非盈利组织成食利集团》，《中国经济时报》2007年8月7日。这与本书所举的温州自治型商会的作用形成明显对比。

法团主义'(social corporatism)过渡的一些特征"[1]。

三 政治过程中的非组织化利益集团

中国利益集团运行的非制度化,表现为"太多的交易是以'走后门'的方式完成的,从而使政策导向的利益集团拥有过大的活动范围"[2]。而这种非制度化运行主要是由基于官商勾结、私人关系等形成的非组织化利益集团的活动所致,它们以非制度化的潜规则使制度化政治难以正常运行,主要妨碍的是中央政策执行阶段和地方政府政策过程的各个阶段。其在政治过程中施加影响的主要方式是捕获具体的实权官僚,消解不利于自己的政策。捕获具体的官僚达到一定程度就表现为捕获政府与国家,损害国家的自主性。如国家食品药品监督管理局原局长郑筱萸及其主要属下被某些厂商所捕获成为影响公共医疗卫生政策实施的因素之一。

以弱势群体为主的潜在利益集团更关注与自己利益相关的具体问题,而对"改变宏大的国家结构和法律缺乏兴趣",当前的问题是,即使在与自己具体利益相关的问题上,第二种非组织化的潜在利益集团基本上不能通过制度化的政治过程,低成本地表达个人利益和共同利益。以本应代表其利益诉求的人大制度为例,人大制度的局限如行政区划地区性等问题,限制了其利益表达功能的多样性,还有在制度设计上,人大代表的角色冲突,代表国家还是社会等。[3] 在实际操作过程中,各级人大代表中,政府官员代表占总代表的比例高达60%—70%,近几届全国人大代表构成中,工人和

---

[1] Jonathan Unger, "Bridges: Private Business, the Chinese Government and the Rise of New Associations", *The China Quarterly*, No. 147, Setp., 1996, pp. 795–819.

[2] [英] 罗德·黑格、马丁·哈罗普:《比较政府与政治导论》,张小劲等译,中国人民大学出版社2007年版,第263页。

[3] Kevin J. O'Brien, "Agents and Remonstrators: Role Accumulation by Chinese People's Congress Deputies", *The China Quarterly*, No. 138, Jun., 1994, pp. 359–380.

农民代表比例呈下降趋势，尤其是一线工人、农民代表人数偏少。① 这无疑大大缩小了人大代表的代表范围与广度，实际上是使权力更加集中。一些重要的制度设计，也忽视了提高这类潜在利益集团的集体行动的合法性与能力。如中国劳动立法侧重增加工人的个人权利，而没有为他们提供有重要意义的集体权利，如承认工人的罢工和集体谈判等权利。工人集体权利的缺失，使个人权利很脆弱、空洞，不能得到有效实施，常常被忽视。② 如此的制度设计，无组织化利益群体没有利益表达机制，那么，参与决策过程也就无从谈起。既然无组织化利益群体基本上没有参与或影响行政决策权力的制度框架，政府的行政决策与他们的利益诉求之间、官员的政治利益与他们的经济利益之间也就缺少有机的联结，对立因之难以避免。而当行政决策损害到他们的利益时，即使他们抗争，制度上也缺少改变决策的余地。因此，他们中间普遍存在对体制内利益表达渠道的"不利用"以及"表达无门""表达无用"的现象。他们的表达渠道，基本上也被局限在最基层的行政机构，③ 以及事后表达，即政策实施过程中权利受到侵犯后，再进行维权。在政治过程最后阶段的利益诉求，也常常由于受到其所在权利—权力结构网络的限制而不能有效地得以实现和满足。④ 而当他们的共同利益受到侵害、成为实际的利益共同体时，在政治上和法律上，他们并不能正式结成利益团体来从事团体的利益表达、权益申诉，而将碎片化的个体

---

① 王贵秀：《是人民代表大会而不是官员代表大会》，《华夏时报》2005年2月23日；王雪迎、刘冰：《新疆规定人大代表中官员不得超过25%》，《中国青年报》2007年9月19日；袁啸云：《吕日周、竹立家谈山西"黑砖窑"事件》，《经济观察报》2007年7月30日第45版。

② Feng Chen, "Individual Rights and Collective Rights: Labor's Predicament in China", *Communist and Post-Communist Studies*, Vol. 40, Mar., 2007, pp. 59–79.

③ 陈映芳：《贫困群体利益表达渠道调查》，《战略与管理》2003年第6期。

④ 最近的研究为此提供一个典型而具有相当普遍意义的个案。参见吴毅《"权力—利益的结构之网"与农民群体性利益的表达困境——对一起石场纠纷案例的分析》，《社会学研究》2007年第5期。

存在联结成隐性组织化的群体事件便成了最有效的方式,①即以引人注目的"社会抗争"（在中国被称为"群体性事件"——mass disturbances）的方式进行利益表达。正如阿尔蒙德所说，"在贫富差距巨大的社会里，正规的利益表达渠道很可能由富人掌握，而穷人要么是保持沉默，要么是采取暴力的或激进的手段来使人们听到他们的呼声"②。从20世纪90年代初以来，"社会抗争"以几何级数增长：1993年为8700起，2003年为6万起，2004年为74000起，2005年为87000起。每起事件的参与人数少则几十人、上百人，多则上千人甚至数万人，冲击党政机关的事件2000年有2700起，2003年则有3700起，而堵公路、卧轨、拦火车事件达3100起。③"社会抗争"在不同的历史时期有着不同的原因：20世纪90年代中期前后有30%是因为企业改制过程职工工资、退休金、养老金、医疗保险等不到位引发的；到了21世纪初，由于"经营城市"和农村中的土地征用高潮，从2003年到2005年，"社会抗争"事件急剧增加，65%是由土地征用和房屋拆迁引起的，失地农民多达4000多万。④任何国家政治现代化过程中都会出现"社会抗争"政治，但是西方国家的"社会抗争"主要是因为国家干预不力、劳资关系引起的，而中国的"社会抗争"则主要是由于政府过度干预引发的。根据官方的信息，80%的土地违法案件都是由地方政府引发的。⑤我们已经知道，地方政府在土地开发中的过度干预是因为它们与房地产商

---

① 陈映芳：《群体利益的表达如何可能》，《天涯》2004年第6期。
② ［美］加布里埃尔·A.阿尔蒙德、小G.宾厄姆·鲍威尔：《比较政治学：体系、过程和政策》，曹沛霖等译，上海译文出版社1987年版，第230页。
③ 有关数据参见汝信等编《2005年：中国社会形势分析与预测》，社会科学文献出版社2004年版，第235页；齐霞、许保疆《试析群体性事件的理性处置》，《云南警官学院学报》2006年第4期。
④ 汝信等编：《2005年：中国社会形势分析与预测》，社会科学文献出版社2004年版，第177页。
⑤ 新浪网：《国土部要求严惩土地违法违规 县乡成重灾区》（http://news.sina.com.cn/c/2007-07-16/025613453036.shtml），2007年7月6日。

形成了一个事实上的利益同盟。另外，另一种特殊群体的"社会抗争"虽然规模不大，在"社会抗争"事件中比例也不高，但是影响却是震撼性的，那就是退伍军人因失业或基本福利不能保障而出现的集团抗争行动。

虽然每年有那么多的"社会抗争"事件，绝大多数事件都是针对特定的利益目标，彼此孤立而不相互结合，因此并不会从根本上动摇政治稳定。但是，如果不给予足够的重视和切实的解决，那么日积月累也可能危及社会政治稳定。2007年年初，中国有关部门公开表示中国社会群体性事件已经成为影响社会稳定最为突出的问题，指出了群体性事件的四个主要特点：第一，重大群体性事件连接发生，涉及面越来越广；第二，经济问题政治化；第三，暴力对抗程度明显增强；第四，境外政治力量涉足中国国内群体事件。① 数量如此大的"社会抗争"意味着很多领域内的政策出现了问题，社会不公正现象加剧，执政者必须对此做出回应。作为对过去社会—经济政策重新审视的结果，就是上一届政府所提出的新型公共政策即"建设社会主义新农村"和和谐社会。在某种意义上，中国的"社会抗争"政治就如同西方的选举政治，是一种迟钝但有力的影响和改变政策的方式。

一些能够直接影响到政治稳定和政治秩序的特殊群体，如知识分子、大型企业的工人和退伍军人，其"社会抗争"能够直接争取到有利于自己的政策。例如，20世纪80年代知识分子与党的矛盾经常转化为社会冲突（学生运动和意识形态对抗），在90年代后期大幅度改善教师的住房和提高工资以后，知识分子和党的关系空前融洽；当几万大庆石油工人上街抗议不利于自己的企业改革措施时，中央政府就决定停止执行"买断工龄"② 的改革；当退伍军人开始有组织地抗议时，中央政府出台了提高他们福利待

---

① 郑永年：《中国群体性事件的崛起说明了什么？》，《联合早报》2007年1月16日。

② "买断工龄"就是企业按工作年限给工人一次性买断，然后让工人下岗，企业也不再负担其医疗保险等福利保障。

遇的规定。①

四 小结：在研究社会民主中重新"发现"中国民主

民主分为社会民主、经济民主和政治民主。从亚里士多德的《政治学》开始，欧洲人所谈论的民主都是政治民主，或者说政体民主，即政体产生过程中"人民"的有无，"人民主权"是典型的政体民主理论。从英国革命开始，欧洲一直处于"解放政治"之中，直到第二次世界大战。"解放政治"所讲的民主就是政体民主，自由主义、保守主义和马克思主义莫不如此。

但是，作为欧洲人的托克维尔周游美国之后，提出了完全不同于欧洲民主的概念——乡镇自治即为民主。人民主权在法国表现为轰轰烈烈的"大革命"中的"广场政治"，表现为"广场政治"中的多数决；但是，在美国，人民主权则表现为乡镇自治，人们如此守法并积极地关心公共事务。可以说，作为政治社会学家的托克维尔的《论美国的民主》，是民主理论上的分水岭，社会民主就是美国的民主。在这个意义上，前述的杜威的实用主义民主观也是托克维尔式的，即民主无处不在，体现在家庭、学校、教会、工厂，因此民主不是有无的问题，而是多少的问题。毫无疑问，杜威讲的民主也是社会民主。

但是，冷战爆发，使得美国政治学变成了"冷战政治学"，美国政治学抛弃了托克维尔—杜威的社会民主观，又回到欧洲传统的"人民主权"即

---

① 2007 年新华社北京 7 月 22 日电，经党中央、国务院批准，国家有关部门针对当前优抚对象和部分军队退役人员存在的实际困难，本着需要解决而又能够解决的原则，统筹研究出台了提高优抚对象抚恤补助标准、给予部分曾参加作战和核试验军队退役人员生活补助、完善优抚对象医疗保障以及部分军队退役人员再就业、住房、社会保险接续等方面的政策措施（参见 http://news.eastday.com/eastday/06news/china/c/20070722/u1a2989183.html）。

政治民主，只不过也将这个概念美国化即程序化——竞争性选举就是民主，否则就是非民主政治。但是，第三波民主化之后的美国人，鉴于很多国家民主化转型的失败或者说"民主的回潮"，又搞出什么"选举式威权主义""竞争性威权主义"等"非自由的民主"等概念。这说明，美国化的政治民主概念已经失效，2016年英国脱欧公投和美国大选，更让"选举式民主"的命运雪上加霜。

如此说来，到底什么样的政治民主形式是好的，依然是一个历史进程中的问题，或者说民主理论的"无人区"。谁能率先走出"无人区"？只能留给历史去回答了。在争论不清政治民主的情况下，让我们回到托克维尔—杜威的社会民主。社会民主说到底就是社会自治或者社会自主性生存，而社会民主化的程度，直接影响到政治民主，社会民主是政治民主的基础；相反，有政治民主不一定有社会民主，或者说政治民主可能恶化社会民主。"二战"之后的很多新兴国家，完成了政治民主的解放，有了所谓的选举制政治，但是结果如何呢？在很多发展中国家，这种选举制政治强化的是固有的社会结构，包括部落制和封建制。这样，在未经社会结构变革的新兴国家，政治民主恶化了固有的社会结构，菲律宾的民主其实是地主制民主，印度的则是以族群为基础的碎片化民主，而非洲则是部落制民主。用印裔美国人扎卡里亚的话说，这样的民主是"强盗式民主"。不是吗？在2009年的菲律宾省长选举中，一个外省的候选人曼古达达图带着家人、律师和32名记者共58人，到菲律宾南部的马京达瑙省去竞选省长，结果58人全部被选战对手、马京达瑙省省长安帕图安家族的私人武装集体屠杀，事后虽然197人被指控，但最终无人被定罪，均宣告无罪释放。这就是我们所说的封建制民主。

中国革命的最伟大贡献是完成了对传统社会结构的改造，如土地革命、男女平等、废除宗法制度等，使得中国社会真正变成了平等化社会，而这正是现代性社会的根本标志。在平等化社会结构基础上所产生的社会民主，是政治民主的最坚实后盾。社会平等化是衡量社会民主的前提，在此基础上，社团的多少、社团自主性研究才有意义，古老社会结构中的社团自主性只能是坏政治，而且是无法逾越的坏政治。

　　数量受控制的行业协会等各种社团型利益集团，虽然具有西方人所说的"国家统合主义"特征，不得不说这是利益多元化的利益表达组织，而多元化正是民主政治的一个重要象征。更重要的是，无组织化利益集团的各种自发性、自治性乃至"群体性事件"式的社会抗争，更是梯利在《欧洲的斗争与民主（1600—2000）》中所说，抗争本身就是民主化进程的一部分。试想，在专制政体中能允许"社会抗争"吗？更别说"政治抗争"了。

　　无组织化利益集团的组织化行为，尤其是其抗争行为，恰恰是一种利益表达并有可能得到有效回应，"回应性"正是自由主义民主理论也同样强调的。中国的选举式民主的质量有待提高，比如在2016年县区人大代表换届选举中复旦大学所在的选举单位因代表不过半数而流产，之前更有辽宁省全国人大代表的大面积贿选现象。但权威的研究已经表明，中国政府回应的速度和质量一点也不比西方国家低，比如在劳动争议领域，结果大众对政府的信任程度高达73%。这一数据和其他权威研究基本一致，比如朱云汉教授的研究项目。①

　　这种现象说明了国家与社会之间的良性有效互动。一方面，中国的民众敢于以抗议的形式进行利益表达，因为中国经历了"革命世纪"，不停的革命唤醒了民众的政治权利意识和政治参与意识，而且执政者在执政蓝图中也支持民众依法、有序地参与，而一定范围内的、具体案例性质的"抗争"符合宪法规定的公民权利，因此，中国民众并不是外国人所想象的受"威权"政府压制而不敢参与和表达。另一方面，千万不要因为意识形态原

---

　　① Tang Wenfang：《威权韧性：理论与实证》；Chu Yunhan：《Sources of Regime Legitimacy in Confucian Societies》。两篇都是2016年6月24—25日在北京召开的中国人民大学—芝加哥大学国家治理学术研讨会会议论文。

因而忽视或者无视共产党"立党为公、执政为民"的民本主义性质，共产党没有自己的利益并不是口头上说说，其人民性是其始终的诉求，并嵌入"党体"。在这个意义上，相对于多党制国家的代表部分利益的政党而言，共产党代表整体性利益，其"无限责任"让其更积极、主动、有效地回应民众的诉求。因此，解释中国共产党的有效回应性，不应该停留在所谓的为了保存"威权政府"，这种意识形态化的分析显然没有看到更深层的文化层次——共产党具有民本主义属性的一面。同样，在东亚儒家文化地区，政府多少都有民本主义的一面，但其多党制的"否决型政体"，让民本主义化为乌有，韩国政治就是如此。

第 七 章

政策过程：共识型民主

  基于协商民主的共识型民主，既是特定文化的产物，也是制度安排的结果，并不是随意就可以拥有的一种政策过程——虽然执政者的执政理念也很重要。

  正如本书第一章所讲到的，只有理解政策过程，才能真正认识一个国家的政体性质。一位美国政治学家这样说，美国政治的实质是两次大选之间在政策过程中利益集团的互动。虽然这是说美国的情况，其实也符合政治运转的一般规律。路线确定之后，即新政府成立之后，政策制定就成为最大的政治，政治议程设置的方式就成为观察一个国家政治民主程度的一个重要指标。长期以来，人们接受的都是经过美国改造后的民主观，即选举式民主或者说多数决民主，以有无竞争性选举来判定一个国家是民主或者非民主性质。选举式民主的缔造者熊彼特曾经这样说，多数决不适宜立法、决策过程，选举之后，人民的使命就算完成了，至于被选举出来的政治家如何决策、政府和议会如何互动，都不是民主政治的范畴。[①] 萨托利跟进道："选举不是指定政策，选举只决定由谁来制定政策。选举不能解决争

  [①] ［美］约瑟夫·熊彼特：《资本主义、社会主义与民主》，吴良健译，商务印书馆2000年版，第424页。

端，它只能决定由谁来决定解决争端。"① 然而，在美国的决策—立法过程中，多数决民主已经无处不在，结果就是否决型政治：达不到多数，法案就通不过；而新一届国会也可能通过多数决民主而否定此前的法案。这种"否决型政体"在没有外敌威胁的后冷战时期更加明显，比如，枪支泛滥而得不到控制同样是因为议会投票不能满足宪法规定的2/3多数原则，英国的脱欧公投则是滥用多数决原则，"公投"是多数决民主的极端形式。而且多数决民主就连在选举产生领导人的功能上也出了大问题，比如2016年特朗普当选美国总统，让大多数美国人焦虑万分。如果多数决民主在发源地的"本土"（西方国家）都出了问题，更别说在民主的被输出国，诸如"阿拉伯之春"导致的"阿拉伯之冬"、乌克兰内战、2016年巴西乱象，等等。所有这些，都需要我们重新认识那些被奉为经典的理论和实践。美国著名的民主理论家英格尔哈特指出，多数决民主是一种最简单的民主形式，"我们可以在几乎任何地方建立选举民主，但是如果民主不能扎根于使精英回应人民的基础之中，选举民主基本上没有意义"②。

  因此，必须寻求新的民主模式。我们发现，无论是在全面深化改革这样的关乎全局的政策议程，还是行业性政策比如滴滴打车新政，以及关系到百姓切身利益的各种工程项目比如PX化工项目的修建，都有官民互动，是官民共识的结果，更别说已经制度化的、局限于低层次决策的诸如各种"民主恳谈会"。由此可以说，中国的政策过程属于共识型民主。当然，这种"共识"并非都是积极性意义，比如被利益集团绑架的政策性"共识"的意义就值得讨论。

  为了论述上的便利，在简要阐述共识型民主理论之后，本章只选取行

---

  ① ［美］乔·萨托利：《民主新论》，冯克利、阎克文译，东方出版社1993年版，第115页。

  ② ［美］英格尔哈特：《现代化与民主》，见［俄］伊诺泽姆采夫主编《民主与现代化：有关21世纪挑战的争论》，徐向梅等译，中央编译出版社2011年版，第151页。

业性政策和项目工程的议程设置。其实，党的第十八届三中全会关于全面深化改革的决定，本身也是共识型决策的一个大案例，但社会诉求与政策决策过程之间的信息难以描述，所以本章不予专门阐述。微观层次的各种"民主恳谈会""社区议事会"也有大量的案例研究，这里也不予专门讨论。但顶层的决策过程和底层的"民主恳谈会"，无疑都是后面将要指出的"制度化协商型共识民主"。

第一节　共识型民主

20世纪80年代，西方思想界兴起了新一轮的民主理论创新，其中除了共识型民主之外，还有审议民主、商谈民主（在中国统称"协商民主"）等说法。建设社会主义协商民主，已经列为政治议程。那么，为什么要突出强调共识型民主？共识型民主的理论要素有哪些？协商民主与共识型民主是什么关系？本节试图给以简要的阐述。

一　作为多数决民主替代模式的共识型民主

20世纪六七十年代，西方国家尤其是美国陷入政治危机之中，黑人革命的民权运动、反越战运动以及越战之后有组织的利益集团的几何级数的暴增，都使得美国政治运转困难重重。在这种背景下，美国哲学社会科学出现了反思运动，前述的罗尔斯的《正义论》、达尔的《多元民主的困境》以及亨廷顿等人的《民主的危机》，以及80年代开始出现的"审议民主"，都是反思既有政治制度的结果。在这一反思过程中，在很多民主理论家提出协商民主的"家族概念"，诸如"审议民主""商谈民主""对话民主"时，利普哈特在80年代提出了"共识型民主"。

美国政治学家利普哈特这样描述其反思历程：

> 过去我对"传统说法"也深信不疑，直到多年之后才从中挣脱出来。20世纪50、60年代攻读本科和硕士学位时，我曾认为威斯敏斯特式的多数模式无论从哪个方面来讲都是最好的民主形式，足以令比例代表制、联合内阁等相形见绌。当然，对威斯敏斯特式模式的推崇代表了美国政治学界长期以来的一项牢固的传统……20世纪60—80年代，我的认识进入了第二阶段。我开始强烈地意识到多数民主给宗教和种族高度分化的社会带来的危险，不过，此时我仍然相信多数民主对同质性比较强的国家来说是更好的选择。直到20世纪80年代以后，我才逐渐确信共识民主模式比多数民主模式更胜一筹，不仅对所有的民主国家来说均是如此，而且就民主的各个方面而言都是这样。[①]

利普哈特的反思精神与建构能力非常值得国人研习。在中国人狂热追求多数决民主的时候，在已经拥有了多数决民主形式的国家，其理论家批评和反思最多的也是多数决民主形式，因而才有一个又一个区别于多数决民主形式的其他民主理论。

共识民主模式是指，规则的制定和机构的设置旨在使人们广泛地参与政府，并就政府推行的政策达成普遍的一致。共识民主与多数决民主的第一个区别是，多数决民主模式以多数决形式行使权力，而这个多数往往是相对多数而不是绝对多数；而共识民主模式通过协商、对谈等多种制度形式，来分享权力，达成共治。

第二个区别是，多数决民主模式是排他的、竞争性的和对抗性的，而

[①] ［美］阿伦·利普哈特：《民主的模式：36个国家的政府形式和政府绩效》，陈崎译，北京大学出版社2006年版，"中文版序言"。

共识民主模式则以包容、谈判和妥协为特征。这样，共识民主又可以被当作"谈判民主"①。

当然，共识民主并不是没有文化基础的，在利普哈特看来，"除非共识民主能够得到一种寻求共识的政治文化的支持，否则它根本无法扎下根来并茁壮成长"②。

简言之，共识型民主的要素有：包容性而非对抗性的文化基础、全过程性而非一次性票决的政策过程、广泛而非相对多数的参与者、政策过程的协商—协调—协作原则。就此而言，中国的政治文化和政治实践几乎满足"共识型民主"的所有要求和特征。

首先，文化基础。协商基础上的共识民主，似乎是为中国量身定做的一个概念。中国文化是一种典型的"和合"文化，③ 而传统政治中的最大遗产就是协商政治。④ 因此，我们讲的"少数服从多数"原则，绝对不同于西方国家的不妥协的多数决民主，而是协商之后的少数服从多数原则。和谐文化基础上的协商政治传统被共产党人进一步弘扬。延安时期，毛泽东同志说过："国家各方面的关系都要协商。""我们政府的性格，你们也都摸熟了，是跟人民商量办事的"，"可以叫它是个商量政府"。周恩来同志也这样说过："新民主主义的议事精神不在于最后的表决，主要是在于事前的协商和反复的讨论。"

在新的历史时期，党对协商政治有了更全面的认识，认为其不但是人民民主的精神所在，也是决策过程的关键所在。《在庆祝中国人民政治协商会议成立65周年大会上的讲话》中，习近平总书记指出：

---

① ［美］阿伦·利普哈特：《民主的模式：36个国家的政府形式和政府绩效》，陈崎译，北京大学出版社2006年版，第1—2页。
② 同上书，第225页。
③ 张立文：《和合哲学论》，人民出版社2004年版。
④ 林尚立：《协商政治：中国特色民主政治的基本形态》，《毛泽东邓小平理论研究》2007年第9期。

在中国社会主义制度下,有事好商量,众人的事情由众人商量,找到全社会意愿和要求的最大公约数,是人民民主的真谛。涉及人民利益的事情,要在人民内部商量好怎么办,不商量或者商量不够,要想把事情办成办好是很难的。我们要坚持有事多商量,遇事多商量,做事多商量,商量得越多越深入越好。涉及全国各族人民利益的事情,要在全体人民和全社会中广泛商量;涉及一个地方人民群众利益的事情,要在这个地方的人民群众中广泛商量;涉及一部分群众利益、特定群众利益的事情,要在这部分群众中广泛商量;涉及基层群众利益的事情,要在基层群众中广泛商量。在人民内部各方面广泛商量的过程,就是发扬民主、集思广益的过程,就是统一思想、凝聚共识的过程,就是科学决策、民主决策的过程,就是实现人民当家作主的过程。这样做起来,国家治理和社会治理才能具有深厚基础,也才能凝聚起强大力量。[1]

其次,全过程性。"从群众中来,到群众中去"的群众路线,以及"民主基础上的集中,集中指导下的民主"等经典表述,其实就意味着决策过程中的民主性和民主程度。关于民主集中制和群众路线的关系,毛泽东同志这样说:"没有民主,不可能有正确的集中,因为大家意见分歧,没有统一的认识,集中制就建立不起来……没有民主,就不可能正确地总结经验。没有民主,意见不是从群众中来,就不能制定出好的路线、方针、政策和办法。我们的领导机关,就制定路线、方针、政策和办法这一方面说来,

---

[1] 中国政协网:《习近平:在庆祝中国人民政治协商会议成立65周年大会上的讲话》,2014-09-22, www.cppcc.gov.cn/zxww/2014/09/22/ARTI1411347149694373shtml。

只是一个加工工厂。"①

中国的政策过程体现了全程式民主，而不是票决了事。正如习近平总书记在中南海与时任美国总统奥巴马散步时漫谈中国的治国理政思想时谈到的，民主不是一选了之，民主应该体现在整个政治过程中。《在庆祝中国人民政治协商会议成立 65 周年大会上的讲话》中，习近平总书记系统地阐发了堪称全程式民主的思想：

> 人民是否享有民主权利，要看人民是否在选举时有投票的权利，也要看人民在日常政治生活中是否有持续参与的权利；要看人民有没有进行民主选举的权利，也要看人民有没有进行民主决策、民主管理、民主监督的权利。社会主义民主不仅需要完整的制度程序，而且需要完整的参与实践。人民当家作主必须具体地、现实地体现到中国共产党执政和国家治理上来，具体地、现实地体现到中国共产党和国家机关各个方面、各个层级的工作上来，具体地、现实地体现到人民对自身利益的实现和发展上来。②

最后，决策过程中的协商、协调和协作。协商是说如果一个决策内容涉及很多部门，每一个部门又有很多层级，比如说中国医改涉及差不多 20 个部委，部委里边不一定都是部长跟其他的部长评判，很可能是底下的一个司、一个处先来讨论、商量，这种就是协商的方式。

协调是指由专门的领导小组协调若干职能部门。领导小组制度是中国共产党的独有制度安排，从新中国到今天一直都有为协调若干部门而组成

---

① 毛泽东：《在扩大的中央工作会议上的讲话》（1962 年 1 月 30 日），《毛泽东著作选读》下册，人民出版社 1986 年版，第 819—820 页。

② 中国政协网：《习近平：在庆祝中国人民政治协商会议成立 65 周年大会上的讲话》，2014 – 09 – 22，www.cppcc.gov.cn/zxww/2014/09/22/ARTL1411347149694373.shtml。

的领导小组。领导小组下设办公室，设在主管部门。

协作是指领导小组下的各有关部门在协商、谈判、妥协基础上的合作。因为每个部门都有自己的利益，没有协调就很难协作，正如西方国家的"部门政治"所呈现的相互否决。

共识决策的方式是通过反复的协商、协调、协作，比较不同方案的优劣，扬长避短，最后把它合成一个新的方案。共识决策在更多的情况下，是更好的民主决策方式。

我国的很多重大政策制定都体现了共识民主模式，从十八届三中全会公布的关于全面深化改革的决定，到"十三五"规划，都是共识民主模式的典范。

西方国家是多元主义文化基础上的利益集团政治，结果政治过程中遍布"否决者联盟"而使得立法、政策难以制定。美国著名的公共政策专家林德布洛姆（Charles E. Lindblom）很多年前就发现，美国制度一个特殊的地方就是遍布"否决点"，除了按宪法在立法程序中规定的那些否决权以外，大公司掌握的私有产权也可以随时随地演化为否决权。因为否决权被广泛地分散了，利益集团遂能把行使否决权的人士聚集在一起而形成"否决者联盟"；要制止一项政策的推行，它们只需对能行使否决权的许多人士或集团中的一个施加影响。因此，利益集团能阻止那些以共同利益或共享利益为目标的新政策。在决策过程中，否决点越多，推出政策的可能性越小，因为哪怕在一个节点上有人行使否决权，新政策就会胎死腹中。这种否决点遍布的制度安排不仅使重大政策变局几乎不可能出现，就连渐进调适也很难出现，可以有效地维护既得利益集团的优势地位。福山称之为"否决型政体"。

中国改革开放近40年，社会结构、人们的观念和利益关系都发生了深刻的乃至革命性变化，利益多元化的格局已经形成，部门主义、特殊利益集团在政治生活中并不鲜见，比如强力反腐打掉的特殊政治经济利益集团，它们可能会在政策过程中发挥特殊"否决点"的作用。对此，中国必须坚持民主集中制原则下的共识型决策，使得各种利益团体通过群众路线、协商民主的形式表达自己的利益诉求，通过协商、协调而达成协作。

共识民主模式无疑比多数决民主模式更优越，而这种决策模式上的优势正是制度优势的体现。我们常说的群众路线、协商民主，事实上都是共识民主的重要因素。区别在于，群众路线、协商民主侧重于决策的过程，而共识民主则是包含了这些过程的结果；作为兼顾"过程—结果"的概念，能更好地概括中国的政策过程。

二　共识型民主的制度基础和作为通向共识型民主重要形式的协商民主

如前，共识型民主并非随意可以拥有的，非但要有文化基础，还得有制度性保障。利普哈特的共识型民主的制度结构是，在横向的行政—政党维度上，有多党联合政府、平衡的议会—政府关系、多党制、选举制度上的比例代表制、利益集团之间的合作主义五个要素；在纵向的中央—地方关系上，有联邦制、两院制、刚性宪法、法院的司法审查权和独立的中央银行五个要素。这种"一纵一横"的"十字结构"存在很多问题，例如，被作者当作具有更多共识民主模式因素的德国，在政府体制上并不必然是多党联合制度，在政府—议会关系上行政强于议会，在政党制度上基本属于两党制，在议会结构上事实上也是一院制，而这些都是利普哈特归类的多数民主模式的基本要素。还有被他视为共识民主模式的日本，在战后50年的时间里，政党制度不但不是多党制，还是一党居优制；在其他方面比如一党组阁、强行政、多数选举制、一院制、非独立的中央银行等，都是典型的多数民主模式的制度指标，但是和德国一样，日本政治过程中的政治共识因素却是很多的。更有趣的是，连他自己都不相信他所说的制度指标是民主模式的必要条件,比如当他认为刚性宪法是共识民主模式的要件时,却说:"英国和新西兰之所以没有一部成文宪法,主要是因为这两个国家对最根本的政治规则达成了强烈的共识,一部正式的宪法反而成为多余之物。"① 既然如此,为什么还要把宪法的形式作为民主模式的构成要件呢?同时还说明,被利普哈特当作所谓的典型的"多数决民主"的英国和新西兰其实不正是典型的共识民主模式吗?

由于与生俱来的意识形态偏见,即社会主义国家不可能是民主的,利普哈特不会将中国纳入其比较的视野,但是,如果深入中国的政治过程,大概中国就应该是其共识型民主的典范。比较利普哈特的"一纵一横"制度维度,中国的共识型民主的制度基础就是民主集中制政体,无论是横向的党政关系(包括行政—立法—司法)和政府—市场关系,还是纵向的中央—地方关系和国家—社会关系,都贯穿着民主集中制原则。② 没有民主不可能有协商;没有集中而只有民主也不可能有共识,而且集中过程中也充满着民主协商。因此,协商民主是通向共识型民主的重要形式。

兴起于 20 世纪 80 年代的"审议民主""协商民主""商谈民主"等概念,在 21 世纪初被引介到中国,一下子成为中国的官方话语,因为中国有"政治协商制度"。其实,当西方思想界提出这个新概念的时候,中国的政治实践、政治改革也明确提出了类似的概念,诸如社会协商对话机制。1987 年中共十三大政治报告这样指出:"群众的要求和呼声,必须有渠道经常地顺畅地反映上来,建议有地方提,委屈有地方说。这部分群众同那部分群众之间,具体利益和具体意见不尽相同,也需要有互相沟通的机会和渠道。因此,必须使社会协商对话形成制度,及时地、畅通地、准确地做到下情

---

① [美]阿伦·利普哈特:《民主的模式:36 个国家的政府形式和政府绩效》,陈崎译,北京大学出版社 2006 年版,第 159 页。

② 参见杨光斌、乔哲青《作为中国模式的民主集中制政体》,《政治学研究》2015 年第 6 期。

上达，上情下达，彼此沟通，互相理解。"①

在中国共产党看来，社会协商对话机制，其实就是群众路线的新形式，更多地强调群众的主体性。党的十三大报告这样规定："建立社会协商对话制度的基本原则，是发扬'从群众中来、到群众中去'的优良传统，提高领导机关活动的开放程度，重大情况让人民知道，重大问题经人民讨论。当前首先要制定关于社会协商对话制度的若干规定，明确哪些问题必须由哪些单位、哪些团体通过协商对话解决。对全国性的、地方性的、基层单位内部的重大问题的协商对话，应分别在国家、地方和基层三个不同的层次上展开。各级领导机关必须把它作为领导工作中的一件大事去做。要进一步发挥现有协商对话渠道的作用，注意开辟新的渠道。要通过各种现代化的新闻和宣传工具，增加对政务和党务活动的报道，发挥舆论监督的作用，支持群众批评工作中的缺点错误，反对官僚主义，同各种不正之风作斗争。"

社会协商对话机制，不但有群众路线这个共产党的政治传统基础，更有中国政治千年传统的基础，中国政治中的一个重要传统就是协商政治。这样，"审议民主""协商民主"在中国既有政治基础又有文化基础。尽管在理论上"审议民主"与我们的政治协商制度有些不同，但毕竟有通约之处，而且中国政治中的很多要素有待理论发掘和理论解释，协商民主这个概念自然是解释政治协商制度的好理论。因此，在21世纪初，中国官方就把选举民主和协商民主规定为民主的两种主要形式，虽然这种界定有待完善，但也确实说明了官方对这个概念的青睐。2006年中共中央发布的《关于加强人民政协工作的意见》，首次明确了中国民主运行的两种形式："人民通过选举、投票行使权利和人民内部各方面在重大决策之前进行充分协

---

① 《沿着有中国特色的社会主义道路前进　赵紫阳在中国共产党第十三次全国代表大会上的报告（2）（一九八七年十月二十日）》，中国共产党新闻网（http://cpc.people.com.cn/GB/64162/64168/64566/65447/4526369.html）。

商，尽可能就共同性问题取得一致意见，是我国社会主义民主的两种重要形式。"

我们知道，21世纪这十几年来的一个最大变化是互联网与政治的关系，这个技术革命带来深远的政治影响，从而使得民众参与无处不在，进而是一种权力制约或者说权力监督机制。考虑到这一技术性的政治影响力，不能不说参与式民主已经是21世纪一种不可忽视的民主形式。然而，无论是协商民主还是参与式民主，在中国的政治过程中都是为了追求共识型政治或者说共识型民主。比较而言，如果说参与式民主是一种自发性的民主形式，而协商民主则更多的是一种自上而下的组织化推广的民主形式。

2013年党的十八届三中全会公布的关于全面深化改革的决定中，其中在政治领域包括推行社会主义协商民主。这一"顶层设计"在2014年年底政治局通过的《中共中央关于加强社会主义协商民主建设的意见》中得到具体规划，要求开展政党协商、人大协商、政府协商、政协协商、人民团体协商、基层协商、社会组织协商，努力到2020年建设全方位、多层次的协商制度体系。

中国共产党在涉及协商民主的制度体系时，其宗旨是如何更好地实现人民民主或者坚守人民主体性地位。当代政治的一个重大问题是"代表性"不足，因此以什么样的民主形式去实现人民民主，是近代世界政治的大挑战。

"人民主权"（中国人习惯称"人民民主"）是现代政治的一种普遍化理想和追求。人民民主不仅仅是一种理想和口号，更是为了实现主体平等性、人民群众的首创精神、保障公共利益不被扭曲的一种政治制度。但是，作为一种价值和政治制度的人民民主不会自动实现，需要具体的民主形式去落实；如何实现人民民主依然是实践中的大课题，人类在不停探索着。到目前为止，相应的民主形式有：

（1）广场民主。法国大革命时期的广场民主，是人民民主的第一次实践，以失败而告终。

（2）社会自治。托克维尔说美国充满活力的乡镇自治是人民主权的实现形式，林肯也提出著名的"民治"说。这是对农业社会的一种反映，随着工业化以及政府事务的全国化，国家政治不是自治这样的民主形式能解决的。

（3）多数决民主。冷战之后流行的民主观就是多数决民主。我们已经看到，这种以一种民主形式代替人民民主的做法，在西方国家内部已经导致诸多问题，更给发展中国家带来灾难。这正是我们以替代性形式建设人民民主的机会之窗。

（4）协商民主。好的民主形式必须寻求文明基因基础。一般认为，协商民主在我国具有四个基础：文化基础、理论基础、制度基础、实践基础，在这个意义上，我们说协商民主是我国的有独特优势的民主形式，充实人民民主的最好选择就是建设协商民主。

在上述民主形式中，在理论上，所有的形式都可能通过达成政治共识而体现人民主权，或者说这些民主形式可以通向共识型民主。但是，历史经验告诉我们，广场政治的结果是不确定的，诸如法国大革命；社会自治主要限于基层政治，这个概念不适于中层以上的政治分析；多数决民主是一种程序理论，假设大家都接受这种程序，而且前提是这种程序能够有效地代表民意，但事实上这个程序完全可能演变为寡头政治而侵害社会底层的利益。因此，严格地说，只有协商民主，才是通向共识型民主和人民主权的真正的民主形式。

如果说协商民主在世界各国都存在，但作为一种制度安排的协商民主，则为中国所独有，因而协商民主是我国的具有独特优势的民主形式。从我们的国体、政体、政党政治，到基本政治制度和政策过程，以及社会生活的方方面面，都体现了协商民主的制度安排和精神实质。

（1）国体所体现的协商民主。中国的国体是工人阶级领导的、工农联盟为基础的人民民主专政。"人民"不但包括毛泽东说的工人阶级、农民阶级、小资产阶级和民族资产阶级,还包括知识分子以及社会主义新型劳动者;宪法规定各民族之间彼此尊重。无论是"联盟"的性质还是"人民"的相互关系,国体中都体现了"共和"和"统一战线"思想,而作为党的法宝的统一战线自然是协商民主的重要形式。

(2) 政体(根本政治制度)所体现的协商民主。我国的政体是以民主集中制原则而组织起来的人民代表大会制度。人大代表的产生是协商和选举相结合的原则;人大立法过程体现着协商民主,比如《物权法》这样的事关百姓切身利益的法律,汇聚了上百万人的参与,并通过听证会而汲取民意;人大会议过程也处处是协商民主政治的生动体现。

(3) 基本政治制度中的协商民主。基本政治制度(包括民族区域自治制度、共产党领导的多党合作和政治协商制度,以及基层民主制度)贯穿着协商民主。比如,政治协商制度是一种典型的党际关系中的协商民主制度,也就是说我国的党际关系是按照协商民主原则而组织起来的。这保证了政治的和谐和活泼,根本不同于西方国家政党之间的极化竞争而导致的对公共利益的扭曲。

(4) 政策过程中的协商民主。在政治生活中,从领导人的产生、法律的制定、重大决策,处处都体现了协商民主,基本上可以归纳为:协商在前,决策在后;协商在前,选举在后。毛泽东说:"大民主是用来吓唬敌人的,小民主才管用。"这里的"小民主"无疑是干部人事和决策过程中的决策层之间的协商过程。

(5) 社会生活中的协商民主。因为有着深厚的实践基础,即我们党的统一战线和群众路线传统,使得我们的现实社会生活中创新出了形形色色的协商民主形式,比如听证会、民主恳谈、公民评议会、村民(居民)代表会等。社会主义政治和文化鼓励群众参与、强调磋商的传统,是推动协商民主制度发展的重要因素。

因为有了好的协商民主基础，党决定以协商民主建设作为充实人民民主的突破口，即前述的《关于加强社会主义协商民主建设的意见》。我们认为，协商民主不但体现在国内政治中，还应该是中国对外政策的一项基本原则，即国与国之间的协商。在协商民主建设中，需要找到以下四项的交集点或最大公约数，这是协商民主政治建设的突破口。

第一，解决"生活政治"中的症结。民主不是无的放矢，而是为了解决具体问题、舒解人们的怨气。当下哪些人最有怨气？根据哈佛大学和北京大学联合调查的数据，不是底层民众，而是既得利益阶层。既得利益阶层固然因为生活在城市、教育程度高而有更多要求，但其中更多的是因为对微观政治即"生活政治"的不满而导致对宏观政治的不满，是一种"移情"。因此，重点或突破口应该首先是在基层组织中建立有效的协商民主。

第二，与人民利益攸关的问题必须以协商民主的方式决策。在决策程序上，国务院已经有明确的规定，凡涉及百姓切身利益的重大决策，必须听取相关当事人的意见，必须有专家的参与和论证。关键在于落实。

第三，涉及公共利益、长远利益的重大政策议程，必须有商谈。一则可以集思广益；二则可以寻找最大公约数，以获得最大限度的支持。

第四，推动协商民主的制度化。协商民主作为一种制度形式，必须是看得见的、实实在在的政治过程，是可以测量的。相对于选举民主，协商民主的可测量性最难。因为，作为一种具有独特形式的悠久历史的协商制度，同时也有其难以避免的负资产，即在人情社会中，如何真正平等地协商。过去的教训是，很多好的制度在基层都流于形式，那么如何让协商民主落地生根，也是一种可以想见的挑战。比如，如何变成自觉性行为。因为制度化水平不高，决策过程是否自觉、自愿行使协商民主的过程，就是一种不可忽视的普遍化现象。为此，建议规定必须实施协商民主的事项，即"清单制度"。再比如，如何防止议而不决。民主不是为了走过场和形式，说到底是为了决策，而决策本身意味着担当和责任。以协商民主为名而推诿决策责任,在实践中并不鲜见。

协商民主面临的难题和挑战是,如何确保参与协商的人的人民性、代表性。否则协商容易成为一部分人把控政治的形式、操纵民意的工具,就会走了样、变了味,出现政治精英控制协商过程的危险,与最初美好的愿望背道而驰。因此,使参与协商的人真正具有"代表性"至关重要。

◇◇第二节 政策过程中的回应性

本书的最后一章将集中讨论"回应性"的性质。简单地说,回应性是民主的最具实质意义的要素,因此各家各派的民主理论都强调回应性的重要。只有"回应性"决策,才有共识型民主。但是,同样是回应性决策,为什么有的好而有的差?其中原因之一,取决于决策者的自主性。我们的政策类型,大致说来,首先是影响全局的政策,诸如前述的全面深化改革的决定、"十三五"规划等,这里不专门展开;其次是产业政策以及具体的项目性政策,产业政策和工程性项目的案例研究,能描述出政府回应性的具体机制,也能看出社会、资本权力对政治权力的具体影响力所在。

一 产业政策中的回应性:以 2003 年房地产政策为例[1]

2003 年夏,中国房地产行业颇具戏剧性。6 月,中国人民银行发布《关于进一步加强房地产信贷业务管理的通知》,宣布若干对房地产行业加强监管的严厉条款;然而时隔 2 个月,由当时的建设部起草、以国务院名义发布的《关于促进房地产市场持续健康发展的通知》便将央行的政策推翻。

---

[1] 该案例取自我指导的硕士研究生论文——何昕《中国利益集团与公共政策的制定:以房地产商为例》(中国人民大学政治学系,硕士毕业论文,2011 年)。

这次重大的转折每每为房地产行业所津津乐道，因为这是房地产利益集团的第一次郑重亮相、第一次胜利扭转公共政策的壮举。也可以看成是政商关系中的一个经典案例。让我们来看看商业集团是如何影响政府的，而政府又是如何回应的。

1. 央行121号文件的出台

2002年下半年以来，我国部分地区出现房地产投资增幅过高和房价上涨过快等结构性问题。部分地区的商业银行为了抢占市场份额，放松信贷条件，一定程度上助长了部分地区房地产投资的过热倾向。[1] 为此，央行乃至国务院多次发出"预警"：2002年8月2日，央行公布二季度货币执行报告，提出"要防止房地产泡沫"；2002年10月24日，央行公布的三季度货币执行报告中，郑重提醒"商业银行在支持房地产业发展的同时，要警惕房地产泡沫的出现"；2002年11月，时任国务院总理的朱镕基在会见香港中资机构负责人时，首次公开批评内地部分城市的房地产过热，一时引起轩然大波。随后，央行和建设部开始对房地产信贷进行大检查，"过热迹象已经很明显，央行对此已经是忍了又忍"[2]。

于是，在2003年6月13日，中国人民银行发布了《关于进一步加强房地产信贷业务管理的通知》（银发［2003］121号），人们一般称之为"央行121号文件"。其核心内容包括：房地产开发企业申请银行贷款，其自有资金（指所有者权益）应不低于开发项目总投资的30%；商业银行发放的房地产贷款，严禁跨地区使用；商业银行不得向房地产开发企业发放用于缴交土地出让金的贷款。对于个人房贷，央行121号文件规定：商业银行只能对购买主体结构已封顶住房的个人发放个人住房贷款；借款人申请个人

---

[1] 《央行就加强房地产信贷管理要点答记者问》（http://house.focus.cn/news/2003-06-14/47407.html），2011年3月29日。

[2] 《解读央行房贷"铁政"》（http://www.ce.cn/ztpd/cjzt/fangdichan/2003/fangdai/zcbj/200406/16/t20040616_1082619.shtml），2011年3月29日。

商业用房贷款的抵借比不得超过60%,贷款期限最长不得超过10年;购买第二套以上(含第二套)住房的,应适当提高首付款比例。①

2. 房地产行业的反应

政策一出,房地产业哗然。首先是房地产商们惊恐万分,时任华远地产股份有限公司董事长任志强在"中国房地产信贷政策论坛"上指出央行121号文件是"仇富"政策,将阻碍人们从贫穷走向富裕,这意味着"房地产的冬天来了,有可能也是银行的冬天"。6月19日,SOHO中国有限公司董事长潘石屹撰文《央行121号文件带来的二十种可能性》,②文章认为这个文件是近10年来对房地产行业最严厉的政策,并列举了该文件的政策后果,二十种可能性中没有一个是正面的,表达了该文件可能对房地产行业造成巨大冲击的担心。商业银行则对央行新政表现出了复杂的心情:"我们商业银行对央行121号文件不好说什么,执行是要执行,但关键看效果。"鉴于房贷是商业银行一个重要的利润增长点,所以商业银行并不愿意主动缩减开发商的贷款。中国房地产协会相关人士则表示,虽然理解央行防范金融风险的初衷,但是"如果按照央行通知去做,有一批实力不强的开发企业肯定要被淘汰"③。

6月17日,《经济观察报》与全国工商联住宅产业商会举办论坛,原定的主题是"关注健康人居,关注健康城市",但是大家的焦点都集中在央行121号文件上,论坛上的各种言论通过媒体渠道发表,向政府施压。④

---

① 《中国人民银行关于进一步加强房地产信贷业务管理的通知》(http://www.china.com.cn/zhuanti2005/txt/2003-06/18/content_ 5348886.htm),2003年6月18日。

② 《潘石屹预测:央行121号文件带来的二十种可能性》(http://bj.house.sina.com.cn/n/s/2003-06-19/24059.html),2003年6月19日。

③ 《4500亿元房贷违规?央行出台10年来最严厉措施》(http://www.china.com.cn/zhuanti2005/txt/2003-06/18/content_ 5348940.htm),2003年6月18日。

④ 任志强:《提高第二套房首付比例是"仇富现象"》(http://house.focus.cn/news/2003-06-18/47566.html),2003年6月18日。

6月24日，全国工商联住宅产业商会召开座谈会。会议虽名为"有关当前房地产行业自律、发展趋势及金融热点问题座谈会"，但是，央行121号文件是唯一的讨论热点。轮值主席任志强在会上宣读了针对央行政策的征求意见稿，他希望以此为基础，在业内征求各方意见，最终向中央政府提出书面建议。房地产商们纷纷就严厉的央行121号文件提出自己的看法，房地产业界正试图集结起来，用同一个声音说话。[1]

8月16日，北京青年报社与银行家杂志社、国务院发展研究中心金融研究所共同主办了"中国房地产信贷政策论坛"，央行官员、国内各大商业银行负责人、房地产商和专家学者等参加。论坛上不仅房地产商发牢骚，商业银行的代表也不认同收紧房贷的政策，中国工商银行城市金融研究所所长詹向阳认为这样并不能控制风险，中国银行风险管理部副总施俍提出房地产需要综合治理，央行控制房地产业的做法让人无所适从。

8月24日，房地产商再次聚首博鳌二十一世纪房地产论坛，与会的房地产商纷纷指责央行紧缩银根的货币政策，认为中国房地产行业并未出现过热现象，央行此举反而阻碍了房地产行业的正常发展。[2]

当时整个舆论的导向基本由房地产商、商业银行及房地产社团把持，除了少数学者及央行人员支持央行121号文件之外，大部分人持观望和否定态度。事实上，央行除了提出121号文件之外，并未就如何实施提出细则，而各家商业银行及地方人民银行也没有制定出购房贷款的配套实施细则。所以，央行121号文件可以说"雷声大、雨点小"。随着国务院18号文件的出台，央行121号文件戛然而止，并没有对房地产行业产生实质性影响。

---

[1] 《解密央行房贷新政》（http：//www.sznews.com/n/ca426490.htm），2003年7月11日。

[2] 《央行收紧房贷银根 地产精英博鳌"畅所欲言"》（http：//www.people.com.cn/GB/jingji/1038/2035400.html）2003年8月25日。

3. 国务院 18 号文件的出台

8月31日，国务院发布《关于促进房地产市场持续健康发展的通知》（国发［2003］18号）（简称 18 号文件），较之央行 121 号文件出台后业界怨声载道的景象，18 号文件则受到了业界的一致好评。央行 121 号文件对房地产行业的指导精神是"严格控制"，而 18 号文件则是"促进健康发展"。18 号文件充分肯定了房地产市场的发展"对拉动经济增长和提高人民生活水平发挥的重要作用"，这比央行 121 号文件认为房地产市场过热、存在泡沫要积极得多。另外，18 号文件认为房地产业已经成为"国民经济的支柱产业"，强调"对符合条件的房地产开发企业和房地产项目要继续加大信贷支持力度"[1]。

18 号文件的核心是搞活房地产市场，这无疑给房地产商们吃下了一颗定心丸。他们无不拍手称好，表示对 18 号文件"非常满意"，并称之为"市场化的胜利"。[2] 但是，央行与国务院的政策为何在短短两个半月出现如此大的差异呢？时任央行副行长的吴晓灵在 2008 年回忆说："（121 号文件）出台后，舆论狂轰滥炸批评这个文件，于是整个政策层的调控转向。"[3] 在这短短两个月的时间里，房地产商个人及相关社团为了阻止央行 121 号文件发生作用，可谓无所不用其极：业内人物频频露面，各种形式的研讨会、座谈会纷至沓来，社团积极发挥组织的作用，报纸杂志等各种媒体连篇累牍地跟踪各界看法，舆论过分渲染了这个文件对房地产市场可能的影响，这些做法后来证明都是十分有效的——央行不过是出台了一个指导意见，

---

[1] 《国务院关于促进房地产市场持续健康发展的通知》（国发［2003］18号，http://www.gov.cn/zhengce/content/2008-03/28/content_4797.htm），2008 年 3 月 28 日。

[2] 《"18 号文件"与央行 121 号文件：一致还是矛盾?》（http://bj.leju.com/n/2003-09-23/28859.html），2003 年 9 月 23 日。

[3] 吴晓灵：《忆央行 121 号文件：舆论狂轰滥炸导致整个政策层调控转向》（http://finance.ifeng.com/news/history/jjsh/200810/1003_4467_814871.shtml），2008 年 10 月 3 日。

各家商业银行尚无具体实施细则，对市场并没有产生实质性影响，但是从当时整个的舆论氛围来看，这个文件给人的印象却如同洪水猛兽，令人生畏。

最后，相比于央行 121 号文件出台后无人响应、商业银行纷纷回避制定具体实施细则的局面，国务院 18 号文件出台之后则可谓形成了众人拾柴火焰高的效应——房地产商不仅拍手叫好，还纷纷为如何促进房地产业发展献言献计，使后续的具体实施措施迅速到位，就连之前一直保持缄默的万科董事长王石都按捺不住激动的心情，也就如何具体落实国务院 18 号文件发表了建议。

4. 影响政策的因素

之所以会出现前后两个截然不同的文件，一方面是央行和当时的建设部利益博弈的结果，另一方面则是房地产商运作的功劳。任志强事后回顾时曾说，传统的政策出台常常都是与世隔绝的政府深宅大院内部的事，自"国有股减持"的一道命令被股民们用脚投票而否决之后，政府开始更加民主化、更加市场化、更加贴近与深入实际了。当央行 121 号文件在市场中引起强烈不满和反对时，国务院谨慎地进行深入调查和会谈，在充分掌握了第一手的情况之后，又多次召开各级政府、管理部门、相关行业主管及基层与企业参加的座谈会，让市场中的运行主体有更多的机会发表自己的意见。积极听取了各方的意见之后，才出台政策意见，使文件建立在更符合不同管理部门与利益主体所反映的市场实际情况之上。[①]

18 号文件虽然是以国务院的名义颁布的，但具体的起草工作却是由建设部完成。有报道称，央行 121 号文件的出台是"闭门造车"，"央行在制

---

① 《华远总裁任志强谈 121 号文件和 18 号文件》（http://bj.leju.com/n/s/2003-09-04/27937.html），2003 年 9 月 4 日。

第七章　政策过程：共识型民主 | **389**

定 121 号文件的过程中从未与建设部商量过"①。央行强调这个文件的出台是基于 2002 年以来房地产过热现象持续发展而慎重颁布的决定；但是外界，尤其是房地产行业，指责其在酝酿过程中并没有充分听取相关各方的意见，其对房地产行业的悲观看法也是不对的。建设部从促进房地产市场发展和鼓励房地产商投资的角度出发，对于央行 121 号文件也颇有微词，当时的央行和建设部在房地产行业是该鼓励发展还是该加强约束上是存在分歧的。时任中国房地产协会副会长的顾云昌曾对媒体表示，2003 年 6 月，国家有关部门（即当时的建设部）正在替国务院代拟一个文件，主旨是促进房地产发展。建设部在认同央行 121 号文件的目的时，对其某些具体条款也有自己的看法，其中主要是对央行文件"一刀切"和限制住房消费信贷的做法有不同看法，"我们会通过适当途径反映自己的意见"②。这些意见最终反映到国务院 18 号文件中，房地产行业从央行 121 号文件的桎梏中得以解脱。央行顶住利益集团的压力出台了文件，但是随后在有关部门和房地产商的强大围攻中败下阵来，央行 121 号文件被束之高阁，当时主导这个文件出台的央行货币政策司司长戴根有也调至闲职。

这次事件中，房地产商无疑是最大的赢家。一方面是地产大佬频频炮轰央行 121 号文件，如任志强的《中国房地产"冬天"来了》《央行新政是仇富政策》和潘石屹的《央行 121 号文件带来的二十种可能性》等都在舆论上造成极大影响；另一方面，组织起来的房地产商们更在行动中获得实质性进展，成功地左右了公共政策的出台。以工商联房地产商会和中国房地产业协会为代表的各类房地产社团纷纷举行各种形式的研讨会、座谈会，反驳央行关于房地产行业过热的论断，反对央行严厉的"一刀切"做法，认为房地产行业的主流是健康发展的。最为关键的是，以这两会为首的房

---

① 《"18 号文件"与央行 121 号文件：一致还是矛盾?》（http：//bj. leju. com/n/2003-09-23/28859. html），2003 年 9 月 23 日。

② 同上。

地产社团负责人大都为政府相关机构的前任领导，他们与政府机构有密切的联系，在公共政策制定的过程中具有发言权和相当大的影响力。另外，这些社团，例如房地产商会，拥有直接向国务院"上书"的权利，他们通过这种方式向最高层建言。

任志强在2003年博鳌房地产论坛发言时表示，2003年6月底，他以房地产商会轮值主席的身份代表房地产商会就央行121号文件写了两个报告，一个报告经中央统战部转交中央，一个直接寄递中央，"现在看来，报告有了明显的反馈"。一个证据就是，国务院在即将发布《关于促进房地产市场持续健康发展的通知》文件制定之前，由有关部门召集了有开发商代表参加的座谈会，听取了开发商的意见，"座谈会后，文件可能会有50%的修改"[①]。

5. 小结：何种共识？

这个案例对于中国政治发展的走向而言，很重要。第一，"回应"的主体变了，由央行改为名为国务院实为建设部，这样的关系意味着，政商关系演变为部门政治。第二，建设部与房地产利益集团之间的关系不言自明，作为政府主管部门的建设部其实还是房地产企业的保护者。结果，利益共同体的"回应"自然迅速但不一定客观、科学。实践已经证明，央行规定的被否决，结果是灾难性的。因此，回应性是重要的，但正如西方政治中的被动性回应所招致的各种利益集团政治，这次失去了"自主性"的回应，虽然是官"民"的有效互动，但代价却要由更大规模的"民"去承担——畸形的房价。

---

① 《央行121号文件：软着陆还是硬着陆》（http://news.fdc.com.cn/jrzx/13209.shtml），2003年9月8日。

二 项目政策中的回应性：以 PX 项目为例①

工程项目建设是国家发展进程中绕不开的必备项，也是地方政府与政治中最常遇到的问题之一。地方政府作为政策主体，通过项目引入与建设为地方谋求发展，项目性政策议程也就成为地方政府议事日程当中殊为重要的部分。

这一类型的政策问题往往是由项目建设过程中出现或可能出现的某种问题而引发，如工程建设所涉及的集体迁移、项目选址引发的利益纠葛，以及对环境影响的舆论担忧和社会反应等。由于工业项目往往是当地重大的投资项目，一方面对当地经济发展、就业具有重大推动作用，另一方面对其专业领域也是补充缺口、提高产能的急需产业。由于工业项目体量庞大，决策过程往往与当地多个部门和行业发生关联，涉及企业、政府、民众、环评机构等多方，参与者众多。同时，项目政策议程的直接影响范围是项目建设当地，周边居民是与项目直接利益相关的群体，因此很容易形成当地普遍关注的社会议题。

近年来，PX 项目②成为引人注目的焦点。作为重要化工原料，中国对 PX 的需求缺口极大，③ 因此，PX 项目的引进对当地经济和对全国化工行业产能缺口的填补都具有重大意义。然而自 2007 年厦门海沧 PX 项目起，PX

---

① 本案例资料取自江天雨硕士毕业论文《中国政策议程设置中的压力—回应模式研究》（中国人民大学政治学系，2014 年，指导教师为杨光斌教授）。

② PX 项目，即对二甲苯化工项目。对二甲苯（p-Xylene），名称可缩写为"PX"，是苯的衍生物，是重要的化工原料、工业中常见的原料。主要用于制造对苯二甲酸，可用于化工及制药工业等。其产量是反映国家化工水平的标志性指标。

③ PX 是生产 PET 和 PTA 的原料，而国内 PET 产能和 PTA 产能远大于国内 PX 供给量。由于 PX 供应量不足，致使到 2012 年年底，下游 PTA、PET 行业开工率都仅有 70% 到 80%，大量依靠进口 PX，产能严重不足。详见丰存礼《我国对二甲苯行业分析及发展建议》，《化工进展》2013 年第 32 卷第 8 期。

项目在中国的落地困境成为中国地方政府化工项目政策议程中的典型案例。

作为 PX 项目困境的起始，厦门海沧 PX 项目被称为厦门"有史以来最大的工业项目"。早在 2005 年 7 月，国家环保总局就出台了对海沧 PX 项目的环评报告，该项目获得审查通过。2006 年 7 月，该项目又获得国家发改委核准，于当年 11 月正式开工。而在同年 12 月，以中国科学院院士赵玉芬为代表的几名学者提出：厦门 PX 项目中心地区和鼓浪屿的距离仅为 7 公里，同时该地区人口密集，处于项目 5 公里半径范围内人口超过 10 万，据此，她认为 PX 项目有危害和污染的可能，不该在此处建厂，并与厦门市主要领导举行座谈，但当时没有取得进展。

次年 3 月，在全国人大、政协"两会"上，赵玉芬联合 105 名全国政协委员联名签署提案，建议 PX 项目迁建在人口密度较低、较为偏僻的地区。这一呼吁引发了媒体和舆论的公共议程，各种信息集中性地出现在当地媒体和民众之间。5 月，许多厦门市民接到短信，内容称翔鹭集团动工的海沧 PX 项目是一种"剧毒化工品"，一旦生产就相当于给厦门投放了一颗原子弹，并称厦门距此项目仅有 16 公里，而"国际规定 PX 化工厂应至少距城市 100 公里"，由此引发"我们要生活、我们要健康！"[1] 的"百万短信"事件，南都奥一网报道后，网易、腾讯等知名网站也在显著位置转载了这则新闻。[2] 同时，同样的内容也在厦门人经常去的论坛和博客中广泛传播，一时间，海沧 PX 项目已经形成有力的公共议程，并向政策议程挤压和转变。

地方政府接收到压力讯息后快速做出反应。2007 年 5 月 28 日，厦门市

---

[1] 参见百度词条"厦门海沧 PX 事件"（http：//baike. baidu. com/link？url = i8kCyKsXUAjdnr4FvvuR2OfLcJHG5NPe4ED3io6bT7QMYre3V_ gI7TSuJLnp0tGm5Dxwz_ Y6x4_ sbopK8X 3qwK，2015 - 04 - 01）。

[2] 《一个提案如何推倒了国家立项审批》，《法人杂志》（http：//www. legaldaily. com. cn/zbzk/2008-09/01/content_ 936433. htm，2014 - 04 - 01）。

环保局局长在《厦门日报》上，通过答记者问的方式解答了关于海沧PX项目的相关环保问题。次日，负责PX项目的腾龙芳烃（厦门）有限公司总经理林英宗也在《厦门晚报》发表文章，并也通过回答记者问题解释了一些PX工厂的科学问题。5月30日，时任厦门市政府常务副市长的丁国炎召开新闻发布会，宣布厦门市政府已委托新的权威环评机构在原先的基础上再扩大环评范围，对整个化工区进行区域性的规划环评，并宣布市政府"缓建PX化工项目"，启动短信、传真、电话、电子邮件等多个渠道充分倾听市民意见，并答疑解惑。31日下午，厦门市主要领导赴福州向福建省领导汇报PX项目的进展，以及近期民众的反应及答复。对此，福建省委紧急召开专门研讨会，商讨问题的解决和应对。

至此，地方政府对公共议程关注的社会问题已经采取了相应的回应举措。但是，尽管这些举措在一定程度上进行了答疑解惑，却无法短时间内消除已经迅速累积起来的社会压力。随后6月1—2日，一部分厦门市民以"散步"的形式，集体在厦门市政府门前表达反对意见。这一示威行动引发全国关注，并为当地秩序、治安等多方面带来了压力。面对社会抗争，政府做出进一步回应：6月7日，国家环保总局副局长潘岳宣布，对厦门市全区域规划环评的工作即将展开，对包含PX项目在内的重化工项目都将根据环评结果重新考评。至此，厦门PX事件暂时告一段落，政府还进一步向市民免费发放25万册《PX知多少》科普读本。而在民众主动表达意见、社会的持续施压之下，政府也设法开设渠道将民众意见引流：12月8日，厦门网开通了"环评报告网络公众参与活动"的投票平台，在投票结束之时的结果显示，有5.5万张票反对PX项目建设，只有3000票赞成。12月13日，翔鹭腾龙集团办公室通过媒体发布了《翔鹭腾龙集团致厦门市民公开信》，厦门市政府也同时开启了市民座谈会。这一环节作为公众参与的最重要环节，受到包括中央级媒体如新华社等媒体的关注。当日和次日举行的两场市民座谈会中，绝大多数都表示反对PX项目上马。

最终，进入制度议程的海沧 PX 项目厂址问题在政府引导与公众参与的共同作用下形成了决策。12 月 16 日，福建省政府召开专项会议，针对厦门 PX 项目问题进行了讨论和决策，最终决定迁建 PX 项目。

纵观厦门沧海 PX 事件，我们可以发现，公众和政府之间是互动关系，双方都在对方采取了行动之后，依据对方的行动并观照自身行为的有效性，再采取下一步的反应。当公众发现自身的行为能够影响政策议程，并且激烈的行动能产生更大的压力时，便选择使用社会抗争的手段来进行施压，而政府则对这一行为进行了回应——"群众说不上，政府就不上"。

在此之后，2008 年成都、2011 年大连、2012 年宁波镇海及 2013 年昆明、成都及广东茂名等地相继发生了抵制 PX 项目的群体性事件，可以说 PX 到哪里，哪里就抵制，成为地方政府的烫手山芋：广东茂名 PX 项目早在 2010 年便已获得国家发改委同意，并被列入国家"十二五"规划，2013 年 2 月，茂名市政府主要领导还特地赴九江学习推进 PX 项目的各种经验，组织本地媒体召开座谈会等，显然已经意识到 PX 项目容易引发的问题，然而最后仍然遭到强烈反对，重复上演了一闹就停的局面。

表 7-1　　近年中国 PX 项目邻避运动与政府回应一览

PX 项目	邻避运动时间	政府回应结果
厦门海沧 PX 项目	2007	雷半岛停建，搬迁至距厦门百公里外的古雷半岛
大连福佳大化 PX 项目	2011	2011 年停产，搬迁
宁波镇海炼化厂 PX 项目	2012	宁波政府于 2012 年 10 月 28 日宣布"坚决不上 PX 项目"
昆明中石油云南石化 PX 项目	2013	项目撤销
广东茂名中石化公司 PX 项目	2014	政府新闻发言人承诺：如绝大多数群众反对，茂名市政府部门决不会违背民意进行决策
中石化上海石化 PX 项目	2015	上海市政府已经在金山区举行了市民意见征询会，"经慎重研究，市政府要求上海化工区管委会终止本次规划环评工作"

"闹"是社会压力以社会抗争形式的表现,突发性强、压强大,对政策议程往往造成重大冲击。这种社会压力对政府议程的冲击和改变的结果便是 PX 项目在多地流产、停建缓建或搬迁。

然而,事实上,在国际上并没有通行的"PX 化工厂要离居民区一百公里"的国际规定,① 甚至许多国家的重大化工项目与居民区并无分隔——新加坡裕廊岛埃克森美孚炼厂 PX 装置距居民区 0.9 公里,其石化区的 PX 装置距离中心市区仅约 10 公里;② 日本横滨 NPRC 炼厂 PX 装置与居民区仅一条高速公路之隔,千叶石化区的 PX 炼油厂距千叶市区仅 8 公里;③ 美国休斯敦 PX 装置距离城区 1.2 公里;荷兰鹿特丹的 PX 炼化地距离城市居民区 8 公里……由于生产和运输需要,PX 项目往往邻水而建,因而所在区域也多为人口稠密、经济发达地区。

但在国内,这些地区居民多为城市居民,出于恐慌、房价涨跌、生活环境等诉求,反对项目建设,这些区域的发展已趋向罗纳德·英格尔哈特所提出的"后物质主义价值观",即在基本经济权利得到实现后,人们的观念转向重视环保、健康等非物质权利的实现,这些城市居民的诉求形成的社会压力与 PX 项目所代表的重大化工项目的产能需求形成矛盾,因而对 PX 项目远离市区的呼声十分强烈,从而使得以厦门海沧 PX 项目为代表的部分 PX 项目搬迁至离原规划地址更远的地区;同时,PX 项目引发的邻避运动每每都能获得政府的出面回应,遭遇社会抗争反对的项目都最终撤销、停建或缓建(见表 7-1),这代表着近年来政府对数次来自社会对 PX 项目

---

① 《危化品与居民区之间的距离,外国是怎样规定的?》,界面(http://www.jiemian.com/article/358814.html,2016-11-18)。

② 《世界最大 PX 项目竟在新加坡弹丸小岛》,新加坡眼(http://www.yan.sg/pxxiaodiao/,2016-11-18)。

③ 《中国科学报:PX,一道难解的题》,科学网(http://news.sciencenet.cn/html-news/2014/4/291789.shtm,2016-11-18)。

的压力做出的妥协和回应。这本身就是社会在政策过程中对政府有效表达、施加压力，政府从而做出回应的互动结果，压力—回应在项目性政策议程中由此体现得尤为突出。

第三节 共识型民主的类型分析

第二节分别讨论了行业政策的案例和项目性政策案例，也涉及关于全面深化改革决定的顶层设计并提及底层的"民主恳谈会"，分属宏观、中观、微观的领域。就这些案例而言，我们说中国的政策过程是一种共识型民主，也是规范意义上的理想类型，是相对于"多数决民主"而言的一种现实与理想类型。即便是在理想类型意义上讨论共识型民主的案例，也应该做进一步的细分。首先，所有的政策都是问题导向的，或者说所有的政策都是对压力的回应。因此，"压力—回应"是政策制定的最一般过程。其次，对于政策分析或者政治分析而言，需要弄清楚压力的类型以及压力的大小。对于所有的政府而言，用林德布洛姆的话说，能够"对付过去"（muddling through）就好；但是，对于不同的政府而言，对于压力的敏感程度、重视程度或者回应能力，都是不一样的。因此，需要对压力所导致的共识型决策做类别处理，比如这些"共识型政策"是如何达成的，是以什么机制达到共识型决策？就本书涉及的案例而言，大致可以划分为"制度化协商性共识"和"抗争—回应型共识""游说—回应型共识"，此外，还有"市场化压力型共识"和"游说—回应型共识"等类型，不同类型的共识有着不同的政治意义。

一 制度化协商型共识

反复重复的行为模型便是制度化，因此制度化不一定是正式制度，也包括非政治制度，诸如很多常规性机制、决策文化。基于此的协商而达成的共识，便是制度化协商型共识。在中国，那些事关全局的公共政策的制定和法律的制定，以及已经成型的各种"民主恳谈会"，均是典型的制度化协商型共识。民主立法和民主恳谈会已经得到很多研究，在此不予赘述。

2013年中共中央第十八届三中全会关于全面深化改革的决定，是一个典型的制度化协商型共识，虽然很难具体描述这一决策过程，但通过习近平总书记关于改革决定的说明，则可以看出协商与共识的过程。首先，议程设置的共识性，正如习近平总书记所说："今年4月，中央政治局经过深入思考和研究、广泛听取党内外各方面意见，决定党的十八届三中全会研究全面深化改革问题并作出决定。4月20日，中央发出《关于对党的十八届三中全会研究全面深化改革问题征求意见的通知》。各地区各部门一致认为，党的十八届三中全会重点研究全面深化改革问题，顺应了广大党员、干部、群众的愿望，抓住了全社会最关心的问题，普遍表示赞成。"

其次，政策形成中的协商性与共识性。习近平总书记这样说："文件起草组成立以来，在将近7个月的时间里，广泛征求意见，开展专题论证，进行调查研究，反复讨论修改。其间，中央政治局常委会会议3次、中央政治局会议2次分别审议决定，决定征求意见稿还下发党内一定范围征求意见，征求党内老同志意见，专门听取各民主党派中央、全国工商联负责人和无党派人士意见。""从反馈情况看，各方面一致认为，全会决定……汇集了全面深化改革的新思想、新论断、新举措，反映了社会呼声、社会诉求、社会期盼，凝聚了全党全社会关于全面深化改革的思想共识和行动智慧。"

最后，共识基础上的集中性。如习近平总书记总结的："在征求意见过程中，各方面共提出了许多好的意见和建议。中央责成文件起草组认真整理研究这些意见和建议，文件起草组对全会决定作出重要修改。"[①]

---

① 习近平：《关于〈中共中央关于全面深化改革若干重大问题的决定〉的说明》（http://news.xinhuanet.com/politics/2013-11/15/c_118164294.htm，2013-11-15）。

也就是说，从政策议程的设置到政策形成，都体现了共识型民主。在此之前的几年里尤其是2013年，第三波改革①和"顶层设计"已经是知识界和企业界的共同呼声，其中2013年的第十二届全国政治协商会议第一次会议，主要议题之一就是强烈呼唤"顶层设计"的改革。②

类似的还有"十三五"规划之类的政策制定，其政策过程至少包括五点：③

第一，深入调查研究、了解国情（群众路线），从参与研究的普通工作人员一直到政治局常委都要进行调研，提出意见。

第二，广泛征求意见（群众路线），可以是部门的，可以是地方的，可以是行业的，也可以是普通老百姓的，征求他们的意见，调查研究。

第三，咨询决策与科学决策（协商民主）。中国政策过程比较开放，十分注意吸收国际研究机构、世界知名学者的意见和建议，多次召开国际研讨会讨论"十三五"规划编制相关的问题，还与联合国儿童基金会、亚洲开发银行、世界银行驻中国代表处等机构开展国际合作。有大量的外国专家提供意见，国内专家更多。

第四，鼓励公众建言献策（大众参与），规划草案出来之后，把它放到

---

① 需要说明的是，吴敬琏代表"中国经济50人论坛"提出的"第三轮改革"指2004年开始（参见《领导科学》2006年第5期关于"改革进入第三轮大讨论阶段"的报道），但结果证明并没有发生。如果把20世纪80年代改革视为第一轮改革，90年代改革视为第二轮改革，第三轮改革则从2013年开始。参见杨光斌《第三波改革其实没那么难》，《环球时报》2013年3月7日；中国改革20人论坛发布的《中国改革2013年报告》认为2012年是中国社会的分水岭，2013年改革将再起航。

② 王长江在《从几个案例看顶层设计的迫切性》（在全国政协第十二届第一次会议上的发言，http://news.xinhuanet.com/2013lh/2013-03/08/c_132217388.htm，2013-03-08）中，认为改革不能由部门主导，建议党中央、国务院设立专门的顶层设计机构，由人大、政协、学术机构相互协同，共同推进顶层设计。

③ "十三五"规划的详细政策过程，参见王绍光、樊鹏《中国式共识型决策》，中国人民大学出版社2013年版。

网上，大家提意见。

第五，决策定案（民主集中制）。在广泛征求意见的基础上，主管部门即"规划"起草小组制定好规划草案，供党中央决策。

政策议程的共识性——决策过程中的协商性——决策过程中的集中性，应该是中国重大公共政策制定的一般性流程或者说制度机制。

二 抗争—回应型共识

本章所描述的抗争是关于 PX 项目的。国内外政治已经告诉我们，社会抗争已经成为一种常态化政治，在美国被称为"运动型社会"，即无论什么议题，都会有人上街抗议。我们要问的是，抗争结果如何呢？1964 年《民权法案》是黑人长期的、大规模抗争的结果，为世人所乐道。但是，对于那些危及无数人生命安全的政策，比如对枪支泛滥的抗议，为什么没有结果呢？所以，社会抗争虽然是常态政治，但并不意味着必然产生相应的政策性结果。比较而言，根据前述的华裔美国政治学家唐文方的研究，中国政府对抗争的回应性更有效、更及时，达成"和解"或者共识的概率更高。因此，对于抗争的回应，是一种典型的共识型民主。

一方面，中国政府之所以能有效而及时地回应社会抗争，是因为抗争的事件大多事关民生。从动辄上百亿的 PX 项目、垃圾焚烧厂，到拆迁、征地乃至村委会干部贪污引发的民愤，都是民生事件。民生事件的一个重要特点是经济性、地方性和个体化（分散化），属于和政府一对一的谈判乃至对抗。对于民生性项目，政府一般都能以经济手段解决。这是就事件的性质而言。

另一方面，虽然社会抗争性质的"群体性事件"大多是因为基层政府执法中的问题招致的，但也不能因此忽视政府的民本主义性质。中国各级政府的民本主义追求是与生俱来的，这既与共产党的"为人民服务"宗旨有关，更有千年传统文化的底色，这种政治文化是可遇而不可求的。古老传统加上共产党的百年追求，都决定了党的各级政府以有效回应民众诉求为最大追求。

其实，民本导向的政府不仅要有效地回应已经出现的问题，即使那些没有在执行过程没有受到压力的情况，也要主动回应，都是民本导向政府主导之所为，而不是因为事件性压力才做出的回应。这是研究中国政策过程乃至中国政治必须注意到的，否则就会陷入西方政治学中一般性的压力—回应模式。

正是因为有效的回应各种压力性事件，共产党的执政能力即国家治理能力也在得到相应的提升。这是可以理解的。无论是"群体性事件"的压力，还是 21 世纪初开始出现的互联网平台和移动网络自媒体所构成的压力，比如各种网络"大 V"，执政者都在学习、适应中有效地提升了自身的治理能力。①

在某种意义上，这种常态性利益表达机制是一种双赢的局面，政府的治理能力得到提升，而同时民众也表达了利益诉求并使得问题得到解决，从而强化了百姓对执政者的信任和支持，如前述的权威研究，70% 以上的百姓都信任政府。很多国内外学者靠想象理解中国，比如按所谓的基尼系数差和群体性事件的数量，据此断定民众对政府越来越不满，会引发"社会火山"。中国确实出现了两极分化、严重腐败等社会不公正问题，但是这种情况对百姓对政治的看法有什么实际的影响呢？按照哈佛大学社会学教授和北京大学中国国情研究中心 2004 年的联合调查：第一个结论是，大部分中国人认为全国范围内的不平等程度确实过大，但大部分人并不认为周边环境（local）里的不平等程度过大；第二个结论是，中国民众认为导致贫

---

① Wang Hsin-Hsien, "Toward Innovation in Social Governance? Popular Protests and State Responses in Xi's China"，2016 年 6 月在北京召开的中国人民大学—芝加哥大学国家治理论坛上的发言。

富差距最主要的原因是个人能力而非社会不公平，中国民众对当前的收入差距和不平等化程度是可以接受的。总的结论是，社会经济地位上的弱势群体可能对社会不平等更加接受，而优势群体则更容易产生不满；农村居民、农民工和下岗工人未必会因心怀不满而成为"社会火山"的引发者。怀特教授因此批评很多外国学者都是靠想象来研究中国政治。①

这一研究的间接启示是，处于不平等地位的社会弱势群体同时还是大多数"群体性事件"的主体，而"群体性事件"的民生性质即易解决性，决定了作为"群体性事件"的"受害者"的社会弱势者，也同时可能是政府的信任者。这是一种国际现象。谁最信任、最需要国家？当然是社会底层百姓，从英国脱欧公投到美国2016年大选，都说明这一点。农民对政府的态度还可以通过杜克大学史天健教授的研究得到说明，中国农民都是在用"民主"诉求"民生"，满足其民生就是满足了其"民主"诉求。在这个过程中，会出现官民矛盾乃至激烈化的"群体性事件"，但地方政府也越来越有能力解决这种矛盾，实现"双赢"。因而，抗争—回应型回应可以说就是一种共识型民主。

三 游说—压力型共识

在中国的决策体制中，中央政府因其利益超然身份而协调各方，可以有效地进行制度化协商而达成共识民主；地方政府尤其是基层政府（包括管县市和县政府）处于民生政策的前线而时刻面临着社会抗争的压力，在回应性互动中达成共识民主；而政府部门则因为掌握着行业政策、产业政策的制定权而成为产业或行业利益集团游说的对象。被利益集团绑架的行业政策，不能视为共识型民主，反而是共识型民主的反面。

---

① 王洛忠：《中国经济转型的社会学解读——访哈佛大学社会学教授马丁·怀特》（http：//www.ptext.cn/xsqy? id=97, 2009-06-22）。

在本部分的房地产政策案例中，从央行121号文件到国务院18号文件的产生过程，事实上是主管部门与房地产利益集团合作对抗央行的过程，但最大的利益攸关者即消费者不见踪影，广大消费者即民众没有发言权。关于民众最大利益的政策而民众却不能参与，只有利益集团和产业主管部门，这个过程是极其不寻常的。结果，受害者还是民众，最大的赢家无疑就是房地产商。这个政策过程本来是三角关系：房地产商—主管部门—民众，结果事实上只是两方面的游戏，即房地产商和主管部门。在这个过程中，房地产商也极大地动员了媒体和经济学者，他们从中获得说不清的收益。媒体在西方被认为（自认为）是"第四权力"，即所谓的公正的权力监督者。但是，无论是2016年美国大选，还是2013年以来被财经类媒体披露出来的一系列敲诈勒索案，都说明相关媒体很多时候就是利益相关方。同样，学者的学术研究被认为是非利益关联的、中立的，但本案中的学者则成了地产商的代理人。

如果用一个外来概念来描述这一政策过程，那就是"共谋""勾结"，决策部门被"俘获"。也就是说，主管部门失去了政府应有的自主性。这种情况是市场经济中最常见也最危险的。由于成长起来的利益集团尾大不掉，美国的政治过程变成了两次大选之间利益集团的游戏，几乎所有政策都离不开"游说"。在这样的制度化决策过程中，弱者的声音往往被强势利益集团所压制，结果政府变成了"俘获型政府"，主要为强势集团服务。所以，即使中国政府提倡"服务型政府"，也必须慎之又慎，需要问一问政府在为谁服务。在利益集团无处不在的市场经济中，政府首要的服务对象无疑是利益集团，因为它们有各种直接或间接的渠道可以影响决策者。

这种事关民众切实利益而有违民意或者直接侵害民众利益的政策，所造成的致命后果有目共睹，那就是居高不下的、高得离谱的房价。2004年国务院《关于印发全面推进依法行政实施纲要》（以下简称《纲要》），或者可以看作教训的一种补救。在《纲要》关于"建立健全科学民主决策机制"部分这样规定①：

> 第十一条　健全行政决策机制。科学、合理界定各级政府、政府各部门的行政决策权，完善政府内部决策规则。建立健全公众参与、专家论证和政府决定相结合的行政决策机制。实行依法决策、科学决策、民主决策。
>
> 第十二条　完善行政决策程序。除依法应当保密的外，决策事项、依据和结果要公开，公众有权查阅。涉及全国或者地区经济社会发展的重大决策事项以及专业性较强的决策事项，应当事先组织专家进行必要性和可行性论证。社会涉及面广、与人民群众利益密切相关的决策事项，应当向社会公布，或者通过举行座谈会、听证会、论证会等形式广泛听取意见。重大行政决策在决策过程中要进行合法性论证。
>
> 第十三条　建立健全决策跟踪反馈和责任追究制度。行政机关应当确定机构和人员，定期对决策的执行情况进行跟踪与反馈，并适时调整和完善有关决策。要加强对决策活动的监督，完善行政决策的监督制度和机制，明确监督主体、监督内容、监督对象、监督程序和监督方式。要按照"谁决策、谁负责"的原则，建立健全决策责任追究制度，实现决策权和决策责任相统一。

这些规定都是走向法治政府的重要努力，其进展应该得到肯定，但问题依然不能回避。第一，在国家主管部门层面，作为能源主管部门的能源局几乎全军覆没，作为价格主管部门的国家发改委价格司全军覆没，司长、副司长全都出问题了。第二，在地方层次，天津大爆炸案说明，环境监察

---

① 《国务院关于印发全面推进依法行政实施纲要的通知》（国发［2004］10号），2006年8月31日，中华人民共和国中央人民政府官网（www.gov.cn/ztzl/yfxz/content_374160.htm）。

评估和安全审查部门全被"俘获",而且危险品仓库离居民区很近,但居民没有知情权。

所以,关于法治政府建设的《纲要》中的很多规定,依然流于形式,第十一条关于"建立健全公众参与、专家论证和政府决定相结合的行政决策机制"的规定,其实是"三结合",但是政策的实际利益主体在哪里?虽然没有出现在法规中,但却无处不在,并通过合法或非法的途径影响政府决定;而专家论证被认为有违利益攸关方的利益时,"专家"则被搁置;规定中的"公众参与",很多时候连知情权都没有。

结论必然是,只有"四方"(公众、工程主体、专家、政府)而不是"三方"的有机结合所达成的共识,才算真正的共识型民主。

四 小结:共识型民主的层次性

在中国政治过程中,政治行为主体分别是国家(包括中共中央、全国人大、国务院)、地方政府(包括省政府、管县市政府)、基层政府(包括县、乡政府)和政府部门,不同级别或属性的行为主体,在决策过程中所体现的共识型民主的程度是不一样的。

(1) 高自主性主体的高共识型决策。相对于三权分立的、利益集团绑架政治过程的党争民主国家而言,中国的"国家"是一个具有高度自主性的行为主体,外国人所言的"中南海"(即中央政府)很少受制于地方尤其很少受利益集团的制约,更别说"绑架"。因此,无论是全面深化改革的决定还是"十三五"规划以及全国人大的立法,基本上都是在协商民主的基础上所达成的共识型民主。尤其值得指出的是,这种经协商民主而达成的共识型决策,并非什么外来压力的结果,而是一种与生俱来的政治文化。群众路线是一个不容忽视的政策过程,而协商政治更是中国悠久的政治传统,以致在新中国建国的过程中首先是新政协,然后才是1954年的全国人民代表大会。

因此，重大决策过程中党际协商、党群协商，与其说是一种制度，不如说是一种文化或者"非正式制度"。然而，在观察中国政治的过程中，由于其最高层次性以及由此带来的难以实证性，比如翔实的政策过程的资料难以获得，这种影响最大的决策模式反而被学界放弃或者不得已地"忽视"掉。相反，对于西方那些影响全局的政策过程，比如美国前总统奥巴马的医改方案、跨太平洋伙伴关系协议（TPP），人们能够翔实地看到反对者如何反对的"否决型政治"。

这种国家层面的共识型民主与否决型政治之间的比较，意义重大。政治制度之间的差异不但体现在政治形式，其实那些都是表面化的，更体现在政策过程或政治过程之中。政治过程的差异性更能说明制度形式的差异性以及由此而产生的各种后果。

（2）低自主性主体的共识型民主。相对于远离具体的人（市场）和事（工程项目）的国家角色，在以经济建设为中心的时代乃至今天，地方政府天天生活在市场中，天天与微观市场主体打交道，招商引资是市、县政府的第一要务，"GDP主义"依然是考核干部的最重要指标之一。这是来自体制上的对地方政府的压力，而这个压力所导致的地方政府之间的竞争，如张五常所说的"县域竞争"，正是政府过去几十年成就的来源。另外，"招商"不仅仅是一种利益，还是一种文化，比如海外华侨对侨乡的情感以及由此而来的投资，珠三角的繁荣与此有很大关系。而对于没有这些先天性文化优势的地区而言，"招商"其实就是感情联络的过程，这是中国的"人情社会"所决定的。

体制压力所导致的"亲商"和文化根源上的"人情"，形成了复杂的"政商关系"，这种关系中的地方政府很难像"国家"那样超然，因而其自主性自然不如"国家"那么强；但干部委任制体制和群众路线又决定了，各级地方政府不但要搞好和商人的关系，还要对上、对人民负责，因而必然有相对的自主性，属于一种相对高自主性的低自主性。低自主性政府的政策尤其是项目性政策，有可能更多地"亲商"而与当地的人民群众产生利益冲突，群体性事件由此产生。

每年数万起的群体性事件，一方面说明中国人并不惧于通过政治性行动表达自身诉求，另一方面中央或地方政府总是积极地介入并调解群体性事件，最终达成包括地方政府在内的利益攸关方都能接受的方案，即共识型民主。如何理解这一外国人难以理解的"民主"？在流行的自由主义民主理论看来，没有竞争性党争就不算是民主，没有民主民众就没有自由包括抗争的自由。但是，事实上中国是社会抗争最为频繁的国家之一，如何理解这种"悖论"？在唐文方教授看来，这是由于历史上的政治运动包括"文革"中的群众运动，培育了民众的参与精神，因此民众并不惧怕政治性行动的表达。与此相关，共产党的群众路线意识形态也决定了，各级政府必然要主动地应对群众的各种诉求；有趣的是，在客观上，中央政府也能借此去检验其政策、清理其不合格的官员、在社会利益与经济利益的冲突中进行调和，最重要的是能够不断提升对该政权的政治支持度。原因在于，在一党执政的中国，执政党的合法性源自其代表大多数人民的利益，而非党争民主中各政党代表各自群体，从而使得共产党非常在意自己的形象，即使只有一小撮人在街头抗议游行都会很重视。这就迫使这个体制要花费大量时间与精力去收集民意并做出回应。中国政府有收集、回应民意的各种渠道，其中新华社是中国政府收集民意的重要渠道，地方政府也主动构建网站以收集公众的需求并做出回应。这是主动回应，被动回应就是与社会抗争达成和解，在美国学者童燕齐和雷少华对 2003—2010 年超过 500 名抗议参与者的调查中发现中国政府在超过 90% 的民众抗议实践中都采取了容忍或让步的态度。[1]

---

[1] Wenfang Tang, *Populist Authoritarianism: Chinese Political Culture and Regime Sustainability*, Oxford University Press, 2016.

就本书的案例而言，相对于高自主性行为主体的主动型协商而达成的共识型民主，低自主性地方政府的共识型政策是在社会抗争的互动中达成的，属于一种被动型共识。被动型共识有一定的社会成本，包括对地方政府的信任成本。很多研究表明，群体性事件对不同层次的政府有不同的意义，即减少了对地方政府的信任，但却增加了对中央政府的信任度。这种反差也说明，百姓可能怀疑低自主性地方政府和商人有利益上的关联，而高高在上的"国家"则属于传统政治文化上的"青天"。

（3）有待建构的主管部门的共识型民主。如果说"国家"是超然的角色，地方政府是"政府—商家—群众"中三角关系中的角色，而行业（产业）主管部门则主要面对的是"商家"（包括作为利益主体的地方政府），是两方之中的博弈或者合谋。这样，其与"商家"的关系既简单利益又重大，而对于不同的主管部门的不同政策类型而言，这种政策过程就更为复杂，是否符合共识型民主的标准，就更值得讨论。

此外，交通部使滴滴打车、专车合法化的政策过程，是一种典型的市场化压力型共识民主，因为受益者是广大消费者。之所以能够合法化，在很大程度上是由于另一个利益攸关方的缺位，即既有的出租车没有行业工会去参加博弈，因此决策者能够在征询滴滴打车和学者的意见后很快地出台相关法律，使之合法化。比较而言，在那些存在强大的出租车行业工会的地方，比如中国香港和欧洲一些国家和地区，这样的"新事物"合法化的阻力就大得多。无论如何，这类政策的达成可以视之为市场化压力型共识民主。

其次，就本书所涉及的房地产案例而言，是一种典型的"合谋型决策"，即只有主管部门和房地产商的合作博弈，其中一些学者和媒体因特定利益而加入这场游戏，排除的是直接利益相关方即广大消费者。

最后，比如能源项目和定价权问题，则可以视之为"俘获型决策"，其证据就是国家能源局和国家发展和改革委员会价格司几乎全军覆没，主管官员完全被企业所收买,成为企业的俘虏。一个值得深思的现象是如果所有的火电项目最终都被能源局批准了,那么这个"审批制"还有什么意义呢?

总之,通过本书涉及的有限的案例和案例类型,至少可以得出以下几点结论:第一,最能按照民主集中制原则和体制去决策的便是代表国家的中央政府(包括全国人大),根本原因是其贯彻为人民服务的群众路线的意识形态。其次是地方政府,因为它们直面当地民众的压力,不得不谨慎行事,不得不重视百姓的利益和意见。最需要受到约束的则是主管部门。首先,和任何国家的官僚制一样,中国的主管部门有其官僚自主性,在其权限内受到来自上级的压力和约束并不那么直接,同时又不直接面对老百姓而直接与利益主体(企业或地方政府)打交道,其被俘获的可能性就很大。

第二,决策过程中的民主性。西方流行的民主观是纵向民主,即自下而上地选举产生政治家才是民主。政治生活中的纵向民主固然重要,但政治生活是多维度的,还有横向维度。决策过程的民主大多是一种横向民主,有的还嵌入了纵向民主。比如,事关全局的立法,既有横向民主也有纵向民主。横向民主是同一个层级不同单位之间的协商,纵向民主是通过网络参与收集意见的过程;地方政府的决策更多的是一种横向民主,而部门决策很多时候则是一种纵向的民主,即主管部门对下属企业、行业的决定权,结果决策过程中的纵向民主问题丛生。纵向民主的问题同样体现在西方国家尤其是异质性文化的选举政治中。由此给我们的启示是,横向民主是一种平等的因而可协商的民主,更容易达成共识;纵向民主则是一种难以受到约束的民主,其结果难料,比如在西方是多数决型民主,在中国的部门决策中既有共识型,也有合谋型,更有俘获型。因此,如何完善纵向民主,似乎是所有国家的共同难题。

第三,如何避免俘获型政策。民主说到底是关于公民个体的平等权、参政权问题,而当政治生活离不开资本权力以后,如何避免政商之间的

"合谋""勾结"乃至政府被俘获,就是民主政治回避不开的首要问题。凡是资本权力当道的地方,就无所谓的民主,或者说离开资本权力谈民主,都是自欺欺人之谈。在典型的资本主义社会,就是资本权力当家,也无所谓有什么力量能约束它,因此无论是如何发达的民主形式,只要有资本权力主宰,民主就是市场民主或者说资本民主,而不再有"人民民主"。而在社会主义市场经济社会里,固然有资本权力,它能与主管政府部门合谋、勾结乃至俘获主管部门;但是,还有一种力量在资本权力之上,那就是自主性国家,自主性国家能够代表整体性的人民,从而使得"人民民主"成为一种可能。然而,自主性国家与部门政治之间的关系很复杂,国家并非能处处约束住具有官僚自主性的主管部门,从而使得合谋型政策、勾结型政策乃至俘获型政策成为可能。为了最大限度地避免这些不良后果,办法之一就是釜底抽薪,即减少主管部门并减少主管部门所能把持的资源。

第八章

民主模式：民本主义民主与可治理的民主

在观念化的世界政治中，关于民主模式的争论其实就是对政治模式、制度模式的争论，也是政治道路之争。这样，民主模式之争也就是话语权之争、标准权之争。正因为如此，我们才看到世界政治中流行诸多关于评价民主政治其实是如何评价各国政治的标准，诸如"自由之家"、经济学人指数、政体Ⅳ，等等。这些指数背后，都有理论支撑，那就是罗伯特·达尔的衡量民主的七个要素。也就是说，这些看起来很"客观"的指数，其实都是在推广特定价值观，也可以说是在推广"普世价值"——把自由主义民主当作普世价值加以推广。结果不言而喻，自由民主不但在很多非西方转型国家遭遇失败，诸如大中东、乌克兰的困境，就是在西方国家本身也遭遇空前的挑战，比如难民潮引发的欧洲政治危机、2016年英国脱欧公投和特朗普当选美国总统。"历史终结论"终结了，世界政治已经进入了"无人区"，需要寻求替代性的民主模式。在这种背景下，中国思想、中国经验就成为建构新型民主模式的重要资源。据此，我们提出作为民主的实践模式的"可治理的民主"（the governable democracy）。

如果说"自由主义民主"是一种带有强烈价值观色彩的价值模式，"党争民主"则是实现这种价值模式的实践模式。与此相对应，"可治理民主"是一种实践模式，而其价值模式则是"民本主义民主"。

◈ 第一节 推广"自由主义民主"的诸"标准"

一 自由主义民主简论

我们对自由主义民主的反思性研究基本上弄清楚了自由主义民主的来龙去脉,尤其是自由主义民主的以民主阉割自由的叙事方式,[①] 在此无须连篇累牍地赘述,仅做线索上的交代。

1. 建构"自由民主"话语权的三部曲

今天流行的自由主义民主理论及其概念体系,是经过三步走完成的。[②] 第一步是改造民主的概念。民主自古以来便是"人民当家作主"的"人民主权"之义,因此"二战"前后社会主义运动的高潮、社会主义国家的兴起,使得产生过两次世界大战的西方国家面临巨大的压力,其合法性存在严重问题。在这一世界大势下,熊彼特在《资本主义、社会主义与民主》中完成了对民主概念的改造,把民主说成是选民选举产生政治家的过程,而政治家产生之后如何立法、决策等活动,则不是民主政治的范畴。这就是所谓的"熊彼特式民主"或者说"选举式民主"。"二战"后几代民主理论家,比如著名的民主理论家罗伯特·达尔、乔万尼·萨托利等,论证的都是"熊彼特式民主"。

第二步是将选举式民主自由主义化,即框定为自由主义性质的民主。

[①] 参见杨光斌《让民主归位》,中国人民大学出版社 2014 年版;杨光斌《观念的民主与实践的民主:比较历史视野下的民主与国家治理》,中国社会科学出版社 2015 年版;张飞岸《被自由消解的民主:民主化的现实困境与理论反思》,中国社会科学出版社 2015 年版。

[②] 参见曾毅、杨光斌《西方如何建构民主话语权:自由主义民主的理论逻辑解析》,《国际政治研究》2016 年第 2 期。

民主既是目的也是手段，民主是一种实践形式，但有其价值定位，是一定价值体系下的民主形式。在冷战之前，人们谈论民主，无论是马克思主义者还是自由主义者，讲的都是社会主义民主和资本主义民主，社会主义和资本主义都是一套价值体系，民主是有阶级属性的。这是历史常识。但是，对于资本主义，无论是大众还是知识精英，都无比讨厌，因为其在发展了人类的同时也祸害了人类，比如资本主义带来的不平等和人类大灾难（比如两次世界大战）。为此，人们尤其是知识分子当然不喜欢资本主义，但是大多偏爱自由。1951年，美国中央情报局决定以"自由"为核心建构美国的作为宣传学的社会科学，罗伯特·达尔是最早一批响应者，提出了所谓多元主义民主、多头政体以代替资本主义民主，从而完成了对资本主义民主概念的替换。我们在后面将会看到，达尔关于多元主义民主的要素，居然不包括作为最重要权力之一的资本权力，难道其在政治生活中不起作用？

第三步，改造合法性概念，即自由主义民主的合法性叙事。近代以来流行的合法性概念首先是由马克斯·韦伯提出来的，他认为依据法律组建的并有效运转的政府就是让人们服从的乃至拥戴的合法性政府，韦伯的合法性概念包括合法律性和有效性两个要素。韦伯提出这个概念之后，长达半个世纪无人问津，利普塞特在1959年的《政治人：现代社会的政治基础》一书中复活了合法性概念。正如利普塞特自己所言，他是在论证韦伯和熊彼特理论的基础上提出合法性概念，因而保留了韦伯的有效性，将韦伯的合法律性替换为熊彼特的"竞争性选举"，也即，由竞争性选举组成的并有效运转的政府，才具有合法性。[①] 从此，"选举授权的政府才有合法性"成为所向披靡的大旗，打败了苏联，征服了很多非西方国家。

自由主义民主理论的建构是为了论证自己政治的合理性乃至合法性，但是被当作"普世价值"而在全世界推广，结果就是第三波民主化、"阿拉

---

① 杨光斌：《合法性概念的滥用与重述》，《政治学研究》2016年第2期。

伯之春"之后的种种境况，很多国家有了竞争性选举，但是却无法治理乃至国家失败。为此，西方国家的学术界又开始制造新的概念，所谓"威权主义民主""竞争性威权主义"等。这说明，"选举式民主"的概念以及围绕选举式民主而建构起来的合法性概念已经破产。

之所以如此，就在于冷战时期自由主义民主的建构者，立意上是自我辩护而不是不顾条件地推广，因此无论是达尔还是利普塞特，都十分强调竞争性选举的条件性。在达尔看来，如果既没有历史条件又没有现实土壤，民主要么无法运转，要么运转得十分脆弱。利普塞特提出竞争性选举带来合法性的前提性条件就是"均质文化"，当时英国、美国、瑞典有均质文化，因此有好的竞争性选举，而法国、德国则没有均质文化，因此竞争性选举十分危险。萨托利也这样说，在没有政治共识的文化里，多党制是十分危险的。

通过第三波民主化以及此后的"阿拉伯之春""乌克兰事变"和泰国动荡，我总结出民主的同质化条件：国家认同、共享信念和基本平等的社会结构，否则竞争性选举民主很可能是政治灾难。试想，竞争性选举其实是党争民主，党派背后是教派、民族和阶级，竞争性选举使得教派斗争、民族矛盾尖锐化，因此没有同质化条件的竞争性选举是十分危险的。[①]

2. 衡量自由主义民主的标准

即使是达尔这样的民主理论家，也不得不态度严谨地指出，按照民主的标准，世界上还没有哪个国家达到，因此达尔以多头政体、多元主义民主来指称现实政治中的民主制。

在20世纪60年代出版的《现代政治分析》中，达尔初步提出了衡量民主制的标准，并在之后的修订版中加以完善并广为流传，这就是七大标准：

[①] 杨光斌：《几个流行的民主理论命题的证伪》，《北京日报》2014年3月14日第21版。

（1）授予选举产生的官员以控制政府政策的最终决定权；

（2）通过惯常、公平和自由的选举来选择与和平地更换官员，在其中，暴力和胁迫要么全然没有，要么非常有限；

（3）所有成年人都有投票的权利；

（4）在选举中，大多数成年人还有竞选公职的权利；

（5）公民具有自由表达的权利，包括批评和反对占据政府高级职位的领导人或政党的权利；政府官员必须有效地保障此项权利的实施；

（6）公民具有获取信息资源的便利，并有切实的权利来获取，一国的政府或任一其他集团皆不得垄断此类资源；

（7）公民具有切实的权利来组成与加入政治组织，包括政党和利益集团。①

因此，符合以上七项制度的国家就是"民主制国家"，而缺乏一项或多项的则是独裁制、霸权制、极权制或专权制。虽然达尔也意识到这样的称呼对于"现代世界政治体系的复杂多变而言，都只能算是一幅过于简单的画面"。尽管如此，"为了方便，我们还是打算把它们混合在一起并统称为非多头制或独裁体制"②。

上述七大标准其实就是两大类，1—4项是关于选举权的，5—7项是关于自由的；其中第5项是言论自由，第6项是信息公开即获得信息的自由，第7项是结社自由。

这样，"自由主义民主"在制度上就分为"自由权"和"选举权"。正是按照这两类权力或者权利，西方形形色色的"非政府组织"诸如"自由之家"等，建构起推广自由主义民主的种种指数。如前，达尔的七大指标不关乎资本权力，更不关心国家治理，只关心个人权利和社会权力，这是

---

① 参见［美］罗伯特·A. 达尔、布鲁斯·斯泰恩布里克纳：《现代政治分析》（第六版），吴勇译，中国人民大学出版社2012年版，第104—107页。

② 同上书，第107页。

典型的基于个体主义的社会中心主义。我在其他研究中已经指出，社会中心主义是基于英美国家的成长经验而形成的思维方式和社会科学体系，不但不能解释法国和德国，更不能解释后发国家的国家建设。但是，冷战其实是意识形态战争，西方就是硬把自己的标准当成"普世主义的"，结果由此而引发的政治灾难处处可见，很多转型国家陷入泥潭之中而难以回头，治理失效，发展无望。渐渐地，这些国家开始学习中国经验，比如国家在经济建设中的作用，党对经济发展的作用。

二 几个流行的"非政府组织"指数

在各种推广自由主义民主的"非政府组织"中，最有影响力的"民主指数"无疑是来自自由之家（Freedom in the World）的，以及近来被广为引用的经济学人指数（Economist Intelligence Unit）和 Polity Ⅳ 指数。说其是"非政府组织"，必然是带引号的，因为自由之家是受到美国政府资助的。

1. 自由之家指数

自由之家由 Raymond Gastil 于 1973 年创建，每年发布报告以评测美国国家的政治权利与公民自由。分数为 1—7，包括"自由"（1—2.5）、"部分自由"（3—5）、"不自由"（5.5—7）。该指数由两个一级指标构成，即政治权利和公民自由，每个一级指标又由若干个二级指标以及三级指标组成。

（1）政治权利。①选举过程：国家领导人以及主要领导、立法机关议员是否由公正公开的选举产生，是否具有平等的政治机会和公正的投票统计等；②政治多元与参与：公民是否具有组织反对党的权利，政治体系是否能包容竞争性团体的存在，文化、种族、宗教等多元团体是否能够共存等；③政府运作：被选举的代表是否能够充分行使权利，政府是否免于腐败，政府能否做到对选民负责等；④其他方面：政治制度是否提供了公民加入协商、允许公众讨论的渠道，政府是否会肆意妄为等。

（2）公民自由。①言论和信仰自由：是否存在独立的媒体和多元的文化，宗教是否自由，学术是否自由，私人讨论是否自由等；②结合与自我组织的权利：集会游行示威是否自由，政治与准政治组织是否自由，是否存在独立且自由的工会、农会以及其他职业团体组织等；③法治：司法是否独立，案件审理是否秉持了法治精神，警察是否受到行政机关控制，是否存在刑讯逼供等行为，法律面前能否做到人人平等等；④个人自治与个体权利：国家对个人的出行、定居或职业选择是否进行限制，公民是否拥有从事个体经营的权利，个人是否享有社会平等（如性别平等、选择伴侣的自由、确定家庭人数的自由等），个人是否拥有免于剥削、机会平等等。

按照自由之家的"客观标准"，中国无疑不是"自由国家"，得分最高。一个简单的事实，如果中国不自由，每年出境游的成千上万的中国人为什么还要回国？同样，按照所谓的"客观标准"，新加坡的得分比印度要高，这不是毁"三观"吗？自由之家所谓的"客观标准"，其实就是达尔的七大标准，是西方人的"主观标准"；这些"客观标准"在所在国当事人的那里又是什么样子呢？或者说所在国当事人的感受是不是重要的？图8-1是自由之家的"客观标准"与所在国当事人的"主观感受"之间的关系。

如图8-1所示，我们根据自由之家的测量取值进行重编码，最低是0分（最不民主），比如中国和越南，最高的是1分（最民主）。其中得到1分的国家包括瑞典、美国、澳大利亚、瑞士、斯洛文尼亚、芬兰、塞浦路斯、智利、德国、波兰、意大利等。也就是说，在自由之家看来，这些国家在民主程度方面属于毫无瑕疵的"完全民主"之列。

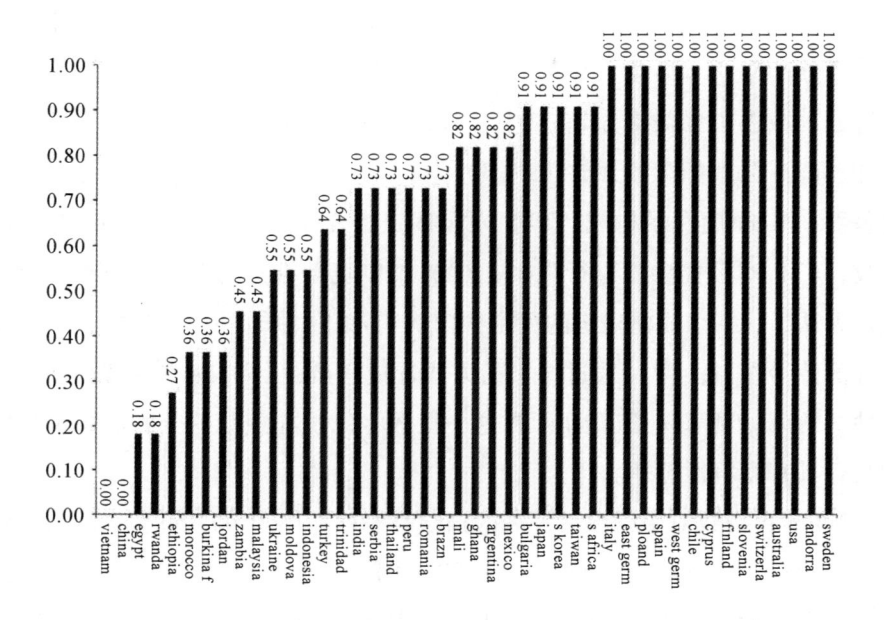

第八章 民主模式：民本主义民主与可治理的民主 **417**

图 8-1 2005 年自由之家民主排名示意图（部分）

2. Polity Ⅳ 指数

Polity Ⅳ 总体分为三个等级：即"民主"（6—10 分，其中 10 分为"完全民主"，6—9 分为"民主"）、"威权"（原词是 anocracy，貌似中文尚没有对应的翻译，大抵就是介于民主与独裁之间的整体，其中 1—5 分为"开放式威权"，-5—0 分为"封闭式威权"）、"独裁"（-10—-6 分），该指数覆盖了几乎所有的独立国家，时间横跨 1800—2015 年。该指数是在 20 世纪 60 年代由美国学者 Ted Robert Gurr 着手建立，如今由他的继承人 Monty G. Marshall 继续实施。

Polity Ⅳ 中的得分还存在几个比较特殊的值，其中 -66 分表示政权的中断，即自这一年开始该国政权被外国势力入侵（如日本 1945 年得分为 -66 分，即表示该年被美军占领）；-77 分表示政权崩溃，即这一年开始该国的中央政权崩溃（如 2011 年的利比亚）；-88 分表示新政权的开始（如 1992

年的南非)。

得分计算：Polity Ⅳ = Democ - Autoc，即某个国家的政体得分等于"民主得分"减去"独裁得分"。其中，Democ 得分的组成：(1) 公职招聘的竞争性；(2) 公职招聘的开放性；(3) 对行政主官的约束；(4) 政治参与的竞争性；Autoc 得分的构成：(1) 对公职进行任命；(2) 公职不开放/有限开放；(3) 对公民参与进行限制；(4) 抑制竞争性参与。由此可见，指数设计者认为，一个成熟稳定的民主国家具有如下特质：(1) 开放且具有竞争性的政治参与；(2) 通过选举的方式选拔官员；(3) 对主要官员拥有实质性的约束。显而易见，Polity Ⅳ 这一指数将民主与独裁的分野简单地界定为是否具有竞争性选举。

Polity Ⅳ 指数对中国政治发展的描绘与态度：1860 年 - 60 分，对应英法联军入侵；1911 年得分 - 88 分，对应中华民国建立；1913 年得分 - 88 分，对应袁世凯就任大总统；1937 年得分 - 77 分，对应日本全面侵华；1949 年得分 - 77 分，对应国民党政权垮台（值得注意的是，此处不是以 - 88 分表示新中国建立，可见设计者对新中国的深深偏见）。

图 8 - 2 中是两个涉及中国的数据，前者体现 1800 年之后中国在某几个年份的民主得分，后者表示 1945 年之后中国的民主趋势。从趋势上来看，研究者认为中国自中共建政以来就跌入了"独裁"深渊且多少年来基本没什么改变，而 20 世纪 60 年代中后期更是几近探底；而散点图（见图 8 - 3）更为有趣，无论是君主专制的清王朝（ - 6 分）还是军阀混战的民国（一般为 - 5 分左右，1912 年竟然高达 2 分，可能是中华民国创立初期文本上显示的一些制度设计符合该指标）其民主得分都比新中国成立后任何时期都要高（ - 9— - 7 分）（即便是以选举为标准，Polity Ⅳ 指数的设计者也对新中国成立便赋予公民的普选权，尤其是女性的选取权视而不见——在中华民国，女性政治参与的权利到了 1936 年的《国民大会代表选举法》方才正式确立）。

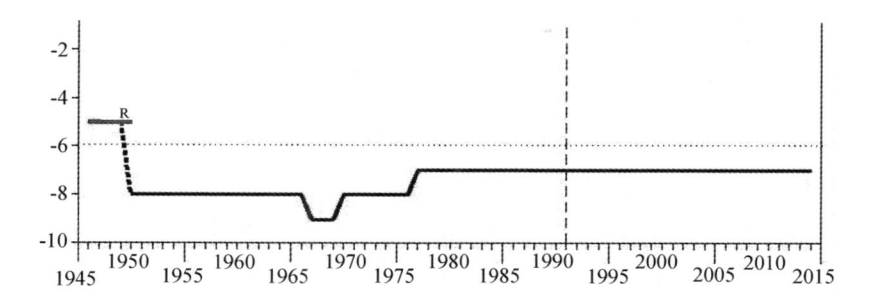

第八章　民主模式：民本主义民主与可治理的民主 | **419**

图 8-2　中国 Polity Ⅳ 得分

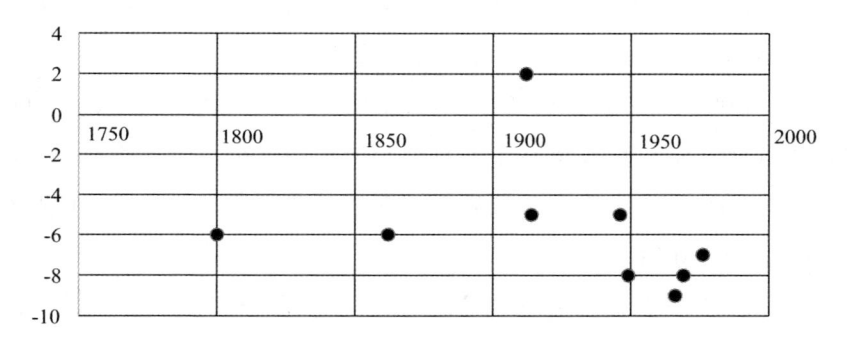

图 8-3　散点图

3. 经济学人的"民主指数"

经济学人的民主指数覆盖了 167 个国家与地区。该指数由 60 个子指标构成，这些子指标可以总结为五个综合指标：

（1）选举的过程性与多元性，如是否能自由选举公职人员、选举是否公平公正、公民是否拥有自由的选举权、反对党是否能参与政府等；

（2）公民自由，如是否存在自由媒体，公民是否拥有出版、结社、游行、示威的自由，财产权是否受到保护，人身安全是否得到保障等；

（3）政府运作，如被选举的代表是否可以进行政府决策、立法机关是否拥有至高地位，政府是否不受军队及其他、外国势力影响，政府是否公开透明等；

（4）政治参与，如投票率、公民对法律解读的参与、非政府组织以及社会团体的数目等；

（5）政治文化，如对民主的信仰以及对民主的态度，民众对军人统治、强力领导、技术专家治国等统治方式的态度，政教是否分离等。

这五个综合指标的得分均在 0—10 之间，最终的民主指数即这五个综合指标的平均值。政体得分分为四个等级：

（1）完全民主政体（8.01—10）：政府不仅提供了政治自由与公民自由，同时创造了有利于民主文化繁荣发展的社会基础，民众认可政府，媒体独立，文化多元，司法独立，存在有效的制约机制。

（2）有缺陷民主政体（6.01—8）：虽然可能存在诸如干涉媒体自由等问题，但政府依旧可以提供基本的自由与公正的选举，公民的基本自由也得到尊重。然而民主发展的某些方面还存在一些问题，如不发达的政治文化与低程度的政治参与等。

（3）混合民主政体（4.01—6）：这里的混合指的是民主与专制的混合，选举中存在大量的违规行为，普遍存在对反对派的限制，不发达的政治文化与低政治参与更为突出，腐败横行，法治不健全，公民社会不发达，缺乏司法与媒体独立。

（4）独裁政体（0—4）：国家缺乏多元的政治环境，即便存在民主制度也并不会发挥实质性作用，即便存在选举也缺乏自由与公正。普遍存在对公民自由权的侵犯，媒体为政府所有，存在严格的审查制度，反对意见被打压，不存在独立的司法机关。

根据该指数，2015 年全球民主状况如表 8-1 所示。

第八章 民主模式：民本主义民主与可治理的民主 **421**

表 8-1　　　　　　　　　2015 年全球民主状况

政体类型	国家数量（个）	占全部国家比例（%）	占世界人口比例（%）
完全民主政体	20	12	8.9
有缺陷民主政体	59	35.3	39.5
混合民主政体	37	22.2	17.5
独裁政体	51	30.5	34.1

三　"客观标准"与"主观感受"之偏差[①]

以推广"自由主义民主"为宗旨的各种"非政府组织"的指数，其实都是按照西方国家政治制度所设定的所谓的"客观标准"，以此来衡量非西方国家。但是，这些"客观标准"往往有违人们的直觉、有违常识，与被评判国居民的"主观感受"相去甚远。在唐文方教授看来，相对于自由之家所谓的"客观"测量方法与数据而言，一个人对自己所生存的政治环境的主观性的政治幸福感更能够反映一个国家或地区民主的真实状况。可以说，科学化的指数，不过是更精致的意识形态斗争形式而已。

首先，各种指数的所谓"客观标准"其实是按照"自由主义民主"的基本标准来设定的，其实也是一种主观想象，若换一套标准，比如目标国公民自己的"主观感受"，就与上述指标的"客观标准"大相径庭。世界价值观项目的结论和自由之家的指数有很大出入，尤其是在关于中国的自由度测评上。对自由之家的"客观标准"进行转码，中国的自由度是"0"，即非民主；而按照世界价值观项目（World Values Survey—Wave5, 2005）的

[①] 本部分"客观标准"与"主观感受"的讨论，得益于唐文方教授的研究——《如何测量中国民主：关于民主与政治幸福感的讨论》，载杨光斌主编《思想评论》总第 10 期（中国人民大学国家发展与战略研究院主办）。

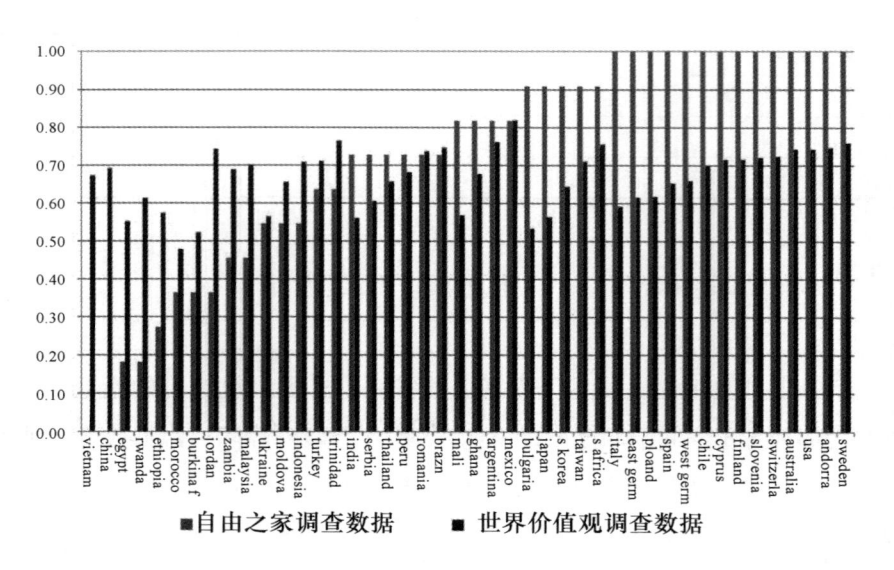

结论，中国人的主观感受是非常自由的，如图 8-4 所示①。

图 8-4　自由之家与世界价值观调查排名综合对比（部分）

图 8-4 中，每组数据轴的左侧部分代表自由之家调查排名，右侧部分代表世界价值观调查排名。很显然，一个有趣的现象出现了，那就是被自由之家排名认定为"不民主"、"没有"自由的国家的人们觉得很自由，被认定为不但"有"而且"有很多"自由的国家的人们反而觉得不自由。如图 8-4 所示，意大利客观上来讲属于最"自由"和"民主"国家之列，但与其主观上的自由度相比却有着巨大的落差。

即便是由同一家组织所做的调查，不同的标准得出的结论也完全不一样。按照经济学人的"民主指数"，即所谓的按照西方标准设定的"客观指数"，中国排名无疑很靠后；但是，经济学人进行的"主观感受"调查，中

---

①　唐文方：《如何测量中国民主：关于民主与政治幸福感的讨论》，载杨光斌主编《思想评论》总第 10 期（中国人民大学国家发展与战略研究院主办）。

第八章　民主模式：民本主义民主与可治理的民主 | **423**

国则名列前茅。经济学人的设问是：你认为你的国家在正确的还是在错误的轨道上？结果如图8-5所示。

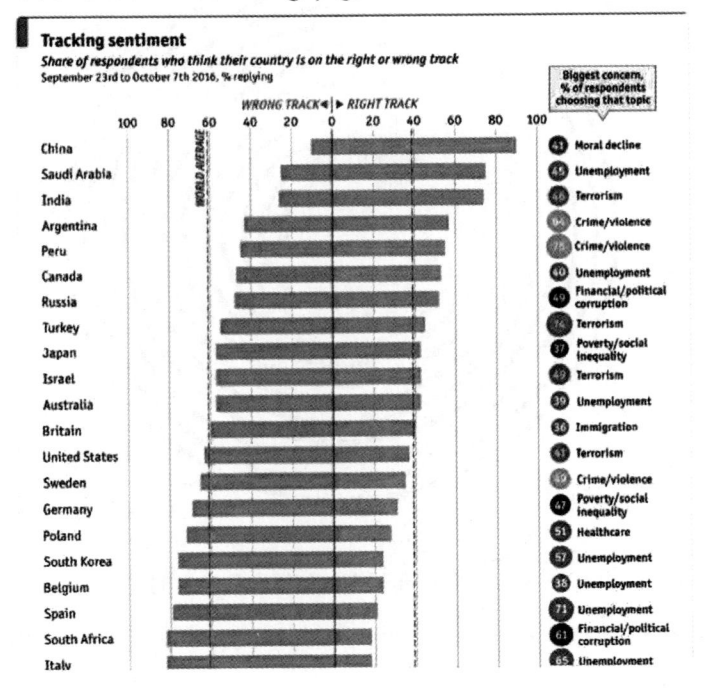

图8-5　经济学人的"主观感受"调查结果

由此给我们的反思是，到底是所谓的"客观标准"重要还是所在国居民的主观感受重要？其他的旨在测量所在国主观感受的调查，更直接否定了自由之家等的"客观指数"。按照自由之家的指数，中国在"个人自由"得分上是"0"，属于最不自由的国家，这样的国家显然不宜居。但是，中国年轻人如何评价自己的国家呢？为了弄懂如今的"95后"年轻人究竟在想些什么，国际教育慈善组织Varkey Foundation委托调查机构对全球20个国家的年轻人（15—21岁）进行了意见调查，并就他们的幸福指数、生活状态和对世界的认知上做了对比分析（见图8-6）。[1]

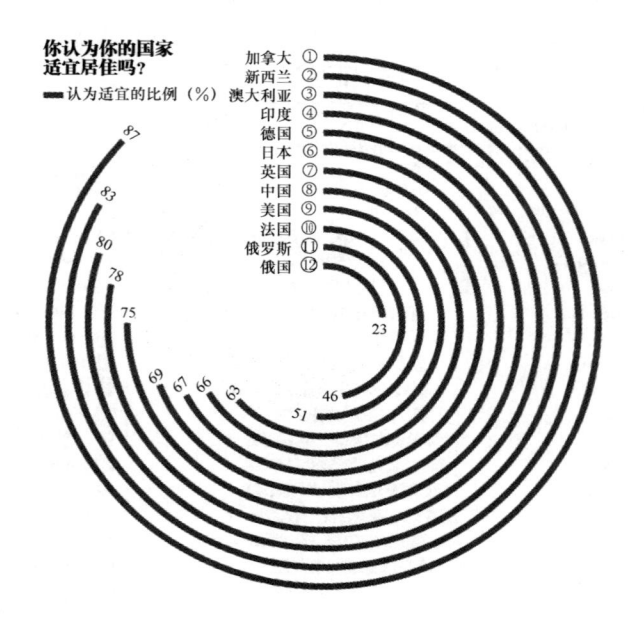

图8-6 各国年轻人如何评价自己的国家

数据来源：Populus。

就整体状态来看，受访的中国年轻人中70%认为自己生活幸福，这一比例与欧美发达国家相差不大，略高1—5个百分点。同样在生活状态评分中，这一比例也比发达国家略高3—7个百分点。在对世界的认知上，中国年轻人

---

[1] 《这一代95后更爱国？多数相信社会公平宜居》，网易新闻（http://news.163.com/17/0223/12/CDV7H0GR000181IU.html）。

第八章　民主模式：民本主义民主与可治理的民主 | **425**

则明显比发达国家的同龄人乐观得多，超过半数的受访者认为世界正在变好，而英美国家的乐观比例不到两成，甚至个位数，半数左右认为世界正在往更坏的方向发展。在问及你是否认为你的国家适宜居住时，只有1%的中国受访人明确选择不适宜，66%认为适宜，对国家的乐观程度虽然低于加拿大、德国、印度，但显然比法国、意大利等国的年轻人乐观。在俄罗斯和巴西，只有46%的年轻人认为国家宜居，韩国这一比例甚至低至23%。

亚洲民主动态调查项目（Asian Barometer Surrey，ABS）负责人台湾大学朱云汉教授的研究发现是，在政府解决问题的能力、对政府的信任度、对当前制度的支持度等几个根本性问题上，中国大陆的指数排名都不是自由之家的"客观标准"所能想象的，如图8-7至图8-10所显示的数据。①

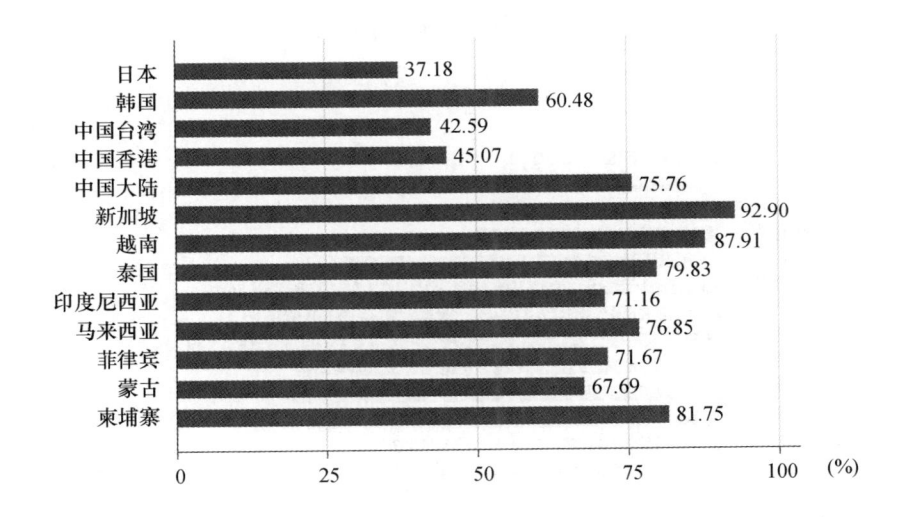

国家/地区	数值
日本	37.18
韩国	60.48
中国台湾	42.59
中国香港	45.07
中国大陆	75.76
新加坡	92.90
越南	87.91
泰国	79.83
印度尼西亚	71.16
马来西亚	76.85
菲律宾	71.67
蒙古	67.69
柬埔寨	81.75

注：就长远来看，我们的政治体系能解决我们面临的问题。

图8-7　政府解决问题的能力

---

① Yunhan Chu, "Sources of Regime Legitimacy in Confucian Societies", Paper prepared for delivery at Renmin-U Chicago Annual Workshop on Governance to be held on June 24-25, 2016 in Beijing.

426　中国政治认识论

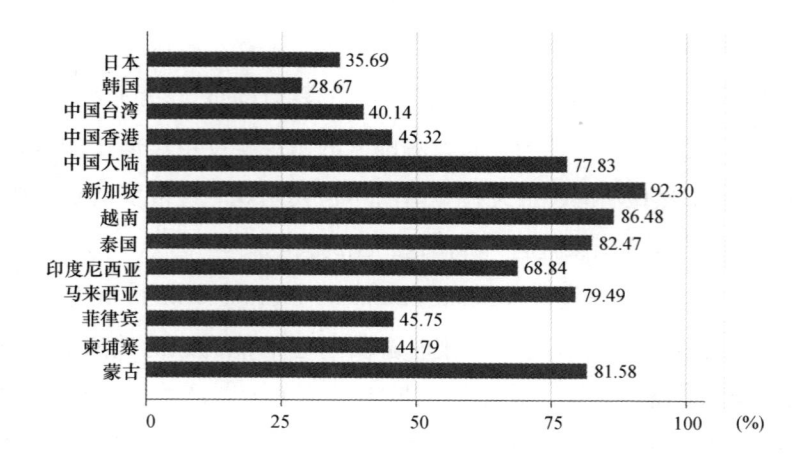

国家/地区	对政府制度的认同度(%)
日本	35.69
韩国	28.67
中国台湾	40.14
中国香港	45.32
中国大陆	77.83
新加坡	92.30
越南	86.48
泰国	82.47
印度尼西亚	68.84
马来西亚	79.49
菲律宾	45.75
柬埔寨	44.79
蒙古	81.58

注：总体而言，我对我们的政治制度感到自豪。

图 8－8　对政府制度的认同度

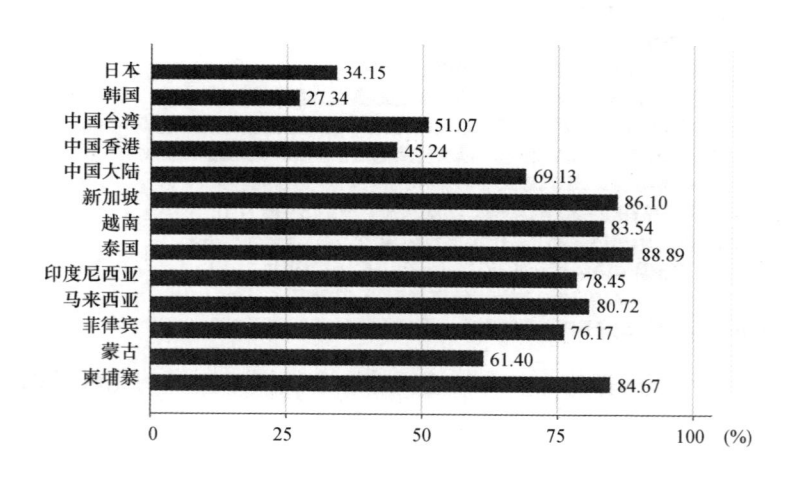

国家/地区	当体制遇到问题时百姓的支持度(%)
日本	34.15
韩国	27.34
中国台湾	51.07
中国香港	45.24
中国大陆	69.13
新加坡	86.10
越南	83.54
泰国	88.89
印度尼西亚	78.45
马来西亚	80.72
菲律宾	76.17
蒙古	61.40
柬埔寨	84.67

注：即使我们的制度有这样那样的问题也值得民众去支持。

图 8—9　当体制遇到问题时百姓的支持度

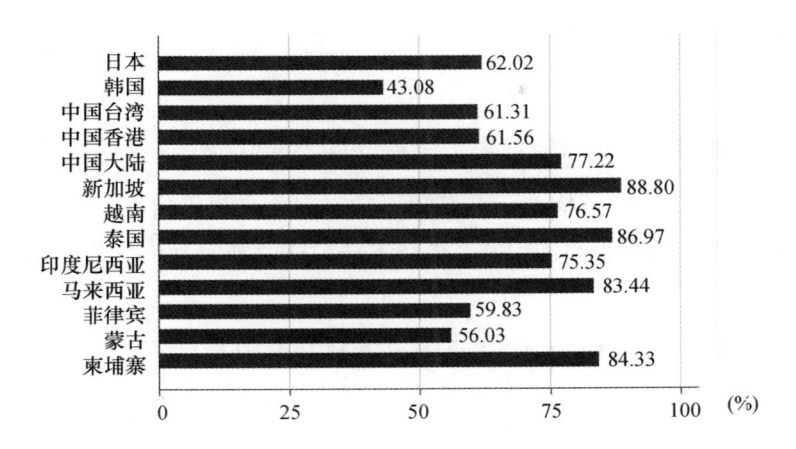

第八章 民主模式：民本主义民主与可治理的民主 | **427**

国家/地区	支持度(%)
日本	62.02
韩国	43.08
中国台湾	61.31
中国香港	61.56
中国大陆	77.22
新加坡	88.80
越南	76.57
泰国	86.97
印度尼西亚	75.35
马来西亚	83.44
菲律宾	59.83
蒙古	56.03
柬埔寨	84.33

注：与其他制度相比，我宁愿在自己国家的制度下生活。

图8—10 对现行制度的支持度

四 结论：意识形态政治而非政治科学研究

以自由之家为代表的"客观"指数，与基于多项指标而成的事实性人类发展指数相抵牾。对问题的真正理解需要基于比较研究，而比较研究存在一个可比性问题，为此我们选取了发展中国家，而且是人口过亿的发展中国家的人类发展指数〔"人类发展指数"（HDI）是由联合国开发计划署设定，由预期寿命、收入程度、教育程度三方面构成〕。对比结果如表8-2所示。

基于意识形态的指数，对人口过亿的9个发展中国家的比较可以看出，只有中国在处于独裁/不自由的境地。但如果不自由，中国老百姓为什么能自由地出入国外而自愿地选择回国？这显然有违常识。相反，贩毒黑帮泛滥的墨西哥、贫民窟成片的巴西、种姓制度的印度、土地封建制的南亚和东南亚诸国、族群/宗教冲突严重的尼日利亚，无论是民主得分还是自由得分都远胜中国，自由之家等测评的数据的非真实性可见一斑。其实，数据的收集者和指标的制作者对非西方世界的现实并不见得了解，他们对广大发展中国家的数据收集可能仅限于文本资料如是否有宪法法院、是否一人一票选总统等。表8-2中人类发展指数得分与民主指数得分产生了很大的反差，那些民主得分很高的国家在经济发展与社会发展上并不见得很好。

表8-2　　　　　　世界上9个人口过亿的发展中国家比较

国家	Polity Ⅳ	民主指数 (Democracy Index)	世界价值观项目 自由度测评 (Freedom in the World)	人均GDP （美元）	人类发展 指数（HDI）
中国	-7/独裁	3.14/独裁	7/不自由	7924.7	0.727/高水平
印度	9/民主	7.74/有缺陷民主	2/自由	1581.6	0.609/中水平
墨西哥	8/民主	6.55/有缺陷民主	3/部分自由	9009.3	0.756/高水平
尼日利亚	7/民主	4.62/混合民主	4/部分自由	2640.3	0.513/低水平
孟加拉	3/开放威权	5.73/混合民主	4/部分自由	1211.7	0.570/中水平
巴基斯坦	7/民主	4.40/混合民主	4/部分自由	1429.0	0.538/低水平
印尼	9/民主	7.03/有缺陷民主	4/部分自由	3346.5	0.684/中水平
巴西	8/民主	6.96/有缺陷民主	2/自由	8538.6	0.755/高水平
菲律宾	8/民主	6.84/有缺陷民主	3/部分自由	2899.4	0.668/中水平

注：自由（1—2.5），部分自由（3—5），不自由（5.5—7）。

从历史渊源上来看，自由之家等都建立于冷战时期，深受二元对立的冷战思维的影响。这种思维并没有随着冷战的结束而结束，资本主义与社会主义两个阵营的对立逐渐演变为所谓民主国家与非民主国家的对立。从20世纪冷战到当代，即便西方世界的标准有所变化，但其自由主义的意识形态观念却一以贯之。

仅从Polity Ⅳ与民主指数两个测量民主的指标就可以看出，两个机构对民主的认知依然是建立在自由主义基础之上的。在具体测量中，无论是民主与独裁的分野，还是得分的具体权重，以竞争性选举作为核心标准都多次且重复出现（这导致自由民主成分在其中更加突出）。在这种情况下，自由民主替代了民主,成为衡量民主程度的首要法则。

如果这些指标意在评价国家自由民主的发育程度,其本身是不存在问题的,然而无论是 Polity Ⅳ 还是经济学人的民主指数,其目的都在于通过测量一个国家自由民主的程度而反映其民主的程度,最终对政体质量进行评价(而非简单的整体类型划分)。鉴于这种考量,竞争性选举与自由民主之于优良政体的关系如图 8-11 所示:或是必要条件的关系,或是等值关系。

竞争性选举 → 自由民主 → 民主 → 优良政体

竞争性选举 = 自由民主 = 民主 = 优良政体

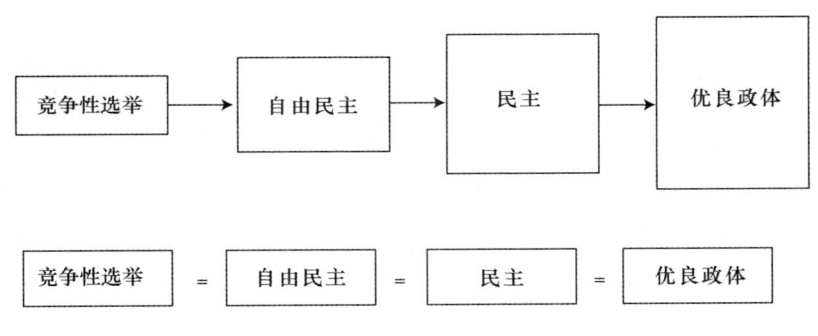

图 8-11　竞争性选举与自由民主之于优良政体的关系

然而,真正的因果逻辑是:竞争性选举虽然是自由民主的一种要素或者必要条件(核心要求),而自由民主只是民主的某一种形式,因此自由民主与民主并不构成因果关系,而民主也只是实现优良政治的一个必要条件,民主还需要与其他条件的结合(如法治、安全等)才能实现一个国家的优良政治。因此将自由民主甚至竞争性选举作为达到优良政体的必要甚至充分条件本身在逻辑上就存在问题(真正的逻辑应该如图 8-12 所示,其中箭头表示因果关系,*表示"且",即因素的结合导致特定结果)。将民主建设的单一性替代现代化建设的多维性正是这些指数背后意识形态所造成的重大误导。

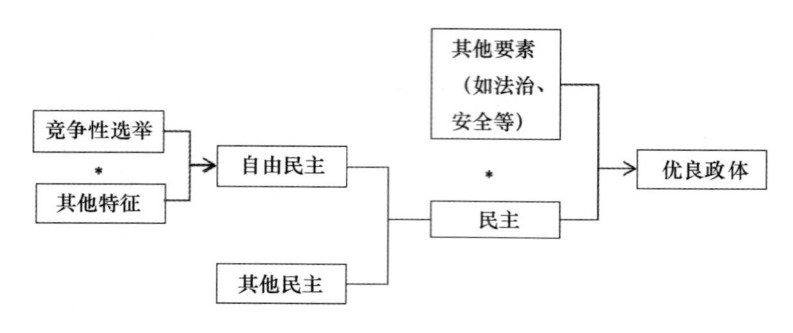

图 8-12　达到优良政体的真正逻辑

意识形态同样体现为设计者的偏见：一方面是对政体形式的偏见，将自由民主政体看作唯一的优良政体，虽然上述指数都是对某一特定价值的测量，然而研发者将高指标与优良政体画等号，因此在这些指标设计下，自由民主＝民主＝优良政体；另一方面体现为对具体国家的偏见，那些处于"对立面"的国家即便在其规定的民主维度上取得了重大成绩，设计者依旧视而不见。具体指标总是由"刚性"和"柔性"两个方面构成。以选举权为例，刚性指标体现为所有适龄公民均具有投票的权利，这种事实性依据比较容易观察；然而设计者却不仅仅止步于此，他们认为选举权必须是"开放""竞争""公开"的，这为概念的操作提供了很大的自由空间，到底怎样的程度才能算得上公开、透明却很难度量，在实际操作中，那些在意识形态灌输中长期形成的"独裁国家""威权国家"，即便公民拥有选举权，其选举过程也被视作国家操控、缺乏竞争性、选举舞弊屡见不鲜。

自由主义民主在理论与实证两个层面展开。在理论层面，如前所述，20世纪前半叶以熊彼特为代表的精英民主者将自由民主替换了民主。在实证层面，20世纪后半叶至今的科学化研究，将这种意识形态偏见以科学化形式大大加强了。自行为主义革命之后，研究者强调科学方法以及价值中立，而他们认为非价值性判断必然以科学化的数据为基础。然而事实是，即便他们的方法是"科学"的（暂且不论科学主义方法论对历史与结构性因素

第八章 民主模式：民本主义民主与可治理的民主

等无法测量），其理论前提与所使用的数据却是意识形态的。

学者们不加甄别对数据进行应用，例如 Polity IV 指标中 6 分以上就算民主，人均 GDP 达到 3000 美元就可以看作实现通往民主之路的经济基础，按照既定的标准将世界国家分为民主—非民主的阵营……然后在这些前提的基础上，分析是什么因素导致国家的民主得分达到了 6 分以上，去测量 3000 美元还是其他的经济条件是导致民主化（其实也就是政体得分的变化）的必要/充分条件，去研究为什么威权国家会抵御民主化浪潮……这样的研究即便具有再精密的技术和逻辑自洽，如果连基本的理论和价值前提都没有搞清楚，事实上只是为既有的意识形态做注脚罢了。

中国的一些实证研究已经出现了类似的错误，例如很多学者将颜色革命与阿拉伯之春看作"民主化"的一部分，事实上它们只是属于社会/政治运动的范畴。同时，研究者将"民主"与"民主化"看作政治社会乃至整个国家的头等大事，例如我们对非洲政治的所谓"民主崩溃"进行研究，民主崩溃的前提是民主建立，非洲很多国家的民主指数在几年内会发生，这并不是什么民主崩溃而仅仅是体现了其国内政局的动荡——也就是说，其建立民主政体与独裁政体的意义并没有什么区别，只是动荡的社会在不断进行政治选择罢了。

相关研究也有故意控制数据的嫌疑，例如在阿西莫格鲁的数据中，民主政治与经济发展呈现出了完美的正相关关系，进而论证了民主制度（其实就是自由民主政治）对经济发展的巨大优势——其中有一个重要的原因是作者有意排除了中国和印度这两个重要案例，而且，作者是以国家为单位，如果进行按照人口进行加权，那么民主与经济发展则更加无法体现相关性。

还有一个问题是如何较为科学地利用数据。数据化资料很重要，为比较提供了一个基础与标准，例如我们说强国家与弱国家的时候，我们很清楚中国相对于非洲的国家来说是强国家，但是非洲国家之间的国家能力比较，则必须要用可视数据才能分得清。最重要的就是少用甚至不用此类以数值形式表示某一特定价值的数据，任何测量某一抽象价值的指数背后都是一套意识形态，指标的制定者通过意识形态对指标中的"落后国家"进行改造。即便使用这些数据，也不要直接将它们作为解释变量，最好将指数的变化作为被解释变量。因为这些机构的标准是一致的，因此民主变化一定程度上可以反映该国政治生活中的某些变迁。例如某指标在短时间内经历巨大波动，说明该国政治在这一时期历经重大变革——我们做的科学研究是解释为什么会发生真正变化（事实上的变化），而不是试图解释这一时期该国为什么会经历民主改革/民主崩溃。

政治的复杂性决定了政治学研究并不可能实现自然科学意义上的科学化，虽然"非科学"难以避免，但是学者至少应该避免偏见。然而不幸的是在一系列指数的复杂运算下掩盖了由意识形态而产生的巨大偏见，这种偏见在科学研究的旗帜下固化且传递了下去。

其实，美国也有一些基于历史社会学与比较政治经济学的学者反对以民主涵盖所有议题的研究，强调民主研究应该回到巴林顿·摩尔的传统，例如"70后"比较政治学新锐 Giovanni Capoccia 与 Daniel Ziblatt 曾就"民主研究的历史转向"撰文，认为唐奈尔等所谓的民主转型研究只是分析了转型之时的某几个情况而忽视了历史的长时间因素，这种研究没什么意义；又如对概念的研究，David Collier、Gary Goertz 等人都强调概念的"分层"而不是简单的二元对立。然而，那些基于意识形态的研究依旧占据主导地位，转型学、民主化研究依旧大行其道，甚至政治变化都要被冠以"民主化"而非西方国家的政治稳定则被冠以"威权韧性"，这种肤浅的学术行为已经有向中国政治科学蔓延的趋势——不搞清前提概念，不挖掘具体历史，跑几把漂亮的回归，盲目追随"洋八股"。这种精致的形式主义已经把美国政治学带入死胡同，刚刚开始"科学化"的中国政治学决不能像美国政治学那样死于"科学化"。

◈第二节 替代性民主模式：民本主义民主与可治理的民主

"标准"就是话语权。讨论"主观感受"的各种标准是对自由之家等"客观指数"的一种对冲性话语，但是这些"主观感受"还需要一种理论性的民主模式为基础，正如自由之家以自由主义民主理论为基础一样。

鉴于各种"客观指数"与中国现实政治的巨大偏差，中国官方也在致力于建立评价民主政治的"中国标准"。在庆祝全国人民代表大会制度成立60周年的讲话中，习近平总书记指出衡量民主的"八大标准"——评价一个国家政治制度是不是民主的、有效的：（1）主要看国家领导层能否依法有序更替；（2）全体人民能否依法管理国家事务和社会事务、管理经济和文化事业；（3）人民群众能否畅通表达利益要求；（4）社会各方面能否有效参与国家政治生活；（5）国家决策能否实现科学化、民主化；（6）各方面人才能否通过公平竞争进入国家领导和管理体系；（7）执政党能否依照宪法法律的规定实现对国家事务的领导；（8）权力运用能否得到有效制约和监督。

可以看到，无论是邓小平同志此前讲的"三个有利于"，还是这里的"八大标准"，中国人讲民主必然和治理联系在一起，"致治"是中国文明的基因。在这"八大标准"中，其中第1—4四项是关于民主参与的，第7项是关于党的领导下的国家治理，第5、6、8三项是关于责任政治的。"八大标准"暗合了作为一种民主模式的"可治理的民主"。"可治理的民主"必然离不开"国家"角色。而自由主义民主说到底是一种只讲个人权利和社会权利的社会理论，谈不上政治理论。

一 "国家"与可治理的民主

首先一个需要重视的命题是：资本主义与民主的活力来自何方？在近代史意义上，资本主义与民主是一对孪生概念，即资本主义革命带来了有限的精英民主。一个有意思的现象是，资本主义的危机是靠国家来拯救的，即鼓吹国家干预的凯恩斯主义挽救了资本主义，从而使得资本主义在今天依然有活力、有生命力；而一直批判凯恩斯主义的以哈耶克为代表的新自由主义则几乎毁掉资本主义。我们知道，资本主义是一个经济系统，其活力和生命都离不开国家，何况作为政治本身的民主？危机中的民主需要国家进场，从而使民主保持活力。

但是，简单的道理往往被流行已久的近似宗教教义般的蒙昧所掩蔽，从而使人们丧失应有的思考能力、反思能力和建构能力。也就是说，经由洛克开启、以休谟—斯密为代表的苏格兰启蒙运动完善、以法国启蒙运动光大的以个人权利—社会权利为中心的人的解放运动，使历史完全变成了个人权利史，而国家则被视为"必要的恶"。这种思想使以个人权利为中心的资本主义一路狂飙，资本主义变成世界的主宰，结果也招致人类的灾难和社会动荡。在这种情况下，"国家"被迫"进场"，放任自由主义变成了以格林和霍布豪斯为代表的新自由主义，直至凯恩斯主义。是凯恩斯主义最终拯救了资本主义。这个"故事"就是波兰尼著名的"双向运动"。

在只有个人权利—社会权利的自由主义那里，没有"国家"的资本主义还可以理解，一开始就是一种政体的民主怎么也剥离了"国家"而使民主仅仅变成了一种社会权利？这就是前述的"熊彼特式民主"的实质所在。在这种学说里，国家只是各种政治社会力量的竞技场，无力整合社会，最终也就变成没有国家能力的容器。不是吗？2008年金融危机就是不要国家的新自由主义的崩盘，而当英国、美国想学习中国建设高铁时也只能是一

第八章　民主模式：民本主义民主与可治理的民主 | **435**

种愿景，甚至国家已经失去了对大规模威胁人民生命的资本集团如美国步枪协会的管制力。为此，西方的有识之士提出了西方国家需要"再民主化"，因为不能应对和解决重大社会问题的政治制度已经是一种"政治衰败"——尽管这一观念很诱人而且曾经还不错。一句话，如果说是国家进场拯救了资本主义，那么作为资本主义孪生兄弟的民主更离不开国家。我曾指出："民主政治讲的是国家与社会两种力量的关系：不但要讲社会权利和社会约束的重要性，也要讲国家自主性的重要性。也就是说，民主政治理论必须引入国家自主性变量。或许，这样视角下的民主理论研究可能才会有新的突破。"①

其实，关于"国家"与民主的关系，100 年来西方有识之士早就给出了明确的答案，只不过因为以个人权利为核心的自由主义太泛滥而被淹没了。

美国最重要的民主哲学家杜威在批判多元主义民主理论的同时指出了国家的自主性与民主政治好坏的密切关系。②

哈佛大学诺德林格教授对于精英民主主义、多元民主主义、新多元民主主义、新马克思主义等实证民主理论做出了判断并指出其方向："对实证民主理论的激烈辩论已经到了精疲力竭的程度，因为它基本上还是继续围绕着一些对公民社会显然不可调和的描述而进行，所以它已经超过了收益递减点。不要再继续争论哪种政治资源是特别有效的，不要再去一次又一次地描绘它们的分配，不要再去论证（或者假定）一个或者另一个系列的私人行为者组成了有效的需求集团。目前只有通过把主要的关注重点转移到国家，民主理论才能得到更好的论证。"③

---

① 杨光斌：《政体理论的回归与超越：建构一种超越左右的民主观》，《中国人民大学学报》2011 年第 4 期。
② 转引自 [美] 斯特劳斯、克罗波西主编《政治哲学史》（下），李天然等译，河北人民出版社 1993 年版，第 991—992 页。
③ [美] 埃里克·A. 诺德林格：《民主国家的自主性》，孙荣飞等译，江苏人民出版社 2010 年版，第 201 页。

林德布洛姆教授的看法很深刻："当政治学转向对诸如立法机关、行政机构、政党和利益集团等机构建制的讨论时，它实际上是在同次要问题打交道。议会和立法机关、行政当局、政党以及利益集团的活动，大多取决于政府替代市场或者市场替代政府的程度。在政治学中，甚至连那些界说民主理论的雄心勃勃的尝试，也都伴随有对政府或国家功能的疏忽，这种功能依市场在政治—阶级生活中的作用大小而不同。"①

西方人的认识是重要的，更重要的是来自中国的智慧和思想不能忽视，因为民主在价值上是普世的，但在制度形式上又是因时因地（positional）或语境式的（contextal）。这样，在中国谈民主必然离不开中国最重要的传统思想和智慧。其中，"民本"这个最重要的儒学思想就是可以与民主嫁接的知识传统，因为"民本"说到底就是关于国家的思想。将民本与民主关联起来，不是没有传统的。100年前，当民主传入中国之时，中国的精英们就以"民本"看民主。② 今天，根据美国杜克大学史天健教授的大规模抽样分析，普通百姓心目中的民主观事实上依然是"民本"。难道从中国思想精英到草根阶层的认识都没有道理？也只有在"民本"层面，才能理解作为一种民主形式的群众路线，才能理解共产党这个新儒家式执政集团与中国成就之间的关系。

另外，"民本"思想与"治理"理论有着天然的关系。20世纪90年代以来兴起的"治理热"依然方兴未艾。"治理"是一个可以与民主并驾齐驱的范式性概念，甚至可以作为一个替代性概念而使用，因为即使西方人热衷研究的巩固的民主如果不能实行有效治理，如老牌的民主国家印度以及很多第三波民主转型国家，依然属于"无效的民主"，无效的民主不能当饭

---

① ［美］林德布洛姆：《政治与市场：世界的政治—经济制度》，王逸舟译，上海三联书店、上海人民出版社1994年版，"序言"。

② 黄克武：《近代中国转型时期的民主观念》，载王汎森等《中国近代思想史的转型时代》，（台北）联经出版集团2007年版。

吃。20世纪90年代开始兴起的治理概念强调的是社会组织的重要性，在一定意义上依然是哈耶克式新自由主义的衍生品。但是，无论怎么强调社会组织的作用，都不可能取代国家的角色。在世界银行援建的项目中，做得最好的就是中国，而不是所谓以社会组织为主的非洲国家。不仅如此，一个被世行经济学家所忽视的历史事实是，早在16世纪，英国就有一本专门以"governance"为名的著作，解释为to rule over by right of authority。时代到了今天，社会组织在治理中是不可或缺的，但最重要的主体还是国家。其实，在"治理"理论流行起来之前，早在20世纪七八十年代，"把国家找回来"（bring the state back in）的国家学派就已经是西方历史社会学的主流了。国家学派是用来研究公共政策和公共治理的，只有涉及公共政策问题，就不可能离得开国家，而公共政策则是政治学理论的实践形式。

在民主潮流浩浩荡荡的今天，找回"国家"干什么？当然是为了更好的民主，为了更好的民主生活，即有效的治理。为此，我提出超越"自由民主"（liberal democracy）的"治理民主"（governable democracy）。请注意，这里是"超越"而不是"取代"，即西方国家不可能不搞"自由民主"，自由民主的某些要素毕竟也可资传承，但是人类不能止步于已经问题累累的"自由民主"，必须寻求更好的政体理论和政体形式以超越它。

二 "可治理的民主"的要素及其内在逻辑

以党争为核心的"自由民主"仅是一种程序民主，而且并不是能够影响决策过程或不考虑决策者自主性（即"国家自主性"）的程序，是民主诸多工具性中的一种。如果程序民主即民主的工具性不能为实质民主做出贡献，程序民主的意义至多是程序正义，但是程序正义并不能等于正义本身。今天，我们必须认识到，正义是古往今来的最高政治目标，任何政体如果不能实现正义，都不是好政体。作为政体的民主，不但要符合程序上的正义，更要满足实质正义即其治下的民众能切实从中获得所需的公共服务。为此，民主必须与有效的治理联系在一起，让民主能为老百姓提供有效的公共服务。

governable（"可治理的"）是一个好词，如前，其正统意义就是 to rule over by right of authority（可理解为"国家的管辖的权利"），因此在语义学意义和现实政治意义上，一个"可治理的"社会首先是国家的事，不管从洛克式的自由主义还是哈耶克式的新自由主义如何在理论上淡化甚至丑化"国家"，"国家"都是现代人生活中的空气，呼吸着空气不觉得其重要性，但却一刻也少不了空气，对于这一点研究国家史的西方历史学家最坦诚，将国家直接比喻为生活中的空气。① 另一方面，不但词的语义随着时代的变化而变化而延伸，即"可治理的"不再局限于国家的权利，因为社会结构本身的变化使得治理主体不是单一的，而是多元的，治理是社会组织应该享有的权利，即世行经济学家心目中的"治理"。

这样，governable 就成为一个连接国家与社会的概念，理想的国家或理想的社会必须是"可治理的"。同时，"可治理的"国家又必须是民主的。在大众政治时代，尤其是互联网化社会，治理得再好，如果没有老百姓的参与即不能保障老百姓的参与权，老百姓也不干，好坏都要自己玩。在治理意义上，新加坡应该在世界首列之中，但是老百姓还是要求选举和参与的民主权利，结果开国之父李光耀成为选举中的"票房毒药"。因此，民主是大众政治时代绕不开的话语和现实。

如前，民主是一种政体或国家形态，是一种权力关系，即国家与社会关系的总和，而 governable 则是联系国家与社会的好概念。在任何国家，统治者都追求可治理性，否则将危及政权；老百姓的要求则更多，不但要求能直接实现自己价值的各种形式的民主权利，更追求好的公共服务即善治，

---

① ［美］约瑟夫·R. 斯特雷耶：《现代国家的起源》，华佳等译，格致出版社、上海人民出版社 2011 年版。

第八章 民主模式：民本主义民主与可治理的民主

而目前流行的主流民主形式如选举民主、参与民主等实证民主理论都不必然能实现 governable。或者说，治理不错的西方国家并不一定是理论上的"自由民主"所能解释的，即"自由民主"掩蔽了真正的国家治理之道，如前，自由民主只是强调社会权利而无视国家本身的作用，事实上国家作用无处不在。[①] 不仅如此，民主政治在西方国家建设的次序上并不是与生俱来的，英美的普选制民主都是资产阶级革命后两个世纪的事。这样，无论是在理论的逻辑上还是在现实的国家——社会诉求上，"governable democracy"都可以视为一种替代性民主理论或民主观念。governable democracy 直译是"可治理的民主"，为了方便和词义上的美感，可以简称为"治理民主"，就如"自由的民主"（liberal Democracy）直接称为"自由民主"一样。

我曾经以回到历史真相的方式即复原国家作用和政体意义而试图"建构一种超越左右的民主观"，即以"参与——回应——责任"表现出来的新民主观，[②] 这三要素就是我今天提出的"可治理的民主"的基本内涵。

"可治理的民主"模式来自民主的基本内涵，即工具与价值的双重性。作为一种工具理性，主要指公民行使权利的程序和方式；作为一种价值理论，主要指人民权力的终极价值意义即"人民主权"。到此为止还不够，太抽象，需要对这两个方面进一步分解，从而把民主变成更有用的分析性概念。

在程序方法上，民主的基本形式当然是公民参与，但不能在静态的制度层面定义民主，比如"熊彼特式民主"，而应该在动态的过程层面定义民主，即参与形式上的民主是否在政治过程中达到民众的应有诉求。谁回应？由于不存在真正意义上的"民治"，因而只能是政府回应，即政府回应民众

[①] 杨光斌：《被掩蔽的经验，待建构的理论：社会中心主义的理论与经验检视》，《社会科学研究》2011 年第 1 期。

[②] 杨光斌：《政体理论的回归与超越：建构一种超越左右的民主观》，《中国人民大学学报》2011 年第 4 期。

的参与。作为一种目的理性，民主的"人民主权"价值也应该落实在人民利益的实现程度上，不能满足人民利益的"人民主权"是没有意义的，因而民主政治离不开责任，即政府的责任。不负责任的民主政治不是选民所期望的。这样，最低限度的民主政体应该包括作为程序方法（程序民主）的"参与"和作为目的理性（实质民主）的"回应""责任"的统一体。①这样，"民主"不仅仅是关乎民众政治参与的权利，还是满足民众利益的政治过程和政治价值，因而不能离开政府谈民主。这样，我们的民主理论就与仅强调公民权利的程序民主区别开来。

从"民治"的角度看民主，当今世界几乎不存在民主国家，因为所有国家的决策权都掌握在一小部分人手里。因此，"民治"主要是指公民的政治参与，这是民主政治的前提，无此便谈不上民主政治。自由主义民主只把民主的公民参与限定在选举制度上，而把鼓吹公民直接参与的民主理论称为"激进的民主主义"，认为在非城邦的民族国家规模意义上，公民的直接参与是不可能的民主形式。精英主义民主理论无视已经发生革命性变化的政治社会结构，在制度层面上是不成立的。

首先，公民决策参与的重要性。如前所述，把民主定义为选举意味着选举就是政治过程的一切。这不符合常识。"熊彼特式民主"无视所有国家现代政治中最重要的权力主体即作为官僚制的行政机关的重要性，也没有看到大企业的政治功能，无视了"重新夺回政治权威"的社会力量。在大众政治时代，公民以各种方式影响行政机关的决策已经成为现实。从官僚制的角度看，这种行政过程被称作"行政民主"；从公民参与的角度看，这种"官民互动"可以称作"参与式民主"。甚至可以说，公民影响行政机关决策的意义并不比影响选举过程小，因为行政决策往往直接关乎公民的切

---

① 从价值上以回应和责任来界定民主，受到其他学者的启发。参见［美］劳伦斯·迈耶等《比较政治学：变化世界中的国家和理论》，罗飞等译，华夏出版社2001年版，第34—41页。

身利益，而选举更多的是一种价值偏好的表达，选举之后的政治主角便是行政机关。作为既执法又立法的行政机关，在政治生活中无处不在，与百姓的生活休戚相关。

其次，互联网为重返"直接参与"提供了平台。网络这种"新媒体"使公民的直接参与成为可能，已经并将进一步深刻地改变政治生态，进而成为现时代政体的重要变量。

最后，协商民主形式在政治生活中无处不在。民主分为政治民主、经济民主和社会民主，而社会民主的主要形式是协商民主，是一种原生态的民主形式，在各社会中都古已有之。可以说，有社会就有协商。

必须指出，在公民参与的诸多方式中，参与的主要目的都是实现利益的最大化。什么方式能够满足民主的价值理论，这既要看一个国家的政治进程，也要研究一个国家的历史文化即民风民情。政治是利益分配的过程，政治斗争无处不在，因而任何国家的政治都具有竞争性。但是，以什么样的方式竞争、竞争到什么程度，比较政治发展的经验与教训不能不总结。有学者指出，不同于目前流行的协商民主理论，中国政治的协商政治传统和智慧应该得到充分认识。[1]

如果说"民治"是不可能的，借用利普哈特的话说，那么民主意味着"要为民享，也就是说，政府要与人们的偏好一致"[2]。在其"共识民主"模式中，回应是民主的重要原则。在民主的"回应"原则上，民主理论的各家各派似乎空前一致。达尔说民主的根本在于回应民众需求。萨托利也说民主说到底是为了回应选民的诉求，尽管它是以批判的口吻来指责因应

---

[1] 林尚立：《协商政治：中国特色民主政治的基本形态》，《毛泽东邓小平理论研究》2007年第9期。

[2] ［美］利普哈特：《民主的模式：36个国家的政府形式和政府绩效》，陈崎译，北京大学出版社2006年版，第1页。

"民意"的民主的灵活性。① 虽然萨托利质疑林肯的"民享"不具有民主意义,说什么所有类型的政府都能声称"为了人民",但不具有民主性质的政府显然不会有事实上的人民关怀,甚至不顾人民的死活。"民享"首先是一种政治价值,又不失工具意义。在工具意义上,民享就是政府在民众的压力性输入下满足民众利益诉求的政治过程。

回应只是民主政治的一项原则,也是一个政治过程。但是,政府的回应应该是有选择性的、负责任的,否则就是民粹主义政治,民主也就真的变成了"多数暴政"。这就要求政府自主性(国家自主性的另一个说法)。

但是,必须认识到,自由民主理论的基石是社会中心主义或个人权利主义,所谓的"回应"也只不过是"国家"对社会的被动性反应,自由民主理论家们压根儿都不会想到或者根本不愿意想到"国家"因其不能被忽视的"自主性"而主动地或有选择性地"回应"社会,更不愿意承认国家因其自主性而对社会的塑造作用。这样,第一,国家被动地回应了社会,但结果可能是灾难性的,如"二战"前英国张伯伦首相一味地迎合英国老百姓的和平愿望而搞"绥靖主义";第二,"被动回应说"已经与西方国家的历史,更不用说其他国家的历史严重脱节,如英国在资本主义初期保护贫民的努力、从霍布豪斯的新自由主义转向凯恩斯主义的作用、美国林肯解放黑奴以及罗斯福新政;第三,自由民主所说的选举式民主即多数决民主在西方国家的政治生活中处于第二位,处于第一位的是宪法政治即所谓的宪政民主,而且总是以宪法为核心的司法权在主宰着西方国家的政治生活。②

也就是说,西方国家存在诸多的民主形式,而且在诸多民主形式中,选举民主并不是首位重要的,最重要的是体现国家性或国家意志的宪法与

---

① [美] 萨托利:《民主新论》,冯克利等译,东方出版社 1993 年版,第 83 页。
② [美] 罗尔斯:《政治哲学史讲义》,杨通进等译,中国社会科学出版社 2011 年版。

第八章 民主模式：民本主义民主与可治理的民主

司法权。而且在我看来，当宪政民主确定基本秩序后，还需要制度的合理化安排，这就是分权。现代国家产生的路径一般是通过战争而完成的中央集权化，国家形成以后在建设过程中又需要分权化，因此现代国家的分权其实就是一种民主形式，是一种使制度合理化的民主形式。没有宪法根本秩序和分权所形成的合理秩序，选举民主即多数决民主不会形成好的治理，正如很多国家的历史所证明的那样。根据西方国家的政治发展史，可以认为民主的形式有着不可颠倒的词典式序列关系，即宪政民主——分权民主——选举民主。①但是，西方国家对外却只宣扬以竞争性选举为核心的自由民主，无视宪政民主所体现的国家意志和国家自主性。

国家自主性（即国家不受社会约束而独立地实现自己的愿望）不但被自由民主理论遮蔽掉了，更是一直被洛克式—斯密式—哈耶克式自由主义所掩蔽，但事实上在一些历史关键时刻国家自主性的重要性都被从正反两方面证实着。流行观念掩蔽"国家"的结果之一，便可能是过度地强调社会重要性而一味地满足社会要求的决策，从而成为人类的灾难，过去是这样，今天还是如此，如因为没有"主权"的分散国家权力结构的结果便是国家性不足而难以控制大规模危及美国人生命安全的枪支。

为此，西方很多学者试图在公共政策研究中"找回国家"。在西方国家尚且如此，何况在发展中国家和作为发展中国家的中国？"亚洲四小龙"是"国家引导的发展"，②中国的成就同样受益于具有深厚"民本"传统的国家思想。

显然，"治理民主"中的"回应"是国家自主性的回应。"自主性回应"至少包括以下几点：（1）国家必须了解并回应社会的最必须、最迫切

---

① 杨光斌：《民主与中国的未来：历史比较—理论建构—政策选择》，《战略与管理》2012 年第 3、4 期。

② [美] 阿图尔·科利：《国家引导的发展——全球边缘内地区的政治权力与工业化》，朱天飚等译，吉林出版集团有限责任公司 2007 年版。

的诉求，"国家从社会中来"（state in society），不可能无视社会的要求；（2）国家的回应必须是自主性的、有选择性的，因为社会很多元，诉求多样化，一味地迎合社会的做法最终会陷入民粹主义的泥淖；（3）参与的主体是不平等的，有社会弱势群体，更有大企业这样的强势利益集团，因此利益表达渠道也就不平等以及由此而来的所传递政治信息的不对称，这就需要本着"民本"思想的国家自主地发掘真实的政治信息。因此，自主性回应意味着，甚至在社会没有进行系统的利益表达时，国家主动地深入民间，了解百姓疾苦，这就是"民本"思想下的"群众路线"，有人称之为"逆向参与"。

单向度的社会权利运动或社会约束机制绝不会自动导致功利主义追求的最大多数人的最大幸福；相反，甚至还会出现最大多数人的最大灾难。这就是政府的必要性。政府的首要原则是对人民的信托责任，即满足民众的安全、秩序、福利、正义等基本需要。这是社会中心论的视角，即政府是回应人民的需要。但是，在没有合理秩序和缺少自主性国家时，"人民的需要"非但不能得到满足，甚至会导致政治失序。因此，必须结合国家中心论之国家自主性来论证"人民的权利"和"人民的需要"。这样，国家—社会关系会演绎出不同的结果来。考虑到社会关系本身的复杂性，即社会可能分为冲突性的对立阶级或族群分裂，国家与社会的关系就更为多元化，其中包括但不限于以下几种场景：

场景1：当社会偏好与政府偏好一致时，社会中心论所假设的民主的社会约束功能会得以充分实现，即政府满足民众的需求，社会力量和政府一同推动社会进步，比如英国资本主义上升时期资本力量与国家的协同互动。

场景2：当社会偏好与政府偏好一致时，社会中心论所假设的民主的社会约束功能会得以充分实现，即政府满足民众的需求，但却是坏结果，比如"二战"前满足英国民众和平愿望的张伯伦首相搞绥靖主义，耽搁了英国备战。

场景3：当社会偏好与政府偏好不一致甚至相冲突时，社会约束力改变政府的偏好和选择，结果更好，比如美国1964年《民权法案》的出台就是民众抗争的结果。

场景4：当社会偏好与政府偏好不一致甚至相冲突时，社会约束力改变政府的偏好和选择，结果更差，因为政府既可能为资本阶层俘获，比如20世纪90年代的俄罗斯；也可能为大众俘获，比如南美的民粹主义政治。

场景5：当社会偏好与政府偏好不一致甚至相冲突时，政府强制性或诱导性改变社会偏好或解除社会约束力，结果或者更好，如以改变放任主义为代价的"罗斯福新政"和以牺牲资本利益并最终保护了资本利益的西方福利国家的建成；或者更坏，如陈水扁冻结甚至恶化两岸关系的8年（2000—2008）。

场景6：当社会偏好与政府偏好不一致甚至相冲突时，政府强制性或诱导性改变社会偏好或解除社会约束力，结果或者更坏，如陈水扁冻结甚至恶化两岸关系的8年（2000—2008）。

场景7：当社会无偏好选择或没有经济发展意愿时，如果政府发展偏好强烈并引导社会选择与偏好形成，政府推动福利最大化，如东亚的"发展型国家"；如果政府无发展意愿，则社会陷于停滞甚至倒退，如非洲的一些"新世袭型国家"。

……

在上述场景中，无论结果好坏，都不能简单地以社会中心论来审视民主政治，政府作用在任何情况下都不容忽视，因而政府绝不是私人安全的奴仆或"守夜人"。从国家—社会关系中的政府层面看民主，民主政体的责任原则转换成治理；政府说到底是为了国家治理的需要，不管是何种形式的民主政府。西方国家的学者总是想当然地认为，西方民主国家的精英比其他国家的精英更为负责。这种意识形态化的定位既偏执又肤浅。按照民主的责任原则，"第三波民主化"后的国家大多数是不成功的：俄罗斯转型的失败、中亚国家的族群冲突、南美的民粹主义、泰国的贫富阶级之间的斗争、菲律宾的流血式选举，都是责任原则的反面，而"选举式民主"的不适当运用进一步削弱了"民选"政府的责任性。治理得不好甚至因形式完美的民主而导致社会动荡、族群冲突、民粹主义、国家失败（failed state）或国家分裂，谁又会欢迎这样的民主呢？不仅如此，现在联合国和很多西方学者甚至开始怀疑被美国政府标榜为发展中国家西式民主样板的印度：因为在所有的治理方面；印度都远远落后于中国。其实，林德布洛姆早在30年前就有这样的判断。①

总之，民主政治是形式、过程与结果的统一。仅有好的民主形式而无好的绩效的民主不是好民主，人民最终不会认同；同样，仅有好的绩效，哪怕是人民认同的政治而没有应有的民主形式，也不能称其为民主政治。"参与"是民主的主体即人民行使权利的基本形式；"自主性回应"是政府对人民参与和利益诉求的响应；而"责任政治"则是官民互动的政策产品输出。具有了"三要素"的政治不能说不是民主政治，而且是一种"可治理的民主"。

三　可治理民主的价值模式：民本主义民主

1. 民主模式原理

要探究民主的模式，前提是弄清楚民主的性质，民主的性质就是民主模式的原理性根源。我们习惯这样说，民主具有二重性，既是目的（价值）也是手段（工具）。作为价值的民主，无外乎就是实现人民主权这个公共之善。公共之善的实现为什么会带来灾难？公共之善是个飘在天上的人类总价值，谁能反对人民主权呢？但是，这个总价值毕竟要在文化传统完全不

---

① ［美］查尔斯·林德布洛姆：《政治与市场：世界的政治—经济制度》，王逸舟译，上海三联书店、上海人民出版社1994年版，第182页。

第八章　民主模式：民本主义民主与可治理的民主 | 447

同的国家里去落地。民主政治虽然是现代性政治，但现代性并不意味着与传统彻底切割，现代是传统的一种自然延续，传统与现代只不过是连续性历史光谱上的不同级差（位置）而已，只要看看中国传统文明基因对中国人甚至是海外华人的影响，就能明白传统与现代的关系。说白了，民主价值的实现首先要依托于既定的文化传统或者说文明基因。当把民主的价值与特定文明基因联系在一起的时候，飘在天上的"公共之善"就可以看得见摸得着了。这样，基于特定文明基因的民主价值就是民主的"价值模式"。如果说"人民主权"是民主的一般性模式，而"价值模式"则是人们主权落地的国家性或文化性模式，因此"价值模式"必然是基于文化的多元化的。

即便如此，基于文明基因的价值也不会自动实现，也需要一定的工具或者说制度工具去实现。很多伟大的思想和理想最后落空或者变成灾难，比如法国大革命时期的人民主权演变为血腥的恐怖政治，就在于缺乏将理想或者"主义"落地的工具。因此，实现价值模式的制度工具可以看作民主的"实践模式"。

"实践模式"是为了实现"价值模式"，这就意味着二者应该是高度匹配的，匹配的基础必然是其共同的历史文化或者说政治传统。如果说价值模式来自特定国家的历史文化传统，是文明基因的自然传递，那么实践模式也不是凭空而来的，也能找到与价值模式相适应的具有历史连续性的实践形式。有历史文明基因基础的、价值模式与实践模式相匹配的民主政治，比较而言，应该是不错的；相反，如果一个国家的价值模式和实践模式都与自己的文明基因无关，或者说价值模式是基于自己的文明基因而实践模式是外来的，必然导致实践模式与价值模式之间的张力乃至冲突，民主政治自然就会变成冲突政治。

据以上论述，我们可以推导出民主模式的几个原理性推论：

第一推论，也是总推论，民主的二重性即目的性和工具性，决定了民主模式必然有价值模式和实践模式两种，只有价值模式而无实践模式的民主，必然空洞无物并可能导致法国大革命期间雅各宾派专政式的恐怖政治；同样，只有实践模式而无价值模式的民主，民主就失去了应有的航向。

第二推论，价值模式一定是源于自己国家的文明基因，因此一个国家一般只有一种民主的价值模式，比如西方国家的基于自由主义的民主。

第三推论，价值模式需要实践模式去落地，而好的实践模式也必然产生于自己的文明基因，但作为实践模式的民主必然是多元化的，人类共同拥有原生态式民主，比如自治、协商、分权等。

第四推论，学习或移植与自己文明基因相违背的民主模式，无论是价值模式或者实践模式，除非产生于极为特殊的历史条件，比如战后的德国与日本，否则结局都事与愿违，如第三波民主化后的政治衰败和"阿拉伯之春"演变为"阿拉伯之冬"。

明白了民主模式原理，我们就能更好地清理那些剪不断理还乱的形形色色的"民主模式"之说，进而理解人类追求的民主政治为什么最终却演变成冲突政治。

2. 作为价值模式的民本主义民主

作为一种实践模式的"可治理的民主"，其实现的价值模式是民本主义或者作为民本主义现代形式的社会主义。自由主义民主则是民主的价值模式，实现自由民主的实践模式是党争民主。因此，可治理的民主相对于自由民主的优势主要是与党争民主的比较而言的。在民主理论上，还需要发掘指导"可治理的民主"的价值模式，这就必须回到社会主义价值层面，也必须回到中国文明基因那里寻找价值原则。

我们知道，作为一种价值模式的自由主义民主，其实是西方文明基因的一种新表述，即把源远流长的自由主义表述为自由主义民主。如果资本主义民主能置换为自由主义民主，与资本主义相对应的便是我们常说的社会主义民主。因为冷战，"社会主义国家"或者"社会主义民主"已经被妖魔化为极权主义或者意识形态化为威权主义。因此,为了便于世界政治的对话,便于别国理解中国的民主政治,需要更换社会主义民主的表述方式,或者说社会主义民主需要更加艺术化的或者中国化的表述,形成习近平总书记所说的"新概念新范畴新表述"。这是马克思主义中国化的迫切需要。

对社会主义民主的新表述,必须考虑以下几个因素,第一,这个词必须能表达社会主义的本质要求,正如自由主义能代表或者能表达资本主义的本质要求一样;第二,这个词必须是中国文明的重要组成部分,或者说必须有强大的文明基因的连续性;第三,与"民主"有内在的联系性,民主不但有林肯说的程序民主即民治,更有本质性质的关怀即林肯说的民有与民享。

这个概念非"民本主义"莫属。过去常讲民本思想是一种统治思想,这是片面的。新的研究表明,"民惟邦本"讲的是一种先民的基于血亲关系而组成的亲族邑制共同体,用今天的话说就是一种以亲族为秩序的国家。即使是一种统治思想,也并不因为与民主的人民自主性有张力而不能组合在一起,要知道自由(财产权)与民主(平等权)之间的张力更大,是一种紧张性的政治与经济的关系。

这样,首先,如果说"社会主义"是以"社会"为"主义"的,其实也就是以民为中心的,与民本主义的"以民为本"并无二致。

其次,中国所以是中国,中国文明历经5000年而不散并能重现民族复兴,其中一个重要因素就是持久的、延绵不绝的民本思想,这是中华文明与其他古老文明的一个重要区别,看看芬纳的《统治史》三卷本便能更好地理解中华文明的生命力。习近平总书记要求"四个讲清楚":"一是讲清楚每个国家和民族的历史传统、文化积淀、基本国情不同,其发展道路必然有着自己的特色……四是讲清楚中国特色社会主义植根于中华文化沃土、反映中国人民的意愿、适应中国和时代发展进步要求,有着深厚历史渊源和广泛现实基础。"我认为这些讲话包含了文明基因论的重要思想,即社会主义与作为传统文化核心的民本主义的一脉相承性。

最后，当民主思想输入中国之后，从革命家孙中山到毛泽东，从思想界再到普通民众，都是在以"民主"的语言表达"民本"的思想和诉求。孙中山的"三民主义"中的民生就是民本，毛泽东的"为人民服务"也是典型的民本思想；国内外对普通中国人的"主观调查"也发现，70%以上的百姓讲的民主其实是民本，以民主的语言而诉求民本。

这样，在世界政治中，完全可以将社会主义民主表述为民本主义民主。和自由主义民主有一定的张力关系一样，即便是按照统治思想来理解民本主义（何况第一个提出民本主义的梁启超其实把民本主义视为中国的民主思想），即民本与民主之间有一定的张力，也并不影响民本主义民主思想的成立。原因如下：第一，民本主义与民主的本质是一致的；第二，到了毛泽东这里，民本主义已经有了落地的工具，那就是群众路线，群众路线难道不是一种民主制度和民主形式？民主的大概念就是公民参与，而自下而上的参与可能是不平等的，有强弱之分，结果并不必然公正；而群众路线是自上而下的"逆向参与"，可以平衡自下而上参与之不公正的结构性问题。

如果说民本主义民主是一种价值模式，那么实践这种价值模式的实践模式是什么呢？以民为本的思想必然是关心"致治"的，即国家得到治理。从先秦始，致治思想就非常丰富，这一思想延绵不绝，康熙说"致治之道，人才第一"。治理是自20世纪90年代以来与民主并驾齐驱的一个热词，在中国已经变成"国家治理"。这样，以治理为核心的民主可以被理解为"可治理的民主"，它是实现价值模式的民本主义民主的实践模式。而且，自古以来，中国相对于其他文明古国的强项就是治理或者说治道，治道理论非常发达。在现实世界政治比较上，中国的治理要优于其他发展中国家。因此，以治理为核心的民主，相对于以选举为核心的民主，具有现实的比较优势。比如，如果在竞争性选举意义上比较中国和印度，西方人认为印度优于中国；如果在治理民主的意义上比较，中国则是印度的老师。

四 "可治理的民主"：超越自由主义民主

弄清楚了"可治理的民主"的内涵，从而也就能梳理出"可治理的民主"与"党争民主"模式所实践的"自由民主"的不同之处和优越之所在：

第一，在理论逻辑上，"治理民主"是一种政体意义上的强调国家—社会关系的政体民主，强调的是国家与社会关系的均衡。"自由民主"谈不上政体意义，尽管萨托利在《民主新论》中试图在政体意义上谈论民主，事实上以"竞争性选举"为标杆的自由民主理论充其量是自由主义一直以来的所谓"天赋人权"下的社会权利，只有"社会"而无一直存在并发挥重要作用的"国家"，因而不符合历史真相的单向度理论。无疑，在政体意义上，"治理民主"在理论上更自洽。

第二，理论上的合正义性，即"秩序良好的民主政体必须在其基本结构中体现正义原则"[①]，这一点至关重要。罗尔斯正义论的两大基本原则的最新表述是：

(1) 每一个人对于平等的基本自由之完全适当体制（scheme）都拥有相同的不可剥夺的权利，而这种体制与适于所有人的同样自由体制是相容的；以及

(2) 社会和经济的不平等应该满足两个条件：第一，他们所从属的公职和职位应该在公平的机会平等条件下对所有人开放；第二，他们应该有利于社会之最不利成员的最大利益（差别原则）。

第一个原则优先于第二个原则；同样，在第二个原则中，公平的

[①] ［美］约翰·罗尔斯：《作为公平的正义：正义新论》，姚大志译，中国社会科学出版社2011年版，第176页。

机会平等优先于差别原则。这种优先意味着,在使用一个原则(或者针对试验样本来检验它)的时候,我们假定在先的原则应该被充分地满足。①

这些就是被罗尔斯称为词典式序列的正义原则,而其正义论的主题是制度问题,即第一原则是以宪政为基础的政治制度正义性,第二原则中不可颠倒的秩序分别是社会制度和经济制度的正义性。显然,在罗尔斯这样的政治哲学家那里,正义首先是政体问题。

如果接受罗尔斯的正义论原则,那么什么样的民主政体符合或者不符合正义原则呢?因为只强调社会权利和个人权利,"自由民主"本质上是以"自由"为主的"民主",或者是以"民主"而掩饰"自由",而且只能讲政治民主而反对经济民主,这是自由民主理论的旗帜鲜明的观点。在自由民主的最有力的批评者、西方著名的新马克思主义者麦克弗森看来,自由民主其实不过是"占有式个人主义"(possessing individualism),即洛克所主张的财产权,在现实中必然因为制度和个人能力的不平等而导致个人占有财产的不平等,因而自由民主是保护了这种不平等。但是,作为"占有式个人主义"化身的大企业在自由民主理论那里被搁置起来,而在林德布洛姆看来没有观照到大企业的当代民主理论是没有意义的。但是,也正是因为这种有意的搁置,才使得大企业可以更自由地而不受限制地干预甚至主宰民主政治,比如近来美国甚至取消了企业赞助选举的限制。因此,"自由民主"捍卫的是洛克式自由主义。洛克式自由主义显然反对财产权民主,而只有财产权民主的政体才是正义的,"财产所有的民主实现了两个正义原则所表达的全部主要政治价值"②,而"自由放任的资本主义仅仅保证形式

---

① [美]约翰·罗尔斯:《作为公平的正义:正义新论》,姚大志译,中国社会科学出版社 2011 年版,第 56 页。

② 同上书,第 164 页。

的平等,而否认平等的政治自由的公平的自由价值和公平的机会平等。它的目标是经济效率和经济增长,而唯一制约经济效率和经济增长的东西是一种相当低的社会最低保障",即福利资本主义不过是对自由放任资本主义的一种修补,其关切机会平等但缺少实现机会平等所需要的相应的政策,因而也是不符合正义原则的民主政体。① 我们看到,罗尔斯关于资本主义只是保证形式平等的看法和马克思已经没有什么本质上的区别,基于放任自由的资本主义和福利资本主义的自由民主政体是不符合正义原则的。

相对而言,"治理民主"因为嵌入了"国家",是一种兼顾社会中心主义和国家中心主义的社会理论,国家和社会相互纠偏而达成均衡,很多时候以国家来救济社会弱势群体因自我难以逾越的事实上的不平等机会和障碍所导致的最不利地位,因而具有"事实性社会主义"(de facto socialism)情愫的理论;而且还因为"治理民主"观照到社会权利、个人权利和民主,这种"事实性社会主义"情愫的理论又是自由的或民主的,即自由的社会主义或民主的社会主义。在罗尔斯看来,和财产所有的民主政体一样,自由的社会主义政体或民主的社会主义政体的理想描述满足两个正义原则的安排。"财产所有的民主制度和自由社会主义的政体两者都建立了民主政治的宪政框架,保证了基本自由以及政治自由的公平价值和公平的机会平等,而且使用相互性原则,如果不是差别原则的话,来规范经济不平等和社会不平等。"② 根据罗尔斯的正义论原则,具有"事实性社会主义"情愫的"治理民主"则符合公正原则。

第三,实践上的合正义性。在政治实践逻辑上,由于强调的是国家—社会关系的均衡,即事实上的"相互性原则","治理民主"不但重视政治过程意义上的民主政治,比如公民参与和国家自主性回应,更强调民主政

---

① [美]约翰·罗尔斯:《作为公平的正义:正义新论》,姚大志译,中国社会科学出版社2011年版,第167页。

② 同上书,第168页。

治的结果即良治；而"自由民主"更多的是重视政治过程即选民的选举权利而不问过程的可行性以及由此而来的政治后果是什么。由此也可以断定，"可治理的民主"比"自由民主"更符合正义原则。如前，只有过程而不问结果的"自由民主"已经处于危机之中。中国人往往想到的是，官员如果不是选举产生怎么可能受控制，这种担心不是没有道理。但是，正如很多美国人所说，西方国家对官员的控制主要是法治而不是选举，他们不理解中国人总是从民主层面谈腐败。① 另外，必须认识到，政治学首先不是理论和方法问题，而是政治问题，即政治学首先是研究利益分配问题的。竞争性选举选举出为选民做决定的代表，而竞争性选举的背后是多党制，而多党制必然是以民族、宗教为背景的。这样，竞争性选举必然涉及"国家性"问题。第三波民主化浪潮的结果之一便是国家分裂，其实历史上很多新兴民族国家都与以竞争性选举为核心的民主化分不开。中国的有识之士担心，21世纪中国面临的最大挑战是因民族问题而导致的国家分裂；② 而鉴于世界历史上民主化与民族主义的孪生关系，我认为中国国家分裂的直接挑战来自民主化。这就意味着，民主虽然已经成为宗教性信条，但民主本身亦需要被治理，而不单单是财政、环境、安全等传统问题需要被治理。

第四，也正是本着正义原则，"可治理的民主"概念不但包括用民主观念、民主制度、民主程序和多元主体去治理社会，即流行的所谓的"民主治理"，而且正如"民主治理"字面意思所明确传递的信息一样，对民主进行治理即治理民主本身，其中首先就是治理自由民主。因为民主已经成为宗教般的信条，我们已经习惯于谈论"民主治理"，而没有严肃地看待民主本身需要治理——虽然亨廷顿等人早在20世纪70年代就主张像过热的经济

---

① 俞可平、李侃如主编：《中国的政治发展：中美学者的视角》，社会科学文献出版社2013年版。

② 马戎：《中国是否存在国家分裂风险》，《领导者》2011年第1、2期。

需要降温一样，过热的民主也需要降温，① 比较而言，今天"自由民主"对转型国家带来的危害甚至灾难远远大于20世纪70年代的美国，因而更需要被治理。我认为，以竞争性选举为标志的"自由民主"的轻度危害是导致民粹主义政治而影响经济发展，如委内瑞拉；中度危害则是不能形成决策权威，因而更不能促进经济发展并增进民生福祉的"无效的民主"，如印度、菲律宾、乌克兰；重度危害则是国内安全不保甚至国家分裂，如伊拉克、阿富汗、苏联。因此，人类必须回归常识，以"自由民主"为代表的各种实证民主理论所强调的社会权利很重要并可以有效地制约那些曾经不受约束的政治权力，但是社会权利的过度张扬无视国家权力本身的整合性作用和引导性作用又必然会招致治理的困境，如当代美国等西方国家，甚至是国家失败如海地这样的最悠久的"自由民主"国家。因此，"可治理的民主"不但包括重视社会权利的"民主治理"，还包括强调国家自主性的对泛滥的自由民主的治理。

总之，"可治理的民主"不但在社会科学理论上和正义原则上优于"自由民主"，而且更具有实践上的可行性和可取性，是一种亚里士多德政体论意义上治国理政之"道"。相比之下，"自由民主"充其量是在特定情势下而出炉的辩护"术"，是用来"说"的甚至可以"信"的，但是很难拿来"用"。对于后发展国家而言，民主是不可避免的，但是选择什么样的民主形式，民主理论和民主观念是前提。必须打破"自由民主"信条一统天下的格局，"自由民主"不但在理论上难以自洽即不是政体意义上的民主政治，在实践上为其他国家带来种种后遗症甚或灾难，而且西方国家已经因为"自由民主"而失去其政治上曾有的相对优势。

这就需要替代性的民主理论和民主思维。在相互竞争的各种实证民主流派中，传统的"人民主权"理论因为过于实质化而难以制度性实施，或

---

① ［美］亨廷顿等：《民主的危机》，马殿军等译，求实出版社1989年版。

者仅存在于规范性制度安排而难以在实践中有效推行,被"自由民主"弄得面目全非而失去其原本的挑战力和呼唤效应;和自由民主一样,参与式民主也不是政体民主理论;协商民主事实上要求太高而在政治生活中很难做到,而且作为一种民主形式的协商民主也被包含在"可治理的民主"之中,属于"民主参与"部分。

相对而言,"可治理的民主"既满足了目前流行的需要即治理,也在比较历史中找回真相即国家责任,更不回避大众政治时代的民主化趋势,而且还是一种对民主本身实行治理的理论,是一种最为可行的、具有可操作性的,而且最重要的是符合正义原则的替代性方案。

参考文献

一　经典著作

《马克思恩格斯选集》（第1卷），人民出版社1995年版。
《列宁选集》（第2卷），人民出版社2012年版。
《列宁选集》（第3卷），人民出版社1975年版。
《列宁全集》（第13卷），人民出版社1987年版。
《列宁全集》（第24卷），人民出版社1990年版。
《列宁全集》（第27卷），人民出版社1990年版。
《毛泽东文集》（第1卷），人民出版社1993年版。
《毛泽东选集》（第1卷），人民出版社1991年版。
《毛泽东选集》（第2卷），人民出版社1991年版。
《毛泽东选集》（第3卷），人民出版社1991年版。
《毛泽东选集》（第4卷），人民出版社1991年版。
《毛泽东著作选读》（下册），人民出版社1986年版。
《刘少奇选集》（上卷），人民出版社1981年版。
《邓小平文选》（第1卷），人民出版社1994年版。
《习近平谈治国理政》（第一卷），外文出版社2018年版。
《习近平谈治国理政》（第二卷），外文出版社2017年版。

二　中文译著

［美］阿伦·利普哈特：《民主的模式：36个国家的政府形式和政府绩效》，陈崎译，北京大学出版社2006年版。

［印］阿玛蒂亚·森、［印］让·德雷兹：《印度：经济发展与社会机会》，黄飞君译，社会科学文献出版社2006年版。

［美］阿图尔·科利：《国家引导的发展——全球边缘内地区的政治权力与工业化》，朱天飚等译，吉林出版集团有限责任公司2007年版。

［美］埃里克·A. 诺德林格：《民主国家的自主性》，孙荣飞等译，江苏人民出版社2010年版。

［美］巴林顿·摩尔：《专制与民主的社会起源——现代世界形成过程中的地主和农民》，王茁、顾洁译，上海译文出版社2012年版。

［瑞典］博·罗斯坦：《政府质量：执政能力与腐败、社会信任和不平等》，蒋小虎译，新华出版社2012年版。

［美］布尔斯廷：《美国人：建国历程》，中国对外翻译出版公司译，美国驻华大使馆新闻文化处（香港）1987年版。

［英］C. W. 克劳利等编：《剑桥世界近代史》（第9卷），丁钟华等译，中国社会科学出版社1999年版。

［美］蔡欣怡：《绕过民主：当代中国私营企业主的身份与策略》，黄涛、何大明译，浙江人民出版社2013年版。

［美］查尔斯·E. 林布隆：《政策制定过程》，朱国斌译，华夏出版社1988年版。

［美］查尔斯·林德布洛姆：《政治与市场：世界的政治—经济制度》，王逸舟译，上海三联书店、上海人民出版社1994年版。

［美］查默斯·约翰逊：《通产省与日本奇迹——产业政策的成长（1925—1975）》，金毅等译，吉林出版集团有限责任公司2010年版。

［美］戴伦·艾塞默鲁、詹姆斯·罗宾森：《国家为什么失败：权力、富裕与贫困的根源》，邓伯宸、吴国卿译，卫城出版社 2013 年版。

［以色列］丹尼尔·J. 伊拉扎：《联邦主义探索》，彭利平译，上海三联书店 2004 年版。

［意］德拉·沃尔佩：《卢梭与马克思》，赵培杰译，重庆出版社 1993 年版。

［美］德鲁·吉尔平·福斯特：《这受难的国度：死亡与美国内战》，张宏图等译，译林出版社 2015 年版。

［美］费维恺：《中国早期工业化：盛宣怀（1844—1916）和官督商办企业》，虞和平译，中国社会科学出版社 2002 年版。

［美］费正清：《伟大的中国革命》，刘尊棋译，世界知识出版社 2003 年版。

［美］费正清、费维恺编：《剑桥中华民国史（1912—1949）》（上卷），杨品泉等译，中国社会科学出版社 1994 年版。

［美］费正清、费维恺编：《剑桥中华民国史（1912—1949）》（下卷），刘敬坤等译，中国社会科学出版社 1994 年版。

［俄］弗拉季斯拉夫·伊诺泽姆采夫主编：《民主与现代化：有关 21 世纪挑战的争论》，徐向梅等译，中央编译出版社 2011 年版。

［美］弗朗西斯·福山：《政治秩序的起源：从前人类时代到法国大革命》，毛俊杰译，广西师范大学出版社 2014 年版。

［美］格奥尔格·G. 伊格尔斯：《德国的历史观》，彭刚、顾杭译，译林出版社 2006 年版。

［美］汉斯·摩根索：《国家间政治》，徐昕等译，北京大学出版社 2002 年版。

［美］郝大伟、安乐哲：《先贤的民主：杜威、孔子与中国民主之希望》，何刚强译，江苏人民出版社 2004 年版。

［美］亨利·基辛格：《世界秩序》，胡利平等译，中信出版社 2015 年版。

［英］H. K. 科尔巴奇：《政策》，张毅、韩志明译，吉林人民出版社 2005

年版。

[荷兰] H. L. 韦泅林：《欧洲殖民帝国：1815—1919》，夏岩等译，中国社会科学出版社 2012 年版。

[美] 吉列尔莫·奥唐奈、[意] 菲利普·施密特：《威权统治的转型》，景威、柴绍锦译，新星出版社 2012 年版。

[美] 肯尼斯·华尔兹：《国际政治理论》，信强译，上海人民出版社 2008 年版。

[美] 吉尔伯特·罗兹曼主编：《中国的现代化》，国家社会科学基金"比较现代化"课题组译，江苏人民出版社 2003 年版。

[美] 加布里埃尔·A. 阿尔蒙德、小 G. 宾厄姆·鲍威尔：《比较政治学：体系、过程和政策》，曹沛霖等译，上海译文出版社 1987 年版。

[德] 卡尔·施米特：《当今议会制的思想史状况》，冯克利译，上海人民出版社 2004 年版。

[美] 莱斯利·普里森：《政治学中的重大问题：政治学导论》，刘晓等译，华夏出版社 2001 年版。

[美] 莱因哈特·本迪克斯：《马克斯·韦伯思想肖像》，刘北成等译，上海人民出版社 2002 年版。

[美] 劳伦斯·迈耶等：《比较政治学：变化世界中的国家和理论》，罗飞等译，华夏出版社 2001 年版。

[美] 列奥·施特劳斯：《古今自由主义》，马志娟译，江苏人民出版社 2010 年版。

[美] 列奥·斯特劳斯、[美] 约瑟夫·克罗波西主编：《政治哲学史》（上、下），李天然等译，河北人民出版社 1993 年版。

[美] 罗伯特·达尔：《多元主义民主的困境》，尤正明译，求实出版社 1989 年版。

[美] 罗伯特·A. 达尔、布鲁斯·斯泰恩布里克纳：《现代政治分析》（第

六版），吴勇译，中国人民大学出版社 2012 年版。

［英］罗德·黑格、马丁·哈罗普：《比较政府与政治导论》，张小劲等译，中国人民大学出版社 2007 年版。

［美］罗伯特·吉尔平：《全球政治经济学：解读国际经济秩序》，杨宇光译，上海人民出版社 2003 年版。

［美］罗伯特·基欧汉：《霸权之后：世界政治经济中的合作与纷争》，苏长和等译，上海人民出版社 2001 年版。

［美］马克·赛尔登：《革命中的中国：延安道路》，魏晓明、冯崇义译，社会科学文献出版社 2002 年版。

［美］曼瑟尔·奥尔森：《集体行动的逻辑》，陈郁等译，上海三联书店、上海人民出版社 1995 年版。

［加］迈克尔·豪利特、M. 拉米什：《公共政策研究——政策循环与政策子系统》，庞诗等译，生活·读书·新知三联书店 2005 年版。

［美］罗斯金等：《政治科学》（第六版），林震等译，华夏出版社 2001 年版。

［英］迈克尔·曼：《民主的阴暗面：解释种族清洗》，严春松译，中央编译出版社 2015 年版。

［美］乔尔·S. 米格代尔：《强社会与弱国家》，张长东等译，江苏人民出版社 2012 年版。

［法］米歇尔·克罗齐、［美］塞缪尔·P. 亨廷顿、［日］绵贯让治：《民主的危机——就民主国家的统治能力写给三边委员会的报告》，马殿军等译，求实出版社 1989 年版。

［美］诺斯：《经济史中的结构与变迁》，陈都等译，上海人民出版社、上海三联书店 1994 年版。

［加］坎安宁：《民主理论导论》，谈火生等译，吉林出版集团有限责任公司 2010 年版。

［美］齐锡生:《中国的军阀政治:1916—1928》,杨云若、萧延中译,中国人民大学出版社1991年版。

［日］迁中丰:《利益集团》,郝玉珍译,经济日报出版社1989年版。

［美］乔·萨托利:《民主新论》,冯克利、阎克文译,东方出版社1993年版。

［美］芮玛丽:《同治中兴:中国保守主义的最后抵抗（1862—1874）》,房德邻等译,中国社会科学出版社2002年版。

［美］萨拜因:《政治学说史》,邓正来译,上海人民出版社2008年版。

［英］塞缪尔·E. 芬纳:《统治史》（三卷本）,马百亮等译,华东师范大学出版社2014年版。

［美］塞缪尔·亨廷顿:《变革社会中的政治秩序》,李盛平、杨玉生等译,华夏出版社1988年版。

［美］塞缪尔·亨廷顿:《变化社会中的政治秩序》,王冠华等译,上海人民出版社2008年版。

［美］塞缪尔·亨廷顿:《文明的冲突与世界秩序的重建》,周琪等译,新华出版社2002年版。

［美］托马斯·R. 梅特卡夫:《新编剑桥印度史:英国统治者的意识形态》,李东云译,云南人民出版社2015年版。

［澳］王赓武:《更新中国:国家与新全球史》,黄涛译,浙江人民出版社2016年版。

［美］亚当·普热沃尔斯基:《资本主义与社会民主》,丁绍彬译,中国人民大学出版社2012年版。

［美］亚历山大·温特:《国际政治的社会理论》,秦亚青译,上海人民出版社2000年版。

［古希腊］亚里士多德:《政治学》,吴寿彭译,商务印书馆2008年版 。

［美］伊曼纽尔·沃勒斯坦:《现代世界体系》（四卷本）,庞卓恒等译,高

等教育出版社 2000 年版。

［美］约翰·罗尔斯：《政治哲学史讲义》，杨通进等译，中国社会科学出版社 2011 年版。

［美］约翰·罗尔斯：《作为公平的正义：正义新论》，姚大志译，中国社会科学出版社 2011 年版。

［美］约翰·米尔斯海默：《大国政治的悲剧》，王义桅、唐小松译，上海人民出版社 2003 年版。

［美］约瑟夫·R. 斯特雷耶：《现代国家的起源》，华佳等译，格致出版社、上海人民出版社 2011 年版。

［美］约瑟夫·熊彼特：《资本主义、社会主义与民主》，吴良健译，商务印书馆 2000 年版。

三　中文专著

蔡定剑：《中国人民代表大会制度》，法律出版社 2003 年版。

陈登元：《中国田赋史》，上海书店 1984 年版。

陈剩勇、何包钢编：《协商民主的发展：协商民主理论与中国地方民主国际学术研讨会论文集》，中国社会科学出版社 2006 年版。

陈志让：《军绅政权——近代中国的军阀时期》，生活·读书·新知三联书店 1980 年版。

戴逸：《18 世纪的中国与世界》（导言卷），辽海出版社 1999 年。

丁学良：《辩论"中国模式"》，社会科学文献出版社 2011 年版。

胡鞍钢等：《中国国家治理现代化》，中国人民大学出版社 2014 年版。

黄逸平、虞宝棠主编：《北洋政府时期经济》，上海社会科学院出版社 1995 年版。

黄宗良：《从苏联模式到中国道路》，北京大学出版社 2014 年版。

姜鸣：《龙旗飘扬的舰队：中国近代海军兴衰史》，上海交通大学出版社

1991年版。

来新夏等：《北洋军阀史》，南开大学出版社2000年版。

李工真：《德意志道路：现代化进程研究》，武汉大学出版社2005年版。

李玉：《晚清公司制度建设研究》，人民出版社2002年版。

林毅夫、蔡昉、李周：《中国的奇迹：发展战略与经济改革》（增订版），格致出版社2014年版。

欧阳景根：《宪政挫折研究》，吉林人民出版社2007年版。

潘维：《人民共和国六十年与中国模式》，生活·读书·新知三联书店2010年版。

钱乘旦、许洁明：《英国通史》，上海社会科学院出版社2002年版。

钱亦石：《近代世界政治史》，生活·读书·新知三联书店1950年版。

汝信等编：《2005年：中国社会形势分析与预测》，社会科学文献出版社2004年版。

谭慧编：《张培刚经济论文集》（上卷），湖南出版社1992年版。

王汎森等：《中国近代思想史的转型时代》，（台北）联经出版集团2007年版。

王方中：《中国经济通史》（第9卷），湖南人民出版社2002年版。

王绍光、樊鹏：《中国式共识型决策》，中国人民大学出版社2013年版。

王绍光：《中国·政道》，中国人民大学出版社2014年版。

吴晗：《明史简述》，中华书局1980年版。

许涤新、吴承明主编：《中国资本主义发展史》（第3卷），人民出版社1993年版。

徐家良：《制度、影响力与博弈：全国妇联与公共政策制定》，中国社会出版社2003年版。

杨光斌：《中国经济转型中的国家权力》，当代世界出版社2003年版。

杨光斌：《中国政府与政治导论》，中国人民大学出版社2003年版。

杨光斌：《中国政治发展的战略选择》，中国人民大学出版社 2011 年版。

杨光斌：《政治变迁中的国家与制度》，中央编译出版社 2011 年版。

杨光斌：《让民主归位》，中国人民大学出版社 2014 年版。

杨光斌：《观念的民主与实践的民主：比较历史视野下的民主与国家治理》，中国社会科学出版社 2015 年版。

杨孟才：《县乡换届选举工作指南》，中国民主法制出版社 2001 年版。

虞和平主编：《中国现代化历程》（第 2 卷），江苏人民出版社 2001 年版。

余晖等：《行业协会及其在中国的发展：理论与案例》，经济管理出版社 2002 年版。

俞可平、李侃如等：《中国的政治发展：中美学者的视角》，社会科学文献出版社 2013 年版。

章伯锋、李宗一主编：《北洋军阀》（第 1 卷），武汉出版社 1990 年版。

张飞岸：《被自由消解的民主：民主化的现实困境与理论反思》，中国社会科学出版社 2015 年版。

章敬平：《拐点》，新世界出版社 2005 年版。

张立文：《和合哲学论》，人民出版社 2004 年版。

张维为：《中国震撼：一个文明型国家的崛起》，上海人民出版社 2011 年版。

赵成根：《民主与公共决策研究》，黑龙江人民出版社 2003 年版。

赵汀阳：《天下体系——世界制度哲学导论》，中国人民大学出版社 2011 年版。

郑永年：《中国崛起：重估亚洲价值观》，东方出版社 2016 年版。

郑永年：《中国模式：经验与挑战》，中信出版社 2016 年版。

曾毅：《政体新论：破解民主—非民主的二元政体观的迷思》，中国社会科学出版社 2015 年版。

中华人民共和国财政部《中国农民负担史》编委会编：《中国农民负担史》，

中国财政经济出版社 1994 年版。

中央档案馆编：《中共中央文件选集》（第 11 册），中共中央党校出版社 1986 年版。

周叶中：《代议制比较研究》，武汉大学出版社 2005 年版。

朱云汉：《高思在云：中国兴起与全球秩序重组》，中国人民大学出版社 2015 年版。

四　英文专著

Bell, D. A., *The China Model: Political Meritocracy and the limits of Democracy*, Princeton University Press, 2015.

Bevir, M., *Encyclopedia of Governance*, London: Sage Publications, 2007.

Brodsgaard, K. E. and Yongnian Zheng eds, *The Chinese Communist Party in Reform*, London: Routledge, 2006.

Dickson, B. J., *Democratization in China and Taiwan: The Adaptability of Leninist Parties*, Oxford: Clarendon Press, 1997.

Dickson, B. J., *Red Capitalists in China: The Party, Private Entrepreneurs and prospects for Political Change*, Cambridge University Press, 2003.

Falkenhein, V. ed., *Chinese Politics from Mao to Deng*, New York: Paragon House, 1987.

Inglehart, R. and Welzel, C., *Modernization, Cultural Change and Democracy: the Human Development Sequence*, Cambridge: Cambridge University Press, 2005.

Kaiser, D., *Politics and War: European Conflict from Philip II to Hitler*, Cambridge: Harvard University Press, 1990.

Ramo, C., The Beijing Consensus, London: *Foreign Policy centreUbger*, J. ed., *the Nature of Chinese Politics: From Mao to Jiang*, M. E. Sharpe, Inc, 2002.

White, G. eds., *Developmental States in East Asia*, London: Macmillan, 1988.

Minxin, Pei, *China's Trapped Transition: The Limits of Developmental Autocracy*, Cambridge, Mass: Harvard University Press, 2006.

Shirk, Susan L. , *China: Fragile Superpower*, New York: Oxford University Press, 2007.

Shambaugh, David, *China's Communist Party: Atrophy and Adaptation*, Berkeley: University of California Press, 2008.

Wenfang, Tang, *Populist Authoritarianism: Chinese Political Culture and Regime Sustainability*, New York: Oxford University Press, 2016.

Yongnian, Zheng, *the Chinese Communist Party as Organizational Emperor: Culture, Reproduction and Transformation*, London and New York: Routledge, 2010.

后　记

十年来，本人一直在比较政治的视野下研究中国政治，或者把中国政治当作比较政治学的最大案例去研究，由此得出的关于中国政治的看法大不一样。正所谓"尺度决定态度"。

《中国政治认识论》是我在过去十年的学术生涯里关于中国政治的集成式、体系性成果。其中，第三章的资料主要来自我之前出版的《制度变迁与国家治理：中国政治发展研究》（人民出版社2006年版）；其他各章节，是在已发表论文的基础上加工、增写而成。中国人民大学政治学专业博士生许瑶为第六章第三节提供了部分资料。

特别感谢中国人民大学国际关系学院政治学专业博士生杨端程同学，他为校对本书不辞辛劳，在核实本书的注释、数据乃至表述方式等问题上一丝不苟，花费了大量时间和心血。为师者为学生的专业追求和敬业精神而感动并自豪。

感谢本书的编辑王琪女士，她在拿到书稿后"一口气读完"，这种政治学专业素养已经远远超越了编辑本身的职责要求，她提出的一些专业性建议，使本书的品质得以提升。

当然，作者文责自负。任何"问题"的社会科学研究都具有开放性，热诚欢迎专家、读者的批评与指正，以助于本人提高关于中国政治的研究水平和认识能力。

杨光斌

2018 年 8 月 15 日